新坐标管理系列精品教材

品牌管理理论与实务

苗月新　主编

清华大学出版社
北京

本书封面贴有清华大学出版社防伪标签，无标签者不得销售。

版权所有，侵权必究。举报：010-62782989，beiqinquan@tup.tsinghua.edu.cn。

图书在版编目(CIP)数据

品牌管理理论与实务 / 苗月新主编. —北京：清华大学出版社，2016（2025.1 重印）
（新坐标管理系列精品教材）
ISBN 978-7-302-43459-7

Ⅰ.①品… Ⅱ.①苗… Ⅲ.①品牌—企业管理—高等学校—教材 Ⅳ.①F273.2

中国版本图书馆 CIP 数据核字(2016)第 078257 号

责任编辑：吴 雷 左玉冰
封面设计：汉风唐韵
版式设计：方加青
责任校对：宋玉莲
责任印制：宋 林

出版发行：清华大学出版社
   网　　址：https://www.tup.com.cn, https://www.wqxuetang.com
   地　　址：北京清华大学学研大厦 A 座　　邮　　编：100084
   社 总 机：010-83470000　　邮　　购：010-62786544
   投稿与读者服务：010-62776969, c-service@tup.tsinghua.edu.cn
   质 量 反 馈：010-62772015, zhiliang@tup.tsinghua.edu.cn
印 装 者：三河市君旺印务有限公司
经　　销：全国新华书店
开　　本：185mm×260mm　　印　张：18　　插　页：1　　字　数：414 千字
版　　次：2016 年 5 月第 1 版　　印　次：2025 年 1 月第 6 次印刷
定　　价：59.00 元

产品编号：064188-03

前　言

　　品牌管理既是一门十分有趣味、有意义、实践性强的知识，同时也是一门相对抽象、比较难以学懂、学通的学问。这门知识由于其独特性和吸引力，自产生以来就受到理论界和实务界人士的广泛关注。尤其是近年来，在追求利润最大化的热潮中，当一些工具特征明显的管理与营销方法失效时，企业自然而然地转向了内涵丰富、意境高远的品牌管理。由此，品牌管理理念和核心价值受到推崇，它的地位日渐提升，影响力越来越大。

　　在实践中，随着品牌的不断增多，品牌作用力的增强，品牌在市场经济发展中的地位正在发生变化。在竞争激烈的市场上，以往占据主导地位的产品竞争，现正在演变为品牌竞争。从对质量、款式、价格方面的关注，向着功能、情感、利益方向聚焦，消费者的观念和态度正在悄然地发生着变化。心理学、行为学、审美学的内容越来越重要，因而能够解析消费者这种价值观念变化的关键因素，非品牌莫属。

　　在理论上，品牌管理作为市场营销学科体系中的一个分支，虽然是该体系中最高层次的学问之一，但是无论是基本框架，还是主要内容，它目前都很不完善。现今理论中存在的对产品和品牌二者概念界定的不清晰，品牌各个概念之间的相互重叠，相关理念在指导实践活动中的效果不明显，以及研究者缺乏对营销理论与实践的深刻领悟，都在一定程度上影响了该门知识的科学性和实用性。

　　基于此，本书作者在借鉴国内外著名学者经典文献和学术作品的基础上，立足于管理学、市场营销学等专业基础知识，重新划分了产品和品牌在实践中和理论上的边界，结合自身多年教学和科研中的体会，撰写了本书。它的特点就在于立足于市场营销这个基本点，并从与产品完全不同的角度来分析和研究品牌管理的方法与途径。

　　本书由中央财经大学教授苗月新主编。

　　中央财经大学商学院副教授曲日亮为本教材的外文翻译提供了帮助。中央财经大学商学院教授刘晓红对本书的一些案例进行了文字修改。

　　各章"小结"之后案例正文的编写具体分工：中央财经大学2014级企业管理专业硕士研究生高玮编写第一章案例；中央财经大学2015级企业管理专业硕士研究生谢玉溪编写第四章案例、第六章案例；中央财经大学2013级工商管理专业本科生王诗卉、蒋丹、徐智明分别编写第三章案例、第十章案例、第十六章案例背景资料一；中央财经大学2013级市场营销专业本科生贾孟雨、王贺、张乃驰、安博涛、郭一波、陈卓立、王添炜、郝菀婷、许扬扬、周潺、黄颖分别编写了第二章案例、第五章案例、第七章案例、第八章案例、第九章案例、第十一章案例、第十二章案例、第十三章案例、第十四章案例、第十五章案例、第十六章案例背景资料二。

　　中央财经大学科研处南荣素，中央财经大学教学技术服务中心黄文武，中央财经大学教务处常怡、李寅、蔡佳林，中央财经大学商学院王月英、卫昭慧等同志参加了本书的文字校对、资料收集等工作。

在案例编写过程中，本书参阅了大量国内外文献，由于篇幅所限不能一一列明，在此表示衷心感谢！

清华大学出版社的编辑同志们为本书的出版发行做了大量细致工作，在此对他们的辛勤付出也谨致谢意！

编　者

2016年1月16日于北京

目 录

第一章　品牌的定义与特征 ··· 1
    第一节　品牌的含义 ·· 2
    第二节　品牌的作用 ·· 7
    第三节　品牌和产品、商标之间的区别与联系 ························· 10
    本章小结 ··· 13
    案例讨论 ··· 14
    复习思考题 ·· 16

第二章　品牌的分类与发展阶段 ·· 17
    第一节　品牌分类 ··· 18
    第二节　品牌发展阶段 ·· 27
    本章小结 ··· 29
    案例讨论 ··· 30
    复习思考题 ·· 32

第三章　品牌管理过程 ·· 33
    第一节　品牌管理的含义与品牌管理者的层次 ······················· 34
    第二节　品牌管理在组织发展中的作用 ······························ 37
    第三节　品牌管理的常见问题及其管理 ······························ 41
    本章小结 ··· 45
    案例讨论 ··· 46
    复习思考题 ·· 48

第四章　品牌的构成要素及其功能利益 ·································· 49
    第一节　品牌的内在元素 ·· 50
    第二节　品牌的外在形式 ·· 56
    第三节　品牌的功能利益 ·· 58
    本章小结 ··· 63
    案例讨论 ··· 65
    复习思考题 ·· 67

第五章　品牌的识别与形象 …… 68

第一节　品牌识别 …… 69
第二节　品牌形象 …… 74
本章小结 …… 81
案例讨论 …… 82
复习思考题 …… 84

第六章　品牌无形要素设计：理念与核心价值 …… 85

第一节　品牌管理理念设计 …… 86
第二节　品牌核心价值设计 …… 96
本章小结 …… 98
案例讨论 …… 99
复习思考题 …… 102

第七章　品牌有形要素设计 …… 103

第一节　品牌名称设计 …… 104
第二节　品牌标识设计 …… 109
第三节　品牌形象代表、口号、音乐与包装设计 …… 112
本章小结 …… 117
案例讨论 …… 118
复习思考题 …… 121

第八章　品牌定位 …… 122

第一节　品牌定位理论 …… 123
第二节　品牌定位原则 …… 125
第三节　品牌定位要素 …… 129
第四节　品牌定位过程 …… 135
本章小结 …… 136
案例讨论 …… 137
复习思考题 …… 139

第九章　品牌个性化策略 …… 140

第一节　个性与品牌个性 …… 141
第二节　中国品牌个性维度的测量 …… 146
第三节　品牌个性特征及其塑造 …… 148
本章小结 …… 152

　　　　案例讨论……153
　　　　复习思考题……155

第十章　品牌体验与接触点管理……156

　　第一节　品牌体验……157
　　第二节　品牌接触点……163
　　本章小结……169
　　案例讨论……170
　　复习思考题……172

第十一章　品牌忠诚……173

　　第一节　品牌忠诚的内涵与等级划分……174
　　第二节　品牌忠诚的作用与影响因素……179
　　第三节　品牌忠诚测量……183
　　本章小结……187
　　案例讨论……188
　　复习思考题……190

第十二章　品牌资产……191

　　第一节　品牌资产的基本含义……192
　　第二节　品牌资产的创建与维护……198
　　第三节　品牌资产的评估……202
　　本章小结……205
　　案例讨论……206
　　复习思考题……208

第十三章　品牌战略……209

　　第一节　品牌战略的含义……210
　　第二节　品牌战略的选择与实施……218
　　本章小结……222
　　案例讨论……223
　　复习思考题……225

第十四章　品牌文化……226

　　第一节　品牌文化的基本含义……227
　　第二节　品牌文化的构成要素……232
　　第三节　品牌文化的塑造……234

本章小结 239
案例讨论 240
复习思考题 242

第十五章　品牌传播 243

第一节　品牌传播的理论基础 244
第二节　品牌传播的特点及方式 249
第三节　品牌传播效果的评价 252
本章小结 256
案例讨论 257
复习思考题 259

第十六章　品牌国际化 260

第一节　品牌国际化的概念 261
第二节　品牌国际化程度的评价 264
第三节　品牌国际化的主要模式 267
本章小结 269
案例讨论 270
复习思考题 277

参考文献 278

第一章
品牌的定义与特征

本章知识点

- 品牌的定义
- 品牌的特征
- 品牌的作用
- 品牌和产品、商标的区别与联系

拥有具有影响力的品牌，同时不断地塑造品牌形象和巩固品牌地位，这是企业在激烈的市场竞争占据有利位置的重要途径。在经济全球化和区域经济一体化的潮流中，越来越多的企业意识到，单纯地聚焦于产品质量的提升和售后服务质量的改进，已经很难跟上时代发展的步伐，因此，企业必须从品牌经营这样一个战略高度来参与市场竞争，寻找发展空间。

本章内容主要对品牌的含义进行深度挖掘，分析其基本特征，对比品牌与产品之间的异同，揭示品牌与商标的区别。

第一节　品牌的含义

品牌的形象在市场中随处可见。在品牌化经营越来越受推崇的今天，人们甚至以能够拥有和熟知世界著名品牌而为荣。当人们行走在繁华的商业大街上时，一定会感受着品牌广告带来的视觉冲击；而当人们走进现代化的购物中心时，一个个不同的品牌形象正在不断地吸引着他们的注意力。除了这些直接的品牌接触外，品牌也会时常间接地出现在消费者的脑海中，有时甚至无须特别提示，消费者就会列出一系列自己喜欢的品牌。市场经济发展到今天，品牌已经深深地融入消费者的日常生活。

对于品牌比较关注的消费者，可能在10分钟之内能说出至少100个世界著名品牌。对于出生于20世纪80年代、90年代的消费者人群而言，他们能够比出生于20世纪50年代、60年代的消费者说出更多的品牌名称。品牌不仅对于消费者个人显得尤为重要，它甚至对一个国家、一个地区、一个社会、一种文化、一种信仰都显得十分重要。品牌从宏观层面来讲，可以影响到国家的经济发展战略布局；从中观层面来讲，在影响着地区和行业的发展格局；而从微观层面分析，则直接左右着消费者的价值判断与生活观念。

因此，全方位、深层次、突破时空局限性地挖掘品牌的含义就显得十分重要。

一、品牌的含义

品牌究竟是什么？它因何而来，现在的主要含义有哪些？

在对品牌的含义进行深入探讨之前，我们必须在理论上对这个事物的发展有一个基本的认识。

中文"品牌"对应的英文是"Brand"，该词据说源于古挪威语"brandr"，即"打上烙印"之意。关于品牌的最早出现地，学术界有不同的解释版本。但是，比较一致的判断是品牌作为记号最早用于牲畜身上。这种做法除了表示主人对牲畜的所有权之外，也为了防止混淆、便于出售而特意加以区别。后来，品牌逐渐发展成为用于区别事物的标志和记号。可见，品牌的最原始的含义是为了区分同类物品。

即便是在计算机技术、互联网技术和移动通信技术十分普及的今天，品牌这种最原始的含义仍然具有存在价值。因此，就品牌的含义而言，它首先应当是一种符号。

（一）品牌 = 符号

正如每个人都需要有一个名字一样，同质、同形的产品必须用一定的符号加以区分。例如，超市中有很多种"不同营养价值"的鸡蛋，由于所宣称的功效不同，因而价格差异很大。这时，如果超市或生产企业对自己生产或销售的产品不加以标识，就很难让消费者仅借助于外形来做出价值判断，因为鸡蛋从形状上看基本上都是椭圆形的，而且大小都差不多，除了个别产地的鸡蛋在颜色上有些许区别外，几乎通过感觉很难做出购物选择。针对这种在产品外形和品质上容易出现混淆的情形，作为零售商，超市可以通过利用品牌这种识别符号，来对供货情况和销售情况等经营信息有更加准确的掌握。美国市场营销学会对品牌的符号特征进行了进一步解释，即品牌作为符号应当包括名称、专有名词、标记、符号或设计，或者是这些元素的组合。

因此，把品牌作为符号来理解，可以从审美学或形象学等方面找到更加合理的解释。

（二）品牌 = 资产

品牌作为资产具有普通商品的基本属性。它可以在市场上进行交易，例如，估值、转让、抵押和买卖。世界上著名品牌都具有不同的市场价值，这些价值会随着品牌本身的市场影响力而发生变化。品牌作为无形资产，往往与其本身存在的时间、所经历的发展路径以及与重要事件的关系等结合在一起而体现出价值。

以"中华老字号"为例，在其范围内的这些企业都有着不同的"成长—发展—成熟—衰退—重新发展"路径。一般而言，所经历的时间越久，经历的发展路径越曲折，其背后的故事就会越动人，因而品牌资产的价值也就越大。像"同仁堂""全聚德""稻香村"这些老字号，都有与中国社会发展的命运紧密相连的感人故事，因而这些品牌作为资产的价值，自然与众不同。

把品牌等同于资产，重在强调其经济功能，同时，也便于不同品牌在市场竞争中进行比较。品牌作为资产能够使品牌经营长期化，使品牌符号、品牌文化等得以传承。

（三）品牌 = 关系

现代品牌管理学更多时候从品牌是一种关系这样一个角度来解释品牌。市场经济的不断发展，使生产企业、经销商、消费者之间的关系更加紧密，因而品牌成为联系市场营销渠道中不同主体的桥梁和纽带。生产企业希望能够塑造出强有力的品牌形象，经销商希望向市场不断推出新的品牌，而消费者则依据自己的偏好来选择品牌。因此，品牌是当代社会经济发展的关系汇聚点。

成功的企业总是善于保持自身与消费者之间的关系，而这种关系本身就是一种品牌效应。同时，牢固关系的建立必须有可靠的品牌实力作为支撑。这种关系表现在，生产企业通过了解消费者的购买需求来不断强化企业品牌形象，并围绕着消费者的需要和动机来完成品牌的建设。因此，作为生产企业和经销商，它们自身品牌的塑造过程，事实上就是它们与消费者之间建立关系的过程。当然，这个过程是一种互动的，同时也是彼此受益的过程。可以这样认为，在品牌形象上越显牢固的生产企业，其与经销商、消费者及其他市场主体的关系也就越紧密。

因此，品牌作为一种关系或者作为关系的产物，重在强调市场竞争中生产企业、经销商、消费者三者之间，以及它们与其他市场主体之间的平等性、相互依存性甚至有时体现出的排他性。这种关系更多时候表现为，消费者处于中心地位，品牌建设以生产企业、经销商的诚信经营为基础而展开。生产企业、经销商在诚信方面做得越好，消费者心目中的企业品牌形象就越牢固。

（四）品牌 = 承诺

品牌作为符号而相互区分，其根本意义在于兑现承诺。生产假冒伪劣产品的企业，总是喜欢盗用一些市场形象良好的企业的品牌，而自身并不以专门的符号对生产销售假冒伪劣产品进行标识，这就说明品牌具有承诺属性。品牌形象越是显著，品牌市场地位越是牢固，生产企业所对应的承诺就会越多。人们总是乐于购买一些世界著名的品牌，其实质在于这些品牌是以质量、服务、价值、利益、情感等方面的承诺作为诚信保障。

因此，真正意义上的品牌，应当代表着一种契约精神，是功能、利益、价值、属性等质量和服务方面的保证与承诺。例如，购买一款世界著名品牌的洗衣机与购买一款不知名的洗衣机相比，消费者所得到的承诺是完全不同的。以具有"洗衣专家"之称的西门子为例，它所生产的洗衣机终身免费保修。没有过硬的质量，生产企业是不敢轻易作这样的承诺的。

综上所述，品牌的定义应当是，由一定的符号表示且具有资产属性，并体现生产企业、经销商、消费者等市场主体之间关系及相应承诺的，以产品和服务为核心要素、以其他直接相关事物为辅助支撑的综合体。

■ 二、品牌的特征

品牌的特征可以从形式和内容两个层面进行分析。从形式层面来看，品牌具有表象性、集合性特征；从内容层面上看，品牌具有领导性和专有性特征。

（一）品牌必须借助一定的形式来加以表现

品牌必须通过一定的形式表现出来，因此品牌借助表现的形式是品牌最基本的特征之一。品牌是消费者脑海中的一种印象，是企业着力打造的一个概念，因而它是一种抽象的客观存在，具有无形性这一特点；但是它又必须是具体的，必须通过一些其他事物来加以体现其真实的存在。这似乎是一种矛盾。

强调品牌必须借助一定的形式加以表现这个特征，并非出于形而上学的目的，而是突出品牌这个客观事物的本身应有的特点，即它必须重视所借助体现的形式。因此，从这个意义上讲，品牌是一种形式和形象，它是一种表现出来的东西，或者是一种现象，甚至是一种表象。

这一特征本身要求作为品牌的企业或者产品,必须具有能够表现自己的物质载体,不论这种载体是直接的,还是间接的。一般而言,直接载体包括图形、图案、符号、文字、声音等客观事物,而间接载体包括产品的价格、质量、服务、市场占有率、知名度、亲和度、美誉度等行为和心理方面的客观反映。

(二)品牌是一个由多种要素构成的集合体

一般而言,品牌的形式和内涵并不是由简单的甚至是单个要素就能加以完整展现。品牌是一个由多种要素构成的集合体,而且各种要素之间的功能具有相互支持、互为补充的作用。

强调品牌由多种要素构成这个特征,事实上提醒企业在塑造品牌形象时不能过于简单化。品牌要素很多,有形的要素如商标、符号、包装,而无形的要素则如广告所体现的思想与理念、所体现的文化内涵等。正确理解与处理多种要素之间的关系,这是品牌经营与管理的重要前提。

但是,不同类型的品牌,它们的构成要素和各要素所占据的位置并不相同。有些品牌,价格是体现品牌价值的关键要素;有些品牌,质量是体现品牌的关键要素;还有一些品牌,服务是品牌价值的关键要素。品牌的构成要素与企业的经营性质,所在行业的特点,发展所处的历史阶段以及社会文化背景紧密相关。因此,品牌的构成要素具有时代性、地域性等特点。

(三)品牌是企业经营管理的战略性资产

品牌是一种资产,但是它并不是一般意义上的资产,它是决定企业成败的战略性资产。与其他经营性资产不同,品牌对于企业全局的发展至关重要。因此,越是具有战略思维的企业家,越会重视品牌的资产属性,始终关注企业及其产品的品牌形象,并不断加大在品牌建设方面的投入。而那些没有战略思维或者并不是真正意义上的企业领导者,则往往不重视这种资产的开发与利用。

强调品牌是战略性资产这一特征,是要求企业家应当把经营目标定得更加长远,而不只是关注短期市场或行业的变化,并从战略的高度来认真规划品牌的建设,从资产经营的角度来研究品牌的投入与产出问题。这事实上要求企业家具有战略思维的同时,也应当具有品牌运营的观念与技能。重视品牌并发挥品牌在市场上的影响力,利用品牌而达到企业的竞争目标,这是品牌作为战略性资产的真正价值所在。

因此,摆在大型跨国公司、大型国有企业、传统老字号企业领导者面前的任务不仅是保证企业资产保值增值,而且要实现品牌资产的可持续经营。以损害企业品牌形象的资产运营方法确实可以获得短期利益,并使企业的报表更加容易为市场接受,但是从长期来看,则是得不偿失。相反,具有战略思维的企业家通常是通过不断地塑造品牌形象和扩大品牌影响力而抢占市场竞争的主导权。

（四）品牌具有引导并体现市场变化的特征

品牌具有引领市场发展这一特征。品牌企业和品牌产品不仅是市场发展的风向标，同时也是行业标准、技术标准的重要影响者。因此，在产业发展、行业格局、区域经济发展方面，品牌企业和品牌产品发挥着重要的引领作用。一般而言，每一个市场、每一个行业、每一个地区都有处于领导者地位的品牌。这些品牌事实上就是市场、行业、地区经济发展的标志性产物。

因此，关注世界著名品牌经营管理思维、观念与方式的变化，能够帮助决策者把握市场发展的动向，能够对市场的竞争格局、技术发展潮流有更加清晰的判断。以手机行业为例，近年来iPhone手机依靠先进的设计理念和关键技术成为市场的主导者，使苹果公司的品牌形象更加强大和具有影响力，在引领市场发展潮流的同时，该公司也因此而获得了丰厚的利润。2015年，该公司向市场上推出了APPLE WATCH，即具有手机功能的智能手表，尽管引来了不同的评价，但是这种改变人们关于手表消费观念的举动，也将激烈的竞争引向了一个全新的领域。

创造新型的生产经营文化、主导市场发展与消费潮流，这一直以来都是大型、超大型跨国企业追求的目标。在经济全球化、区域经济发展高度融合、技术经济与互联网经济时代，强大的品牌形象与影响力不仅是企业走向国际市场的通行证，而且是企业赢得市场竞争与主导权的有力武器。当一些观念落后的管理者还停滞于追求经济产值最大化时，具有远见卓识的管理者已经把品牌经营管理放在最为重要的位置上进行系统性思考与全方位布局。品牌引导着市场的变化，并改变着竞争的格局。

（五）品牌体现创造性的专有知识产权特征

品牌建立、建设与维护、传承是体现创造性劳动与技术的一种过程，因此品牌具有知识产权特征。不论是以生产技术为依托的品牌，还是以精神文化为依托的品牌，甚至是以时间价值为依托的品牌，这些品牌的内涵中都或多或少地凝结了人们的创造性劳动，因而具有知识产权的特征。

强调品牌中的知识产权特征，其目的在于鼓励创造与创新，使著名品牌能够得到有效保护。同时，每一个品牌所包括的知识与文化，事实上也是人类文明发展进程中的重要构成元素。例如，从美学的角度分析，每一款在世界上领先的品牌似乎都有可以进行深度挖掘的文化内涵，而这些品牌也正是利用现有的文化或者人们比较认同的文化内涵而进行新的文化创造，比如图案的设计，包装的设计，颜色的搭配，宣传口号的语言组织等，这些知识与文化内涵融入品牌之中，同时品牌在已有的文化内涵基础之上进行了符合人们消费心理或者其他层面的提升。

这种不论是体现于技术层面或者是文化层面的新设计，都是品牌专有知识产权的基础。有时，即使没有技术或者文化层面的新设计在内，但是由于稀缺性而具有时间价值，这也构成专有知识产权特征。这种类似于物质的或者非物质的文化品牌，也可以经过法律、专利申请，并以在有关部门注册的形式而获得法律保护。这样，在扩大品牌影响力方面，企业就可以借助于特许经营等形式而将企业的品牌文化复制到世界各地。

第二节 品牌的作用

品牌的作用体现在许多方面，这在本章第一节内容中已经有所涉及。品牌的作用主要体现在三个层面：品牌对消费者、经销商的作用、品牌对生产企业的作用以及品牌对所在社会的作用。

一、品牌对消费者的作用

品牌对消费者的作用主要体现在销售过程中，它有助于消费者对产品迅速地作出判断和比较，同时在使用过程中能够体现出产品应当具有的价值和功效。

（一）识别产品

如前所述，品牌产生的原始动因在于区分不同的产品，因此它对消费者的第一项作用就是将不同的产品区分开来，即便于消费者分清同一种（类）产品中不同产品之间的名称差别。比如，在白酒品牌中，有"茅台""五粮液""汾酒"等著名品牌。如果没有这些名称上的区分，而只有包装容器，人们就很难将这些酒区分开来。经销商在铺货、消费者在购物时都需要对产品进行识别，因而不同品牌的作用就体现出来，例如，不同的价格标签、包装特征、质量特点和具体功效等。

一般而言，优秀的品牌应当在产品的名称、外形设计和包装上特别容易让经销商和消费者做出选择，而那些在品牌方面做得比较差的企业，则在产品识别方面往往不愿意下功夫，有的甚至直接抄袭或者模仿其他企业，进而破坏了公平竞争的市场环境和行业秩序。强化识别功能，有助于消费者在购物过程中减少购买风险，能够帮助他们在相对了解品牌产品的内涵的同时，迅速地做出购买决策，这样就极大地降低了搜寻成本，从而减少了消费者购物过程中的心理损耗。

从质量可靠、性能优越角度来识别产品，这仅是品牌识别作用的一个方面。品牌识别作用主要还表现在，它能够为满足消费者不同层次的需求提供便于识别的特性。按照需求层次理论，消费者的需求是分层次递进的，因而把不同的品牌定位于不同的需求层次，就非常便于消费者在购物过程中进行识别和判断。同样，一些品牌企业也会通过强化自身的品牌识别属性，而主动地将顾客群体进行区分，这事实上也有助于消费者进行对号入座，做出理性的购买选择。

（二）明确责任

品牌事实上建立在产品的性质、功能和利益基础上，因而它所体现的是专门针对经销商销售和消费者购买的一种责任，即生产企业在产品的性质、功能和利益方面应当有保障性和连带性责任，如果出现货不对板或质量达不到要求的情形，则经销商和消费者都可以向生产企业退货。因此，与没有品牌的产品相比，具有品牌的产品，事实上明确了生产企业对其他市场主体的各种相关责任，同时也强调了生产企业应得的市场利益。不同的品牌在市场上销售，由于在内在功能性质和外在形式上存在较为明显的差别，因而从责任的角度而言，有利于政府部门对市场进行监管，保护消费者的合法权益。

因此，从这个意义上讲，品牌是生产企业与其他市场主体之间的一种契约关系，即围绕产品的品质、功能、效用、利益而建立的契约。在直接关系方面，主要是指生产企业责任与消费者利益之间的契约关系；而在间接关系层面，可能包括生产企业与市场中除消费者之外的其他主体之间的契约关系。比如，作为渠道成员的经销商与生产企业之间的契约关系，或非渠道成员的运输商与生产企业或者经销商之间的契约关系。对于品牌产品而言，不论是经销商或者运输企业，它们在责任上可能有别于其他非品牌产品。一种品牌产品由于质量或功能而产生的负面作用，其市场影响力可能远比非品牌产品要大。比如，一家具有百年历史、在世界范围内有一定影响力的快餐企业，如果由于产品质量问题而被媒体曝光，那么它对市场的影响就比一般的非品牌产品要大得多。

总而言之，品牌作为一种责任，它是由生产企业对市场其他主体的责任而主要地体现出来，且这种责任并不是笼统、抽象的，而是具体到每一个与品牌内涵相关的层面，比如质量、功能、利益等。除了经济、法律等层面的责任外，品牌还包括社会责任。品牌企业或品牌产品需要更加关注社会群体的利益，把社会责任放在与经济责任、法律责任同等重要的位置上来加以思考。

（二）品牌对生产企业的作用

1. 质量信息作用

品牌对于生产企业而言，主要还是体现质量方面的信息。应当说，尽管品牌的内涵至今已经发生了较大的变化，但是质量依然是最重要的、最为核心的品牌信息之一。可是，时代的变迁也使消费者对于质量本身含义的理解发生了位移。什么是高质量，并不是一个固定的含义。以服装为例，早期的高品质，可能被理解为结实、耐磨等材料方面的高质量，而现代的高品质则可能更为聚焦于高水平的设计和制作工艺，当然材料方面的质量也是不可缺少的。因此，质量信息所体现的材料使用、制作技术及设计的先进性，这应当是质量信息的主要内容。

2. 功能区隔作用

品牌对于生产企业而言，功能区隔是体现品牌价值的重要方面。品牌除了上述质量方面的特殊性之外，功能方面的区分，是一个品牌区别于另一个品牌的又一重要维度。以汽车品牌为例，在基本功能相同的前提下，不同生产企业可以对其品牌进行功能拓展而体现品牌价值，比如安装一些方便生活的器具、智能化的通讯工具和导航设备，等等。同样是汽车生产企业，但是由于在品牌功能方面所展现的差异化，就可以更加彰显品牌的价值。同时，区隔作用也使一些品牌能够先入为主，将后来者拒之门外。品牌在某种意义上是一种消费偏见，因而区隔性越强，可能越会引起消费者的关注。

3. 价值象征功能

品牌对于生产企业而言代表着企业的价值与观念，品牌中不仅包含质量、功能等元素，而且也包括企业所追求的价值理念。例如，在品牌产品的包装上，经常会见到有关价值观念的陈述，此时，品牌是作为价值象征功能而发挥作用的。在一些广告宣传中，价值象征功能得到了充分的体现，比如，有的品牌就直接在广告中进行价值和使命的传递，有时甚至掩盖了产品的真正功能和效用。在人们越来越崇尚先进价值观念的时代，品牌事实上已经成为一种重要的介质来体现人们的思想和情感，真正意义上的企业家总是能够把自己的经营观念和企业文化通过品牌而传播开来。

4. 形象塑造功能

企业直接宣传自身形象往往很难取得理想效果，而通过产品甚至品牌来宣传企业形象则效果十分明显。现实生活中，人们通常熟悉市场上的各种品牌，而对这些品牌背后的生产企业却知之甚少，除非特别留意品牌背后的企业名称及其经营理念。如果企业名称与品牌名称是统一的，在品牌塑造过程中，企业的形象可能就是品牌的形象。因此，如果企业特别在意自身的形象，就应当在品牌产品的投入方面加大力度。企业拟塑造的形象与品牌产品之间的形象越是具有高度的契合关系，则越是有利于形象的塑造。从品牌与企业之间的联动关系上可以看出，企业与品牌之间互为因果关系，改善企业的经营管理有助于提升品牌形象，而产品品牌形象的改变又会反过来作用于企业的形象。

5. 特色保持功能

品牌的特征不是经常变化的，它应当具有相对稳定性，同时应当具有可传承性。一个知名品牌产品的内涵究竟是什么，在消费者心目中往往会有一个客观评价，这其实就是所谓的品牌特色，而企业生产长期以来的追求事实上也是为了能够形成这样的一个评价。因此，有了品牌效应之后，企业和产品的特色就比较容易保持下去；而没有品牌效应或者品牌影响力不大，企业"宣称的特色"就很难被市场所认同。因此，从这个意义上来理解，越是具有品牌影响力的产品，其特色越明显；而越是没有品牌影响力的产品，它的特色就越是不明显。强化特色似乎成了企业经营管理的一条发展捷径，但是真正意义上的特色并不是短期之内就能形成。品牌企业或品牌产品的特色可能需要特殊的时代文化、经营管理理念及独特的技术共同来促成，因而它并不是一件可以由人们随意操纵的事物。

6. 利于竞争功能

在前面论述中，我们已经强调了品牌作为竞争工具的有力作用。事实上，品牌在现代市场上更多时候是企业为了维护市场地位或者市场份额而做出的一种应急性选择。品牌作为战略工具可以在关键时刻使用，以克敌制胜；品牌也可以作为战术工具，起到堡垒作用。当竞争白热化时，企业在品牌产品方面所采取的价格行动和市场行为是决定竞争成败的重要措施。品牌产品的市场号召力降低了企业的营销成本，因而便于获取竞争中的优势地位，同时能够获得溢价功能。非品牌产品并不具有这些功能，即便模仿也不可能具有相似的效果。前面所讲的品牌的导向性，在市场上主要体现在竞争导向方面，例如，著名品牌之间为了获得市场主动权而发动的价格战，通常更能引起消费者的广泛关注。

（三）品牌对所在社会的作用

品牌对所在社会的作用是多方面的。首先，品牌是建立在诚信基础上的一种契约与承诺，越是重视诚信的社会，越是容易创造出品牌企业和品牌产品。因此，从品牌企业和品牌产品的数量、资产经营规模和管理水平，能够大致判断出一个社会的发展状态，即经济、社会、文化和法制的总体水平。品牌既是经济发展的产物，也是社会道德发展的产物，同时还是法制环境下的产物。品牌总是与文化相联系，而且体现出一定的文化属性。因此，对于特定的社会而言，品牌的作用既在于标明经济发展的总体水平，同时也能体现出社会对于诚信的重视程度。

在法制健全的社会中，品牌能够比较容易地存活下去；而在法制环境比较脆弱的社会中，品牌经营经常会面临各种困境。品牌对于社会而言，能够稳定人们的消费倾向，同时使整个社会的消费聚集在一些有代表性的品牌周围，从而使广大消费者在消费意识上变得秩序化、具有可比性和可参照性。因此，在崇尚品牌文化的社会中，人们在消费中的层次感要更加强烈一些，消费的目标也更加明确。品牌作为一种文化载体，能够向不同的社会输出文化，传递价值观念和信仰。例如，经济全球化的一个重要标志就是品牌的全球化与国际化，它使不同文化以品牌为载体而呈现在消费者面前，这一进程本身带来了人们在消费选择上的趋同性，同时也导致了消费多元化。

品牌企业和品牌产品是社会进步的加速器。品牌作为社会文化的一部分，能够增强所在社会的凝聚力和向心力，同时也体现着一种社会精神和价值追求。有些品牌由于自然和地理条件而形成，如特定的气候、土壤条件而出产的产品，尽管这与社会文化的结合并不紧密，但是这些产品的加工过程却体现着内在的社会文化。人们在社会进步的潮流中总是喜欢追求有品位的生活和社会交往状态，而在这种社会关系中，品牌是体现这种社会进步并加速这一进程的重要推动力量。

第三节 品牌和产品、商标之间的区别与联系

一、产品和品牌之间的区别与联系

品牌与产品之间的关系较为复杂。一般而言，产品是品牌赖以存在的基础，如果没有产品，品牌也就成为无源之水，无本之木。从这个意义上讲，品牌是在产品基础之上不断发展升华而后形成的。品牌事实上进一步解释了产品是什么，以及一项产品区别于其他产

品的主要特征。但是，产品向品牌的跨越，并不是简单的自然成熟型，即如果没有企业的大力投入与精心培养，产品很难成为品牌。

在市场营销的概念组合中，产品是指能够提供给市场的以满足人们需要和欲望的任何东西。因此，广义的产品既包括服务，也包括组织、个人、事件、地点、信息以及理念等。产品是市场存在的基础，而品牌则未必是市场存在的基础。一个市场中可以没有任何品牌而存在，并进行有效的市场交换。比如，普通的农产品市场，尤其是菜市场，最具代表性。产品向商品的转化是在市场中完成的，品牌作为产品中的一个特定部分，它向商品的转换与一般的产品并没有什么本质区别。

在前面的论述中，我们已经对品牌下了定义。如果将这个定义与上面对产品的定义进行对比，可以发现二者之间的区别十分明显。产品的概念重在强调满足消费者的需求这一功能，而品牌的概念则主要强调某一产品与其他产品的区分度及其特征。如果再进一步细究，产品主要是从生产角度或者供给角度来思考如何满足市场需求，而品牌则强调在满足某一特定层次市场需求的前提下，不同产品之间在功能、效用、属性、利益、价值等方面的差异性。比如，在没有品牌介入的情形下，消费者所选择的是产品或商品；而在有品牌介入的情形下，消费者所选择的是品牌产品或非品牌产品。

产品分为核心产品、形式产品和延伸产品三个层次。从产品与品牌之间的关系来看，品牌的打造可以在这三个层次上下功夫。但是，一般而言，在核心产品这个层次上，如果产品A和产品B同属于一种产品，且二者构成直接竞争关系，那么产品A想区别于产品B的难度就非常大，除非有技术方面的重大突破，否则很难在这个层次上体现出品牌的差异性。这并不是说在核心产品层次上实现品牌化经营就完全没有可能，事实上，许多企业就是在这个层次上把竞争对手抛在了后头。例如，"苹果"就是在手机这个层面向着智能化方向实施革命性变革，进而将其他竞争者远远地抛在了后面。品牌可以在产品的任何层次上进行深加工，或者同时在这三个层次上展开加工。品牌的优越性不仅取决于在这三个层次上加工的技术领先性以及三个层次上加工的搭配效果，同时还取决于消费者对加工后的效果的心理认同感。

但是，我们更常见的是在形式产品和延伸产品这两个层次上进行品牌化经营与管理，因为这样做的效果比较直观。这个方面的例子比比皆是，如果想在形式产品上进行品牌化经营与管理，那么就可以通过直接改变产品的形式和包装来实现，比如推出所谓的"系列产品""姊妹搭档"，等等。例如，一家汽车生产企业，在完全没有能力改进生产技术的条件下，可以对汽车款式进行系列化品牌设计，即只改变车辆的外形、大小、内部配置所用的材料以及外部颜色等。这样的品牌化经营比较容易实现，因而是省事省力的一条捷径；如果想在延伸产品上进行品牌化经营与管理，那么就可以为消费者提供更加细致周到的服务，甚至延伸到一些与产品基本不相关的其他领域。这种品牌化经营的缺陷在于，它并不具有长期、可靠的效果。

基于产品与品牌在上述各个层次的区别，我们可以把产品与品牌之间的关系通过图1-1表现出来。

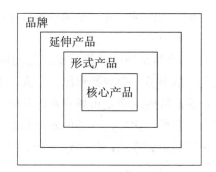

图1-1　产品与品牌的关系

二、品牌和商标之间的区别与联系

品牌与商标是两个不同的事物。有品牌的产品不一定有商标，而没有品牌的产品不一定就没有商标。但是，一般来讲，作为品牌的产品，最好有商标，这样有助于获得法律保护，即拥有专利权，能够防止他人侵权。但是，有些东西是不能够用商标来进行品牌化管理的，例如，名人、名地、名迹、名著，等等，不便于进行商标化管理，但是这些客观存在的事物都具有商业价值，也能够进行品牌化经营与管理。因此，从这个意义上讲，品牌与商标的口径并不一致。但是，具体到市场上的一般商品而言，例如白酒、香烟、汽车、洗衣机、冰箱、电视、电话、电脑、服装、日用生活品等，通常都会有商标，并作为品牌区别的显著特征之一而体现其商业价值。

商标是商品标识。它主要从法律、专利角度来解释产品和保护产品。例如，一个品牌用以区别于其他品牌的标识可能有很多种，但是商标却是唯一的，且在法律上是有效的，具有专利权。因此，在品牌化经营中，一家企业可能对其所经营的产品进行不同角度的商业标识、标记，但是从法律监管的角度来看，只有经登记备案的商业标识才具有保护作用。

品牌与商标的不同之处，在于它从价值、情感、战略等角度来解释产品的作用。品牌中既包括物质利益，也包括情感利益。而商标中并没有这些东西的体现，它就是一个用来进行司法界定或进行市场交换所依赖的工具。商标是经注册就可以成立或者确立的一种形象，而品牌不通过登记、注册就能够形成。

例如，在市场上，一位女性消费者在购买一件服装时，她可能会问"这件针织毛衣是什么牌子的？"而一般不会问"这件针织毛衣是什么品牌的？"事实上，这时的"牌子"指的就是"商标"。而如果此时店员说这件针织毛衣是"×××世界著名企业生产的"，并让消费者认真地观察标签上的商标和其他信息，那么，这位消费者心里可能会从这个商标上想到许多相关的信息，并认为"噢，原来是牌子货"。这时的"牌子货"事实上并不是指该商品有商标，而是指它是一件品牌产品。此时，商标能够帮助消费者了解商品的功能、属性、利益、价值，从而使消费者确信这样一个商标所体现的是品牌产品。因此，她可能会对这件产品的质量、价格、设计、服务有一种新的判断和评价。

从上面这个例子中可以看出，注册商标和宣传商标是企业需要认真做好的事，而一件产品是否属于品牌,则由消费者从其他途径所获得的信息以及自身的内心感知来做出分析判断。当然,对于店员所提供的信息,消费者也会认真地进行再评估,即这件产品现场所展示的质量、功能、利益、价值是否与店员所提供的信息是一致的。如果此时消费者对这家世界著名企业一无所知,那么,她是否会最终购买这件商品就不好作出判断。也就是说,这家企业尽管有商标,有合法的、专利的保护,但是由于没有在这位消费者心目中形成品牌印象,因而很难产生实际的影响力。

尽管商标是品牌区分的显性化的重要标志之一,二者甚至在一些场合指向相同的事物,但是在概念理解和实际工作中,还是不应当把二者混为一谈。

本章小结

本章重点对品牌的含义进行了深度挖掘,分析了品牌的基本特征,并与产品相对比,分析了二者之间的异同,同时揭示了品牌与商标的区别。

中文"品牌"对应的英文是"Brand",该词据说源于古挪威语"brandr",即"打上烙印"之意。关于品牌,比较一致的判断是它作为记号最早用于牲畜身上。

关于品牌的含义,可以从四个方面来理解:它首先应当是一种符号;其次,它可以与资产画等号;再者,品牌表明了一种关系;最后,品牌是一种承诺。

品牌的特征主要包括:品牌必须借助一定的形式来加以表现;品牌是一个由多种要素构成的集合体;品牌是企业经营管理的战略性资产;品牌具有引导并体现市场变化的特征;品牌体现创造性的专有知识产权特征。

关于品牌的作用,主要是从其对消费者、生产企业和所在社会的影响来进行评价。品牌对消费者的作用主要有识别产品、明确责任两个方面;品牌对生产企业的作用主要表现为,质量信息作用、功能区隔作用、价值象征功能、形象塑造功能、特色保持功能和利于竞争功能;品牌对所在社会的作用主要表现为,品牌是建立在诚信基础上的一种契约与承诺,越是重视诚信的社会,越是容易创造出品牌企业或品牌产品,品牌既是经济发展的产物,也是社会道德的产物,同时还是法制社会的产物。

品牌总是与文化相联系,而且体现出一定的文化属性。品牌企业和品牌产品是社会进步的加速器。品牌作为社会文化的一部分,能够增强所在社会的凝聚力和向心力,同时也体现着一种社会精神和价值追求。

关于品牌和产品之间的区别与联系,可以概括为,产品是品牌赖以存在的基础,如果没有产品,品牌也就成为无源之水,无本之木。从这个意义上讲,品牌是在产品基础之上不断发展升华而形成的。

关于品牌与商标之间的区别与联系,可以表述为,品牌与商标是两个不同的事物。有品牌的产品不一定有商标,而没有品牌的产品不一定就没有商标。商标是商品标识。它主要从法律、专利角度来解释产品和保护产品。品牌与商标的不同之处在于,它从价值、情感、战略等角度来解释产品的作用。品牌中既包括物质利益，也包括情感利益。而商标中并没有这些东西的体现，它是一个用来进行司法界定或进行市场交换所依赖的工具。商标是经注册即可成立或者确立的一种形象，而品牌并不是通过登记、注册就可以形成的。

案例背景信息

三星的涅槃之路：卓越的品牌战略管理

品牌是企业最有价值的无形资产。对于企业来说，品牌可以将其产品与服务与其他竞争者区别开来，是其竞争优势的主要源泉；对于消费者来说，品牌既可以提供信赖，减少购买风险，也是其独特个性和价值观的体现。品牌在企业发展过程中作用显著，品牌的建立亦是一个长期的过程，需要企业持续精心的投入和呵护。世界上许多富有价值的品牌最初都是由一些名不见经传的小品牌发展起来的。其中，三星就是一个极具代表性的例子。

20世纪30年代，三星刚问世时只是一家小商铺。20世纪70年代，三星发展成一个为日本三洋公司打工的OEM厂商。直至20世纪80年代至90年代初，三星还是廉价货的代名词。当时三星公司模仿别人的技术，制造大量缺乏灵感的廉价产品。三星公司生产的微波炉卖到美国，由于产品大量堆积，只能打折销售。因此，三星产品在美国人眼里，只是廉价的"地摊货"。后来三星通过给著名国际品牌制造芯片及电子产品，成为韩国成功的制造企业，但是三星品牌还是与国际品牌相距甚远。

1997—1998年，亚洲爆发了严重的金融危机，三星深受重创，公司负债170亿美元，裁员达30%，几乎到了破产的边缘。就在这生死攸关的时刻，三星集团总裁李健熙力排众议，在负债累累的情况下做出大胆决策，出资4 000万美元加入奥林匹克TOP计划（The Olympic Plan，全球赞助计划），以提升三星品牌形象。1999年，三星集团在经营战略上做出大胆调整，从大规模OEM制造转向创新技术及产品，实施品牌战略，打造自有品牌。战略上的调整，使三星公司最终涅槃重生。短短几年间，三星迅速崛起，缔造了一个品牌传奇。

2005年，根据美国《商业周刊》发布的"全球最有价值品牌100强"排行榜显示，三星品牌价值高达149亿美元，首次超过索尼的108亿美元，名列第20位。2015年，在最近公布的排行榜中，三星以453亿美元的品牌价值排名第七，与2014年一样属于历史最高排名。自2012年以来，连续4年跻身全球最具价值品牌榜十强，并呈稳中有升之势。

在短短不到20年间，三星从廉价的"地摊货"脱胎换骨变为国际品牌，无疑创造了世界品牌史上的奇迹。显然易见，三星的巨大成功必然离不开三星的全球化品牌战略管理。

一、确立"引领数字融合革命"的品牌愿景

经历1997年和1998年的亚洲金融危机后,三星总裁李健熙深刻地认识到,品牌制胜才是三星崛起的关键。李健熙敏锐地感觉到,数字化浪潮正在席卷全球消费电子行业,从模拟技术到数字技术,是整个消费电子行业技术发展的方向。于是,在李健熙的带领下,三星决心把核心竞争力从大规模的制造转向基于数字技术的自有品牌。三星制定了新的品牌战略,确立了新的品牌愿景"引领数字融合革命",致力于领导全球数字集成革命潮流。

紧密围绕这一品牌愿景,三星提炼出"数字世界"(Digital all)的品牌核心价值,给品牌注入"e公司、数字技术的领先者、高档、高价值、时尚"等新元素,使品牌内涵与进军高端数字化产品、追求高附加价值的战略相适应,彻底改变三星过去在消费者心中"低档、陈旧"的印象,使三星展现出高品牌、高价值、时尚潮流的新形象。此后,三星在全球进行了声势浩大的品牌推广活动,树立了三星在数字化时代领导者的品牌形象。

"引领数字融合革命"这一品牌愿景的确立,为三星找到了品牌崛起的支撑点,也拉开了三星腾飞的序幕。仅仅一年时间,三星便取得了瞩目的成就,公司收入增长了10倍之多,公司股票上升了233%,净收入增长100倍之多。

二、品牌战略的有力执行

任何正确的战略都必须依靠有力地执行才能掷地有声。为了把品牌战略贯彻到企业运营每个环节中。1999年,三星正式设立了"集团品牌委员会",规定三星集团所有下属公司在海外市场使用三星品牌时都需获得"集团品牌委员会"的许可。与此同时,集团设立每年预算高达1亿美元的集团共同品牌营销基金,以有力推进品牌战略的执行。

过去三星是一个低端消费电子制造商,拥有包括Plano、Wiseview、Tantus等在内的一大堆品牌,使消费者眼花缭乱。新的品牌战略制定后,三星果断砍掉其他品牌,着力主打"三星"一个品牌。

三星过去的广告代理商数目众多,一度高达55家,导致三星品牌信息繁杂,形象模糊。为了改变这种混乱局面,三星对这50余家广告公司进行整合,选用全球五大广告集团之一的IPG公司负责三星的品牌推广,使三星的品牌形象得以统一和简化。

为了提升品牌形象,三星于2003年开始,将产品定位于高端市场,全面停止了传统低端消费电子和家用电器产品的生产。三星还对其产品销售渠道进行了调整,将产品从沃尔玛、Kmart等以低价吸引消费者的连锁超市中撤出,转移至Best Buy、Sears、Circuit City等高级专业商店进行销售,使三星产品在消费者眼中从"低价格"转变为"高品质"。

三、塑造高附加值产品识别

产品是品牌的载体,规划好品牌在产品层面上的识别可以迅速提升品牌价值,不断累积品牌资产。三星品牌战略的成功离不开其"World Best, World First"产品战略的有力支撑。

三星对产品质量有着极为严格的要求。三星集团总裁李健熙认为"产品的缺陷就是癌症",在20世纪90年代,他毅然将价值5 000万美元的问题手机付之一炬。在近乎苛刻的质量标准下,三星产品品质不断提升。

三星卓越的品牌战略管理,就是基于成功构筑了"技术领先、时尚简约、高档、高价值、数码e化"的产品识别。无论是三星手机、数字电视、显示器还是MP3、笔记本电脑、投影仪,无一不体现出"设计时尚简约、气质尊贵高雅、功能强大先进、操作简单方便"的特色,无一不体现出领袖群伦的卓越品质。目前,三星的设计人员多达500余人,在首尔、伦敦、东京、旧金山拥有四个设计中心。三星的设计作品屡获大奖,2015年在IF工业设计"奥斯卡"中荣获包括7项金奖在内的48项大奖,位居金奖数排名第一。

四、助推奥运盛会,提升品牌价值

近年来,无论是在奥运会、世界锦标赛,还是在其他一些国际重大体育赛事上,都不难发现三星的身影。1997年,受亚洲金融危机重创的三星负债累累,在这种情况下三星只用了三天时间就毅然决定出资取代摩托罗拉成为奥林匹克TOP赞助计划合作伙伴。在尝试过赞助汉城奥运会的甜头后,奥林匹克TOP赞助计划已成为三星体育营销的最高策略,三星每年市场营销费用为20亿美元,其中体育营销约占20%。从长野冬奥会、悉尼奥运会、盐湖城冬奥会,再到雅典奥运会、北京奥运会,三星标志与奥运五环紧紧联系在一起。2007年4月,三星与国际奥委会续签了TOP赞助协议,将赞助时间延续至2016年。借力奥运盛会,三星摆脱了以往低端的品牌形象,品牌价值大幅提升。

体育运动团结、进取的精神与三星企业哲学存在强烈的共鸣,三星正是借助奥运平台,向全世界消费者传播其品牌内涵,赢得了消费者的好感和信任。

(资料来源:杨兴国.品牌伐谋[M].北京:经济管理出版社,2013.)

案例讨论题

(1)三星成功的背后诠释了怎样的品牌含义?
(2)从品牌与产品两个不同的角度,试分析三星成功的主要原因。
(3)在本案例中,品牌管理的重要性主要体现在哪几个方面?

复习思考题

1. 简述品牌的基本含义。
2. 品牌的作用有哪些?请举例说明。
3. 品牌与产品的区别主要表现在哪些方面?请举例说明。
4. 简述品牌与商标的区别与联系,并以某一著名品牌为例加以说明。
5. 从营销学角度试分析企业重视品牌管理的原因。
6. 列举近年来世界市场上成功的品牌,说明它们成功的原因。

第二章
品牌的分类与发展阶段

本章知识点

- ➢ 品牌分类的主要方法
- ➢ 品牌发展的层级
- ➢ 品牌的不同形式
- ➢ 品牌发展阶段

品牌的分类与发展阶段的划分，主要是为认识品牌和便于品牌管理而进行的。因此，品牌分类和品牌发展阶段，可以依据企业的需要以及研究工作者的动机来确定划分标准。由于考察市场的出发点不同，而且分类的目的主要在于对比与鉴别，因而品牌分类的标准选择会出现主观差异。就品牌发展阶段而言，由于每个国家和地区的历史发展情况不同，以及对于品牌的重视程度的差异，因而所进行的划分通常主观性比较强，在学术研究和实践工作指导方面仅具有参考价值。

第一节　品牌分类

品牌分类可以有许多标准和划分方法，最常见的有以下几种：

一、根据品牌的市场地位分类

根据品牌的市场地位分类，主要是为了分析不同品牌在市场竞争中所处的具体位置以及在品牌建设方面应当采取的方法。但是，由于品牌在市场竞争中所处的位置可以由多个维度来进行判断（比如按照技术的先进性、品牌在消费者心目中的地位以及品牌文化的先进性等不同的维度），因而品牌的市场地位可能是一个综合评价的结果。从总体上看，按照这种分法，可以分为领导者品牌、挑战者品牌和追随者品牌三种品牌类型，并从形状上构成品牌市场地位金字塔，如图2-1所示，在其下方是还没有发展成为品牌的一般产品名称集合。

图2-1　品牌金字塔

（一）领导者品牌

所谓领导者品牌，是指在同一市场中，与其他品牌相比，一个品牌（或一些品牌）

具有能够引领市场潮流、成为市场发展标尺以及在市场上具有不可替代作用的突出地位。这个（这些）品牌在知名度、美誉度和忠诚度以及市场占有率等评价品牌影响力的指标方面，总体上要高于同类产品的品牌。以快餐行业为例，麦当劳和肯德基都应当属于市场领导者品牌，尽管它们二者之间互为竞争对手，且市场份额有一定区分，但是都具有控制市场的能力和机会，同时在文化方面各有特色，在消费者心目中的地位各有千秋。又如，可乐品牌中的可口可乐和百事可乐，都属于引领市场发展的领导者品牌。需要指出的是，在一些行业和特定的时期内，领导者品牌可能是唯一的，但是通常情形下的领导者品牌可能不止一个。再比如，在下火凉茶这个市场中，王老吉和加多宝都应当是领导者品牌。如果以人们所熟悉的手机市场为例，则iPhone应当是2015年总体上处于领导者地位的品牌。

（二）挑战者品牌

挑战者品牌应当是处于市场中第二发展梯队的一个（或一些）品牌。由于在正常的市场状态下，竞争者往往很多，因而挑战者品牌往往不是一个，而是有一批，有时甚至是一大批。在领导者品牌唯一时，处于第二、第三甚至第十位的品牌都可能是挑战者。除了位置上的顺序是判定挑战者品牌的指标外，更为重要的应当是处于该类别的品牌与处于领导者地位的品牌之间的客观差距以及该类别品牌内部差距的不明显性。

挑战者品牌具有一定的市场知名度，同时具有美誉度和忠诚度，且市场份额也并不十分小，但是，在消费者的印象中，处于这个类别的品牌，人们对它们的总体评价总是有一定不足，或者有明显的缺点，也就是所谓发展中的短板，比如技术方面、文化方面，或者其他方面。总之，与领导者品牌相比，该类品牌并不是市场和行业发展的风向标，甚至不能够代表最先进的技术采用以及流行的消费文化。挑战者品牌从资产规模、品牌印象、技术使用、文化体现等多个层面都整体地落后于领导者品牌。

（三）追随者品牌

追随者品牌通常是指市场中所谓的跟风者。这个（或这些）品牌通常比挑战者品牌总体上低一个层次。如果在一个市场中竞争者众多，那么追随者品牌就处于这个市场中由所有品牌产品构成的金字塔的底层。当然，在品牌产品构筑的金字塔的下方，存在着大量的不具有品牌的一般产品。但是，不能认为追随者品牌下方的没有品牌的产品就是不重要的，须知这样的一个基础对于品牌金字塔的形成又是十分必要的。许多世界著名品牌也是从不知名的一般产品发展而来的。

追随者品牌介于不知名的产品名称集合与具有挑战者资格的品牌群体之间，它们是市场中的活跃者，主要满足各个细分市场、微细分市场的需求。尽管在普通消费者大众的心目中，追随者品牌可能没有什么位置，甚至不能形成鲜明的品牌形象，但是对于人们的生活而言，这些品牌必不可少。比如，在日常生活用品这个产品类别中，充斥着大量的品牌，而且在这些品牌之下还有一些未成为品牌的产品名称集合。而在这些大量的品牌中，许多品牌就属于追随者品牌，它们不能出现在大型或超大型商场的货架上，而只能出现在中、小型商场甚至街边的地摊上。这些品牌由于活跃了市场，因而成为满足低收入群体需求的重要产品来源。

二、根据品牌的影响力分类

根据品牌的影响力分类，主要是为了掌握在特定的市场中各个品牌的作用及其发展方向。影响力是一种比较抽象的概念，在此处主要是指在地域上某个或某些产品所形成的品牌影响。这种影响事实上体现在这些地域中人们的消费行为和消费选择方面。因此，品牌的影响力是一种空间概念，即在多大的地理空间范围内它的作用是有效的，或者是能够影响人们的消费方式的。如果超出了这个范围，可能就是其他品牌的领地。因此，品牌影响力像动物种群中的领地划分一样决定着每一个品牌的发展空间和发展方向。根据这样的理解，我们可以把品牌分为区域性品牌、全国性品牌、国际性品牌和全球性品牌四种类型，如图2-2所示。

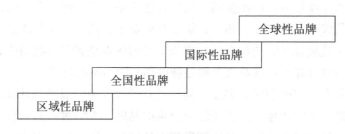

图2-2　品牌发展层级

（一）区域性品牌

所谓区域性品牌是指某一品牌或者某些品牌对所在地区，如当地的城镇、地市、省份甚至省份之间具有较大的影响力。这种影响力不仅体现在知名度、美誉度和忠诚度方面，而且还体现在市场份额方面。这些城镇、地市、省份以及省际消费者通常认为这个（或这些）品牌品质优良而且值得信赖，同时在情感上也倾向于选择这个（或这些）品牌进行消费，而不是选择其他的竞争性品牌。区域性品牌在一些中小城市和地理、气候、文化等特点比较鲜明的地方尤其受到推崇，因此区域性总是与当地的风土人情、消费习惯、人文历史等紧密结合在一起。

例如，在白酒这个市场中，中国的名酒很多，但是具体到一位普通消费者，他所了解的通常都是全国性品牌和区域性品牌这两个级别的品牌，也就是说他作为消费者，对于处在这两个级别之间的甚至之外的其他类型的品牌并不是很了解，这就是品牌的区域性在消费者认知方面的体现。在全国性品牌中，一名四川的普通消费者可能在知道茅台、五粮液、泸州老窖、汾酒、竹叶青等全国性品牌的同时，还知道江津老白干、文君酒等区域性品牌，但是对于四川省之外的其他一些省份的白酒，比如内蒙古生产的金骆驼、敕勒川等品牌，他可能知之甚少，甚至完全不了解。因为白酒的酿造工艺并不复杂，因而几乎每一个城镇都可以生产出自己的品牌,并在当地畅销,而且人们对于水质和原料的认同,也乐意选择区域性品牌进行消费,甚至在情感上排斥区域外的品牌。当然,全国性品牌另当别论。

有些区域性品牌如果在营销方面做得足够好的话,是有可能成为全国性品牌的。往往这些区域性品牌有着不可替代的自然资源优势和历史文化优势。在农产品和旅游文化景观方面,这样的例子非常多,往往是先成为区域性品牌,然后不断发现其价值,继而成为全国性品牌。在农产品方面,例如荔枝、龙眼、橘子、橙子、苹果、桃子、杨梅等,现在的全国性品牌都是由以前的区域性品牌发展而来的。广东的荔枝、龙眼,四川、江西的橘子、橙子,山西、山东、陕西的苹果,河北的桃子,江浙一带的杨梅等,都有各自的品牌产品。在这些大的地域之内,具体到某一种产品,比如橘子,四川省之内的各个地市都会有多种不同的品牌,而且在品质上略有差别,它们都是依托于独特的地理气候条件而形成区域品牌,其中品质上乘者,比如金堂橘,成为全国性品牌。而在一些其他行业,比如家电行业,由于其产品本身的特点,在运输方面并不受时间和空间的限制,如果经营得较为成功,则能够发展成为全国性品牌,有的甚至成为国际品牌直至全球品牌,如海尔。

(二)全国性品牌

全国性品牌是在一国之内拥有较高知名度、美誉度和忠诚度,且产品市场份额在行业中占有较大比重的品牌。如前面所述,全国性品牌往往是由区域性品牌发展而来的,只有在区域性品牌这个层面上品牌形象做得牢固了,企业才能考虑向着全国性品牌来建设和发展。有时,一些小的区域性品牌在并不具备客观条件时提出了建设全国性品牌的目标与口号,这其实是一种品牌形象定位的误区。全国性品牌除了品牌质量、技术等方面的硬性要求外,还对文化、消费观念与习惯等条件有一定的依赖性。有的产品类别中很难形成全国性品牌,比如饮食中针对特定社会群体的品牌,很难从一个社会人群跨越到另外一个社会人群,进而形成全国性品牌。因此,全国性品牌的一个重要前提条件是在消费习惯和文化方面的一致性,那些与当地历史文化、消费生活方式紧密结合在一起的品牌,往往是区域性品牌而不是全国性品牌,除非专门向区域外推崇这种历史文化和消费生活方式。

全国性品牌是在区域性品牌激烈竞争的基础上,经过优胜劣汰的市场竞争方式而产生的。因此,塑造全国性的品牌,一方面需要企业具有在全国范围内与其他同类品牌产品进行竞争的能力,同时需要企业具备区别于其他品牌产品的特点。全国性品牌是品牌共性与品牌个性的有机统一,其中,共性是品牌向全国推广,得到全国范围内广大消费者广泛认同的基础,比如高品质、高技术含量以及反映共同价值观念的品牌产品,品质、技术以及价值观念都是支持品牌产品在全国范围内获得消费者认同的重要基础。一款品牌产品所具有的共性特征,是决定其在全国市场上受欢迎的基本前提。因此,质量、技术、文化三个要素共同构成了全国性品牌的评价维度。当然,并不是每一款品牌产品都在这三个评价维度上占有同样的比例。比如,家电类产品,其质量与技术要素在构成全国性品牌中所占的比例就要相对高于文化要素;而服装类产品,质量、文化两大元素是其成为全国性品牌的重要基础，而技术则很难在服装上得以充分体现，这与一些旅游产品相似，旅游景区的品牌影响力也主要体现在质量和文化层面上。

相对于区域性品牌，全国性品牌的特点要更加明显，即在区域性品牌向全国性品牌发展过程中，特点更加突出的区域性品牌率先成为全国性品牌。由于在一个国家之内，其主流文化是统一的，区域之间技术发展水平差距并不是很大，且各区域之间社会人群的交往并不像国际之间那样受限制，因而，全国性品牌在文化、质量、技术三个层面上都有别于区域性品牌和国际性品牌。在文化层面上，全国性品牌所体现的通常是国家的主流价值观和核心文化；在技术层面上，全国性品牌所体现的通常是国家的最为先进的生产技术和加工艺术；在质量层面上，全国性品牌所代表的是质量中的最高层次，服务的最高水准。因此，区域性品牌向全国性品牌的发展，必须从文化、质量、技术三个层面上进行准确定位，只有在文化上强调共性与主流，在质量上展现一流水准，在技术上体现国内最先进的技术，那么这样的区域性品牌才能发展成为全国性品牌。

（三）国际性品牌

国际性品牌是品牌产品从全国性品牌向全球性品牌发展的必由之路。当一个品牌跨出国门，能够在其他一些国家进行销售，在当地市场具有知名度、美誉度和忠诚度的同时，能够占据一定的市场份额，这个品牌就已经成为国际性品牌。由于国际性品牌与全国性品牌相比，所面临的市场环境更为复杂，品牌在市场中的竞争更加激烈，因而，塑造国际性品牌比起塑造全国性品牌，难度要大得多。因此，熟悉国际市场环境，了解国际政治趋势，掌握国际品牌发展潮流，这是企业家在进行国际性品牌建设这项决策时，必须具备的基本素质和信息资源要素。

国际之间的社会制度、历史文化认同、经济发展阶段等是国际性品牌建设时需要思考的重要因素。在一个国家之内的主流文化价值观念，在另一个国家可能就是受排斥和受限制的对象；在一个国家之内被广泛推崇的消费方式，在另一个国家就可能成为一种受冷落的或过时的生活状态；在一个国家之内被认为是先进的技术，在另一个国家的市场上，这种技术可能早已过时；在一个国家之内被认为是成功的品牌形象设计方案，在另一个国家则可能成为受攻击的对象。因此，鉴于国家与国家之间的差异远比一国之内各个省份、各个地区之间的差异要大，国际品牌建设的基本思路应当是"求同存异"，尽可能扩大共同面，尽量缩小差异面。完全没有差异的国际性品牌，在国际市场上几乎是不存在的。

寻找一个品牌能够在国际市场上立足并成为国际性品牌所需的共性，这是国际性品牌建设中首要解决的问题。正如上面所讲到的，这种共性可能也体现在质量、技术、文化这三个层面上，但是它们的要求可能更高一些。比如，在质量方面，不同国家之间，对于高质量的评价尺度并不一致，而且评价质量的维度选择也各有侧重。比如，就快餐店而言，在一些国家，干净整洁是最为重要的质量要素；而在另一些国家，服务员的态度是最为重要的质量元素；还有一些国家，快餐的质量则取决于数量的多少与服务的速度。因此，如果一家快餐连锁店要想成为国际性品牌，那么它必须对所进入国家的质量标准有一个清晰的了解。在技术和文化方面，所做的工作可能比质量方面的投入还要多。尤其是文化方面的融入，这是国际性品牌建设的最大难题之一。

国际性品牌的特点在于：它只是在一些国家得到认同，在世界范围之内可能并不具有全面的影响力。国际性品牌除了在质量和技术层面上低于全球性品牌之外，可能还体现在文化方面的局限性影响了这些品牌成为全球性品牌。但是，越来越多的跨国企业开始注意到这些问题，因而在推动本企业产品从国际性品牌向全球性品牌发展中努力适应所在国家和地区的文化环境，甚至针对不同的社会人群采用不同的文化符号，这样就使国际性品牌在向全球性品牌发展过程中，其品牌特征远离了原先的文化内涵。当然，这种为了适应市场竞争状况和消费者需求的做法，在区域性品牌向全国性品牌发展中也会存在，只是品牌远离其核心文化价值的程度不同而已。因此，如何在全国性品牌发展成为国际性品牌、国际性品牌发展成为全球性品牌之后，保护品牌内在的核心要素并不丢失，这是品牌建设与发展中需要认真解决的问题。

（四）全球性品牌

全球性品牌是在国际性品牌基础之上发展而来的，它是品牌发展与建设的最高层次。几乎所有的企业都在梦想着自己的品牌成为全球品牌，因此不少企业在企业还很微小的时候就提出了宏大的建设全球性品牌的梦想。全球性品牌是在世界上所有的国家和地区都具有影响力的品牌。即使在一些国家和地区由于自身的经济发展水平所限，并没有大量销售和消费全球性品牌的经济和社会基础，但是这些品牌在企业家和消费者的脑海中仍然占有重要的地位。例如，广大消费者可能会知道许多全球性品牌，如奔驰、宝马、微软、IBM、英特尔等，但是并不见得这些消费者就能够消费得起这些品牌旗下的产品。除了日用生活品中的全球性品牌，如可口可乐、百事可乐、P&G的产品、联合利华的产品等能够被消费者大众购买并消费之外，一些充斥于商业广告之中的全球性品牌尽管深入人心，但是真正成为人们的购买选择可能还有一定距离。

因此，从上面的分析中可以看出，全球性品牌的重要特点在于对全球市场的影响力，尤其是对所在行业及行业内企业的影响力。当然，这些品牌对于消费者的影响力也是客观存在并十分重要的。尽管消费者不一定具有消费这些品牌的实际购买力，但是他们总是把这些品牌作为实现人生价值的追求，比如喜欢香水的女士会认为香奈尔是体现自己人生价值的追求，喜欢名贵皮包的消费者会认为拥有一款价值高昂的LV皮包是自己的梦想，而男士则可能把拥有一款价值在几十万元的瑞士名表作为体现自己社会地位与事业成功的标志，等等。全球性品牌不仅是一种质量、价值、技术、文化的综合体现，它可能还是一种消费时尚与潮流。全球性品牌与国际政治、经济、文化等紧密相关，与影响世界进程的重要事件紧密相关。全球性品牌除了长期的历史文化、加工技术工艺积淀之外，还与品牌所在国家的文化密切相关。一些追求生活时尚与消费情趣的国家，容易培养出奢侈品牌；一些追求在加工工艺上做得精益求精的国家，容易创造出制造业品牌；而一些地理、气候条件优越的国家，农产品品牌会影响世界市场。

在历史文化方面具有独特优势的国家和地区，在培养旅游文化世界性品牌方面具有优势。当然，一些奇特的地形地貌也会吸引全球消费者的目光。在历史文化条件不足时，通过人们的创造力和想象力也可以造就出一批全球性品牌，如迪士尼乐园、好莱坞影城等主题公园。全球性品牌的存在基础是有全球性的消费者大众，因而通过发现人们生理和心理层面的追求，尤其是全球共性的追求，这是全球性品牌的客观基础。全球性品牌除了需要在开发市场方面迎合当地消费者的实际需要外，更为重要的是要针对全球消费者的共性需求和需要，这些需求和需要主要来自于精神层面。越是能够在心理层面上满足消费者需求的全球性品牌，其市场地位越会牢固；越是只能在生理层面上满足消费者需求的全球性品牌，其市场地位越容易被竞争者所取代。因此，我们经常注意到一种现象，全球性品牌的生产企业往往十分注意品牌物质属性背后的文化价值观念的传播，即企业在传达自身使命、价值观念、美好愿景等方面通常远远高于国际性品牌和全国性品牌。

三、根据品牌化的对象分类

根据成为品牌的具体对象，我们可以对品牌进行分类。在市场营销学中，服务事实上包含在产品概念之中，即服务是作为产品的一种特殊类型而存在，这时的产品是指广义上的产品。但是，在分析具体案例中，我们通常是把产品和服务区分开来，此时产品是指狭义上的产品。狭义的产品与服务之间的区别在于前者是有形的，而后者通常是无形的。但是，在一些行业中，我们经常发现产品和服务的概念界定并不是十分清晰，比如在银行业中，各个银行主要是依靠提供金融服务而存在的，但是这些金融机构的员工通常称自己的服务项目为金融产品。因此，产品这一概念向服务领域的渗透、延伸，导致根据品牌化的对象分类出现了许多新的特点。

还有一些具体事物，它们在性质上既不是产品，也不是服务，而是一种独特的形式，比如组织机构、名人、事件、地点、信息、理念，等等。这些既非产品形态又非服务形态的客观事物，同样可以进行品牌化经营运作。组织机构、NBA比赛、FIFA组织的各类赛事、奥运会、展览会、名胜古迹、有用的信息、新的理念，等等，都可以作为品牌来实现它们的各自影响力，并使这种影响力在层次上不断提升。因而在产品品牌与服务品牌之外，存在着第三种品牌，即可以脱离产品和服务而存在的品牌形式。当然，这种品牌形式在向更高层次的经营管理状态发展时，往往需要具体的产品和优质的服务作为支撑。由此，我们可以根据品牌化的对象将品牌分为三大类：以产品为主体形式的品牌、以服务为主要形式的品牌和以其他事物为主要形式的品牌，如图2-3所示。

图2-3 三种不同形式的品牌

（一）以产品为主要形式的品牌

完全以产品为表现形式的品牌在市场上几乎是不存在的。因此，我们见到的产品品牌更多时候是以产品为主要表现形式的品牌，而此时服务形式和其他形式在品牌的展现中并不起主要作用，或者仅起补充作用。消费者在日常生活中接触最多的是以产品为主要形式的品牌，而且越是社会经济发展处于相对不发达层次的阶段（或地区），产品作为主要形式的品牌占据的市场份额会越大；反之，社会越是进步，经济越是向前发展，则以产品为主要形式的品牌会在市场中所占的比例大幅下降。但是，这并不意味着产品形式的品牌并不重要，相反，产品形式的品牌在发达国家（或经济处于发达阶段）的市场中，地位更加牢固和不可替代。在成熟的市场经济中，市场的稳定性与产品形式品牌的稳定性有着密切关系。农业、原材料生产行业和加工制造行业，是产品形式品牌产生和发展的重要经济基础。

（二）以服务为主要形式的品牌

第三产业的迅速发展使广大消费者对服务有了全新的认识，服务行业的范围不断扩大，服务的程度更加深化、细化。服务行业在国民经济中所占的比例，这是衡量一个国家和地区经济发展所处阶段的重要标准。经济发展和社会进步同时也使越来越多的业务和职能从生产领域分离出来而单独地成为服务行业。服务品牌是以服务为主要表现形式的品牌，产品和其他形式仅是作为补充而发挥作用。我们日常生活中熟悉的品牌绝大多数都包括服务在内，甚至许多品牌本身就是服务品牌。例如，人们接触的餐饮行业中就有许多品牌，这些品牌本身由产品和服务共同构成，餐馆中既提供各种有形的产品——特色菜肴，也提供多种形式的服务——点菜、上菜、清理餐桌等。但是，如果一家餐馆成为服务品牌，那么，它主要是以产品为依托的服务而形成品牌形象的。也就是说，在这家餐馆的经营中，服务环节比其本身的产品形式可能更重要，当然这并不意味着产品的不可替代性可以忽略。

（三）以其他事物为主要形式的品牌

以其他事物为主要形式的品牌，包括组织品牌、个人品牌、事件品牌、地点品牌等。这些品牌有一个共同的特点，即通常没有具体对应的产品形式，也没有具体对应的服务形式。这些品牌可能是一个多种品牌元素构成的综合体，而在这些元素中间，有形的产品和无形的服务并不处于主导地位。以组织品牌为例，几乎每一个世界著名企业的名称都是品牌，但是这些企业名称显然不是具体的产品和具体的服务，它事实上是一个由多种品牌元素构成的综合体。在想象某个著名企业的名称时，人们的脑海中可能会闪现出许多具体的东西，有的是无形的服务，有的是有形的产品，还有一些是经营管理的风格和理念，甚至是企业的工作场景和对外展现的形象，或者是一些品牌形象代言人的宣传口号，等等。世界上著名的事业单位，如一些非营利性的组织机构，也是组织品牌家族中的重要构成部分。

个人品牌的形象塑造是一个比较独特的领域，这些个人多为公众人物，如歌星、影星、体育明星、媒体名人、权威人士、政治领袖、社会活动家、著名学者等，通过精心的形象设计与广告宣传，个人品牌也能够体现出应有的商业价值。但是，与普通产品品牌和服务品牌不同的是，个人品牌是一种以"人"为核心的品牌，因此它更加强调外表、个性、情感、态度、关系等与人的外在属性和内在属性相关的一些特征和元素。简单地将一般产品或服务的品牌管理理论应用于个人品牌，通常并不能够取得理想的效果。在其他品牌中比较特殊的还有事件品牌，通常与特定的社会文化环境、历史背景等结合在一起，如夏季奥运会、冬季奥运会、著名民族文化节日、足球世界杯等，都属于世界上著名的事件品牌，这些品牌通常是与人们的精神追求高度相关。而地理品牌，如奇特的地形地貌、风景名胜区、旅游城市等，有些品牌属于大自然的杰作，在其基础之上人们进行开发与保护，有些品牌则是人文历史方面的题材，是经过历史的积淀与人们的发掘而逐步形成的。个人品牌、事件品牌和地理品牌都是其他品牌表现形式中较为独特的品牌类型，是品牌研究与开发的新领域。

一家企业特别是跨国企业，它的品牌往往不是单一的，而是由多个品牌形成的相互支撑的品牌体系。品牌体系通常以核心品牌为主要发展对象，而以辅助品牌为主要补充对象，核心品牌与辅助品牌共同形成企业的市场竞争力。但是，不论是核心品牌，或者是辅助品牌，都可能是一个综合体，即其中既有产品品牌元素，也有服务品牌元素，还有其他品牌元素。因此，在现实生活中，完整的产品形式的品牌，或者完整的服务形式的品牌，或者完整的其他形式的品牌，并不多见。在市场中通常出现的情形是，一个品牌很难从性质上判断其品牌类别，它往往是由多种品牌元素构成的综合体。

四、根据品牌之间的关联分类

品牌通常并不是作为单独的个体存在的，它往往与其他品牌形成一定的依赖关系，甚至构成品牌关系网。因此，我们可以根据不同品牌之间的关联度，进而将品牌划分为主品牌（母品牌）和副品牌（子品牌）。尽管在理论上可以对品牌之间的复杂关系进行划分，但是在实际工作中，做这样的划分通常极为困难，甚至不同品牌之间的逻辑关系并不是很清晰。因此，品牌划分的标准如果选择不当，就会引起品牌分类的不清晰，有时甚至会出现品牌关系称谓的混乱现象。根据品牌之间的关系划分不同品牌，在不同的企业可能有完全不同的划分方法，因而主品牌与副品牌之间的关系划分只是一个相对的概念，不可将其进行绝对化理解。

例如，一家汽车生产企业，它生产了不同品牌系列的产品，即每个品牌都有各自的产品系列，但是这家生产企业本身就是一个组织品牌，因此，如果考察这家企业与其自身某个具体品牌（越野车系列）的关系，那么这家企业就是母品牌，而这个具体的品牌就是子品牌。而如果仅是考察这个具体的品牌而不涉及其生产企业，那么，此时这个品牌下的不同产品项目就可能是子品牌，而这个具体的品牌就是母品牌。当然，有的汽车生产企业并不把处于某个品牌下的产品项目称为子品牌。以P&G公司为例，作为生产企业，它是一个组织品牌，即母品牌，但它同时也在经营着许多子品牌，而且这些子品牌并不局限于日化行业。飘柔是其子品牌，且下面还有整个系列的产品，这些产品就不应当被视为子品牌。

需要注意的是，像上述这种母品牌（主品牌）与子品牌（副品牌）之间的关系，并非仅存在于生产企业与具体的品牌之间，事实上更多地存在于两种或多种不同的具体品牌之间。以生产企业作为母品牌来培育子品牌，其繁衍能力受到组织品牌向产品品牌或服务品牌延伸时一些不可控制的客观因素的制约，因而并不容易被市场所广泛接受，同时也容易引发管理风险。因此，通行的做法是将一个本身并不是生产企业名称的品牌发展成为母品牌，然后在其基础之上再发展子品牌系列。

第二节 品牌发展阶段

品牌发展阶段属于品牌发展历史这一范畴之内。研究品牌发展历史事实上是为了更好地把握品牌发展的基本方向和路径。由于人们对于市场的最初出现的时间和地点总是存在着不同的认识和看法，因而对于与市场紧密相连的品牌，其形成的历史与发展路径也有着不同的观点。

一、品牌发展历史

从第一章中关于品牌的符号说可以推测出，品牌随着市场的出现就出现了。但是，细究具体的年代和地点，在这个方面统一人们的认识，其实对于今天研究品牌管理意义并不是特别重大。总体来看，品牌作为一个客观事物，它本身经历了产生、萌芽、成长和成熟四个阶段。由于世界各国的发展情况并不相同，因而品牌这一客观事物在世界各地出现的时间并不相同，有的国家早一些，有的国家晚一些。国际贸易诞生之后，品牌经营管理的先进思想与理念从发达国家传输到发展中国家。

理论界一般认为，品牌作为客观事物最早出现的时间段可能要追溯到古希腊时期；进入中世纪后，品牌管理的思想逐步萌芽；之后，发展到19世纪末20世纪初，许多至今仍然活跃在世界市场上的品牌集中诞生，品牌经营管理实践活动成为促进世界经济增长的重要推动力量，品牌管理思想随之不断向前发展；第二次世界大战后，世界政治、经济、社会格局发生巨变，品牌经营管理实践和思想发生革命性飞跃，影响世界市场竞争格局的新品牌不断出现，新技术革命、新消费潮流使品牌经营管理思想逐渐趋于成熟。

我国由于传统农业社会经历时间较长，市场经济发展时间比较滞后，尽管品牌早已出现于我国古代社会，但是品牌管理实践活动和品牌管理思想，作为一个成体系的事物，其历史并不是很长。但是，从阶段上进行判断，我国品牌管理实践活动与品牌管理思想现阶段仍然处于快速发展时期，即处于成长壮大阶段，在品牌管理方法与工具方面，仍然在积极借鉴国外尤其是西方发达国家的先进经验，尽管已经形成了一批有世界影响力的品牌，但是品牌管理的任务仍然比较艰巨，道路并不平坦。

▎二、品牌发展阶段

　　从总体上对一个国家和地区的品牌发展进行阶段定位，并不能够否认这些国家和地区之内的某些具体品牌发展阶段的超前性这一特点。因此，在对待品牌发展历史与品牌阶段时，应当从总体和个体两个不同的层面进行把握。这就是说，即使是在品牌经营与管理观念比较落后的国家和地区，也可能会存在着一些特别好的产品品牌、服务品牌、个人品牌、事件品牌和地理品牌，只是从总体上评价一个国家和地区的品牌发展水平时，这些特别好的品牌可能由于所占比例较低而不能成为影响总体评价的主要因素。因此，我们在判断一个国家和地区的品牌发展阶段时，通常是指这个国家和地区的品牌经营管理的总体水平与发展所处阶段，而不是仅就某个具体品牌而言。

　　在此我们需要探讨影响一个国家和地区品牌经营管理水平与能力的主要因素，并为企业的品牌管理决策提供客观依据。事实上，影响一个国家和地区品牌经营管理水平与能力的因素可能有很多，比如国家和地区的经济发展水平，对商业文化的重视程度，对企业经营管理风格保持的有效性，不同地区之间发展水平的差别，不同行业之间发展水平的差别，等等，这些都会从整体上影响品牌发展的能力和水平。尽管品牌作为一种客观事物，其发展阶段与产品生命周期的运行轨迹有相似之处，即总体上要经过新生期、成长期、成熟期和衰退期这四个主要的阶段，但是，在不同的经济社会文化环境下，品牌所经历的这四个阶段，其内在的质量和水平并不相同。

　　在经济发展水平较高的国家和地区，由于社会环境较为稳定，市场经济体制比较完善，因而对于品牌的诞生和发展具有积极的保护作用，一个品牌所经历的发展阶段可能是一种比较正常的轨迹，即逐次经历新生、成长、成熟、衰退这四个阶段。但是，在经济发展水平不高的国家和地区，由于社会环境缺乏稳定性，而且法律体系不健全，市场经济体制不完善，市场中的竞争缺乏伦理秩序的约束，因而品牌所经历的发展阶段可能并不完全与产品生命周期描述的相一致，有的甚至会在某个阶段长期停滞，甚至在某两个阶段之间出现不断的反复，例如，一些企业由于领导层的变化或者行政权力的干涉，而使品牌形象长期徘徊在成长与成熟之间，很难形成稳定的品牌形象。

　　从某种意义上讲，品牌发展经历的阶段应当是社会、经济、政治、文化等环境因素与品牌自身发展的内驱力共同作用的结果。因此，对品牌发展阶段的探讨，不应当仅停留于品牌本身的研究层面上，而是要与品牌外在的环境相结合进行探讨。比如，品牌的产生与发展以及逐步走向世界，从社会环境这个角度来考察，诚信是品牌形成的社会基础，而美学的利用是品牌发展的文化基础，技术是品牌提升内在质量的重要物质条件。品牌较多的国家和地区，或者对品牌比较重视的国家和地区，通常具有品牌产生的社会文化土壤，而且能够在品牌出现之后，通过市场竞争环境实现优胜劣汰，最后在稳定的法制环境中将品牌有效地保护起来，进而形成一种特别有利于品牌产生、成长、成熟的环境。

　　但是，在缺乏诚信的社会中，品牌的建设会受到许多因素的制约，比如知识产权、商标权的侵犯，技术发展水平不支持品牌快速发展，以及人们不会从美学的角度来欣赏品牌，等等。这些环境因素并不是企业家主观能力在短期之内所能影响和改变的，因此，优化品牌发展的社会环境，对于品牌正常进入发展阶段十分必要。在一个国家和地区的品牌体系中，处于生命周期各个阶段的品牌数量，应当在结构上和规模上有一定的比例关系，并客观反映所在国家和地区的经济发展能力与社会文化发展水平。培养有国际影响力的品牌，并不是企业家个人的事，它应当是整个社会的责任。

因此，品牌意识培养应当是贯穿品牌发展所有阶段的一项重要活动，它主要是针对企业家和消费者而言的。从市场经济发展的基本趋势上看，未来的竞争事实上越来越向着品牌竞争的状态发展。对于企业家而言，如果树立不起品牌意识，则意味着在市场中没有立足之地。品牌在未来的市场竞争中，它已经不是一种仅供高收入人群所使用和消费的奢侈品，而是一种在市场中获得生存空间的必备工具。尤其是在经济全球化和区域经济一体化的今天，在互联网已经将全世界的市场联为一体时，没有品牌可能就意味着失去了进入国际市场的通行证。品牌意识的培养应当从六个方面着手：服务质量意识、知识产权意识、诚信经营意识、公平竞争意识、文化传承意识和企业形象意识。

本章小结

本章重点介绍了品牌的分类方法和品牌发展阶段的划分。

品牌分类可以有许多标准和划分方法。根据品牌的市场地位分类，可以分为领导者品牌、挑战者品牌、追随者品牌；根据品牌的影响力分类，可以分为区域性品牌、全国性品牌、国际性品牌和全球性品牌；根据品牌化的对象分类，可以分为以产品为主要形式的品牌、以服务为主要形式的品牌和以其他事物为主要形式的品牌。当然，也可以根据品牌之间的关联程度进行分类。

研究品牌发展阶段，一般要追溯品牌发展历史。品牌随着市场的出现而出现。但是，如果细究具体的年代和地点，人们在这个方面并没有形成统一的认识。总体来看，品牌作为一个客观事物，它本身经历了产生、萌芽、成长和成熟四个阶段。由于世界各国的发展情况并不相同，因而品牌这一客观事物在世界各地出现的时间并不相同。

理论界一般认为，品牌作为客观事物最早出现的时间点可能要追溯到古希腊时期。进入中世纪后，品牌管理的思想逐步萌芽。在此之后，人类社会发展到19世纪末20世纪初，许多至今依然活跃在世界市场上的品牌集中诞生，在这个时期，品牌经营管理实践活动成为促进世界经济增长的重要推动力量，品牌管理思想也随之不断向前发展。第二次世界大战后，世界政治、经济、社会格局发生巨大变化，品牌经营管理的实践和思想发生了革命性飞跃，影响世界市场竞争格局的新品牌不断出现，新技术革命、新消费潮流使品牌经营管理思想逐渐趋于成熟。

我国由于经历了较长时间的传统农业社会，因而使市场经济发展时间较短，品牌管理发展水平相对滞后。尽管品牌早已出现于我国古代社会，有学者甚至认为品牌在我国出现于"三皇"时期，但是品牌管理实践活动和品牌管理思想，作为一个成体系的事物，它在我国的发展历史并不是很长。因此，如果从发展阶段上进行判断，我国现阶段的品牌管理实践活动与品牌管理思想仍然处于快速发展时期，即处于成长壮大阶段。与之相应，在品牌管理方法与工具方面，我国仍然在积极地借鉴国外尤其是西方发达国家的先进经验。尽管我国企业已经形成了一批有世界影响力的品牌，但是所面对的品牌管理的任务仍然比较艰巨，品牌管理的发展道路并不平坦。

案例讨论

案例背景信息

汾酒的品牌发展历史

"借问酒家何处有，牧童遥指杏花村。"唐代大诗人杜牧的诗句使汾酒美名远扬。

一、历经千载，盛名不衰

汾酒作为中国名酒，具有悠久的发展历史。这款出产于山西省汾阳市杏花村的白酒品牌，自诞生以来，就受到中国广大消费者的喜爱。汾酒酒力强劲而无刺激性，饮后使人心旷神怡，回味悠长。自南北朝时期起，汾酒便以"汾清"之名作为宫廷贡酒而著称，北齐武成帝对其推崇备至。至盛唐时期，留下不少与汾酒有关的佳词妙句。清代时，汾酒已名满天下。在中国名著《镜花缘》中，"山西汾酒"被列于国内五十余种名酒之首。

名酒产地，必有佳泉。跑马神泉和古井泉水流传着美丽的传说。明末爱国诗人、书法家、医学家傅山先生，曾为古井亲笔题写了"得造花香"四个大字，以彰杏花井泉得天独厚之资，寓意所酿美酒如同花香沁人心脾。

二、岁月变迁，品牌弥坚

汾酒酒厂之渊源可追溯至1875年。当年，"宝泉益"酒坊成立。1915年，"宝泉益"将另外两家汾酒生产企业"崇盛永"和"德厚成"并入，更名为"义泉永"。同年，"高粱汾酒"在"巴拿马万国国际博览会"一举夺魁，荣获金奖。从此，汾酒名扬海外、享誉全球。

1948年汾阳解放，国营山西杏花村汾酒厂成立。同年9月，杏花村汾酒出现在开国大典前全国第一届政治协商会议的宴席上，成为新中国第一种国宴用酒。汾酒品牌发展迎来了新的春天。

此后至20世纪80年代，我国白酒行业快速发展。汾酒厂扩大生产规模、进行技术升级。1985年，成为全国最大的知名白酒生产基地。期间，汾酒在三次国家评酒会上被评为"中国名酒",带领清香型白酒迅速占领了白酒市场,市场份额达到70%,成为"清香型"白酒的代表。

1988年,杏花村汾酒集团成立。1993年,山西杏花村汾酒(集团)公司将其主体部分独立出来,组建了山西杏花村汾酒厂股份有限公司,成为A股上市企业。在这一时期,汾酒集团的关注点主要在于对其集团体制进行改组改制,推行TQM,加强对产品质量控制,继续保持"中国名酒"地位。

三、行业调控,结构转型

20世纪90年代开始,白酒行业进入调控时期,汾酒集团对低度汾酒进行技术改造,开发出30年陈酿的青花瓷汾酒,并以此向高端白酒市场挺进。此外,集团还开发了干红葡萄酒,以完善集团旗下品牌酒类结构。但与同期其他知名白酒企业相比,汾酒集团发展较慢,酿造技术创新步伐沉重。

但是,正当汾酒进行品牌结构调整之时,白酒行业中浓香型白酒在酿造技术方面取得了重大突破,这为该类白酒的大量生产提供了现实条件。以五粮液为首的浓香型白酒品牌,抓住机遇,开始迅速夺取以汾酒为首的清香型白酒的市场份额。

而之后行业内假酒案件的频发,也对汾酒的品牌形象造成了一定影响。清香型白酒受到严重冲击,浓香型白酒最终占据了市场70%以上的份额,以山西为主产区的清香型白酒,市场份额一落千丈,在市场中仅占10%左右的销量。

进入21世纪,随着白酒行业的集中程度提升,汾酒集团得到快速发展,其在白酒行业中的排名也开始上升。根据中国食品工业协会和国家统计局工业交通统计司发布的中国白酒工业百强企业排名,2003、2004年和2005年汾酒集团在全国白酒工业企业中均排在第5位,2005年的销售额达19亿元。

2002年至2012年,中国白酒行业迎来了"黄金十年",整个行业快速发展,汾酒的销售收入也实现了大幅增长。

2012年,白酒市场风波不断,白酒行业进入"寒冬",特别是高端品牌,价格持续下跌,市场陷入低迷。2013年,汾酒的销售收入大幅下滑。2014年,清香型白酒(汾酒以15%份额位居清香型白酒第一位)仅占行业的8%。2015年白酒行业中报营业收入数据显示,贵州茅台(157亿元)、五粮液(112亿元)、洋河(95亿元)在行业排名中位列前三,营业收入合计占全行业64%,之后是泸州老窖和古井贡酒,山西汾酒则以22.5亿元排名第六。

四、雄关漫道,品牌重振

纵观汾酒的发展历史,发展速度慢、营销能力差是其被挤出国家级大型酒企的重要原因。虽然山西汾酒当前拥有"杏花村""竹叶青""汾"三大驰名商标,但由于品牌管理理念、企业管理体制、经营效率等原因,在营销渠道上始终没有完成全国布局,以贸易驱动型为主的营销模式仍居主要地位,致使参与市场竞争的意识略显欠缺。

在调结构、稳增长、促民生的新时期,山西汾酒再次迎来了新的发展机遇。在高端白酒市场不断下滑的背景下,中低端白酒市场迎来了巨大的增长空间,例如牛栏山和老白干酒依旧维持10%以上增速。在行业竞争白热化的今天，不进则退，汾酒如果能够加快产品、渠道等转型步伐，完全有希望走在行业的前列。

　　曾经的辉煌只能属于过去，汾酒作为我国白酒行业中具有深厚历史文化积淀的著名品牌，必须积极应对挑战，以更加灵活、更加先进的体制来赢得市场。2014年，山西汾酒引入上海营销公司，并增资竹叶青营销公司；另外，公司还加大对互联网营销渠道的投入，通过建立"汾酒在线"移动终端平台、电商公司等方式，强化在线销售力度。品牌重振非朝夕之功，对于汾酒这个著名品牌而言，更是如此。前面的发展之路并不平坦。真可谓：雄关漫道真如铁，而今迈步从头越。

　　（本案例根据以下资料编辑整理而成：1.张晓凡.山西杏花村汾酒集团的品牌营销研究[D].山西财经大学 2007；2.曾宇.陈年白酒收藏——汾酒[J].酒世界.2012（7）：82-83；3.汾酒集团网站.http://www.fenjiu.com.cn；4.糖酒快讯.http://info.tjkx.com；5.新华网.http://www.sx.xinhuanet.com/newscenter/2013-07/17/c_116566538.htm；6.投资者网.http://www.investorchina.com.cn/article-22573-1.htm；7.东方财富网.http://quote.eastmoney.com/sh600809.html?from=BaiduAladdin.）

案例讨论题

（1）试结合品牌分类理念来分析本案例中汾酒经营的特点。
（2）汾酒在品牌经营管理过程中有哪些可以改进的地方？
（3）试以汾酒品牌为例，说明企业发展历史在品牌中的重要作用。

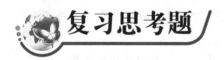

复习思考题

1. 简述品牌分类的主要方法。
2. 领导者品牌与挑战者品牌的主要特点是什么，如何进行区分？
3. 区域性品牌和全国性品牌的区分标准是什么？试举例说明。
4. 产品品牌和服务品牌的各自特点是什么？请举例说明。
5. 品牌发展历史中的各个阶段是如何划分的？
6. 我国品牌发展经历了哪些阶段，目前处于哪个阶段？为什么？

第三章
品牌管理过程

本章知识点

- 品牌管理的含义
- 品牌管理者的层次
- 品牌管理在组织发展中的作用
- 品牌管理中的常见问题

品牌管理既需要关注结果，更需要关注过程。品牌管理结果是品牌管理过程的产物，在实践中并不能够将二者分开。为了更好地研究品牌管理中所面临的各种具体问题，有必要对品牌管理过程进行深入剖析，以指导企业在品牌建设中采取正确的品牌经营策略与品牌发展路径。

第一节 品牌管理的含义与品牌管理者的层次

一、品牌管理的定义

品牌管理是指在特定的环境条件下，一定组织的品牌管理者通过实施计划、组织、指挥、协调和控制等方法，充分调动企业内部和外部资源，围绕实现企业品牌管理目标而开展与之相关的各类经营管理的活动过程。

品牌管理的这个定义，包括了以下含义：

（一）品牌管理是在特定的环境条件下进行的

这里强调特定的环境条件，是为了突出品牌管理与企业的其他一般性经营管理活动的不同之处。企业能够将产品和服务上升到品牌的高度进行管理，所处的环境条件发生了一定的变化，即企业的品牌经营管理更受市场关注，因而企业必须以外部环境条件为依托，并与这种环境条件进行有效的互动。

（二）品牌管理是针对具体的组织而言的

这里所强调的"一定组织"事实上包括企业、事业等各类单位，即凡是能够从事品牌建设活动的组织，都应当包括在内。因此，品牌建设并不单单是企业行为，它可能是政府组织行为，也可能是一些非政府组织行为，比如公益组织、教育组织、社会团体，等等。

（三）品牌管理的主体是品牌管理者

在品牌管理活动中，负责品牌经营与管理的是品牌管理者。品牌管理者既可能是企业的管理者，也可能不是企业的管理者。品牌管理活动的重要性与地位决定了品牌管理者的重要性与地位。

（四）品牌管理包括计划、组织、指挥、协调与控制等具体职能和内容

在品牌管理各项职能中，计划是其最为重要的职能之一，它包括品牌战略与品牌目标的设定，它是其他职能的重要风向标。对于其他职能而言，品牌计划具有前瞻性和指导性

作用。

（五）品牌管理必须充分利用和协调组织的内部资源和外部资源

组织的内部资源包括组织已经拥有的人、财、物等基本生产经营条件；组织的外部资源包括组织能够从其上游环节和下游环节所获得的有利条件。以企业为例，上游包括原材料供应商、政府部门等，而下游则包括市场中的代理商、经销商和消费者等。

（六）品牌管理必须围绕组织的目标而展开，品牌管理目标必须与组织发展的长期目标保持一致

品牌管理是一项长期的战略任务，组织目标是一个相互支撑的体系，其中既有长期目标，也有短期目标，品牌管理目标应当与组织长期发展战略目标保持一致。组织管理者的更替不应影响品牌管理目标。

（七）品牌管理是一个协调的过程

在整个品牌管理过程中，不仅要协调组织内部与组织外部资源之间的关系，同时也要协调实现品牌管理各种工具之间的关系，更为重要的是，要协调品牌管理组织架构内部不同管理者之间的关系，因此，品牌管理活动是在不断地协调过程中进行，其根本目标是完成品牌管理任务。

（八）品牌管理是一个动态的过程

在整个管理过程中，品牌管理需要根据行业环境、市场环境、政策法规环境、社会环境和企业内部环境的变化而不断做出行动与战略的调整。尽管这种调整有时幅度可能会很大，甚至可能在方向上出现逆向发展的趋势，但是从总体上看，这种动态性调整并不会从根本上改变组织的长期目标与发展战略。

二、品牌管理者的层次

品牌管理者的层次与组织管理者的层次在结构上是基本一致的。在组织结构中，一般会设立品牌管理部，作为专门的机构来负责组织的品牌建设。在企业中，品牌管理部门的作用随着企业在行业中的地位和角色而变化。一般而言，越是经营规模和资产数量较大的企业，越会重视品牌管理部门在企业发展中所扮演的角色。例如，大型或超大型跨国企业在品牌管理中特别重视各个品牌系列中的单个品牌之间的关系，它们在维护企业统一品牌形象的同时，尽可能使每一个品牌系列中的单个品牌都发挥其市场影响力；同时，这些企业还会考虑各个品牌系列及单个品牌在不同国家和地区市场中的具体管理问题。因此，从组织架构方面，这些企业不仅会按照不同品牌系列而设立品牌管理部门，而且会根据不同国家和地区市场的差异来设立相应的品牌管理部门。在这些不同的品牌管理部门中，品牌管理者的层次之间表现出较大的差异。

一般而言，品牌管理者的层次分为三层，即高层管理者、中层管理者和基层管理者。品牌管理者层次如图3-1所示。

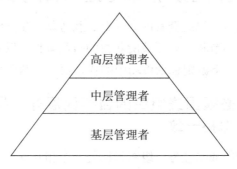

图3-1　品牌管理者结构

品牌高层管理者应当对该组织品牌管理的全局负责，即制订组织品牌管理的使命、目标、愿景和战略，因此，这些管理者应当具有较强的概念技能，同时具有号召力和预见能力，能够把组织中的不同思想和意识形态统一到品牌管理活动中来。品牌高层管理者主要强调看待事物和分析问题的全局观念和系统观念，同时必须具有一定的战略远见，而且能够把不同形势下的各类问题进行有效对比得出结论。作为品牌高层管理者，除了应当具有必备的基层管理工作经验外，还必须具有高于中层管理者和基层管理者的概念推理能力和思维延伸能力。品牌高层管理者的重要素质在于思维的超前性、准确性、预见性，以及思考问题系统性、全局性和客观性，执行能力虽然很重要，但处于战略判断能力和市场洞察能力之后。

品牌中层管理者在组织中起着承上启下的作用，是把品牌管理思想与观念转化为品牌管理行动的重要传导层，或者叫作媒介层。中层品牌管理者是组织发展的加速器，它直接决定了品牌管理的运行效率，因此中层管理结构的设计和布局、职能分工是评价组织品牌管理架构合理性的重要依据。品牌中层管理者不仅应当具有品牌系列或者区域品牌的管理经验，而且应当对于所在市场比较熟悉，能够将抽象的品牌管理思想以行动方案的形式表现出来，同时也能够将组织品牌战略和品牌发展总体目标进行层层分解，做到在不同品牌系列和品牌项目以及不同区域之间的平衡。品牌中层管理者应当具有综合分析市场数据和情报信息的能力，同时能够及时将汇总和整理的部门或区域品牌信息向上级管理部门汇报。

品牌基层管理者具体负责品牌系列或者单个品牌的管理工作。这些管理者通常对于具体的产品或者服务项目比较熟悉，能够从产品和服务角度来把品牌功能解释清楚，同时这些管理者对于市场中不同品牌之间竞争的格局比较清楚，能够直接有效地开展品牌经营管理活动。品牌基层管理者主要强调品牌管理业务技能，而且应当对所负责管理的单个品牌或者品牌系列有一定的技术专长，同时作为品牌管理者结构——金字塔底部的管理者，必须具有执行力和一丝不苟的钻研精神，许多正确的品牌管理建议和意见往往来源于品牌基层管理者的第一手资料和工作发现。因此，作为品牌基层管理者应当主动搜集与品牌管理相关的资料，并向上级品牌管理者汇报所负责的各个品牌项目在市场中的具体表现。

第二节　品牌管理在组织发展中的作用

在激烈的市场竞争中，如果组织不能对自身的品牌进行有效管理，那么就很有可能在追求利润最大化的过程中迷失方向。在整个组织的生命周期内，品牌作为资产的重要性是其他资产所无法替代的。因此，组织中的一项重要管理工作就是管理品牌资产。组织的规模越大，组织的影响力越强，越需要把品牌管理放在更加重要的位置上进行思考。企业作为市场经济中众多组织形式中的一种赢利型机构，在强调其经济性作用的同时，也要强调其管理性作用。品牌管理介于企业的经济性作用与管理性作用之间。越是规范、成熟的组织，越是重视管理，因而品牌管理在组织中所扮演的角色和所处的地位就会越重要。

品牌管理的作用主要表现在以下三个方面。

一、品牌管理能够增强组织的凝聚力和号召力

与不具有品牌影响力的企业相比，具有品牌影响力的企业更容易从市场中获取各类经济性资源、从社会中获取所需要的环境条件和关系资源。同时，具有品牌影响力的企业更容易获得内部员工的认可，员工更加具有责任感、使命感和维护企业品牌形象的主人翁意识，因而归属感更加强烈。因此，品牌管理能够增强企业的凝聚力。

在某些特定的经济发展时期，企业与其投入巨资进行员工的归属感和团队精神的教育，还不如把资金更多地投入到品牌管理方面，尤其是品牌文化的建设方面。强大的品牌通常包括了企业员工的责任与奉献精神等内容，这些内容是企业在与市场的接触过程中发出的承诺，它往往比企业直接面对面教育员工更有效。

超强的赢利能力、企业的经营规模、企业的技术领先优势以及企业的历史和文化等，这些都能够形成企业的凝聚力。对于员工而言，他们选择在某一家企业工作而不在另一家企业工作，主要考虑的因素可能是工资和福利待遇。除此之外，能够影响他们判断的东西还有很多。但是，在收入报酬等条件基本相同时，企业的品牌形象往往对员工的判断起着重要的影响作用。因为品牌形象通常是一种可以带来未来收益的资产，因而员工除了关注企业近期的获利能力外，他们也会时常关注企业在市场中的品牌形象及所生产产品的品牌影响力。

二、品牌管理是促使组织从有形管理向无形管理转变的重要手段

从有形事物的管理逐渐发展为无形事物的管理，对于组织而言，这是一种管理境界的

跨越。在管理学理论中，尽管并没有区分管理有形事物与管理无形事物之间的差异，而且多数时候认为这两种情形下的管理方法是基本一致的，但是具体到实践中，管理有形事物和管理无形事物在具体方法和手段上确实存在着较大的区别。品牌作为一种兼备"有形"和"无形"特征并以"无形"为主的管理对象，对它的管理水平的高低，在一定程度上体现了组织的软实力。尤其对于企业而言，除了需要管理好有形的生产经营元素之外，更为重要的必须对组织中无形元素加以有效管理。

在知识经济和互联网经济交融的时代，组织中无形的生产经营元素越来越多，且在组织发展中的地位更加重要。以信息传播为例，这种无形的生产经营资源，无时无刻不在影响着企业的生产经营决策。品牌作为一种文化或者形象，它存在于消费者的脑海中，却正在实实在在地影响着企业的生产和销售。对于企业家来讲，以传统经济学和管理学理论，可以根据生产要素和投资决策模型来具体地测算生产规模、投资数额、利润水平和盈亏平衡点，可以通过数学模型把库存控制在一个合理的水平上，同时借助于定价工具，也可以对市场中的价格变化及时做出反应。但是，对于品牌这个管理对象，企业并没有可能借鉴的成熟的管理办法和经验，不同的品牌有着不同的文化和历史，因而对于管理者有着不同的素质要求。因此，认识和理解品牌背后无形要素的独特性，是提升品牌管理能力和效果的重要途径。

随着产品生命周期的缩短、市场竞争的加剧，以及技术外溢、国际市场与国内市场的融合，品牌成为区分不同产品之间功能和效用差异性的重要识别标志。产品外形的相似性及功能的相互替代性，也使品牌管理面临着新的挑战。在新的形势下，生产企业更多地将经营管理精力放在了企业的无形要素的经营管理方面。因而，品牌管理成为促使企业从有形管理向无形管理转型的重要手段。强调企业本身及其产品的美誉度、忠诚度和可信度，这本身比企业拥有多少资源和生产能力似乎更重要。在现代市场中，绝大多数消费者之所以追随和认同一些特定的企业和产品，往往是由这些企业和产品所包含的品牌魅力所引起，这种吸引力并不是企业的经营规模和生产能力所能替代。因此，强化品牌管理，诸如品牌文化管理、品牌战略管理、品牌策略管理、品牌理念管理等，这是现代企业必须认真思考的课题。

三、强化品牌管理有助于企业从激烈的市场竞争中胜出

品牌作为市场竞争的有力工具，这已得到各类组织的广泛认同。品牌在影响和左右市场竞争中的作用主要表现为以下四个方面。

（一）品牌影响着产品和服务的定价区间

越是被社会大众广泛认可的品牌，越具有较大的定价空间。比如，在化妆品行业，充斥着大量的奢侈品牌，这些品牌的定价都很高，而且高于同类产品中的一般消费品。奢侈品牌与普通品牌相比，在生产制造的原材料选择上差异并不是很大，而且生产加工过程中所消耗的原材料和劳动也并不会高出后者很多，因而在定价上的差距则主要是由于品牌的

影响力而形成的。因此，尽管在塑造品牌的过程中，企业可能需要投入很大的资金，需要花费很长的时间，但是当产品从激烈的市场竞争中胜出时，企业所塑造的品牌就会形成品牌溢价，可以比普通产品定更高的价格。

从价格竞争的角度来考察，同类产品之间的价格竞争被自然地分割为普通产品之间的竞争和奢侈品之间的价格竞争两个不同的层次和领域。正是由于品牌影响力的客观存在，使许多企业总是希望通过把产品质量和服务水平提升上去，进而使企业能够进入高水平和高层次的竞争领域，因为从事物发展的趋势来看，越是在高层次的领域和空间生存，竞争的相对激烈程度会越低。尽管这些领域和空间的门槛很高、障碍很多、条件也越来越苛刻，但是只要企业能够进入这些领域和空间，竞争的性质就会发生根本改变，竞争的方法和手段也会相应变化。

一般而言，在高层次的领域和空间中，虽然市场竞争在激烈程度上有所减弱，但是竞争的影响力、作用力及其后果却在不断增大，因此在这些领域和空间中的企业，尽管拥有较大的生产、定价、渠道选择和促销安排的自由度，但是它们通常都对使用每一种措施的经济社会效果做出综合评价，十分谨慎地使用每一种营销工具。因此，作为有着广泛市场影响力和品牌号召力的品牌企业，在定价范围的判断和定价方式的选择方面，会充分利用品牌优势，但是也不会滥用这些优势，在考虑企业品牌形象不受损害的同时，也会考虑市场的承受力和社会伦理的要求。

（二）品牌影响着生产企业在产品技术和研发方式上的选择与采用

一般而言，越是成熟的、市场影响力大的品牌，其所使用的技术越是比较稳定，并且在技术的先进性上有必要保持市场领先地位。作为品牌企业或者品牌产品，除了在经济、心理、安全等方面提供给消费者一些重要的功效外，还需在技术上为消费者实现产品的功能和效用提供有力的支持。因此，品牌企业和品牌产品有必要选择先进的技术和领先的技术。

事实上，品牌不仅是一种企业形象或者产品形象的承诺，而且是一种技术上的承诺。尽管市场上有许多品牌企业和品牌产品是以传统技术而立足的，但是这并不抑制它们对于拥有新技术的内在需要。因此，作为品牌企业和品牌产品，在采用技术和决定研发产品的方式上，通常需要具备国际化的视野，能够把世界上最先进的技术运用到生产、经营和管理活动中。如果作为品牌企业和品牌产品的管理者，在技术和研发方面没有这些方面的思想准备，而只是在传统技术上下功夫，那么就会因为技术的滞后而使生产经营管理受到限制。

比如，当世界已经进入信息时代时，如果一家品牌餐饮企业的经营管理仍然停留于传统的订单采集技术，通过由消费者主动上门下单的方式来获得订餐信息，那么这种经营管理方式在技术上就已经远远地落后于现代企业的标准。保持传统尽管能够在一定程度上强化品牌形象，比如一些形式上的传统式样、传统工艺等，但是在实现这些形式所采用的技术上，品牌企业和品牌产品的经营管理者一定要熟悉新技术并善于使用新技术来改造传统表现方式和传统工艺。

(三)品牌影响着生产企业在营销渠道上的选择

一般而言,作为品牌企业或者品牌产品的经营管理者的企业家,他们通常对自己企业和所生产产品的营销渠道的选择尤其关注。营销渠道是体现企业或产品品牌形象的重要途径。企业的品牌形象与营销渠道的形象有着内在的依存性。我们经常见到的情形是,世界著名企业的品牌产品,它们通常出现在大型或者超大型商场的货架上,而且这些大型或者超大型商场通常也不会经营没有品牌地位的企业的产品。在营销渠道的选择上,一般日用生活品的品牌生产企业和品牌产品,它们在营销渠道的选择上可能是个例外。这种生产企业与经销企业在市场地位上的一致性,表现比较突出的是奢侈品行业。当然,考虑企业在行业中的地位及企业所生产产品在消费者心目中的地位,这只是企业选择营销渠道时的一个判断标准。

营销渠道的不同类型:有店铺和无店铺,也是决定企业品牌形象塑造的重要因素。有的企业的品牌形象是通过有店铺的零售形式建立起来并逐渐强化;而有的企业的品牌形象则是通过无店铺的零售形式而建立并强化;现在更多的企业在品牌扩张渠道的选择上是二者都采用。无店铺经营和有店铺经营各有各的优势,尤其是在现代市场经济中,二者之间的优势差别体现得更为明显。无店铺经营中的直接营销和直接销售能够为消费者提供快速便利的服务,而有店铺经营能够满足消费者的体验需求,能够更直接地接触商品和服务进而决定是否购买。各大电商和直销巨头是无店铺企业的品牌代表,而超大型和大型的百货商场、购物中心和超市则是有店铺经营企业的品牌代表。对于一家具体的生产企业而言,究竟是选择无店铺经营其所生产的产品,还是选择有店铺经营其所生产的产品,主要的决策因素除了考虑产品物理和化学特征外,还要考虑哪一种渠道在建立生产企业的品牌方面具有更大的作用与效果。

(四)品牌影响着企业在促销方式上的选择

对于没有品牌影响力的企业而言,它在市场上的促销方式的选择并不会受到消费者的过多关注,相反,如果这类企业采用了有争议的促销方式和方法,通常在不对消费者群体的实质利益构成损害时,往往会由于"吸引了购买人群的注意力"而具有扩大销售的效果,这有些类似于广告宣传。对于有着市场广泛影响力的品牌企业而言,它们在促销方式的选择方面则表现得十分谨慎,会更多地关注一种具体的促销方式或效果对企业品牌形象构成的实质或潜在影响。因此,强调促销方式选择与企业品牌形象的一致性,是这类企业所采用的通行做法。比如,类似于打"价格战"的促销方式对于品牌企业而言,可能并不是一种特别有利地击败竞争对手的方式,因为价格通常与企业所生产的产品和服务的形象之间有着密切的关系,有时,"价格打折"可能就意味着"品牌形象打折"。

鉴于此,为了应对竞争对手在价格方面发起的攻势,有的品牌企业则采取了稳定价格或提高价格以保护品牌形象的做法。但是,在竞争性品牌普遍都降低价格的同时,对于一家品牌企业而言,维护现价或者提高价格的做法必须有提高质量或者服务升级相配套。品牌企业可供选择的促销方式有很多种,促销组合方式也变化无穷,因此改变价格只是较为原始的一种。有的品牌企业喜欢利用广告来开展促销,特别是一些生产大众类化妆品、保健品、汽车、家具、家电的企业，广告的强大宣传效应能够使品牌形象在消费者大众的心目中快速地形成。而一些存在着伦理争议的企业，如烟草、酒精、危险物品生产企业，则喜欢通过组织或参与公益活动来扭转因渠道选择、产品生产或服务提供中包含着对社会有害成分而形成的负面效果，进而稳固或改善企业自身的品牌形象。因此，不同类型的品牌企业，它们在促销方式的选择上各有自己的目标选择和决策路径。

第三节 品牌管理的常见问题及其管理

品牌管理中常见的问题有很多种类型，有的属于一般性的管理问题，即在非品牌类企业中也经常会出现，比如计划、组织、指挥、协调和控制等环节中出现的功能性、职能性、结构性和人员性问题；有的则属于比较独特的管理问题，即仅在品牌类企业的管理中出现，主要由品牌这一事物本身的特性而形成。我们研究的品牌管理问题，在类型上属于后者。品牌管理中问题的性质和类别不同，企业采取的解决方式也有所不同。

一、品牌管理目标被短期利润和市场份额目标所替代

品牌管理目标在企业的整个目标体系中属于战略目标，在时间上属于中长期目标。一般而言，品牌管理目标往往与企业的市场份额目标紧密地联系在一起，但是又不同于后者。在功利性特别强的企业中，市场份额目标可能从属于利润最大化目标而成为企业在短期内获得巨额利润的工具之一，因此它可能与品牌管理目标所要求的中长期性有一些差异和区分。但是，如果品牌管理目标完全脱离市场份额目标，那么品牌管理就会成为缺乏市场需求支持的一种管理现象。品牌管理目标一定是建立在一定的市场份额基础之上，但并不以市场份额最大化为导向。

通过制定较高的价格或者在一定的价格条件下获得最大的市场份额，这通常是在短期之内获得最大经济收益的有效办法。高定价方式中的撇脂定价或者低成本定价方式中的市场份额最大化定价，确实都能够在短期之内为企业带来大量的利润和现金流，甚至能够快速建立企业在市场中的稳固地位，将竞争者的生存空间压缩在狭小的范围内。但是，过高的定价或者过低的定价，都是一种短期的应对市场竞争的行为，而不是从企业品牌发展自身而考虑的行为，因而这些方法都会在一定程度上背离品牌管理的长期目标。尽管品牌管理目标的制定必须且应当考虑市场中的竞争情况，而且有时也确实需要考虑一些短期的经济利润，但是，从企业的长期发展来看，正确的品牌管理目标一定是建立在企业自身的发展轨迹和运行规律基础之上。

因此，品牌管理目标通常是由组织的创始人所设定，它并不体现市场环境的变化，往往与企业设立的使命、美好愿望和根本目的紧密地联系在一起。在这个由初创人所设定的品牌管理目标中，出于个人所处现实条件和认识能力的局限性，并不可能把一个品牌在其

生命周期中所可能经历的市场环境变化都准确地做出预见和判断，因而也就不可能对价格或者市场份额等做出具体的要求。因此，组织或者更具体地说是企业，它们往往倾向于用一些抽象或者模糊的词语来表述品牌管理的目标，即如果要把企业建设和发展成为一个品牌企业，必须在经营和管理理念方面坚守的原则和道德标准，以及企业发展在接近理想形态时应当具有的特征。这些要求、原则和标准，显然不是短期的利润目标和市场份额目标所能够代替的。

从上面的分析中，我们可以总结出以下内容：组织的品牌管理不同于企业的短期利润目标，它既不是利润最大化，也不是市场份额最大化，因而那些把品牌管理目标从利润最大化角度进行解释，或者从成为行业中规模最大的企业角度进行解释，事实上都是一种认识上的误区。作为企业的管理者，尤其是高层管理者，在品牌管理方面他们的首要责任是传承企业的根本目的、使命、美好愿望，而不是不断地改变企业品牌管理的目标。

二、企业把品牌管理简单地理解为产品商标和企业形象管理

商标是把不同品牌加以区分的重要工具。在品牌的有形构成要素中，商标是其中最为重要的成分之一。这也是许多组织重视商标管理的重要原因所在。但是，商标只是从形式上尤其是法律上区分不同品牌的内涵，它并不能够更多地从其他层面对品牌应有的内容给予解释。许多企业在处理品牌管理方面的问题时，首先想到的是加强商标及其相关知识产权的保护，而且在这些方面大量地投入时间和精力。有的企业甚至认为，只要商标在市场中的地位保住了，品牌的地位就会变得牢固，并因此而在商标的设计和商标使用权限的争夺中花费巨资。这个方面的实际例子很多，即企业非常重视外在的区分度，而不重视内在品质的培养。外在的、形式上的差异通常很容易引起消费者大众的注意，而内在的、品质上的培养需要耗费较长的时间。因此，对于功利型企业而言，特别容易进入把品牌管理理解为商标管理这样的误区，致使品牌缺乏内涵与深度，从而成为影响企业长期发展的因素。

与上述问题相似的就是把企业的品牌管理理解为企业形象管理。一般而言，品牌形象中包括企业形象，企业形象中含有产品和服务的品牌形象。这二者之间相互促进，互相依存。企业形象通常以企业中的人、财、物等具体形式而展现出来，它更加重视当期的、现场的、对外的效果，比如员工的精神面貌和工作态度，企业工作场景的布置和厂区环境的建设，以及企业所生产产品样品的展示，等等。而品牌形象与之不同，它更多的是通过直接的、对比的、内在的感受来影响消费者的情感和认知。如果消费者并没有实际购买和使用企业的产品，那么这款产品所代表的品牌形象就很难在消费者心目中形成，消费者此时即使对该品牌有了一定的表象认识，但是也并不能够十分肯定地认为这个品牌就是能够满足其消费需求的。因此，在消费者的购买选择中，比较理性的判断应当建立在以企业形象为辅助来进一步认识品牌形象这个基础上，而不应当只重视企业形象而忽视品牌的真正内涵。正是由于现实环境中经常出现把企业形象等同于品牌形象这一问题，因而不少功利型企业利用了这种认知误区而大量地投资于企业形象建设。

企业形象建设在性质和功能上属于品牌的外在表现，而品牌形象的真正内涵在于产品所传递的信念、价值、文化与情感。有时，企业形象与品牌形象在时空上是分离的，但是这并不影响品牌形象的建立。例如，波音公司的企业形象主要展现场所在美国的西雅图，而该公司的品牌形象在多数时候是通过波音飞机的性能和质量展现出来。有时，企业形象与品牌形象在时空上又是一体的，即品牌形象以企业形象为载体。例如，沃尔玛作为全球最大的零售商，它的品牌形象与每一家实体店的企业形象高度地融合在一起。对于企业形象与品牌形象分离的企业而言，品牌管理的重点应当放在产品和服务上，而不应放在企业的总部建设或者生产设施展示上。对于企业形象与品牌形象在时空上能够融合的企业而言，品牌管理的重点在于融合体的场景建设和人员的技能和服务的水平。在此，有必要区分生产型企业和服务型企业这两种在性质上略有不同的品牌管理主体。一般而言，以产品为品牌管理主要对象的企业，商标、包装、销售渠道是品牌管理的重点环节；而以服务为品牌管理主要对象的企业，由于对体验场景有一定的要求，且企业实体与服务提供的融合程度较高，因而应当把企业形象建设作为品牌管理的重要内容之一。

三、广告宣传中的大量投入和品牌多元化经营中存在的问题

广告对于企业和产品的宣传而言，是一种重要的途径。理论界至今对于广告与品牌之间的因果关系仍未有定论。有的研究认为，企业是因为先有强大的广告效应，而后建立了品牌形象；也有研究认为，企业是因为先有品牌效应，而后广告才起着带动市场的作用。但是，不管怎样，广告与品牌之间这种直接的呼应关系，确实在影响着企业家的管理和决策，即是否应当在广告中投入大量的经费，进而确立企业和产品在市场中的品牌优势地位。在实践中，通过大量投入广告费用进而实现销售迅速增长并确立企业和产品品牌形象的例子确实有不少，尤其是在市场刚刚形成时，这种做法总是能够起到特别好的效果。因为，消费者在不成熟或者处于发育期的市场中所能获得的企业和产品信息是相对有限的，因而那些善于利用广告这种促销方式的企业就成为消费者大众关注的对象，并被认为广告宣传中所提供的信息是真实的，而且企业在行业中是较有地位的。

但是，广告费用的持续增加以及市场竞争的不断加剧，使这种通用的促销工具成为一种进入门槛较高的促销工具。同时，由于消费者大众对于广告的认识更加趋于理性，因而对这种促销方式的排斥与抵触心理也在增强。在这种形势下，一般性的投入或者普通的广告渠道并不能够为企业带来理想的回报与收益，因而企业必须在广告投入、明星代言和媒体选择等方面加大力度，并逐渐形成了大量投入广告这样一种习惯性的促销运作模式，而且把广告宣传与品牌管理直接画等号，致使品牌管理进入又一新的误区。显然，品牌管理不能简单地理解为是广告管理。但是，品牌管理中的一些内容和形式需要通过广告的形式来传播出去，这是必需的。在处理品牌管理与广告管理这二者之间的关系时，应当把品牌管理的内涵进行划分，即分为需要进行广告管理的部分和不需要广告管理的部分。那么对应的，对于需要进行广告管理的品牌元素，则应当大量投入资金进行宣传，尤其是针对那些体现在产品的形式、功能、效果上的独特性，应当通过广告这种大众媒介形式迅速地向

消费者群体进行传播；而那些不需要进行广告管理的品牌元素，则应当通过其他途径来提升其品质与内涵。

品牌多元化经营也是困扰品牌有效管理的主要问题之一。品牌管理是否一定要走向品牌的多元化经营，这在理论上是有争议的。单一化品牌与多元化品牌，它们在管理的形式和内容上具有较大差异。但是，企业在发展过程中，随着经营规模的不断增大，似乎必然会走向多元化经营的境地。一些跨国公司的发展过程也证明了这种趋势的现实可能性。品牌多元化经营不仅向品牌管理提出了挑战，也使企业在发展中逐渐与创建之初所确立的品牌管理思想与理念脱节。品牌多元化管理所导致的品牌形象模糊，以及不同品牌之间的相互替代与排斥，都在影响着企业经营管理的实际效果。因此，品牌管理多元化经营在为企业提供更多的市场选择机会的同时，也客观上增加了企业进行品牌管理的难度与风险。

四、品牌管理的过程

按照Keller的研究，品牌管理的过程大致分为以下四个步骤。

（一）识别和建立品牌定位与价值（identify and establish brand positioning and values）

在该步骤中，包括的关键概念有5个：心智地图（mental maps）、参考性的竞争框架（competitive frame of reference）、共同点和差异点（points-of-parity and points-of-difference）、核心的品牌联系物（core brand associations）和品牌咒语（brand mantra）。在这些概念中，强调绘制消费者的心智地图以加深企业对消费者的理解，主张从市场竞争角度来思考品牌的定位与价值，分析不同品牌之间的共同点和差异点，突出核心品牌的联系物以强化对品牌环境的认知以及熟悉品牌咒语，是进行品牌定位和价值建立的重要前提条件和必要步骤。

（二）计划和实施品牌营销方案（plan and implement brand marketing programs）

在该步骤中，包括的关键概念有3个：组合和匹配品牌元素（mixing and matching of brand elements）、整合品牌营销活动（integrating brand marketing activities）、有效利用第二级的联系物（leveraging secondary association）。在这些关键概念中，主要强调品牌元素的组合及配对、品牌营销活动的有机整合，以及对处于第二个层次上的品牌联系物的开发与利用。这个步骤与第一个步骤相比，品牌管理在内容上更加具体化和具有可操作性，同时也是把管理过程聚焦于品牌本身的各个元素的相互组合以及强调具体营销活动安排的过程。

（三）测量和解释品牌绩效（measure and interpret brand performance）

在该步骤中，包括的关键概念有4个：品牌价值链（brand value chain）、品牌审计（brand audits）、品牌追踪（brand tracking）、品牌资产管理系统（brand equity management system）。在这些关键概念中，重点从品牌给企业带来的价值、品牌价值的评价以及追踪等角度来描述品牌管理过程，即把品牌作为企业的一项活动来进行考核与测量，同时从资产管理的角度来全面评价品牌的绩效与表现。显然，这个步骤应当出现在品牌已经完成市场营销活动之后的管理环节中。

（四）增加和维持品牌资产（grow and sustain brand equity）

在这个步骤中，主要包括的关键概念有4个：品牌—产品矩阵（brand-product matrix）、品牌筐子及等级（brand portfolios and hierarchies）、品牌扩张战略（brand expansion strategies）、品牌强化和激活（brand reinforcement and revitalization）。这些概念主要是从品牌的后续发展方面来强调品牌管理的重点内容，即从品牌资产管理的角度如何来促进品牌的保值与增值，同时如何处理品牌与产品之间的对应关系，如何处理多个品牌的管理中经常遇到的品牌一揽子计划及品牌之间的等级设置，以及品牌扩张战略的制定和品牌强化、激活等具体问题。

本章小结

品牌管理既需要关注结果，更需要关注过程。品牌管理结果是品牌管理过程的产物，在实践中并不能够将二者分开。

品牌管理是指在特定的环境条件下，一定组织的品牌管理者通过实施计划、组织、指挥、协调和控制等方法，充分调动企业内部和外部资源，围绕实现企业品牌管理目标而开展与之相关的各类经营管理的活动过程。

品牌管理包括以下含义：品牌管理是在特定的环境条件下进行的；品牌管理是针对具体的组织而言的；品牌管理的主体是品牌管理者；品牌管理包括计划、组织、指挥、协调与控制等具体职能和内容；品牌管理必须充分利用和协调组织的内部资源和外部资源；品牌管理必须围绕组织的目标而展开，品牌管理目标必须与组织发展的长期目标保持一致；品牌管理是一个协调的过程，在整个管理过程中，不仅要协调组织内部与组织外部资源之间的关系，同时也要协调实现品牌管理各种工具之间的关系，更为重要的是，要协调品牌管理组织架构内部不同管理者之间的关系，因此，品牌管理活动是在不断地协调过程中进行，其根本目标是完成品牌管理任务；品牌管理是一个动态的过程，在整个管理过程中，应当根据行业环境、市场环境、政策法规环境、社会环境和企业内部环境的变化而不断做出行动与战略的调整。

品牌管理者的层次与组织管理者的层次在结构上是基本一致的。在组织结构中，一般会设立品牌管理部，作为专门机构来负责组织的品牌建设。在企业中，品牌管理部门的作用随着企业在行业中的地位和角色而变化。一般而言，品牌管理者的层次分为三层：高层管理者、中层管理者和基层管理者。品牌高层管理者对组织品牌管理的全局负责,制订组织品牌管理的使命、目标、愿景和战略,应当具有较强的概念技能,同时具有号召力和预见力,能够把组织中的不同思想和意识形态统一到品牌管理活动中来。品牌中层管理者在组织中起着承上启下的作用,是把品牌管理思想与观念转化为品牌管理行动的重要传导层,或媒介层。品牌基层管理者具体负责品牌系列或者单个品牌的日常管理工作。

品牌管理在组织发展中的作用主要包括:品牌管理能够增强组织的凝聚力和号召力;品牌管理是促使组织从有形管理向无形管理转变的重要手段;强化品牌管理有助于企业从激烈的市场竞争中胜出。

品牌管理的常见问题主要包括:品牌管理目标被短期利润和市场份额目标所替代;企业把品牌管理简单地理解为产品商标和企业形象管理;广告宣传中的大量投入和品牌多元化经营中存在的问题。

品牌管理过程大致可分为四个步骤:识别和建立品牌定位与价值;计划和实施品牌营销方案;测量和解释品牌绩效;增加和维持品牌资产。

案例讨论

案例背景信息

历久弥新的百年爱马仕

爱马仕(Hermès)创立于1837年,它的创始人是蒂埃利·爱马仕。自创建以来,历经近两个世纪的发展,凭借其优良的产品品质与高贵的品牌形象,爱马仕成为风靡全球的奢侈品企业。该企业以制造高级马具起家,时至今日,旗下产品已包含箱包、丝巾、领带、男女时装、香水、马具用品、家居生活系列等十七个类别。凭借其一贯秉持的传统手工艺精神,爱马仕成为法国奢侈品的象征,在奢侈品王国里屹立不倒。

一、传承百年的匠人之心

1837年,蒂埃利·爱马仕(Thierry Hermès)在法国巴黎繁华的Madeleine地区开设了第一间马具工作坊。他的马具工作坊为马车制作各种精致的配件,在当时巴黎城里最漂亮的四轮马车上,都可以看到爱马仕马具的踪影。在1867年的世界贸易会中,Hermès凭借精湛的工艺,赢得一级荣誉奖项。随后的几代家族传承者顺应时代的脚步,不断适应变化的趋势,将爱马仕的产品品类由最初的马具生产扩展为如今的一种高贵生活方式。

一个多世纪以来,爱马仕始终秉持最初的手工艺技术,坚持挑选品质最上乘的皮革并坚持由工匠手工缝制以保证其品质的精良。爱马仕在全球最优质皮革的货源区均有投资,以确保能优选获得全世界最上乘的皮革。一张皮革在其他品牌那里也许可以做五个包，而爱马仕却只选最好的部分只做一个，且一个包仅由一位工匠缝制完成。选好皮革后，爱马仕的工匠会按照与一个世纪前同样的传统缝制方法手工缝制。缝制完成后在皮革表面会刻上工匠的名字，表示担任制造的师傅必须为产品的后续维修负责。以风靡全球的迷你凯莉包为例，一个凯莉包就有超过2600个针脚，需经过13个小时才能完成。而以图案绚丽为名的爱马仕丝巾则要通过层层关卡，需费时18个月才能够诞生。

爱马仕的匠人们就像艺术家一样对每件产品精雕细琢，留下了许多传世之作。独一无二的细腻手工，以及一个多世纪以来秉持的工匠精神，让这个以马具制造起家的高贵品牌成为其他品牌无法战胜的神话。

二、至精至美造就高贵象征

一提到爱马仕，人们往往将它与财富、地位、优雅、奢侈等关键词联系在一起。爱马仕的产品在全球都享有极高的名誉且拥有大量忠实且会不断重复购买的消费者。这些忠诚的消费者不仅仅是被其绝佳的使用体验而吸引，还由于其对品牌的忠诚对其自身也具有重要战略价值。

首先它可以降低消费者的购买风险，并减少交易费用。消费者喜欢且信赖的品牌能够帮助消费者节省评判各种事物的时间。在市场经济中，参与交易的买卖双方除了按商品价格支付货款以外，为了完成交易还需支付的其他费用称为交易费用。它包括搜寻商品的信息和购买后可能发生的法律诉讼等费用。爱马仕品牌的忠诚消费者们之所以会不断地购买各类别的爱马仕产品，就在于爱马仕是卓越的产品、服务质量、企业信誉和高知名度等综合优势的集合。忠诚的消费者们不需要再去考察产品的质量和口碑，不需要对比各个品牌相似产品之间的情况，因此对品牌的忠诚为钟爱爱马仕的消费者减少了交易风险以及交易费用。

另一方面的战略价值体现在其钟爱的品牌能够维护消费者自身的形象，有助于消费者获得自我认同和社会认同。成功的品牌一般都具有鲜明的个性和形象，通过使用这一品牌，消费者在内心实现了自我识别，且通过品牌将这一个性或形象在社会中彰显出来，被他人和社会所识别。作为法国奢侈品品牌的代表，它所秉持的至精至美的理念让拥有爱马仕成为个人高贵身份和优雅品位的象征。

要想拥有一款爱马仕的凯莉包，至少提前半年就要预订，即使前英国王妃戴安娜，也要耐心等待才能拿到她钟情的价值不菲的天蓝色鸵鸟皮手包。有人甚至要等上六七年后才有货可取，而它的市面炒价已经达到6万美元以上。Birkin包皮质多为牛皮、羊皮、猪皮以及较为珍贵的鳄鱼皮、鸵鸟皮和蜥蜴皮，价格从5万元人民币到30万元人民币不等。即使是这样的天价，定制一个也要经历漫长等待。如今，爱马仕已经成为个人高贵身份和优雅品位的象征。不论是社会名流还是大牌明星或是企业职场成功人士，都常常通过拥有和使用爱马仕的产品彰显其社会地位和财富实力。

三、独特营销打造奢侈帝国

忠诚的消费者对爱马仕也具有重要意义。

一方面，忠诚的客户大幅降低了企业的营销成本投入。与其他奢侈品牌花费重金请大牌明星代言、在各个渠道投放大量广告不同，爱马仕宣传力度不大，甚至不请明星代言。其全年营销费用仅占营业收入的6%，却仍然成为全球闻名的奢侈品品牌。其秘诀就在于爱马仕精准定位于高端客户，培养顶层客户的忠诚度，并通过其口碑营销宣传将品牌信息传递至与其生活水平、消费水平一致的其他高端人士。例如，爱马仕台湾分公司每年举行主题派对，并经常邀请VIP客户前往巴黎参加赛马会，为其安排奢华酒庄之旅、古堡住宿等特殊旅程。放弃80%的大众客户而将那20%的尖端客户培养为其忠诚客户，不仅大量节约了营销成本，还通过精准定位实现了客户忠诚与客户满意的高效提升，为公司带来源源不断的高额利润。与吸引新顾客相比，维持忠诚的顾客成本更低，且这些忠诚顾客的重复购买将带来长期更多的利润。

  另一方面，客户的品牌忠诚还有利于帮助企业实现品牌扩张并为企业赢得竞争优势。爱马仕是全球著名的奢侈品品牌，其名声早已遍布全球。因此当它推出新产品或进入新的行业或市场时，与其他企业相比需要投入的资金更少。例如爱马仕推出丝巾产品时，凭借其色彩绚丽的图案和高雅的品牌形象迅速获得了世界的认可。另外，忠诚的客户不会因为其他企业的营销努力而产生转换行为，因此有助于爱马仕获取强大的竞争优势，有助于阻止竞争者的进入并降低其他奢侈品品牌的竞争威胁。

  （本案例根据以下资料编辑整理而成：1.Dana Thomas.解密爱马仕[J].中国品牌.2013（5）：88-91；2.韩莹.爱马仕：奢侈的秘密[J].经营者.2007（17）110-113；3.朱宇亮，杨以雄.奢侈品品牌管理与营销案例分析——以爱马仕为例[J].美与时代（城市版）.2015（10）126-127；4.品牌故事：爱马仕（Hermes）[J].中国纤检.2014（02）60-61.）

案例讨论题

（1）爱马仕是如何进行品牌管理的？试说明其品牌管理过程的独特之处。

（2）爱马仕是如何从品牌忠诚这个角度来进行品牌管理的？这种管理方式有何借鉴价值？

（3）分析一款与爱马仕相似的国内奢侈品品牌，与爱马仕进行比较，并说明其品牌管理的特点。

复习思考题

1. 简述品牌管理的基本含义。
2. 简述品牌管理者的层次及其相互关系。
3. 品牌管理中经常会遇到哪些问题？请举例说明。
4. 如何解决品牌管理中出现的问题，各个不同层次管理者的作用是什么？
5. 试举例分析一家国内著名企业的品牌管理做法，并与同行业其他品牌企业进行对比。
6. 简述品牌管理过程的主要步骤。

第四章
品牌的构成要素及其功能利益

本章知识点

- 品牌的内在元素
- 品牌的外在形式
- 品牌的功能利益
- 品牌功能利益与产品功能利益的区别

品牌的构成要素包含三个部分：内在元素、外在形式和功能利益。品牌就其客观性质而言，是内在元素与外在形式的有机统一体。内在元素决定了品牌的根本性质和所属类别，是品牌的内涵所在；而外在形式则侧重于表达品牌的内在元素，并达到增加品牌的功能和利益的目的。不同品牌的内在元素和外在形式在具体结构方面的差异较大，有的品牌比较强调与突出其内在元素，而有的品牌则强调其外在形式，即通过附加的功能和利益而赢得消费者的信赖。在现代市场经济中，强化内在元素是企业展现品牌实力的重要手段，是企业在激烈的市场竞争中生存立足的根本条件，而突出外在形式则是企业向更高层次发展时实现差异化经营所采取的主要措施之一。品牌就其主观性质而言，是能够满足消费者特定需求的功能和利益的载体。

第一节　品牌的内在元素

一个品牌之所以能够得到消费者大众和竞争者的认同，其重要原因在于它除了外在形式上的引人注目之外，还必须具有一些内在的成分能够支持并形成品牌在市场中的影响力和竞争地位，这些内在的成分其实就是品牌的内在元素。品牌的内在元素与产品的实际构成在基本原理上尽管有一定的相似性，但它并不是指产品的内部构成要件。品牌的内在元素可能是一种具体的实体，也可能是一种内部结构，还可能是一个生产过程，它甚至可以是这三者的综合体。有的品牌强调其背后的实体产品支持，这里拥有具体的实体产品就很重要；有的品牌强调结构上的特点，因而具有独特的结构就尤为关键；还有一些品牌它们强调品牌所包括的生产过程，因而拥有这些过程就能够形成不可替代的市场地位。

品牌作为兼有具体性和抽象性的客观事物，它的内在元素的类型比较复杂，而且各个元素在总的排列结构中的位置经常出现变化。那些曾经作为形成品牌的基本元素，在现代社会中可能会在重要性排序上出现下降。一般来讲，品牌的内在元素由两个部分构成：可察觉的内在元素和不可察觉的内在元素。可觉察的内在元素是指消费者可以直接通过身体的各个器官和情感体验能够感觉到的品牌构成部分，如品牌的物理组成部分、化学成分、给人带来的心理感受等；而不可觉察的内在元素是指消费者不能够直接感觉到的品牌构成部分。有时，品牌的内在元素能够与消费者在购买过程中直接进行互动，消费者可以通过视、听、嗅、品、触等活动直接感觉到品牌的内在元素的真实存在及其活动特征。

一、可察觉的内在元素

在实际生活中，消费者接触的大多数品牌的内在元素都是可以察觉的，即属于显性的物质实体和客观现象，并因此能够便于消费者在不同品牌之间进行对比，进而形成有客观依据的理性的购买决策。一般而言，消费者的购买选择与判断都是建立在对可察觉的内在元素的对比与评价基础之上，而企业向消费者试图展示的品牌形象也主要围绕那些能够被察觉到的内在元素进行设计。不同品牌的可察觉的内在元素差异很大，而且同一种元素在不同品牌中的重要性和地位可能会有所差异。一般认为，消费者是通过自身的感官和心理来观察和体会品牌的内在元素。

例如，当消费者在一家五星级酒店用餐时，他能够通过自己的五种感觉活动来充分体会这家品牌企业的内在元素，并与其他五星级酒店在内在元素构成这个层面上进行区分。正是由于消费者有这样的对于品牌内在元素的必然需求，因而现实中不少五星级酒店在大堂装饰材料的质地与颜色、公共区域播放的音乐、房间喷洒的香水、餐厅菜肴与茶水的味道以及房间被单的柔软性等可供选择的方面都会做出相应的安排。当然，除了"视、听、嗅、品、触"这五个方面的直接感觉外，消费者也能够直接对品牌做出心理反应，而且这种反应的强烈程度往往比其他感觉因素更为复杂和难以测度。

二、不可察觉的内在元素

品牌的不可察觉的内在元素，属于非显性的或者不能够被消费者观察到的品牌内部构成元素，它们通常隐藏在品牌实体的表层下面或者最深处，不容易被轻易观察到。品牌的不可观察的内在元素是品牌的必不可少的组成部分。可以这样认为，任何一个品牌，只要参与市场竞争，就必然会包括不可察觉的内在元素。这主要是由于，一方面，这些不可观察到的内在元素有时是品牌的核心竞争力所在；另一方面，品牌中总是会有一些元素无法实现显性化。

关于品牌不可察觉的内在元素，实际生活中例子也有很多。比如，当消费者购买一台电视机时，这台电视机所使用的一些元器件由于集成于机身内部，因而消费者是不能够直接感觉到这些部件存在的，而这些元器件的品质及其工作原理设计恰恰是核心技术所在。又如，一家五星级酒店尽管提供了十分优质的服务，但是一些职能部门的人员活动与工作安排，消费者是不可能直接接触到的，比如后台服务中的配餐、行李的转送、机票的订购、卫生间用具的购买，等等。再如，当一位消费者乘坐飞机旅行时，他可能很多时候把时间花在观察飞机舱内的服务的提供，而很少去思考为了保证机组人员服务水平，地勤人员所付出的工作努力，这主要是由于这些工作努力是不可察觉或不容易被察觉到的，除非消费者特别要求要进行这样的观察活动。

三、内在元素中不同部分之间的协调

一般而言，企业管理者总是充分利用品牌内在元素的区分度，在品牌管理中把可察觉的内在元素与不可察觉的内在元素之间的关系处理好。一家企业如果大多数的品牌内在元素都属于可观察的内在元素，那么这家企业的品牌经营管理的难度就会特别大，因为消费者随时会注意到这些元素性质的变化，并与其他品牌企业进行对比，或者与这家企业过去的经营状态或者所做的承诺进行对比。因此，在激烈的市场竞争中，那些窗口性的行业和企业，它们的品牌经营与管理的难度非常大；同样，那些直接与消费者见面和接触的行业和企业，它们的品牌经营管理的难度也会很大。但是，事物有时是反向运行的，正是由于许多品牌内在元素直接出现在消费者的观察活动范围之内，因而企业也就有了让消费者充分体验品牌内涵的机会，并通过开展体验活动而拓展了企业新的发展空间。

从上面的分析中可以看出，对于企业而言，正确识别品牌的内在元素、内在元素中的可察觉的部分和不可察觉的部分之间的比例关系以及二者之间的相互依存关系，具有十分重要的意义。

如果企业希望自己的品牌形象充分地展示到消费者面前，那么它就应当使消费者尽可能地接触品牌的内在元素。以德国一家汽车生产企业为例，为了让消费者购车放心并充分展示其品牌的质量性能，这家企业不仅把汽车的内部装饰和所用材料以图片和文字等信息方式直接提供给消费者供参考，而且把发动机及其他重要部件内部构造以横截面照片的形式展示给购买者。这样，汽车购买者就可以直观地了解汽车内部的线路构造及其制造工艺的高品质。又如，现今许多餐馆都设有可观察的生产加工场景，即让消费者能够亲眼观察到每一道菜肴的制作过程，以此来排除消费者心中可能存在的对产品质量的疑虑。所有这些类似的活动，都是在把不可能或不易被观察到的品牌内在元素显性化，以此来吸引更多的消费者加入到购买队伍中来。

当然，也应当避免进入以下误区：

（一）故意夸大不可察觉的内在元素的功能与效用

由于一些内在元素不可察觉，因此一些不道德的企业会倾向于使用夸大宣传的方法来劝诱消费者购买其产品和服务。特别是一些含有化学成分的日用商品和药品，由于所包含的内在元素不容易被直接观察到，而且所发挥的作用和效果也可能不便于进行现场体验，而只能通过成分分析方法来进行测试，因而其品牌功效十分容易被企业作夸大宣传处理。

（二）将可察觉的内在元素作隐性化处理，并夸大其功能与效用

对于一些内在元素比较容易被识别的品牌，有的企业往往通过进行包装处理的方法将能够被直接观察到的元素作隐性化处理，即进行包装掩盖，这事实上涉及了虚假包装和虚假销售的问题。比如，月饼包装就属于这种类型。为了掩藏产品用料简单、制作工艺水平较低等特征，有的企业把外包装作得特别精美，且不容易开封，因而对内在元素进行隐性化处理。

（三）在一些普通产品中非理性地加入一些不可观察的内在元素以增加其附加值

例如，一些保健品生产企业会在产品中添加一些不可观察的所谓稀缺营养元素，并大力宣传其保健效果，通过明星代言或者请专家评价的方法来开展促销活动，事实上这涉及了营销伦理问题。又如，肉类产品中强调的所谓"绿色鸡肉""绿色羊肉""绿色牛肉""散养鸡肉"，禽蛋类产品中的"绿色鸡蛋""环保鸭蛋"，水果类产品中的"绿色

水果"，等等。由于这些品牌产品的生产过程消费者无法观察到，有时，相关企业所做的宣传很难让消费者完全相信。

针对上述问题，企业在对待品牌内在元素方面，应当正确处理可观察性元素与不可观察性元素之间的关系。消费者需要观察且能够被观察到的内在元素，企业应当尽量满足消费者这个方面的需求。对于那些消费者不需要观察且不能够被直接观察到的内在元素，企业应当尽量不做显性化处理，这样可以节约成本。对于消费者需要观察而现有生产技术条件下无法满足这种要求时，企业应当予以说明，避免做出过度承诺。对于那些消费者不需要观察且无法作显性化处理的品牌元素，企业无须进行与此相关的宣传。

图4-1　品牌内在元素可观察性与消费者需要的对应关系

在品牌管理实践中，经常出现的问题是企业混淆了产品与品牌的概念，而将产品内在元素显性化等同于品牌内在元素显性化，进而使关键的品牌元素不能够得到宣传和推广。一家品牌企业的核心产品可能是其立足于市场竞争的根本，但是有时这个核心产品并不能够代表这家品牌企业的全部。正如品牌的核心要素与产品的核心要素是两个完全不同的概念一样，品牌内在元素与产品内在元素也并不是完全的对等关系。

以一家生产型企业为例，它可能有许多产品项目，也因此而形成了不同的产品或产品线，这些产品或产品线的核心要素是所使用的关键技术、工艺和材料；而这家企业的品牌是指它是谁，它有着怎样的特点，它所倡导的经营管理理念是什么，以及它在人们心目中的地位怎样，等等。也许这家企业作为品牌而言，它的真正实力并非是由于它所生产的高技术、高质量的产品而引起，而是它的悠久的发展历史和人们对待它的特殊的情感。因此，从这个意义上讲，产品只是沟通这家生产企业与消费者之间关系的纽带，而不是真正意义上的品牌内在元素。

■ 四、品牌内在元素的主要类型

具体到每一种不同的品牌，它们之间的内在元素可能是完全不同的，因此在分析品牌内在元素及进行相互比较时，有必要对这些内在元素的类型进行划分。这种划分的意义主要在于明确某一具体品牌，它在市场竞争中所依赖的内在元素所属的类型，进而能够为该品牌的后续发展提供正确的方向指导，同时也便于其他同类品牌从中借鉴有价值的经验和品牌经营管理技巧。

尽管世界上有各种不同的品牌，但是它们都能够被归入到一些具体的类别中，这主要是由品牌所在的行业和企业的经营管理特点决定的。但是，简单地按照行业或者企业的类型对品牌进行归类可能并不是一种十分有效的分析品牌的方法。为此，应当针对品牌的特点来对品牌本身进行归类，这事实上就涉及了品牌内在元素的类别的问题。

应当说，每一个具体品牌，它所包括的内在元素与其他品牌都是不一样的，尤其是发挥关键作用的那些内在元素。假设有两个具体的品牌，如果在它们的内在元素中，发挥关键作用的元素趋于一致或者在本源上是相同的，那么就会形成这两个品牌之间形象的相互混同或者在市场中的激烈竞争。因此，从品牌发展的历史和现状分析，企业总是有必要区分自身品牌所具有的内在元素的特征和类别，同时也有必要和义务把这种特征和类别保持下去。

在世界品牌市场上，有些品牌是由于其悠久的发展历史而存在的，有些品牌是由于与特殊事件的密切关联而存在的，也有一些品牌是由于区域或者地域的独特性而存在的。因此，品牌内在元素的类别大致可以分为以下9种（如表4-1所示）。

表4-1　品牌内在元素的类别

类别	划分标准
第1类	以悠久的发展历史为品牌内在元素，并因此而形成品牌的差异性
第2类	以独特的加工工艺为品牌内在元素，并因此而形成品牌的差异性
第3类	以展现独特的文化价值为内在元素，并因此而形成品牌的差异性
第4类	以领先的生产技术为品牌内在元素，并因此而形成品牌的差异性
第5类	以著名的人物、地名、事件、故事等为品牌内在元素，并因此而形成品牌的差异性
第6类	以独特的自然景观和人文景观为内在元素，并因此而形成品牌的差异性
第7类	以人类追求的精神信念为内在元素，并因此而形成品牌的差异性
第8类	以保持行业的优势地位为品牌内在元素，并因此而形成品牌的差异性
第9类	其他类型的内在元素

表4-1所列9种类型的品牌内在元素，有时是以单个的形式来支撑具体品牌，有时是以两个或多个的形式来支撑具体品牌。越是发展历史悠久、经营区域较大、经营产品系列较多的品牌，它的内在元素的类别越多；而那些经营规模相对有限，只满足某一特定区域（或者领域）消费者需求的品牌，它所包含的内在元素的类别通常较少。品牌竞争力的强大与否，与品牌内在元素的类别的多样性有一定关系，但是也并不意味着内在元素的类别越多越好，因为这样会涉及品牌内在元素的经营管理问题。

品牌内在元素的构成类别如图4-2所示。

图4-2在现实中很少出现，一些大型的旅游企业集团可能会有与此相似的品牌内在元素类别结构。一般的生产加工制造企业，即使是那些影响世界经济格局和竞争格局的跨国

公司，也会由于缺乏自然景观和人文景观这个元素类别，而不可能成为包含所有内在元素类别的品牌企业。

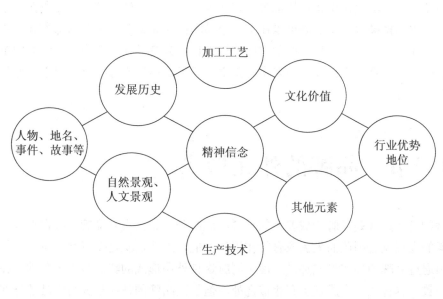

图4-2　品牌内在元素构成类别（全元素类别）

图4-3是一个比较典型的品牌内在元素类别的结构形式。在一些生产加工制造企业中，这种品牌内在元素类别结构经常出现，比如，一些企业不仅有独特的生产加工工艺，而且具有在行业中领先的技术水平，同时它们还强调诚信经营、不断进取、追求卓越的精神信念。以"中华老字号"企业为例，其中的许多品牌企业属于餐饮、医药行业，因而这些品牌的内在元素类别大致为三种，即独特的加工工艺，专有的生产技术（秘方）和倡导诸如"诚信经营""仁德"等精神信念。

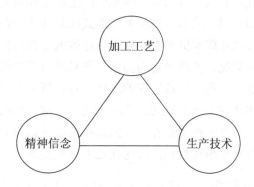

图4-3　品牌内在元素构成类别（包含三个元素类别）

现实中，绝大多数企业的品牌内在元素类别只有一种或者两种，即便这些企业的品牌内在元素比较单一，但这并不会从根本上影响它们在市场中的竞争表现。例如，在近年来发展十分迅速的手机行业中，有不少品牌就是依靠在行业中的优势地位（主要表现为恰当地选择了进入市场的时机，进而获得了稳定的市场份额）而吸引了大批消费者。

品牌内在元素类别构成是一个十分有效的品牌管理分析工具，它能够帮助企业家在激烈的市场竞争中正确地认识企业的优势并客观地分析竞争者的品牌竞争力所在，进而帮助企业在行业中站稳脚跟。企业既可以在某一个品牌内在元素类别中向纵深方向发展，也可以在品牌内在元素类别中寻找一种稳定的结构设计。究竟是在一个内在元素类别中进行更加深入的挖掘，还是在内在元素的多个类别中进行新的结构设计，这取决于企业品牌发展战略的重点与方向。

第二节　品牌的外在形式

品牌的外在形式是品牌构成要素的重要组成部分。如果没有品牌的外在形式，品牌的内在元素的表现就会因此而失去应有的作用和价值。因此，从这个意义上讲，品牌的内在元素必须通过品牌的外在形式加以表现，同时这种外在形式的特点应当与品牌内在元素的要求相一致。尽管在基本原理上有相似之处，但是，品牌的外在形式与产品的外在形式并不相同。产品的外在形式可以主要通过形状、颜色、大小、包装、价格等加以体现，而品牌的外在表现并非如此简单，品牌的表现形式有许多种类型，每一种类型都从不同的侧面来展现品牌的形象与内涵。

一、品牌外在形式的定义

品牌的外在形式，也称作品牌的外在表现形式，是指组织在向其目标受众展现其品牌内在元素时所采取的具体方式与方法以及因此而产生的实际效果。如果说品牌的内在元素是品牌的基因、细胞和内核，那么品牌的外在形式就是这些内在元素向消费者传递的信息集合体。品牌的外在形式在现实世界中主要是以品牌的经营规模大小、市场份额高低、行业垄断程度、业绩排名情况、价格制定的高低、产品质量的高低、产品类别的多少、产品系列的深度、经营场所的特色、经营管理的风格、管理所采用的模式、所使用的具体技术、业务工作的流程、传统活动及其仪式、管理的具体方法、组织中的独特结构等表现出来。形象地比喻，外在形式是一种或多种内在元素在规模和结构上的物理聚集体或者化学合成体，且能够被消费者直观地观察到，而内在元素只是品牌的一种细胞或者分子、原子式结构。

例如，以"历史"这个内在元素为核心的品牌，其外在形式可以多种多样。比如，讲述企业自身的创业史，就是一种十分流行的外在形式。这种"讲故事"的形式对于推广品牌具有特别的效果。由于每一个品牌都会有或长或短的成长史，因而善于将企业的历史表现出来，而且生动、有趣、感人，就可以打动消费者的心，尤其是当这些历史中包含有人们所共同认可的价值观念与精神信念时，它的影响力就会更加强大。也有一些企业，除了讲自身的发展史外，还把自身的发展与国家的命运结合在一起，这样就更增加了这份历史的感染力与庄严感。因此，把品牌内在元素中的历史元素，以信息集合或信息集成的方式展现在消费者面前，这就是比较典型的品牌外在形式的体现。

同样，以"文化"这个内在元素为核心的品牌，其外在形式也可以多种多样。比如，把企业自身的经营管理风格与企业家所倡导的某种文化结合起来，这样比起企业家自己独创的经营思想与管理理念，能更加容易地被企业员工和广大消费者接受。除了这种主动寻找文化来表现企业的品牌内在元素之外，企业也可以利用所在国家、地区和民族的文化特色来解释自身及其产品的特色，这也是一种十分有效的品牌外在表现形式。这样，品牌的发展在"文化"这个内在元素上就不会成为无源之水、无本之木。如果企业在其发展历史中已经有了一些自身的文化积淀，那么作为经营管理者的企业家就应当把这些已有的东西通过消费者可以接受的方式展现出来。这事实上是一种经营管理的艺术。

■ 二、品牌外在形式与内在元素的对应关系

通过上面的分析，我们可以将品牌的外在表现形式与内在元素的类别进行一一对应，这样有助于把品牌外在形式的分析具体化，并增强其可操作性。品牌外在形式与其内在元素类别的对应关系如表4-2所示。

表4-2　品牌外在形式与品牌内在元素类别的对应关系

品牌内在元素类别 \ 品牌外在形式	形式一	形式二	形式三
发展历史	企业自身发展史的特点	与民族发展史结合	与国家发展史结合
文化价值	企业自身文化的特点	与民族文化的融合	国家、地区文化的体现
加工工艺	传统工艺的特色	一流的技术人员	一流的生产作业环境
生产技术	传统配方（秘制）	高品质、高水准	新技术、新方法
精神信念	诚信：价格信息透明	服务：保证退货、维修	责任：强调社会公益
人物、地名、事件、故事等	传奇人物	著名地区	重要事件
自然景观、人文景观	独特的自然风景	独特的风土人情	自然与人文的结合
行业优势地位	垄断、专营、特供	市场份额、排名、销售额	高价格、领先技术
其他元素	—	—	—

在表4-2中，如果两家企业，它们的品牌内在元素都属于"发展历史"这一类别，即都强调其发展历史来赢得消费者的信赖，这时，它们的品牌外在形式差异主要体现在对企业自身发展史的特点的描述方面。"发展历史"作为品牌内在元素，本身也是一种稀缺资源，在行业发展中，争夺这一核心资源的现象并不少见。例如，在中国白酒行业，由于在传统计划经济时期把一些小酒厂合并在了一起，后来这些小酒厂又自立门户发展成为大企业，但是由于都沿用了计划经济时期的品牌名称，因而在进入市场经济时期后，这些企业之间的品牌争夺现象十分激烈，传统计划经济时期共有的发展史是品牌冲突的根源所在。

假定处于一个行业（比如手机行业）中的各个品牌，它们的内在元素都属于同一类别，且为生产技术类别，那么，现实中这些品牌如何才能以外在形式来展现这些内在元素呢？这其实是一个很有针对性的问题。事实上，手机行业中的品牌较多，但是那些处于市场领先地位的品牌多是以生产技术的独特性而获得竞争优势，这些技术优势就是具体的品牌内在元素。但是，不论这些品牌采用的是何种技术，都会在品牌内在元素划分时被归入生产技术类别，进而区别于其他行业品牌的内在元素类别。具体到手机行业各个品牌的外在形式而言，主要区别可能表现在硬件设置和软件设计两个方面，这事实上就是品牌内在元素——生产技术的外在形式体现。

又如，如果一家汽车生产企业强调其品牌的内在元素为加工工艺，那么它就应当在品牌的外在形式方面体现出这种内在元素，例如，它可以通过精益求精的制造流程来展现其品牌内在元素，也可以通过其所使用的独特的加工方法来突出这一内在元素，比如某个生产环节一般加工工序为30个步骤，而这家汽车生产企业达到60个，而且每一个步骤都比其他企业的做法更精确、更细致、更安全、更可靠、更经济、更高效，甚至可以将这种加工方法以独特的名称进行命名并成为企业的质量要求和基本标准。这样，这家企业的品牌内在元素类别为加工工艺，并以"精益求精"作为基本元素而体现出来，而外在的表现形式就是60个生产步骤及其所形成的实际效果。

再如，如果一家银行强调其品牌的内在元素为"诚信、服务、责任"这样的精神理念，那么它的品牌内在元素属于"精神理念"类别，即以此而区别于其他竞争性品牌并形成竞争优势。如果这家银行要把这个品牌的内在元素通过外在形式展现出来，那么它就应当围绕"诚信""服务"和"责任"这三个内在元素来设计具体的、形象化的外在表现形式。比如，在诚信方面，它可以撰写一些生动的实例作为银行员工的培训材料和向客户宣传的资料，并制定具体的业务诚信规范措施与工作流程，同时在企业的经营管理口号中加以体现。

品牌外在表现形式花样繁多、变化万千，但是总是要围绕着品牌的内在元素而展开。以奢侈品行业为例，这个行业中集中了许多世界著名品牌，但是每一款品牌所包含的内在元素及其所属类别并不完全相同，因而这些品牌所展现的外在形式也差别较大。但是，在这些品牌的外在形式中有一点是共同的，那就是这些品牌的产品价格都比较高，甚至一般不会走低端经营路线。究其原因，主要在于奢侈品的内在元素之一在于"加工工艺"的复杂性和独特性，而作为有效展现这种内在元素的外在形式之一，就是制定高价格。复杂的、独特的加工工艺往往标志着高品质，而高品质必然对应高价格，这也是价格作为品牌外在表现形式的典型例子。

第三节　品牌的功能利益

品牌的内在元素与外在形式的有效统一，能够为消费者带来实际的功能利益。因此，功能利益是品牌的第三个构成要素。在品牌管理学中，有不少学者认为品牌的功能利益就是品牌的基本属性。尽管这样的一种认识具有普遍性，甚至也确实获得了比较广泛的认可，但是如果仅是把功能利益作为品牌的基本属性，那么品牌就很难与产品区分开来，同时也并不能够较好地解释"品牌究竟是什么？"这样的问题。可以这样认为，任何有价值的东西都会为消费者带来功能和利益，否则消费者就不会接受这些产品和服务。为了弥补这种仅把功能与利益作为品牌基本属性的欠缺，有的观点将品牌的功能与利益具体化，将其分为情感利益、价值利益、功能利益和文化利益等层面，这种分法也有一些需要商榷的地方。

一、品牌功能利益与品牌内在元素、外在形式之间的关系

为了深入研究这个方面的问题，此处将功能利益独立于品牌的内在元素、外在形式之外，形成三个不同的层次，如图4-4所示。

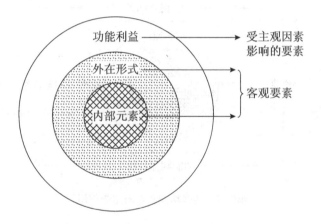

图4-4 品牌的内在元素、外在形式和功能利益

从品牌内在元素、外在形式和功能利益三者之间的关系来看，前两者属于品牌自身的构成要素，即品牌的内在要素和外在形式都不应当是消费者赋予的，是客观存在的，这些要素并不会由于消费者人群特征的变化而改变；而后者则在一定程度上取决于消费者的个人评价和具体感受，因而具有一定的主观性，即属于受主观性因素影响较大的品牌构成元素。一般来讲，功能利益由两个部分构成：无须主观感受而存在的功能利益，需要主观感受来评价的功能利益。第一部分功能利益具有客观性，因而可以划入与内在元素、外在形式同一类别的客观要素。而第二部分功能利益具有主观性，因而应当单独进行考察。

在品牌的功能利益这个元素类别中，客观性功能利益要素越强，则表明品牌所反映的人群特征与社会构成越不明显；而主观性功能利益要素越强，则说明品牌的消费人群和社会构成越明显。在图4-4中，品牌构成要素越是从内在元素向着最外层的方向发展，表明品牌对社会人群结构及消费者特征的依赖程度越高；反之，品牌构成要素越是从最外层向

着内在元素的方向发展,即向着圆圈的中心靠拢,则表明品牌对消费者人群和社会构成因素依赖性越弱。由此可以进一步推导出以下结论:越是进行跨区域、跨国界、跨文化、跨代际的营销,品牌的构成要素就越应当向内在元素的中心靠拢;越是体现针对特定消费者群体的品牌营销活动,品牌构成要素越是要向着外围的方向发展。

关于品牌的功能利益,它事实上是品牌作为包含内在元素和外在形式的实体而出现在购买者面前时,被认为能够给购买者带来的价值,或者购买者认为品牌本身应当具有的价值。在这里,为了简便起见,我们把功能和利益都以价值的形式来进行抽象地表述。因此,品牌的功能利益是连接企业与消费者的桥梁。如果一个品牌所宣传或承诺的功能利益与消费者实际感受到的不一致,那么消费者就会拒绝该品牌。在宣传和承诺品牌的功能利益时,品牌的内在元素和外在形式都起着辅助性作用。因为只有功能利益才是消费者真正关心的,而之前企业所凝结的内在元素和精心设计的外在形式都需要接受消费者的评价与检验。品牌功能利益的纽带作用如图4-5所示。

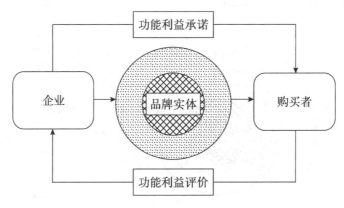

图4-5 品牌功能利益的纽带作用

二、品牌功能利益与产品功能利益之间的关系

需要注意的是,在维系生产企业或经销商甚或其他组织与市场购买者尤其是消费者大众的关系方面,品牌的功能利益所发挥的作用与产品在维持市场中的各类关系时所发挥的作用并没有本质的区别。但是,品牌的功能利益与产品的功能利益并不是同一个层次的事物。一般而言,品牌的功能利益比较抽象,而产品的功能利益则较为具体。例如,作为化妆品的奢侈品品牌,与同样作为化妆品的一般产品相比,它们给消费者带来的功能利益差异较大。这主要表现在一般化妆品的功能利益主要体现在化妆之后的实际效果呈现,而作为品牌的化妆品除了可能具有比较特殊的效果外,还可能对消费者及其周围的人群产生心理方面的影响。又如,为什么在旁观者看来都是同样功效的产品,一些消费者会选择品牌产品而不会选择一般产品?这其实就是品牌产品具有一般产品所不具有的功能利益,当然一般产品所具有的功能利益这些品牌产品可能都具有。因而为了获得额外的功能利益,消费者就选择了品牌产品。再如,消费者对于品牌企业生产的药品感觉使用更安全、更放

心，因而他们往往放弃选择价格更便宜的具有同样效果的一般药品。

图4-6说明了品牌功能利益与产品功能利益的区别。

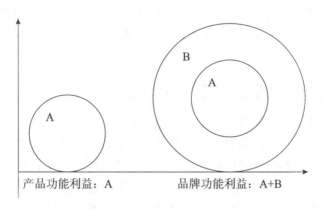

图4-6 品牌功能利益与产品功能利益的区别

作为品牌产品，它给消费者带来的功能利益在感觉上往往大于同类一般产品。品牌这种大于一般产品的功能利益，归纳起来应当有以下几种情形。

（一）品牌具有体现产品品质的属性

由于是品牌产品，因而人们自然地认为它们会不同于一般产品，尤其是在质量方面，不论这种认识是否经得起实践检验。因此，那些对产品质量有着特别要求甚至苛刻要求的消费者，他们通常愿意花更多的钱来买品牌产品，而不愿意为了图便宜而买一般产品。这类消费者在顾客类型方面，应当属于"质量偏好型顾客"。作为品牌企业，在其经营管理方面，如果品牌的内在元素主要集中在"生产技术"和"加工工艺"这两个类别，那么这家企业在开拓客户资源方面就应当充分挖掘"质量偏好型顾客"的市场需求，并将其质量做到尽善尽美，即在营销管理观念上应当坚持"产品观念"。

（二）品牌具有代表行业的功能属性

一般而言，人们在谈论某一个具体行业时，他们总会联想到一个或者几个较有代表性的品牌，此时品牌就具有了代表行业的属性。品牌同时也是行业发展的风向标，品牌产品的强势有可能表明品牌所在行业的景气和繁荣，而品牌产品的集体走弱，则可能预示着所在行业的衰落和萧条。比如，人们在研究家电行业时，总会联想到在这个行业中处于前列位置的一些著名品牌，这些品牌在某种意义上成为该行业的代表。由于位处前列的品牌的营销推广与宣传，有时也能从带动整个行业发展的角度来推动同行业中其他产品的发展，因而行业中的品牌精英或领袖通常被市场中的消费者人群给予更多的关注。

（三）品牌具有价值交换的功能属性

品牌由于其在市场上的知名度和美誉度以及消费者的忠诚度，因而成为人们愿意接受的对象。品牌可以在市场交换中发挥一般等价物的作用，这是由于它的价值更容易被消费者所接受。同时，品牌除了作为消费品在家庭生活中使用外，也可以用于社会交往场合，因此品牌的价值交换功能通常比普通货币或者其他等价物更加具有发展空间。尤其是在一些重大的节庆事件时，具有品牌价值的产品往往成为企业赞助或者捐赠的对象，同时，这些品牌产品也能够作为纪念品送给参加活动的人员，从而具有保值和再转手的功能属性。

（四）品牌具有展示文化的功能属性

品牌总是与特定的文化联系在一起，越是与文化结合紧密的品牌，其价值和特征越是牢固。以"中华老字号"品牌为例，这些品牌都与中华文化紧密地结合在一起，从不同的角度来展现中华文化的精髓和多样性，因而它们能够长期地经营下来。以"汾酒"为例，这个品牌除了展现中华文化中的酒文化外，还把诗词文化进行了展现，同时也与晋商文化有一定的关系。因此，在山西人待客时，总是以用"汾酒"为自豪，同时也能就相关品牌讲出许多故事。以"兰州拉面"为例，这个品牌下的产品很多，相互竞争的品牌也很多，它事实上从一个侧面展示了中国西部饮食文化，因此，在兰州人的感觉里，这个品牌有许多外人所无法理解的文化元素。

（五）品牌具有体现身份的功能属性

品牌在一些人群结构化特征较为明显的社会中具有体现消费者和使用者身份的功能属性，即什么地位的人用什么样的品牌，什么品牌代表着什么样的社会地位。事实上，一些价格昂贵的奢侈品往往有着特定的消费者人群，而且这些品牌能够显示这些消费者人群的集体特征。由于社会进步在一定程度上弱化了社会阶层在社会管理结构上的划分，因而通过使用品牌的差异将不同的人群区分出来，就具有重要的商业价值，而且这种区分迎合了特定消费者群体的心理需要。在一些重要场合，参加活动的人员在"吃、穿、用、住、行"方面往往都在使用品牌产品，这事实上是一种身份和社会地位的体现。尤其是在餐饮业和酒店业方面，品牌体现身份的功能属性被充分展现出来。在一些五星级的酒店中，入住者几乎很难发现不是品牌的生活使用品。

（六）品牌具有展示个性的功能属性

使用品牌在某种程度上代表着消费者的一种特殊习惯，因此品牌总是与消费者的个性联系在一起。在市场经济高度发达的今天，强调品牌个性与消费者个性的一致性成为品牌经营管理的主要内容。有的品牌以"年轻活泼"为个性，主要定位于年轻消费者人群；有的品牌则以"成熟稳重"为个性，主要定位于中年人群或者老年人群。以服装品牌为例，"牛仔裤"款式所展现的个性主要是"奔放""活力""野性""挑战"和"冒险"，因而年轻人比较喜欢与之相关的品牌；而"西服"款式所展现的个性主要是"庄重""严肃""正规""礼貌""正统"和"守时"，因而想表现成熟稳重的人多喜欢此种款式的品牌。但是，由于所用颜色和具体设计风格的差异，即使是"西服"款式的品牌，有时也会表现出"年轻活泼"的特点。

（七）品牌具有展现财富的功能属性

由于市场上品牌产品范围十分广泛，因而有必要进行层级划分。品牌产品的价格通常是从低到高，由低端品牌到一般品牌、中间品牌，再到高端品牌，甚至顶尖品牌，呈逐级发展态势。因此，越是处于"品牌产品金字塔"上层的品牌，越具有体现价值的功能属性，因而也就能与使用者和购买者的个人财富紧密地结合在一起。比如，世界上有专门制造超级豪华车的企业，这些企业通常是在接收订单后，根据购买者个人所提出的具体要求来进行"量身定制"式的设计，最后再打上品牌的"商标"符号交货。又如，世界上专门制造豪华个人游艇的企业，一年订单数量并不大，有时只有几艘，但是这些品牌的购买者通常是世界上的富商。他们的财富与这些品牌紧密地结合在一起。受此影响，一些生活日用品牌也开始向着展现财富的功能属性发展。

（八）品牌具有体现诚信的功能属性

消费者为什么总是倾向于不假思索地购买品牌产品呢？事实上，答案很简单：这是由品牌中包含的诚信所决定的。品牌按照消费者的知晓程度可以分为一般品牌、知名品牌和著名品牌三种类型，越是在知名程度上高的品牌，越应当具有较高的诚信水平，否则就会出现名不符实的现象，进而有可能形成商业欺诈。消费者之所以在购买品牌产品时平均考虑时间会减少，主要原因在于品牌除了有内在的质量保证之外，还体现着生产企业必须对承诺进行履行和兑现。品牌企业更注重自身及其产品的形象，因而一般不会失信于顾客。

（九）品牌具有体现时代的功能属性

同一类产品中，每个具体的品牌所体现的时代精神可能存在差异。以服装品牌为例，传统服装中不同款式所体现的时代并不相同，以中式服装为例，既有展现中华盛唐时期的唐装，也有明清时期流行服装的款式，而且这些专门生产不同时代服饰的品牌企业，它们在展现时代特征方面，分别具有各自的特点。又如，在实木家具这个行业中，有着不同的品牌，既有仿古制品，又有现代制品，一些企业喜欢用榆木制作明清时期比较流行的款式，并成为市场中的流行品牌。再如，在一些具有收藏爱好的消费者看来，书画等艺术类产品作为品牌，它们所展现的时代特征更加明显。

本章小结

品牌的构成要素主要包括：内在元素、外在形式和功能利益。品牌就其客观性质而言，是内在元素与外在形式的有机统一体。内在元素决定了品牌的根本性质和所属类别，是品牌的内涵所在；而外在形式则侧重于表达品牌的内在元素，并达到增加品牌的功能和利益的目的。

　　品牌的内在元素可能是具体的实体，也可能是一种内部结构，还可能是一个生产过程，它甚至可以是这三者的综合体。一般来讲，品牌的内在元素由两个部分构成：可察觉的内在元素和不可察觉的内在元素。可觉察的内在元素是指消费者可以直接通过身体的各个器官和情感体验能够直接感觉到的品牌构成部分，如品牌的物理组成部分、化学成分、给人带来的心理感受等；而不可觉察的内在元素是指消费者不能够直接感觉到的品牌构成部分。有时，品牌的内在元素能够与消费者在购买过程中直接进行互动，消费者可以通过视、听、嗅、品、触等活动直接感觉到品牌内在元素的真实存在及其活动特征。

　　一般而言，企业管理者总是能够利用品牌内在元素的这种区分度，在品牌管理中把可察觉的内在元素与不可察觉的内在元素之间的关系处理好。当然，也应当避免进入以下误区：故意夸大不可察觉的内在元素的功能与效用；将可察觉的内在元素作隐性化处理，并夸大其功能与效用；在一些普通产品中非理性地加入一些不可观察的内在元素以增加其附加值。

　　品牌内在元素的主要类型包括：以悠久的发展历史为品牌内在元素，并因此而形成品牌的差异性；以独特的加工工艺为品牌内在元素，并因此而形成品牌的差异性；以展现独特的文化价值为内在元素，并因此而形成品牌的差异性；以领先的生产技术为品牌内在元素，并因此而形成品牌的差异性；以著名的人物、地名、事件、故事等为品牌内在元素，并因此而形成品牌的差异性；以独特的自然景观和人文景观为内在元素，并因此而形成品牌的差异性；以人类追求的精神信念为内在元素，并因此而形成品牌的差异性；以持续保持行业的优势地位为品牌内在元素，并因此而形成品牌的差异性；其他类型的内在元素。

　　品牌的外在形式是品牌构成要素的重要组成部分。如果没有品牌的外在形式，品牌的内在元素的表现就会因此而失去应有的作用和价值。品牌的外在形式，也称作品牌的外在表现形式，是指组织在向其目标受众展现其品牌内在元素时所采取的具体方式方法以及因此而产生的实际效果。品牌外在表现形式花样繁多、变化万千，但是总是要围绕着品牌的内在元素而展开。

　　品牌的内在元素与外在形式的有效统一能够为消费者带来实际的功能利益。因此，功能利益是品牌的第三个构成要素。作为品牌产品，它给消费者带来的功能利益在感觉上往往大于同类一般产品。品牌这种大于一般产品的功能利益，归纳起来应当有以下情形：品牌具有体现产品品质的属性；品牌具有代表行业的功能属性；品牌具有价值交换的功能属性；品牌具有展示文化的功能属性；品牌具有体现身份的功能属性；品牌具有展示个性的功能属性；品牌具有展现财富的功能属性；品牌具有体现诚信的功能属性；品牌具有体现时代特点的功能属性。

案例讨论

案例背景信息

同仁堂品牌的构成要素

北京同仁堂是我国著名的老字号企业，成立于1669年，至今已有300多年的发展历史。同仁堂自雍正元年（1723年）开始，正式为清皇宫御药房提供药品长达188年，历经数代皇帝。同仁堂人树立"修合无人见，存心有天知"的自律意识，恪守"炮制虽繁必不敢省人工，品味虽贵必不敢减物力"的古训，在制药过程中小心谨慎，兢兢业业，并因此而使其产品享誉全球。同仁堂品牌的构成要素包括以下四个方面。

一、同仁堂的企业精神——同修仁德

同仁堂的创始人乐显扬以"同修仁德"的含义来命名自己的中药品牌——同仁堂。中华民族一向推崇"修身以道，修德以仁"，在修己的同时，注重入世，讲求修齐治平，经世致用。也就是说修身、修德的目的是为国家、社会效力[①]。将店名取为"同修仁德"的目的就在于希望以此来激励同仁堂的所有员工，将制药卖药、治病救人作为制药者的最高追求以及个人修炼自身仁德的一种途径。同仁堂将其最高追求定义为治病救人，因此赋予了同仁堂员工胸怀天下的抱负。正是这种济世救人的情怀，货真价实、疗效显著的药品，才使得同仁堂的名声经久不衰，获得了古今中外消费者的一致认同。

二、同仁堂的质量观——炮制虽繁必不敢省人工，品味虽贵必不敢减物力

1706年，同仁堂的第二代传人乐凤鸣为了规范同仁堂制药的选方、配比、用药及工艺过程，将同仁堂所有的362种中成药进行分门别类并编辑成书，名为《乐氏祖传丸散膏丹下料配方》。在该书的序言中，他提出了一句对同仁堂此后发展具有深远影响的话，即"炮制虽繁必不敢省人工，品味虽贵必不敢减物力"。这句话由此便成了历代同仁堂人必须遵守的质量观念。自此以后，同仁堂员工时刻谨记这句训诫，制药过程愈发追求质量，药品的疗效也更加显著，获得了社会各阶层的一致好评。酒香不怕巷子深，清雍正元年同仁堂接到宫廷圣旨，它被皇帝钦定为清皇宫御药房的供药商。

乐凤鸣为同仁堂规定的质量观念，为同仁堂树立了精益求精的制药标准。在严格要求之下，员工在制药过程从不偷工减料、以次充好，而是严格遵循了既定的配方。以同仁堂非常有名的一种药品"紫金丹"为例，作为一种里面要搁珍珠的亮晶晶的药丸，为了确保整个制药过程不出现任何问题，在同仁堂创立之初，当家女主人会亲自对药工磨碎珍珠的过程进行监督。这种追求制作过程的严格规范，作为一种传统一直

[①] 程书香.同仁堂品牌文化内涵解读[J].消费导刊，2009，（3）：230-230.

流传至今。正是得益于谨慎制药的质量观念，同仁堂所制的各种药品具有显著的疗效，形成了市场上的良好口碑。

三、同仁堂的信誉至上观

同仁堂的历代传人对于药品质量都有一种苛求到极致的质量要求。一旦问题是发生在药品的质量方面，同仁堂绝不姑息，宁可付出巨大的经济代价，也决不让假冒伪劣的药品流入市场，做既损害消费者又使自己品牌受损的事。在清朝年间，市场上的不法商人看到了同仁堂所做的药品声名远扬、利润丰厚，便假冒同仁堂之名号出售药品。为了维护自己的信誉，同仁堂不得不投入大量的精力与这些不法行为做斗争，有的时候甚至要自己将假药全部盘下，防止其流入市场。为了防止假冒，当年的同仁堂从不开分店，如果要买到货真价实的同仁堂药品，只能到前门大栅栏。

即便是在今天如此激烈的竞争环境中，同仁堂对于药品质量及品牌信誉的追求也从未下降。2007年发生的"珠海同仁堂假药事件"，引起了同仁堂高层负责人的严重关注。珠海市药监局稽查分局证实珠海同仁堂药店卖给消费者的同仁堂药厂的招牌产品之一——安宫牛黄丸的确是假药。然后，经过一番查证，这批有问题的安宫牛黄丸不是来自于北京同仁堂制药厂，而是珠海同仁堂药店从其他渠道购入的。案件的最终结果以珠海同仁堂药店对消费者进行赔偿告终。

从这几个案例中，我们不难看出同仁堂视品牌信誉为企业生存和发展的关键因素，正是得益于这种态度，同仁堂才赢得了国内外人士的广泛赞誉和青睐。

四、同仁堂的开拓创新观

在300多年的历史中，同仁堂经历了由最初的作坊店到如今的大集团公司，从单一的丸散膏丹到现在的片剂、口服液等多种产品，其过程无不体现了同仁堂开拓创新的发展观。21世纪的同仁堂已经形成了现代制药业、零售商业和医疗服务三大板块，构建了六个二级集团、三个院和两个储备单位的企业架构，目前拥有三家上市公司。集团共拥有药品、医院制剂、保健食品、食品、化妆品等1 500余种产品，28个生产基地，83条现代化生产线，一个国家级工程中心和博士后科研工作站。

在发展上同仁堂采取了如下措施：加强同仁堂海内外营销网络建设，立足北京市，扩展全国，进军海外，建连锁店；积极借助国际互联网络的优势，探索符合同仁堂特色的电子商务，开展网络营销；积极进行符合同仁堂发展需要的新技术项目的落实与探索；尝试建立符合同仁堂药品质量要求的药材种植基地；积极探索海外融资渠道，做大做强上市公司。

品牌是企业发展中的一面旗帜。同仁堂作为优秀的品牌，不仅为企业自身可持续发展打下坚实基础，同时它也通过积极的努力，改变了消费者的生活方式，净化了医药市场的经营环境，为整个行业树立了标杆。"十三五"时期，中国传统中医药企业迎来了发展的历史性机遇。展望同仁堂的未来，前景无限美好！

（本案例根据以下资料编辑整理而成：1.金永年.同仁堂：以优秀文化打造核心竞争力[J].中外企业文化.2007（5）：40-41；2.程书香.同仁堂品牌文化内涵解读[J].消费导刊，2009（3）：230；3.金永年.用文化打造同仁堂金字招牌[J].思想政治工作研究.2004（10）：34-35；4.同仁堂官网.http://www.tongrentang.com/.）

案例讨论题

（1）以本案例所提供信息为依据，试分析同仁堂品牌各构成要素之间的关系。
（2）在同仁堂品牌经营过程中，该企业是如何处理质量与信誉二者之间的关系的？
（3）结合近年来中国中医药行业发展现状，试分析同仁堂等企业品牌的主要作用。

复习思考题

1. 简述品牌内在元素的含义。
2. 品牌内在元素包括哪些类型，它们各自的作用是什么？
3. 如何理解品牌内在元素与外在形式之间的关系？请举例说明。
4. 简述品牌功能利益的含义，并举例说明。
5. 举例说明品牌功能利益与品牌内在元素、外在形式之间的关系。
6. 以一家国内著名品牌企业为例，以图示形式说明其品牌内在元素、外在形式、功能利益之间的关系。

第五章
品牌的识别与形象

本章知识点

- 品牌识别的概念
- Aaker品牌识别系统
- Kapferer品牌识别模型
- 品牌形象的概念
- 品牌形象包括的主要内容

品牌识别（brand identity）与品牌形象（brand image），是企业在品牌建设中特别重视的两个方面的内容。英文单词"identity"一般翻译为"身份"，但是由于在许多品牌管理著作中，人们习惯地将其翻译为"识别"，因而被推广使用。但是，要准确把握"brand identity"的含义，从"品牌身份"这个角度来理解可能更加容易一些。正如每一个人都应当有特定的身份一样，"brand identity"事实上证明一个具体的品牌究竟具有怎样的"身份"。建立在"身份"基础之上的"识别"似乎更容易一些，因为"身份"是客观存在的，而"识别"却有着主观随意性。明确了"brand identity"的准确名称之后，我们就能够对它进行深入的剖析。品牌形象与品牌识别并不是同一个事物，它着重向消费者传递品牌自身的积极的、正确的因素。品牌识别与品牌形象应当取得一致。

第一节　品牌识别

品牌识别事实上是品牌身份的判断，因而它与品牌内在元素的构成类别有一定关系。品牌内在元素决定了品牌识别或者品牌身份的特征，如果没有品牌内在元素，品牌识别就无从谈起，因此品牌内在元素的类别划分为更好地进行品牌识别或者品牌身份的验证提供了有效的理论工具。但是，有时尽管品牌的名称不同，但是它们的内在元素类别却相同，此时就需要通过品牌识别即品牌身份来体现这种不同品牌之间的内在差异。特别是在品牌之间的差别很细微时，品牌识别的作用就更加明显。事实上，作为企业而言，它们通常更加关注自身品牌与其他品牌之间的差异，即通过这种差异消费者能够十分容易地把在本质上具有相似功效的品牌区别开来。品牌识别在层次上比品牌内在元素要更接近于品牌的表面，因而有利于企业或者消费者对品牌的实质进行把握。

一、Aaker品牌识别系统

理论界关于品牌识别的研究成果比较多，有代表性的是Aaker（2002）提出的品牌识别系统（如图5-1所示）。在该系统中，Aaker将品牌识别分为核心和延伸两个部分，并将品牌识别分为四种形式：作为产品的品牌，作为组织的品牌，作为个人的品牌和作为符号的品牌，而且对这四种形式的品牌的具体识别特征进行了细化。例如，在作为产品的品牌中，品牌识别包括：产品范围、产品属性、品质或价值、用途、使用者和来源国。这种品牌识别方式事实上使品牌的识别与产品的具体特征更为接近，因而把品牌内在元素通过具体的事物形态体现出来。需要注意的是，品牌识别或者品牌身份尽管能够直接地把不同品牌进行有效区分，但是它们并不是品牌内在元素，也不是品牌的外在形式。品牌的内在元素和外在形式，着重研究剔除产品内涵及形式的狭义的品牌，而品牌识别则着重研究包含产品内涵及形式在内的广义的品牌。

狭义品牌与广义品牌的区别主要在于，前者不涉及产品的具体形式和内容，即能够独立于具体产品形式和内容而存在，而后者包括了产品的具体形式和内容，总是依托于某一个或某一类具体产品而存在。不可否认，在目前已有的关于品牌的研究成果中，相当一部分是基于产品的内容与形式来研究品牌的，因而导致"品牌管理"与"产品管理"两个概念经常混淆，而在实务界，在不少企业管理者的认识中，品牌管理就是产品管理或者商标管理。针对理论界与实务界在认识上存在的误区，为了对"品牌"这一客观事物有一个更为准确的研究与把握，我们应当把对品牌的研究限定在狭义的概念范围之内。

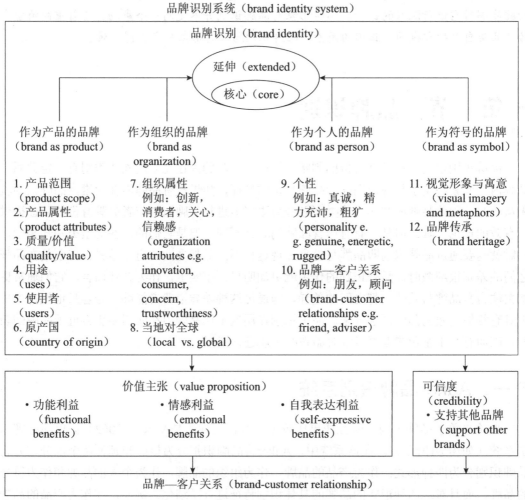

图5-1 Aaker品牌识别系统

Aaker（2000）认为，品牌识别表明了组织希望品牌代表的东西，以及组织需要去体现业务战略和公司投资那些需要品牌来满足它对顾客承诺的意愿①。

从图5-1可以看出，Aaker的品牌识别系统建立在广义品牌基础之上，把产品也包括在

---

① 原文：brand identity represents what the organization wants the brand to stand for and needs to reflect the business strategy and firm's willingness to invest in the program needed for the brand to live up to its promise to customer.

系统之内。但是，在延伸品牌的分析中，这个系统还是涉及了狭义品牌的概念，同时也把品牌的功能利益通过"价值主张"的形式表达出来，并归结到"品牌—客户关系"这样一个关系管理的范畴之内，因而对于我们深入分析品牌识别有一定的借鉴作用。

品牌识别系统把品牌内在元素显性化，并根据产品、组织、个人、符号四个类别，强调了品牌在不同的经济社会领域中的具体识别特征。同时，在一些复杂化的品牌中，产品、组织、个人和符号只是这些品牌的具体层次，即这四个层次共同形成一个完整的品牌识别系统。

如果只是研究品牌内在元素和外在形式，而没有品牌识别方面的理论来把品牌内在元素和外在形式统一起来，那么在实践中判别不同品牌之间的差异就十分困难。因此，Aaker品牌识别系统事实上把抽象的品牌内在元素与复杂的品牌外在形式通过品牌识别这样一种形式具体化，以便于人们能够通过产品、组织、个人和符号这四种较为具体的类别来把握品牌的内在性质和外部特征。这也是品牌识别这种理论工具的重要作用之一。

但是，正如前面所提到的，在识别品牌时，一定不能把品牌与产品两个不同的概念与范畴混淆，即使同样是分析产品范围、产品属性、质量和价值、用途、使用者和原产国等内容，在选择分析视角时，也要体现出品牌分析角度与产品分析角度的不同之处。因此，在Aaker品牌识别系统中，"价值主张""可信度"以及"品牌—客户关系"是区分品牌分析与产品分析的关键之处。即在品牌识别中，它不同于产品识别，包括了功能利益、情感利益和自我表达利益（在前面一章中，为了分析简便起见，我们将这三个利益统称为品牌的功能利益），并以价值主张的形式体现出来，同时，它更强调可信度，这些不同于产品物理化学成分分析的识别方法，更有利于建立"品牌—客户关系"。

■ 二、Kapferer品牌识别模型

法国学者Kapferer是品牌识别理论的创立者，他（2008）认为，品牌是一个人接触一家企业时，由它的产品和服务所导致的所有情感、观察和经验的总和[1]。他对品牌的这个定义与理解，与美国市场营销协会（American Marketing Association，AMA）对品牌的定义是不同的，AMA将品牌定义为，品牌是一个名称、术语、设计、符号或者这些东西的结合，表明一个卖者的货品或服务区别于其他卖者[2]。这两个定义的不同之处在于，前者更加强调消费者接触品牌所产生的情感和观察以及经验等心理及生理方面的变化，而后者则主要是将品牌作为一种在不同货品和服务中区分的识别标志。由此，我们从AMA的定义中可以归纳出，它对品牌识别的理解是名称、术语、设计、符号或者这些东西的组合。这种品牌识别更接近于货品和服务的外在层面，而没有深入到这些事物带给购买者或者在

---

[1] 原文：Brand is the sum of all the feelings, perceptions and experiences a person has as a result of contact with a company and its products and services.
[2] 原文：Brand is a name, term, design, symbol or the combination of them that identifies one seller's goods or services as distinct from those of other sellers.

接触过程中所产生的心理和生理变化。因此，强调情感因素，这是Kapferer对品牌识别理解的独特之处。

Kapferer（2009）认为，品牌识别表达了可察觉的和不可察觉的品牌具体要求，即那些使品牌成为它自身的东西，没有这些东西，品牌将成为其他事物[1]。品牌识别是从品牌的根部、品牌的传承，以及能够在一个特定的价值和利益领域中赋予其独特权威性和合法性的一切事物中进行培育[2]。

Kapferer从"内部化—外表化""送者—接收者"两个维度构建了一个品牌识别模型，称为品牌识别六棱镜模型（brand identity prism）[3]。与Aaker品牌识别系统不同的是，Kapferer的模型中主要有6个要素，即3个内部化的要素，3个外表化的要素；而Aaker品牌识别系统中的要素共有12个。

Kapferer模型的基本原理如图5-2所示：

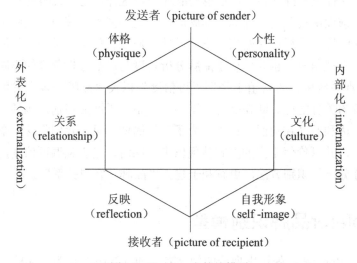

图5-2　Kapferer六棱镜模型

六棱镜模型主要揭示了品牌识别中的两个关键的方面，即内部主观层面的东西和外在显性化的层面。这种分析方法与我们在第四章中所进行的品牌内在元素与外在形式的分析方法在原理上是基本一致的。只是在Kapferer的这个模型中，它更强调内部化与外表化两个作用过程，同时把内部化过程中起作用的因素归纳为三项：个性、文化和自我形象，把外表化过程中起作用的因素也归纳为三项：体格、关系和反映。

关于内部化和外表化过程中各个因素的具体含义及其作用机理，许多相关的文献都作

---

[1] 原文：Brand identity expressed the tangible and intangible specifications of the brand, those that make the brand what it is, without which it would be something else.

[2] 原文：Identity is nurtured from the brand's root, its heritage, everything that gives it its unique authority and legitimacy in a specific territory of values and benefits.

[3] 参考资料：张明立, 任淑霞. 品牌管理（第二版）[M]. 北京：清华大学出版社、北京交通大学出版社，2014：65-66.

了进一步的扩展性研究。例如，有的学者专门研究了奢侈品的品牌识别，尤其是化妆品，如香水、彩妆品；也有一些学者专门研究不同汽车品牌的品牌识别差异；还有一些学者则研究普通日用生活品，例如可乐、香皂、洗衣粉、洗发水，等等。这说明Kapferer六棱镜模型在实际应用方面有较好的体现，也比较容易为企业和研究人员所接受。

但是，在该模型的实际应用中，我们也发现由于不同的研究者对于模型中的6个要素的具体含义理解不一致，因而导致用该模型解释企业或者其产品的品牌识别时，出现了较大的随意性，即不同实例中所对应的模型要素的内涵并不一致。这事实上说明Kapferer六棱镜模型本身所包括的6个元素并没有清晰的内涵界定，或者人们在理解这些概念和含义时出现了认识上的偏差。

为了将这个模型所要表达的实际含义具体化，我们有必要对Kapferer六棱镜模型中的各个要素的具体含义进行分析。

（一）体格（physique）

体格要素是品牌的基础，可能包括品牌的物质特征、标志和属性。这个元素帮助品牌回答以下问题：这个品牌具体是指什么？这个品牌能做什么用途？这个品牌看上去是什么样子？体格往往构成品牌的原型，并作为标志性产品来展现品牌的质量。世界上一些著名的品牌往往喜欢保留最初的品牌体格特征，并成为识别该品牌的主要特征之一。

（二）个性（personality）

个性要素是指如果把品牌理解为一个人的话，它应当是怎样的一种情形。一般而言，个性包括了性格（character）和态度（attitude）两个主要方面。Kapferer认为，品牌个性是自1970年以来品牌广告中主要的关注点，并认为Aaker的品牌个性测试方法沿用了传统广告机构的做法，导致了品牌个性在理解上的一些认知偏差。

（三）文化（culture）

文化要素是指从全面的角度来看待作为品牌的组织及其产品，即品牌的产生地以及所代表的价值。品牌不仅是一种具体文化的代表，同时它也是一种能够有利于沟通的方式。此处的文化是指满足品牌追求的一系列价值，这种功能在奢侈品营销方面表现尤其突出。同时，文化也能体现出差异性，例如，美国品牌往往代表着西方文化，而中国品牌通常包含有东方文化。

（四）关系（relationship）

关系要素强调的是品牌与顾客之间关联的强度。它可能代表着人类精神世界中的信仰和联想。在服务行业中，品牌作为一种关系的特征体现得更加明显，比如银行、保险等企业，它们与顾客之间的关系十分重要。当然，几乎每一个企业在品牌识别方面都会特别在意"关系"因素。例如，海尔的"真诚到永远！"

（五）反映（reflection）

反映要素是指在顾客的脑海中品牌代表着什么，或者顾客反映在品牌上的心态。比如，一款品牌产品，如果进行市场调查，消费者对它的态度可能有很多种：它是一款专门给年轻人打造的品牌；它是白领阶层消费的生活用品；它的颜色十分鲜艳，适合性格外向的人消费；等等。这其实就是顾客的反映。Kapferer强调要对两个概念进行区分：顾客对品牌的反映与企业对品牌的定位。企业要控制和引导顾客的品牌反映，防止品牌经营进入误区。

（六）自我形象（self-image）

自我形象要素是指当与品牌对比时，顾客是怎样看待自己的。与顾客看待品牌形成"品牌反映"这个要素不同的是，自我形象是指消费者对照品牌观察自己的结果。通过对特定品牌表现出的态度，消费者与其自身建立了一定形式的内在关系。例如，顾客在购买一款豪华小轿车时，只是为了炫耀自己的经济实力，但是实际上可能觉得自己并不适合这样的消费，甚至觉得有些超前消费或者完全透支。

不论是Aaker品牌识别系统，还是Kapferer六棱镜模型，它们的提出都是为了便于把某一品牌与另外的品牌区分开来，并塑造有利于该品牌的品牌形象，以便进行品牌定位。因此，品牌识别系统或模型是一种类似于品牌身份的管理方法，是主要站在组织的角度来传递组织对其自身及其产品的差异化理解。就内部构成要素而言，由于品牌识别和品牌形象在一定程度上具有同一性，因而完全将品牌识别与品牌形象对立起来的管理方法在实践中难以产生实际效果。但是，在理论分析中，将二者进行区分仍然是一种十分有效的方法。

第二节　品牌形象

品牌形象通常被定义为"消费者对一个品牌的感觉"，而且以"在消费者记忆中的品牌联想（关联物）"作为测度。[①]品牌形象研究的关键在于建立强势的品牌形象并通过品牌沟通来传递这些形象。从品牌形象的定义中，我们可以发现：品牌形象存在于消费者的心目中，消费者的判断对品牌形象有着重要的影响力。这个定义似乎与我们日常生活中所讲的"品牌形象"有一定区别，因为一般而言，企业总是强调通过自身的努力来打造品牌形象，而没有涉及消费者的判断。因此，实践中的管理方法与理论上的概念界定之间存在着一定的差距，这也是一些企业在品牌形象塑造方面出现方向性偏差的主要原因。

---

① 资料来源：[美]西尔维·拉福雷．现代品牌管理．（英文版）[M]．北京：中国人民大学出版社，2011．原文：Brand image is defined as 'consumer perceptions of a brand' and is measured as 'the brand' associations hold in consumer's memory.

一、品牌形象展示中出现的主要问题

消费者怎样看待一家企业及其品牌,这与这家企业如何看待自己及其品牌完全是两个不同的视角,因而所产生的结果也根本不同。在塑造品牌形象方面,组织中的管理者总是喜欢按照自己的理解来为企业设计形象(这不仅是企业存在的问题,一些事业单位也经常出现类似的问题),即向消费者(或组织面向的社会人群)展示自己认为应当展示的东西,这事实上极有可能与消费者所想要观察到的组织(主要指企业或事业单位)形象差距很大,甚至根本达不到塑造品牌形象的效果,有时恰恰起着相反的作用,让消费者(或组织面向的社会人群)产生厌恶感。

比如,有的企业总是喜欢"向上级部门汇报工作动态",因而在自己的形象展示的关键平台上,是一种向上级汇报的展示风格,即取得了怎样的业绩,进行了哪些日常工作,工作部门之间的分工是怎样的,日常的业务流程是怎样的,企业内部共有多少人员和多少个部门,他(它)们的岗位设置及工作职能是什么,等等。这种形象展示事实上与消费者(或面向的社会人群)的实际需求有较大差距,因为他们实际需要的是这家企业究竟在提供什么样的产品和服务,在什么时间和场所提供,价格是多少,有什么特点,等等。

因此,品牌形象并不是(或不完全是)内在工作业务流程和职能部门设置以及完成上级布置任务情况的汇报及展示,而应当是(或至少是)组织向其上下游合作单位或服务群体的关于自身核心竞争力、产品和服务特征、社会责任及其承诺的展示。对于企业管理者而言,全方位地宣传和营销企业是十分必要的,但是,从品牌形象角度来展示企业,毕竟与企业的宣传和营销并不是同一个概念。把品牌形象与企业营销宣传画等号,在理论上和实践中都是一种不正确的管理方法。企业营销宣传可以有多个层面、多种方式,充满变化与革新,但是作为品牌形象,企业的形象必须具有协调性、一致性和持久性。品牌形象作为一种存在于消费者心目中的对企业和产品的形象的理解,虽然在客观上依托于企业形象的引导,但是在主观上却与消费者的认知和情感等心理、行为因素有着密切的关系。这事实上涉及了在主观与客观两个方面的对接问题。即如果把品牌形象作为一种美好的事物来进行传递,那么在塑造美好与理解美好这两个不同的层面上应当取得一致。

实践中还有一个问题困扰着组织对自身品牌形象的经营管理,就是第三方机构对组织品牌影响力做出的评价。在企业发展过程中,它们的资产质量、市场份额、产品特点、技术应用情况以及企业文化和人员构成等,都会成为市场中其他主体关注的焦点。获得并评价这类信息,形成基于品牌影响力的竞争力排行,这是一些市场研究机构利用企业家关注自己企业地位这一心理而获得利润的有效方法。因此,在营利性行业和非营利行业之外,都会有这种类型的评价机构,它们以品牌形象评价为目标而对各类企业或单位进行排名。这种排名有的是基于上面所提及的组织的资产规模、利润率、营业收入、销售量、市场份额等指标,而较少涉及消费者对这些企业的心理认知和行为意向,因而所产生的品牌竞争力评价并不具有真正意义上的代表性。但是,由于中间机构的这种评价方式与企业自身的感受极为接近,因而十分容易获得企业的广泛认同。第三方机构的这种研究方法以及企业对这种做法的认可态度,事实上将社会上对品牌形象的理解引入了误区。

正是由于品牌形象的理解方面存在着上述这些问题，使品牌管理研究进入了新的困境。目前，在理论上必须把"企业形象"和"品牌形象"进行区分，并将"整体形象"与"部门形象"进行区分，以便科学地回答以下问题：

（1）组织中各个部门向主要面对的社会人群展示其体制架构、运行机制中的科层设计及工作内容和业务流程，甚至与之相关的所获得的经营管理业绩，等等，这种类似的形象宣传是否属于品牌形象展示？

（2）组织作为整体的品牌形象是否由各个职能部门或者事业单位的管理运营体制、机制及流程和绩效等内容所构成？

（3）品牌形象的内容主要是指什么？它由哪些要素构成？这些要素之间的关系是什么？呈现于企业及其产品表面的一些特征是否属于品牌形象的构成要素？

二、品牌形象的主要内容

Sylvie Laforet认为，品牌形象包括两个维度：功能性和符号性。一方面，消费者在努力地通过拥有和使用产品而获得产品的品牌形象；另一方面，营销者也在努力地去理解消费者行为所代表的符号标识，即作为产品的使用者和拥有者认可的作为非语言沟通的信息。按照Sigmund Freud的观点，人们的自我（ego）和超我（superego）在较大程度上控制着人们期望他人对自己的个性和形象所形成的认识。品牌形象也是如此。品牌形象存在于消费者的脑海中，是消费者给出了每一个品牌的形象，因此，了解消费者的消费心理与行为习性以及消费者本人针对其他消费者关于品牌的态度的看法就十分重要。

对于消费者而言，品牌不仅具有功能作用，而且在社会人群的交往中还具有符号作用，是一种十分有效的交流与流通手段。品牌形象一方面取决于消费者如何看待品牌与其自身消费的关系；另一方面取决于消费者如何对待周围人群与品牌之间的关系。每一位消费者在对待一个具体的品牌时，他除了需要考虑自身的感受之外，还要考虑他人对于品牌的态度。因此，品牌形象不是简单地由品牌本身与消费者之间的互动而产生的，它是消费者建立在对一个品牌的广泛认知基础上形成的判断与印象。品牌形象与公司形象不同，描述公司形象的词语可能是"充满活力""具有团队合作精神""具有社会责任和事业追求""具有独特的性格"，但描述品牌形象的词语比这些要复杂得多。

一般而言，品牌形象主要是从以下三个方面来进行描述：

（一）产品或服务自身的形象

这主要包括产品的质量、价格、性能、属性、价值、利益等内容。但是需要注意的是，这里主要是指消费者对于这些内容的具体感受，并因此而形成了产品或服务自身的形象，而并不是指这些产品或服务本身在生产过程或者销售过程中针对消费者所强调的功能、属性和利益。比如，一款电视机，对于生产企业而言，它在生产过程中强调"精益求精"，在销售过程中强调"顾客价值"，但是，当这些产品摆在消费者面前时，消费者的具体感受可能与这些表述并不一致。

（二）产品或服务提供者的形象

这主要包括企业在行业中的地位、资产规模、市场份额、增长势头、竞争能力、科研能力、人员素质、管理水平、企业文化、社会责任等内容。提供者的形象是品牌形象的一个侧面。有时消费者是由于首先关注产品和服务提供者的形象，进而对产品和服务产生兴趣；有时消费者是由于关注了产品和服务本身的品牌形象，然后才开始了解这些产品和服务的提供者的形象。企业作为产品和服务的提供者，在塑造自身形象时，一定不能脱离提升产品或服务自身形象这个核心。

（三）产品或服务使用者的形象

这主要包括产品和服务的主要使用者人群，即消费者人群具有怎样的共性特征，涉及年龄、收入、受教育程度、职业等内容。消费者有时把他人使用产品和服务的情形作为自己是否做出购买决策的一种参照对象。例如，一位消费者可能会更加关注和自己收入水平相当或者比自己收入高的社会人群所使用和关注的产品和服务，并把购买和拥有这些产品作为体现自身社会地位的一种途径。这事实上属于消费领域中的"形象比附"现象。

对于上述这种在社会中比较通行的认识，有的品牌研究专家对此进行了更加深入的探索。例如Alexander L. Biel（1993）在把品牌形象分为公司形象、用户形象和产品服务本身形象三个方面之外，还对这三个要素进行了细分，从"硬性属性"和"软性属性"两个角度来研究品牌形象，其中，前者是对品牌有形部分或功能属性的认知，而后者是指反映品牌的情感利益。如图5-3所示[①]。

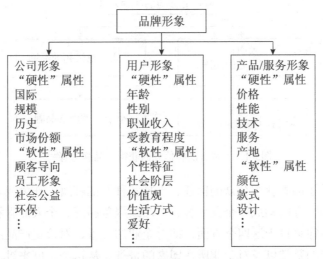

图5-3　贝尔品牌形象模型

资料来源：汪明华，曹鸿星.品牌形象模型的比较研究[J].北京大学学报，2003（3）.

---

① 资料来源：黎建新.品牌管理[M].北京：机械工业出版社，2013：47.

三、品牌形象的评价

品牌形象的评价主要包括三个方面：知名度、美誉度和忠诚度。实践中经常被引用的品牌术语，如品牌反映度、品牌注意度、品牌美丽度、品牌传播度、品牌追随度，都是由这三个基本的评价维度扩展引申而来。

品牌知名度是指品牌在公众中的知晓程度，即潜在购买者认识或记忆起某一品牌是某类产品的能力。在习惯上，人们将知名度与"名气""名声"联系在一起。建立在品牌认知基础上的"品牌再认"和"品牌回想"，以及将品牌认知分为不同的层次（分别为"第一提及认知度""未提示认知度""提示认知度"和"无认知度"），这些都是在实践中比较常用的评价品牌知名度的有效方法。强势广告和积极的公共关系虽然是快速有效地建立品牌知名度的常用手段，但是这些方法的长期使用也会弱化品牌形象，反而在品牌的知名度提升的同时导致品牌美誉度和忠诚度下降。

因此，品牌知名度应当建立在企业及其产品和服务的核心竞争力上面，尤其要强化和突出差别化的竞争优势。知名不等于美誉，知名不等于忠诚。知名度的作用在于建立、维持和增强消费者对品牌的认知、识别与回忆，开拓市场空间。一般而言，知名的品牌比起不知名的品牌更容易获得顾客的青睐。因而获得一定的知名度，对于企业及其产品和服务的品牌形象建立，尤其是新产品品牌形象建立，具有重要的推动作用。基于品牌知名度进行品牌选择的有效方法之一是建立品牌认知集合，如图5-4所示。

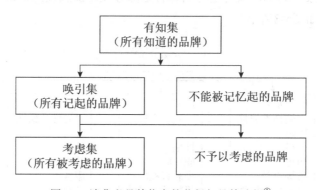

图5-4　消费者品牌信息的获得与品牌选择[①]

品牌美誉度是指品牌获得公众的信任、支持和称赞的程度。作为成功的企业，其品牌的美誉度通常由四个方面构成：企业品牌、产品或服务品牌、个人品牌和所在国家品牌。因此，品牌美誉往往来自于这四个方面，即对企业的赞誉、对特定产品或服务的赞誉、对个人比如企业领导的赞誉以及对企业所在国家的赞誉。从这个角度来讲，品牌美誉度可以来自于品牌的一个方面，也可以是针对整个品牌所包括的内容。品牌美誉度这项指标在市场营销调研中使用的比较多，比如对一款品牌可以用"品质卓越""品质较好""品质一般""品质较差""品质低劣"等五个档次进行质量评价，同时也可以结合其具体定价，

---

① 资料来源：[美]迈克尔·R，辛科塔等.营销学：最佳实践[M].李占国，译.北京：中信出版社，2003：147.

再对该品牌进行性能和价值的综合评定。美誉度习惯上也被称为"口碑"和"声誉",它是品牌形象三个维度中最为重要的一个维度,另外两个维度一般建立在这个维度基础之上,因而它是推广品牌形象(让品牌变得知名)和获得消费者忠诚的重要前提条件。

品牌忠诚度是指消费者对品牌产品的选择程度。由于消费者的内心活动通常很难加以测量,而通过消费者口头表达是否忠诚的方式所获得的信息又不足以作为评价依据,因此,通过消费者的实际购买行为来评价品牌忠诚度就成为必要的方法。一般而言,在竞争激烈的市场环境中,由于每一个品牌都客观存在着大量的替代品牌,因而消费者如果总是在购买行为上选择某一品牌时,就意味着这位消费者对该品牌具有较高的忠诚度。依据这种判断,相应的可以根据消费者购买一类产品的总数量以及各个品牌在其中所在的比例来评价这些品牌的忠诚度,进而将不同的消费者依据品牌忠诚度分为:怀疑者、观望者、顾客、客户、支持者、鼓吹者和合作伙伴,以此来进行顾客保持与顾客价值的判断。当然,在对顾客进行分类时也可以采取其他方法,例如在《市场营销学》中,比较成熟的方法是将顾客分为陌生人、蝴蝶、真正的朋友和船底的贝壳等四种类型。这种判断消费者忠诚与否的方法,在一些特殊用品的品牌研究中特别具有推广价值。

作为评价品牌形象的三个维度,品牌知名度、品牌美誉度和品牌忠诚度可以通过"两两组合"的方式来构建品牌形象评价模型,分别为:"品牌知名度—美誉度模型""品牌美誉度—忠诚度模型"和"品牌知名度—忠诚度模型",这些模型能够分析不同的变量对品牌形象的影响力度,从而帮助企业发现品牌管理中的薄弱环节。有时,这三个维度可以并用于同一个模型中,这样得出的品牌形象评价结果就更具有直观性。"品牌知名度—美誉度模型"和"品牌形象评价三维模型"如图5-5、图5-6所示。

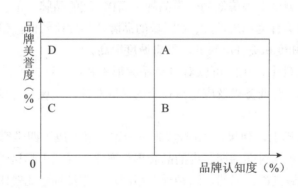

图5-5　品牌知名度—美誉度模型

在图5-5中,根据美誉度和认知度两项指标,品牌认知总体集合被分为A、B、C、D四个区域,其中:A区域表示认知度和美誉度都高的品牌;B区域表示认知度高而美誉度低的品牌;C区域表示认知度和美誉度都低的品牌;D区域表示认知度低而美誉度高的品牌。这四个区域的划分事实上类似于波士顿矩阵中的公司战略业务分析方法,只是此处被划分的对象是企业的各个品牌或者消费者在购买中备选的诸多品牌。也有一些观点将这种分析方法与产品生命周期结合在一起来研究企业的品牌管理战略,即A区域的品牌对应的产品处于成熟期;B区域品牌对应的产品处于衰退期;C区域品牌对应的产品处于市场导入期，D区域品牌对应的产品处于成长期。还有一种观点认为，认知度是美誉度的基础，即如果没有消费者的认知，品牌的良好形象是建立不起来的。这种观点强调了认知的重要性，同时主张积极进行市场宣传活动，先努力开拓市场，之后再逐步建立良好形象。

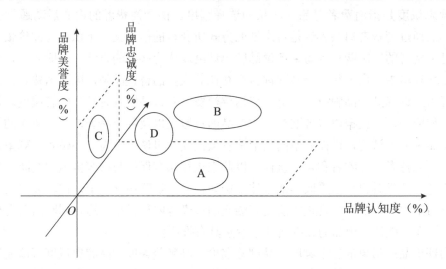

图5-6　品牌"知名度—美誉度—忠诚度"三维模型

在图5-6"三维模型"中，A、B、C、D同样表示四个不同的品牌集合，只是由于增加了"忠诚度"这项观察指标，而使集合的位置比在二维图形中有所变化。例如，A区域在这个三维空间中事实上表示一个处于一定层面的面积，该区域范围内的品牌属于中等认知度、低美誉度、忠诚度中等偏低的一类品牌；而B区域的品牌，不仅数量多，而且认知度较高，具有很高的美誉度和忠诚度；C区域的品牌认知度比较低，但美誉度和忠诚度较高；D区域的品牌认知度和美誉度较低，但忠诚度很高。

在三维模型的基础上，企业可以对自身品牌形象和所生产的产品和服务形象进行判断，找准品牌管理的主营业务以及应重点投资的品牌对象，发现其可以提升的方向，进而采取积极的行动。

在三维模型的基础上，如果加入时间轴——t轴，就形成了四维空间，即动态空间。这样，企业可以对比不同时间周期之内的品牌形象变化，寻找引起这种变化的主要原因，并对变化趋势做出大致判断。当然，这种模型用图示的方法描述比较困难，但是在信息技术发展迅速的今天，企业可以把三维模型作动态化处理，沿着时间轴移动三维模型中的各个变量轴，并对各个品牌在不同时间段所处的区域位置的变化进行跟踪，以连线的方式来描述每一个品牌在这四个维度上的变化情况。

最后，关于品牌形象的评价，目前理论界探索出了许多有价值的模型，在定性测量和定量分析方面都取得了较好的效果。比如，在一些企业中使用了拟人化的方法来描述品牌的形象，使品牌更具有人格特征，即让品牌形象与人物形象进行直接对接；也有一些企业使用动物、植物的特征来描述品牌形象，甚至把大自然中的一些常见的现象或者奇特现象与品牌现象进行关联，以此来激发品牌的联想力。

总之，品牌形象随着这个世界的不断变化而不断地引入新的内容。对于同样一件产品，其品牌形象在当初创立之时的感觉和在当今社会中的感觉肯定是不同的，因为消费者人群发生了变化：原来的人群的收入和地位在发生变化，人群的数量和结构也在变化，而新的消费者人群不断地扩大，在社会和经济生活中扮演着越来越重要的角色。因此，品牌形象中能够引起人们记忆的元素需要不断地强化，有时甚至需要进行创新和调整。

但是，有一点是必须清楚的，那就是不论品牌形象如何变化，它所传递的精神和价值应当具有持久性，而且这些精神和价值一定是具有激励人们向着美好生活、更高的精神世界前行的力量。如果品牌形象的背后缺乏这种精神和价值的支撑，那么这种品牌的影响力就只能是停留在感官层面上，很快就会被激烈的市场竞争所淘汰。但是，如果品牌形象的背后有着强大的精神和价值作为支撑，那么这种品牌就会在触动消费者感官的同时，影响消费者的精神世界和价值观念，进而成为一种被赋予生命力的产品。

在品牌识别与品牌形象两个不同的范畴中，融入精神层面的元素必不可少。世界上著名的品牌都或多或少地在强化品牌识别与塑造品牌形象中融入了精神层面的东西，即价值观念与信念。因此，从这个意义上观察，越是具有世界性影响力的品牌，它们的品牌识别与品牌形象越不是仅仅停留于物质层面或者感官层面上，而是不断地渗透到人们的精神生活中。品牌识别和品牌形象如果只是停留于感官层面，那只能表明生产这些品牌的企业和正在使用和拥有这些品牌的消费者还没有从更深的层次上去理解品牌的内涵及其对于社会经济文化的意义。

本章小结

本章重点介绍了品牌识别与品牌形象。品牌识别事实上是品牌身份的判断，因而它与品牌内在元素的构成类别有一定关系。品牌内在元素决定了品牌识别或者品牌身份的特征，如果没有品牌内在元素，品牌识别就无从谈起，因此品牌内在元素的类别划分为更好地进行品牌识别或者品牌身份的验证提供了有效的理论工具。

在Aaker提出的品牌识别系统中，品牌识别分为核心和延伸两个部分，包括四种形式：作为产品的品牌、作为组织的品牌、作为个人的品牌和作为符号的品牌。

Kapferer认为，品牌是一个人接触一家企业时，它的产品和服务所导致的所有情感、观察和经验的总和。品牌识别表达了可察觉的和不可察觉的品牌具体要求，即那些使品牌成为它自身的东西，没有这些东西，品牌将成为其他事物。品牌识别是品牌的根部，Kapferer从"内部化—外表化""发送者—接收者"两个维度构建了一个品牌识别模型，称为品牌识别六棱镜模型。

品牌形象通常被定义为"消费者对一个品牌的感觉"，而且以"在消费者记忆中的品牌联想（关联物）"作为测度。

Sylvie Laforet认为，品牌形象包括两个维度：功能性和符号性。按照Sigmund Freud的观点,人们的自我和超我在较大程度上控制着人们期望他人对自己的个性和形象所形成的认识。

一般而言,品牌形象主要是从以下三个方面进行描述:产品或服务自身的形象;产品或服务提供者的形象;产品或服务使用者的形象。

品牌形象的评价主要包括三个方面:知名度、美誉度和忠诚度。实践中经常被引用的品牌术语,如品牌反映度、品牌注意度、品牌美丽度、品牌传播度、品牌追随度,都是由这三个基本的评价维度扩展引申而来。

案例背景信息

品牌形象尖峰对决:肯德基与麦当劳

肯德基与麦当劳分别于1987年、1990年进入中国,其洋面孔、独特的烹调方式、便捷的消费模式等受到了人们的热烈追捧。二者在中国市场激烈角逐,从营销、运营、人力资源、物流采购等各方面皆要一较高下,极力打造优秀的品牌形象。

一、产品形象

肯德基以鸡肉为产品主要食材,其"神秘的炸鸡配方"成为其产品种类延伸的源头。而麦当劳坚持以汉堡包和牛肉为产品主体,实行全球产品一致的标准化尺度。中国人对鸡肉的特别偏爱,部分促使肯德基在中国市场能够力压世界快餐行业排名第一的麦当劳。肯德基不断地满足中国人的消费需求,为此开发和加入了许多符合中国人消费习惯的产品,如油条、老北京鸡肉卷、十全如意沙拉、和风刀豆沙拉、芙蓉鲜蔬汤、番茄蛋花汤、川香辣子鸡、营养早餐(香菇鸡肉粥、海鲜蛋花粥、枸杞南瓜粥、鸡蛋肉松卷、猪柳蛋堡)等,到现在的"开饭了",更是卖起了米饭,符合其"立足中国,创新无限"的本土化战略口号。

对于产品的危机公关,二者都做得比较出色。"苏丹红事件"让肯德基意识到其上游供应商的管理存在巨大挑战。为此肯德基采取一系列措施加强和完善食品安全保障体系,这其中包括由美国调入全球首席技术官出任首席后勤执行官,统一领导研发、品质管理、食品安全、工程、采购、物流和配送等部门;成立"食品安全办公室",设立"食品安全官";推出《食品安全政策白皮书》。肯德基对食品监管力度的宣传破除了危机。麦当劳三里屯店被央视"3·15晚会"揭露出食材加工过程不卫生后,麦当劳官方微博第一时间回复,给麦当劳这次的危机处理带来了积极效应。更大的效应在于次日的传统媒体曝光,几乎所有的报道会同时加入麦当劳对此事件的态度。此举危机公关的成功在于麦当劳承担责任与改正错误的及时性。

二、传播形象

　　肯德基以红色"KFC"英文缩写直接作为标识,简短便于记忆。麦当劳却仅以首字母M作为标识,更加简洁,辨识度高,并给人希望、愉快、辉煌的联想。M型的弧形图案设计非常柔和,和店铺大门的形象搭配起来,吸引顾客走进店里。从符号形象的设计来说,肯德基的缩写略显僵硬,缺少如麦当劳延伸性美感。

　　戴着眼镜、系着蝴蝶结和白围裙的白胡子老爷爷是肯德基的品牌形象代言人,麦当劳则以麦当劳叔叔的小丑形象作为其品牌形象的长期代言人。肯德基着力宣传山德士上校,一方面,其极具亲和力的老爷爷形象,可以引起顾客对于产品的信赖;另一方面,山德士上校作为肯德基的创始人,其创业的勇气与执着引发了顾客对于创业精神的赞赏。肯德基赋予了品牌传播形象的精神内涵,让其实体化,对肯德基品牌文化建设极其有利。

　　麦当劳叔叔所代表的红色和黄色,不仅仅是麦当劳的主色调,无论在东方还是西方,其更是代表了喜庆和友善。每一家麦当劳的门口都会放着一张长椅,上面坐着微笑的麦当劳叔叔,被设定为"孩童最好的朋友",体现了麦当劳以孩童带动家庭的主要战略。

三、企业形象

　　肯德基、麦当劳店铺设计方面都体现了一致的形象与风格。二者采取特许经营,制订了高质量的加盟手册和可操作的运营手册。麦当劳著名的"QSCV"理念是"质量、服务、清洁、价值"4个英文单词的首字母组合,它是对麦当劳经营方针、管理观念、运作要求、企业精神的高度概括和艺术浓缩。而肯德基在全球范围内推广"CHAMPS"的冠军计划,也是为了给顾客带来一个标准、稳定和可靠的服务(其五个字母缩写分别寓意:Cleanness是指保持美观整洁的餐厅;Hospitality是提供真诚友善的接待;Accuracy是确保准确无误的供应;Maintenance是维持优良的设备;Product Quality是坚持高质稳定的产品;Speed是注意快速迅捷的服务)。服务行业无小事,无论是食物质量、服务态度还是餐厅气氛,这些琐碎的细节都可以为顾客提供价值。二者干净的就餐环境为顾客也为自身创造了价值。

　　在社会责任方面,肯德基与麦当劳都积极投身于公益活动,注重打造自己良好的社会口碑。麦当劳在医院附近筹建一间麦当劳叔叔之家,为病童家庭提供一个距医院只有数分钟路程的临时居所,如今每天为8 000个家庭提供服务。而肯德基设立了中国肯德基曙光基金,用于长期资助家境贫困但品学兼优的在校大学生,其资助总额将超过8 000万元,覆盖到全国28个城市的54所大学,总共将有逾15 000人次的学子受助。二者的公益项目都是关注到年轻群体,这与它们的目标顾客群体比较契合。但是麦当劳的以儿童为中心的战略定位表现更加明显,同时其抓住了非常新颖的公益项目,令人印象更加深刻,展现了其对儿童关爱备至的企业形象。

　　肯德基与麦当劳成功地构建了产品、服务标准化的品牌形象,在中国近30年来蓬勃发展,为餐饮业树立了标杆。同时,肯德基与麦当劳也应积极应对外部市场环境的变化,追求卓越。例如,在人们越来越关注饮食健康的情况下,肯德基与麦当劳积极应对绿色食品的需求；在移动支付被逐渐接纳的情况下，改进支付模式。肯德基与麦当劳应不断创新，会树立更加可靠、健康优秀的品牌形象。

（本案例根据以下资料编辑整理而成：1.肯德基官方网站[EB/OL].Http：// www.kfc.com.cn/kfccda/index.aspx；2.崔洪波.麦当劳315晚会后的微博危机[N].Http：//www.shichangbu.com/article-3784-1.html.2012/3/19；3.曹顾琪.中外连锁快餐企业品牌形象的比较研究[D].华南理工大学.2011；4.王勃.中国的肯德基与世界的麦当劳——浅谈品牌战略的本地化与国际化[J].时代经贸.2011（2）：90-92.）

案例讨论题

（1）结合本章理论知识，试分析肯德基和麦当劳品牌形象塑造成功之道。
（2）根据本案例提供的材料，试分析肯德基与麦当劳在品牌识别方面的不同之处。
（3）这两家企业的品牌形象与它们的企业形象有何关系？

1. 简述品牌识别的含义。
2. Aaker品牌识别系统的主要内容有哪些？请结合品牌管理实际加以说明。
3. Kapferer品牌识别模型的主要内容是什么？试结合实际加以说明。
4. 简述贝尔品牌形象模型的主要内容，并结合实际加以说明。
5. 品牌形象评价主要从哪些方面进行，为什么？
6. 品牌形象展示中需要注意哪些具体问题？试举例说明。

第六章
品牌无形要素设计：理念与核心价值

本章知识点

- 品牌理念的作用
- 品牌理念设计
- 品牌核心价值设计
- 品牌核心价值的构成维度

品牌设计是品牌管理的重要内容。品牌设计中所涉及的无形（invisible）要素与不可察觉的（intangible）要素在范围上有一定程度的重合，但在内涵上并不是同一个概念。但是，人们总是将不可察觉的要素统称为无形要素。在理论上，它们是两类不同的要素，前者主要是指在视觉上不能够观察到的要素，而后者主要是指在整个感觉，即视、听、嗅、品、触等五种感觉所不能够察觉到的要素。因此，在范围上看，无形要素要比不可察觉的要素小，或者数量要少一些。为了分析方便起见，同时兼顾人们在实际生活中的习惯称谓，在本章中所涉及的无形要素分析，或多或少包括了一些属于不可察觉范畴之内的其他要素。在品牌设计中，这些要素主要包括两个方面：品牌理念和核心价值。

第一节　品牌管理理念设计

理念（在英文中，个体的或表层的理念称为idea，系统的或深层的理念称为mind）通常是指观点、看法、主张和想法，它与观念（concept）经常互换使用。品牌理念是指关于品牌经营与管理的观点、看法、主张和想法。品牌理念一般由品牌的建立者提出，并在品牌的市场推广中不断完善，最后经过理论和实践的共同检验而确立下来。品牌理念从内容上划分，包括品牌经营理念、品牌管理理念和品牌自身所传递的理念。品牌理念是制定品牌战略、品牌计划、品牌管理目标的基本依据。一般而言，有什么样的品牌理念，就会有什么样的品牌战略、品牌计划和品牌管理目标。品牌理念一经确立，不会轻易改变。品牌理念的科学设计代表着品牌设计的最高境界，它能够唤起社会大众的共同意识，得到消费者群体的广泛认可，体现出企业及其产品和服务作为品牌的独特价值，同时也是一个品牌能够从激烈的市场竞争中脱颖而出的重要因素之一。

一、品牌理念的重要作用

设计品牌理念，是企业及其产品和服务在品牌形象建设中的重要环节。不论是品牌经营，还是品牌管理，或者是品牌作为交易对象出现在市场上，都必须有科学的理念作为引导，否则这些活动可能无法有效地进行下去。

（一）品牌理念对品牌的建立、发展、维持、完善具有重要的导向作用

从事物发展的路径来看，理念是重要的先导，思想和观念引导着人们在品牌经营管理活动中的每一个具体的行为。特别是在品牌作为交易对象（例如，以具体的产品和服务为品牌呈现形式）而出现在市场上时，其所承载或传递的理念对于品牌的后续发展具有重要的影响作用。品牌理念的一致性与持久性，有利于消费者进行品牌识别、加固品牌形象，理念有时甚至比品牌本身的实际功效更能够引起消费者的关注。

（二）品牌理念能够激励员工向着更高的目标努力

品牌理念中包含有激励的思想、观念、语言，它对员工而言，是一种向上的精神动力，是正向的激励因子。不论是对员工自己的性情培养，还是对于团队精神的打造，或者是对生产工艺和服务内涵的理解，品牌理念都有助于企业的全体员工在更深的层次上去感悟企业对于品牌所包含精神的执着追求。品牌理念作为企业文化的一部分，是企业所坚持的信念和信仰的重要组成部分，它能够使企业员工在伦理上不陷入纯粹的物质追求，而从精神上服务于社会，体现自身的价值。

（三）品牌理念能够把在社会阶层、收入水平、知识能力、性格特点等方面不同的人群凝聚在一起，为了品牌所倡导的共同理念而努力

品牌理念是一种精神层面的黏合剂，其作用于企业的各个层次的员工，同时，它对企业产品或服务的消费者人群及关注人群能够发挥道德和伦理层面的影响力。科学、正确、健康的品牌理念能够源源不断地把来自于各个社会群体的人们聚集在一起，他们支持品牌、宣传品牌、维护品牌，愿意为品牌理念的传承和扩展做出更多的努力。品牌理念与品牌实体的一致性，决定了品牌理念凝聚力的强弱度和持久性。

（四）品牌理念具有稳定组织体制、机制的重要作用

品牌理念一般不能轻易改变，因而它要求组织中的管理者应当围绕这个理念来开展经营管理工作，而不是让品牌理念跟随管理者的人员或者风格的变化而变化。因此，品牌理念对于维持组织在经营和管理风格上的一致性以及长期性具有重要的支撑作用。经常地更改品牌经营管理理念的企业，一般而言不会长久地发展下去。从这个意义上讲，品牌理念是组织的精神支柱和"灵魂"，企业可以频繁地更换管理者，而不可以频繁地更新品牌理念。当然，在现有的品牌理念已经不足以起到稳定组织的体制、机制时，企业可以考虑更新品牌理念，以适应市场变化的需求。

（五）品牌理念是把一个企业与其他企业区别开来的重要标志

在品牌排名上，位于世界100强的企业，都有着与众不同的品牌理念，而且这些理念深入人心，成为这些企业在市场中独特的标志。世界著名企业的品牌理念一般写在它们的官方网站的首页上，作为企业品牌识别的重要标志之一。有时，消费者可以通过品牌理念来区分不同的企业。一般而言，越是成功的企业，由于它们对自身的发展经验和教训有着深刻的总结与体会，对于市场的变化、行业的发展、消费者的态度以及竞争者的策略有着系统的理解，因而越是能够总结出与众不同且对人们的精神世界与物质世界有着强大影响力的品牌理念。这些企业以此来把自己从市场中独立出来，消费者也由此而能够更加深刻地理解它们在品牌经营管理中的每一项活动。

（六）品牌理念是社会发展与进步的显示器和风向标

一般而言，任何组织都不能完全脱离社会而存在，企业尤其如此。作为经济、社会、

文化中的重要组织细胞的企业，其品牌理念是其组织文化的内核，因而是所在社会、经济、文化环境的直接体现。可以这样认为，有什么样的社会经济文化环境，就有什么样的企业；反过来，这个命题也能够成立：有什么的企业就会有什么的社会经济文化环境。企业群体是社会、经济、文化等环境的最重要构成部分，它们的品牌理念的总体层次是社会发展与进步的显示器与风向标。例如，当大多数企业的品牌理念的文字表述中含有"利润""市场""经济""收入"等词汇时，并以这些词汇为关键内容，那么这时的品牌理念还处于追逐利润和收益这样一种阶段，品牌的管理者或者经营者以及品牌的消费者更大程度上属于"经济人"而不是"社会人"。

二、品牌理念设计的主要内容

在主流的品牌管理观念中，一般认为，品牌理念包含以下三个层次：
（一）品牌体现的愿景、使命和目标；
（二）品牌体现的经营管理思想、理论和观念；
（三）组织及其员工在品牌建立、发展与完善中应坚持的伦理行为准则。

品牌理念所具有的层次性和结构性特征，提示组织在设计品牌理念时应当具有"层次性"和"结构性"思维。企业不应单独地、片面地进行品牌理念设计，而应当结合社会、经济、文化等环境要素来设计品牌理念。

从品牌理念所应传递的人群来看，它不仅要传递给企业的管理者和普通员工，为企业的内部员工所掌握，更为重要的是，它应当传递给品牌的消费者和关注者，为这些人群所接受和理解。

在品牌理念的三个层次中，不同层次所针对的受众并不相同，因而品牌理念形成了"金字塔"形的层次与结构。如图6-1所示。

图6-1　品牌理念"金字塔"

在品牌理念"金字塔"中，愿景、使命和目标位于最上层，它主要用于指导企业高层管理者的经营管理行为，约束并敦促企业的高管在品牌的经营管理方向上不能发生偏差，背离品牌经营的使命和宗旨。同时，这个层次的品牌理念也应当由中层和基层管理者所理解，有时甚至作为企业品牌形象宣传应当让消费者和社会上关注企业及其产品和服务的人群所了解。一般而言，企业的品牌理念的"顶层设计"越科学、合理、具有战略思维、富有创造力，企业的品牌经营管理中的路径选择就越通畅。品牌理念"顶层设计"是这个理念体系中的"核心与信仰"，它对于其下面的两个层次的理念而言，具有统领作用。

在"思想、理论和观念"这个层次中，品牌理念进一步具体化，变得具有可操作性，但是仍然停留于知识体系的层次上。它把抽象的"顶层设计"具体化为可执行的思想、理论和观念，便于更多的管理者和员工学习和接受，同时也有利于把简要的高层设计理念在内容上丰富化和具体化，进而形成一定的体系和支撑。从受众角度来分析，该层次主要面向企业的中层管理者，但是也应当让基层管理者所了解和掌握。实现同样的愿景、完成同样的使命和达到同样的目标，所需依据的思想、理论和观念并非都必须一致。企业完全可以根据自身的实际，在品牌经营管理中选择合适的思想、理论和观念。

"伦理行为准则"处于品牌理念"金字塔"的最底层，它是直接面向操作层面的理念。品牌理念在这个层面完全具体化，即意味着企业的管理者和普通员工都可以在工作中拥有具体的参照标准。品牌理念如果只是停留于"顶层设计"这个层面，或者停留于中间层，那么，这样的理念并没有实践价值。品牌理念层次设计中，如果忽略了基础层次理念的重要作用，那么就会使整个理念体系失去可操作性和生命力。尽管在品牌经营管理实践中，许多企业并没有专门设计这样的品牌理念层级，更多时候只是一个笼统的表述或者一些经系统化、逻辑化的抽象的语言与文字表述，但是，成功的企业一般都能够从这三个层次上对它们的品牌理念进行归类。

在品牌管理实践中，不少企业将品牌理念理解为一句话，或者是一段文字，甚至是几句标语或口号，或者认为是企业领导讲话录，这些都是偏颇的观点和认识。现实中，不少企业在品牌经营管理方面乏善可陈，或者没有能够成功地进行品牌经营管理，都或多或少地与品牌理念的认识不全面、不系统有关。当企业从产品经营向着商品经营发展时，企业从产品观念向商品观念的转变尤其重要；当企业从商品经营向着品牌经营发展时，商品观念就应当向着品牌观念转变。在企业经营从商品经营向着品牌经营转变的过程中，企业家及其员工的思维必须进入重视品牌理念体系设计这一新的领域。

品牌理念体系中的结构，是指在品牌理念体系中每一个层次上各个组成要素之间的重要性及其相互关系的逻辑排序。一般而言，品牌理念结构由三个部分构成：核心理念、辅助理念和扩展理念。其中，核心理念处于品牌理念结构的中心位置，辅助理念处于核心理念的外层，而扩展理念处于结构的最处层。品牌理念结构是品牌理念在内部各个要素之间关系方面的静态反映，其构成如图6-2所示。

尽管品牌理念在客观上需要保持一定的稳定性和持久性，但是，品牌理念作为一种客观事物，必须适应经济、社会、文化环境的变化而改变，因而作为一种体系或者结构，品牌理念处于动态发展过程中，即在品牌理念体系的构成内容上，新的理念会替代旧的理念，而在发展轨迹上，品牌理念的总体水平处于不断提升过程中。但是，这只是针对成功的企业而言的。对于那些经营管理不善的企业，其品牌理念可能在总体水平处于下降状态。动态的品牌理念发展轨迹如图6-3所示。

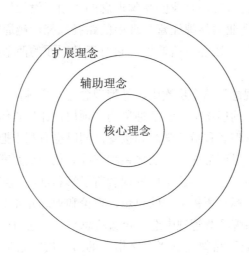

图6-2　品牌理念结构

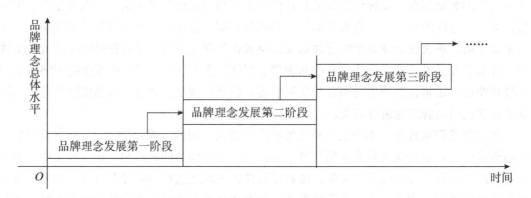

图6-3　品牌理念发展轨迹

在品牌理念发展的各个不同阶段，理念的层级（即图6-1所示的层级）是客观存在的，同时品牌理念的结构也是客观存在的（即图6-2所示的结构）。但是，需要注意的是，由于各个时期企业所面对的经济、社会、文化环境存在一定差异，因而品牌理念在不同发展阶段的内容可能会发生较大变化，但这并不意味着品牌层级会发生翻转或者品牌的核心理念必然会边缘化。特别是对于那些历史悠久、在世界市场上具有强大影响力的品牌，它们的品牌层级可能会更加稳定，同时核心理念会不断地被传承下去。

■ 三、品牌理念设计的基本原则

品牌理念设计应当与品牌本身所需反映的内涵结合在一起进行考虑。除了上面所讲的品牌理念层级、品牌理念结构和品牌理念发展轨迹这些因素需要考虑外，品牌理念设计还应当坚持以下6项原则。

（一）统一性

品牌理念设计应当有一个系统的思考，从"顶层设计"到"底层基础"，各个层次的理念应当具有统一性，即主旨明确，方向一致，路径清晰，逻辑严谨。不同层次的理念不是彼此割裂的，而应当有一条主线贯穿其中，使各个层次的理念能够紧密地联系在一起，形成一个有机的整体，相互支撑。

（二）差异性

品牌理念设计应当体现出与众不同的特征。品牌理念的差异，是体现一个品牌与其他品牌之间差异的最为突出的特征之一。差异性有助于品牌识别，使消费者对品牌有清晰的印象，进而在品牌选择中形成"入围优势"。强化差异性，主要是突出品牌理念的独特之处，而不是要离经叛道。因而，在品牌理念中，应当弘扬社会核心价值观念。

（三）适应性

品牌理念设计应当做到"三个适应"，即与社会人群的认知能力相适应，与企业管理者和普通员工的认知能力相适应，与经济、社会、文化等环境要素相适应。理念的有效性主要体现在适应性上。越是适应性强的品牌理念，其有效性越高；越是有效性高的品牌理念，其可操作性就越强。品牌理念设计应与品牌所在的宏观、微观环境相适应。品牌理念与企业的地位有关，大的理念并不一定可取。品牌理念设计要脚踏实地。

（四）融合性

品牌理念设计应当兼顾企业家个人的经营理念与企业在不断发展过程中形成的集体智慧，尽可能把企业家的个人思想与企业中领导团体的首创精神融合在一起。融合性在强调"个人思想"融入"集体智慧"的同时，并不排斥作为企业创办者的企业家或者公司奠基人的品牌理念，而是将其不断发展，使企业家个人的品牌理念中的精华部分得到传承，甚至发扬光大。

（五）简洁性

品牌理念设计不仅强调构成理念的各个元素的简洁、明白、清楚，同时也强调理念层次及各个层次中的元素之间的关系的简洁性。复杂的元素及复杂的层次和结构，不利于品牌理念的传递，这就要求在理念设计时，尽可能要使用通俗易懂的表现方式，而不是故弄玄虚。只有企业自己能够明白，或者只有管理层的少数人清楚的品牌理念设计，并不是一种有价值的东西。简洁性强调品牌理念设计的内容和形式都应当尽可能简洁明了，具有亲和力。

（六）科学性

品牌理念设计应当体现品牌管理遵循的基本规律，深刻把握企业员工和消费者人群的内在需求，将理念元素、理念层次和理念结构的设计建立在客观基础之上。强调品牌理念设计的科学性，事实上就是要杜绝品牌理念设计中的主观主义和形而上学倾向。当然，发挥设计工作者的主观能动性是必需的。科学性要求在品牌设计时，要深刻揭示品牌理念"是什么""为什么"和"应当是什么"这样一些问题。在必要时，品牌理念设计应当借用先进的工具和手段，立足于市场调研，把理念的提炼与提升建立在科学分析基础之上。

四、品牌理念设计的主要方法

品牌理念设计的主要方法有以下三种。

（一）历史追溯法

这种设计方法，主要是通过追溯过去，来定位现在，并展望未来。历史文化越是厚重的企业，其品牌理念设计越应当突出公司历史在品牌理念中的地位与作用。围绕企业发展经历的不同阶段中的愿景、使命、目标、思想、理论、观念以及伦理行为准则，设计者应当能够总结和提炼出企业的品牌理念。当然，历史追溯法也有一定的局限性，比如它经常会受到传统力量的约束，所形成的品牌理念层级、元素、结构与企业所在的时代精神不相一致。在这种情形下，如何在传统的品牌理念中汲取精华、去其糟粕，这直接决定了该种方法的成败。历史追溯法，如果运用得当，它会成为促进企业品牌理念向前发展的重要推动力量；如果运用不当，则会成为一种精神束缚，使企业与所在时代的主导精神越来越远。

（二）管理咨询法

这种设计方法主要面向企业管理层，尤其是高层管理者，提出与品牌理念相关的各类问题。首先，通过头脑风暴法或其他方法，了解企业各个管理层对于品牌理念的理解与期望。其次，在充分掌握管理层的愿景、使命、目标之后，设计者可以通过把整理好的材料向普通员工发放的方式来进一步征求群众的意见和建议。再次，在对企业管理者和员工对于品牌理念的观点和态度有了充分了解后，再以市场调研的方法向普通消费者作态度调查，以评价企业的品牌理念是否能够得到市场上广大消费者群体的认同。最后，设计者可以把从企业和市场中掌握的各种信息进行深度开发与加工，通过邀请品牌专家参与决策，或者听取品牌咨询机构的意见等方法来进一步完善品牌理念设计。

（三）领导意见法

这种设计方法主要围绕企业的主要负责人，比如董事长或总经理的意见而展开。该方法比较简便，也容易实施。其具体设计步骤：首先，通过直接与企业主要负责人接触的方法，或者通过掌握企业领导人在不同场合的讲话或者发言来获得与品牌理念相关的信息；其次，将领导的观念、意见和建议上升到一定的信仰、信念、理论、思想和观念的高度，并进行系统化、体系化的阐述，使其成为可以推广的一种理念；再次，将这种理念用行政管理手段逐级下达，层层落实，检验其有效性，并在实践中不断听取各个管理层人员的意见和建议以及普通员工的建议，反馈市场中消费者对于这种品牌理念的看法与态度，然后在征得企业主要负责人的同意后再进行修改。这种方法由于过程相对简单，而且执行力强，阻力小，因而是一些中小企业或者管理风格为专制型的企业常用的方法。

五、品牌理念设计应避免的问题

品牌理念设计在企业的发展中属于一种精神文明层面的工作，由于它的无形性和实际效果的间接性，因而容易在设计过程和实施环节出现偏差。品牌理念设计应主要避免出现以下四个方面的问题。

（一）过于追求新颖，导致华而不实

推陈出新是一种管理潮流，因而作为管理者总是喜欢在原有的基础之上寻找一些新的东西。作为企业的最高管理者，董事长或者总经理，他们对于新的东西，尤其是理念，只要是自己所喜欢的，就会在可以引用的场合加以充分发挥。对于新的理念的推崇，甚至不加选择的运用，这是现代企业经营管理的通病。因而片面地追求品牌理念的新颖性，通常会导致华而不实的效果。如果新的品牌理念不能延续传统的品牌理念，那么企业就会面临着传统理念丢失的可能，这对于那些有着较长发展历史的企业而言，可能会带来灾难性的后果。可口可乐的"新可乐"尝试了一种新的品牌理念，但是由于消费者的不认可，导致其不得不放弃这种经营理念。

（二）放弃传统精髓，导致理念偏差

在经济全球化和国际化的时代背景下，传统的品牌理念正在经受着越来越严峻的挑战。新的市场的出现，新的消费人群的产生，新的观念的涌入，都冲击着传统的品牌理念。在保持传统品牌元素与吸收现代品牌精华之间，企业的管理者正在进行着艰难的抉择。客观地讲，并不是所有的品牌在其经营理念中都需要融入现代元素，特别是一些强调传统特色和传统配方的品牌，保持传统特征更为重要。比如，一些餐饮企业和医药企业，在其产品和服务的品牌理念中强调传统特征比突出现代元素效果可能会更好一些。由于这些品牌背后的产品和服务涉及消费安全性，因而必须经过长期的使用才能确立品牌地位，这就使传统理念可能更具有市场吸引力和感染力。

（三）追求全面覆盖，观点面面俱到

品牌理念设计并不要求面面俱到，而是要体现品牌本身的特点及品牌的优势所在。品牌理念如果把企业、产品和服务涉及的所有环节和层面都包括进去，甚至对人、财、物、产、供、销等各项业务活动进行全方位覆盖，那么就会由于过于琐碎，涉及领域过于狭小、具体，从而导致其指导作用下降，起不到凝聚人心和体现差异的作用。品牌理念设计

并不是专门针对操作层面的工作方式设计，它是主要针对思维层面的思考方式的设计。因而它的设计风格要有一定的起点，具有一定的思想高度和认知水平。在观点方面，品牌理念应当具有独特性，并被广大社会人群所接受。

（四）语言过于陈旧，背离时代潮流

在品牌理念设计中，有的企业的高层管理者喜欢使用一些陈旧的语言、文字表达方式，甚至直接从一些古老的文献中引经据典，以此来增加理念的文化深度。但是，这种做法往往使理解这种理念需要有比较扎实的语言文字基础和一定的领悟能力，甚至需要经过专门解释才能正确理解其真正含义。由于这种品牌理念并不能够很好地被普通员工和广大消费者人群所理解和接受，因而降低了其应有的推广作用和实用价值。现实中，不少企业家喜欢引用《伦语》、《诗经》、《楚辞》等古代文献中的一些句子来表述企业的品牌理念就是很好的例证。一方面，这些句子中可能缺乏能够体现当今时代精神的文化元素；另一方面，理解上的困难程度也无形中增加了品牌与其消费者人群的心理距离。

■ 六、品牌理念设计的主要维度

品牌理念设计可以主要从以下6个维度来进行思考。选择6个维度中的任何一个，或者两个、多个的随机组合，都可以成为品牌理念设计的一种具体方式。被选中的维度就是品牌理念设计所应围绕的中心和支柱。具体到一家企业而言，选择维度的标准和依据，应当是自身的发展历史、所在的行业的发展状况以及市场中的竞争情况。

（一）以展现企业发展目标为核心的品牌理念设计

企业发展目标是企业未来的一种展现，它能够凝聚人心，使人们对企业充满信心。因此，把企业的愿景、使命、目标作为品牌理念进行清晰的阐述，事实上是告诉人们未来的企业是怎样的，以及它能够给员工和消费者带来什么，等等。没有什么能够比远大的目标更能吸引员工和消费者的注意力。目标是一种承诺，是一种希望，它体现的是企业的信仰、信念和决心，是企业发展的宏伟蓝图。大多数企业在品牌理念设计中都会把目标融入到其中，增强品牌的凝聚力和号召力。

（二）以体现企业员工精神为核心的品牌理念设计

"创新""进取""团结""合作""友好""诚信""忠诚""执着""毅力""坚韧"等精神信念是品牌理念设计的重要维度。品牌作为联结企业和消费者的桥梁和纽带，它反映着企业员工的精神面貌和工作状态。围绕这些能够展现员工精神状态的元素设计品牌，有助于企业向外界传递内部员工奋发向上的态度，有利于把企业积极的一面呈现在消费者和社会大众面前，从而达到以理念作为促销工具的营销效果。品牌理念作为精神层面的元素，它在特定场景下的作用力要比普通宣传工具更为有效。

（三）以满足消费者的需求为核心的品牌理念设计

围绕消费者的需求来设计品牌理念，这是效果最为直接的一种设计方式。消费者是市场的主体，品牌理念的设计必须围绕着消费者的实际需要而展开。因此，在品牌所涉及的产品和服务等层面上，理念设计应当是尽可能地满足消费者针对品牌而提出的功能、利益和情感需求。这种设计方式往往十分具体，与产品、服务的工艺和质量紧密地结合在一起，从内心深处来打动消费者，将品牌理念中所包含的核心思想与消费者内心深处所信奉的价值观念进行高度融合与对接，进而确立品牌在消费者心目中的牢固地位。例如，对品牌实际功能和效用的拟人化宣传，就是这种理念设计方法的具体呈现。

（四）以展现竞争中的姿态为核心的品牌理念设计

在激烈的市场竞争中，以怎样的态度对待竞争者，这也是一种重要的品牌理念。人们从一家企业对待竞争者的态度中，隐约能够判断出它的商业伦理道德境界。企业越是在竞争中显得大度与宽容，其品牌理念的影响力就越大；企业越是对竞争者采取严厉的甚至不道德的手段，其品牌理念的影响力就越会受限制。在竞争中，合规合法的方式应当得到鼓励和认可，而一些不合规、不合法的竞争，往往会受到人们的谴责。品牌理念设计中的竞争元素，应当体现出合规性和合法性，同时以促进企业健康发展和行业竞争力提升为导向。

（五）以阐述对质量的追求为核心的品牌理念设计

质量是企业经营中永恒的核心要素。任何背离这一核心要素的经营理念都不会持久。品牌理念作为企业经营理念的重要构成部分，质量是其重要的一个设计维度。品牌理念中体现对于品质的重视以及质量的上乘，这是带动企业和行业向更高层次迈进的力量。质量与技术紧密相关，同时也与资金投入和员工的工作认真态度有关。以质量为核心的品牌理念，事实上要求企业在生产技术、资金投入、管理水平和员工工作态度等方面体现出品牌与众不同之处。这四个方面的具体化既是体现企业质量追求的有效途径，同时也是以质量为核心的品牌理念设计的完整体现。例如，大多数企业总是在品牌理念中传递"一流的生产技术""一流的管理水平""一流的生产设施"和"一流的员工队伍"这样一些信息，其实质就是从更深的层次上体现企业对质量的重视。

（六）以表达企业社会责任为核心的品牌理念设计

企业社会责任是社会营销观念的重要内容之一。近年来，随着生态环境危机的出现，以及竞争中出现的伦理道德缺失与滑坡，人们对于企业社会责任（corporation social responsibility，CSR）更加关注。作为品牌理念的新的构成部分（或者设计维度），社会责任对于增进企业与社会之间的感情，促进社会公共福利的提升，带动社会风气的好转以及提升企业员工的社会责任感都有重要意义。在品牌理念设计中突出CSR这个主题，能够提升企业的品牌形象，使企业更具有吸引力和关注度。例如，现实中的不少企业，它们在营销宣传中喜欢把企业的业务工作作为一项事业来对待，而不是作为一种利润创造活动，这种观念上的转变，不仅提升了企业品牌理念的层次，同时也使企业能够更好地融入所在社会。

第二节　品牌核心价值设计

品牌核心价值（brand core value）设计是品牌要素设计中的又一重要内容。品牌设计仅仅停留于理念层面是远远不够的，品牌必须能够为消费者带来实实在在的价值。只有这样，品牌才能够在激烈的市场竞争中站稳脚跟。

一、品牌核心价值的定义

品牌核心价值设计在品牌理念设计的基础之上进行，它是品牌理念设计的具体化。品牌核心价值设计介于品牌理念设计与品牌有形要素设计之间，它是把品牌理念向品牌有形要素过渡的主要依据。

在不同的经济社会文化环境条件下，品牌核心价值所体现的内容有所区别。品牌经营管理从深层次的理念设计，逐步向着表层的核心价值设计发展，直到最后形成以具体形式展现的产品和服务，这是品牌从抽象的理念向具体的实物发展的基本轨迹。

品牌核心价值是一组抽象的能够描述品牌最基本、最重要特征的产品属性或利益的组合。它是品牌识别的重要构成部分，是品牌内在价值最为深刻的反映，是品牌竞争力和竞争优势产生的根源。品牌核心价值能够充分地展现品牌的利益与个性。

在品牌所有的价值要素中，品牌核心价值的位置和地位十分显著与关键，它是一个品牌区别于另一个品牌的重要标志。如果没有品牌核心价值，一个品牌就会比较容易地被竞争品牌所超越，甚至其市场地位也会轻易地被替代品所取代。因此，品牌核心价值事实上回答了一个品牌"在满足消费者利益方面究竟有哪些与众不同之处？"或者"因为什么而能够长期存在？"这样一些问题。

由于品牌核心价值已经表明企业在品牌设计方面向着消费者接受的方向去思考问题，因而它代表着企业通过产品和服务想要与消费者共享的价值观念。在核心价值设计中，企业会不断地研究消费者的消费倾向以及市场的变化趋势，并希望自己品牌所提出或所代表的核心价值观念能够被市场所接受。

对于一些品牌数量较为单一的中小型企业而言，由于企业经营管理的核心价值观念可能就是其作为品牌的产品或服务的核心价值，因而在核心价值的设计方面这样的企业并不需要进行专门针对具体产品和服务的再设计。而对于一些品牌数量较多的大型或超大型企业而言，由于其企业总的品牌下还包括许多子品牌或者处于更低层次的品牌，因而在品牌核心价值设计方面就不能都套用企业统一品牌的核心价值。因此，对于子品牌或者更低层次品牌的核心价值的再设计就显得十分重要。

从品牌理念设计到品牌核心价值设计，这是企业在品牌经营管理方面的一次重要跨越，企业的品牌理念必须与消费者的消费观念直接对接，而这个接点就是作为品牌的产品和服务的核心价值，即这些产品和服务的具体价值在哪里，它们有哪些价值是其他品牌所不具备的，或者即便竞争性品牌也有类似的价值，但是没有这些企业的品牌竞争力强大。从这个意义上讲，品牌核心价值设计首先是对作为品牌的产品和服务的价值挖掘，即从更深层次寻找品牌的价值和意义，并进行有针对性的设计与构思；其次是对消费者内心深处关于核心价值理解的挖掘，并在此基础上寻找与消费者价值认知的共同点。

二、品牌核心价值的构成维度

一般认为，品牌核心价值体现在三个方面：功能价值、情感价值和象征价值。

（一）功能价值

功能价值主要是针对产品和服务而言的。一个产品或一项服务必须具有一定的功能，否则就没有在市场上存在的可能性。一般而言，品牌的功能价值越是不可替代，则品牌的核心价值越是牢固。品牌的功能价值主要是指作为品牌的产品和服务的使用价值，即它们在具体使用过程中所呈现出的功能与效用。比如，作为一款品牌洗衣机，它就应当具有把衣服洗得干净的功能，如果不具有就样的功能或者在这个方面的功能表现比较一般，那就算不上是该类产品中的品牌产品。同样，如果一家品牌企业在某个品牌名称下推出了一个产品系列，但是这些产品的质量差异较大，那么这个品牌的核心价值设计就可能存在一定的缺陷。在实践中，经常用于表述功能价值的词汇是功能、效用、质量和便利。功能价值在新产品的导入期和成长期，其作为核心价值的作用尤其明显。

（二）情感价值

情感价值主要针对消费者而言的。它是指消费者在购买和使用作为品牌的产品和服务的过程中所产生的情感，这种情感能够给消费者带来满足，并影响消费者对于生活和工作的态度。情感价值强调消费者对品牌所形成的情感依赖和精神寄托。一个产品或一项服务是否一定要有情感价值，或者在情感方面与消费者的贴近感，这主要取决于所属品牌本身的性质和可塑性。在一些行业中，由于它们的产品或服务经常与消费者的精神层面的生活结合在一起，因而比较容易塑造品牌情感价值。而在另外一些行业中，由于它们的产品或服务只是与消费者的物质层面的生活结合在一起，因而在塑造品牌情感价值方面比较困难。人们的情感总是体现在学习、工作和生活的不同场景中，品牌情感价值的形成与人们在这些场景中与品牌的关系以及随之而产生的情感依赖和寄托有着密切关系。一般而言，在个人与他人的情感关系上，情感价值主要表现在亲情、友情、爱情这三个方面；而在个人与自我的情感关系上，主要是记忆和怀旧。此外，情感价值还能够激发起个人对自然和社会的热爱。

（三）象征价值

象征价值主要是指人们在使用品牌时所体现出的个性与自己所追求的个人形象的一致性。一般而言，品牌在表达个性方面越是能够满足消费者的个性展现需求，品牌的象征价值就越强。消费者向社会群体成员展现个性，如果从心理学角度分析，主要是为了强化自我形象，即体现消费者作为个人的品牌识别；如果从社会学角度分析，主要是为了寻找社会成员的认同，即在行为与习惯上追求一致性。为了满足消费者这两个层面的需要，不少品牌企业都在努力地挖掘品牌背后的象征价值。例如，奔驰在品牌核心价值设计方面，将"事业成功者"作为品牌象征价值；宝马在品牌核心价值设计方面，主要强调"驾驶的乐趣"；沃尔沃在品牌核心价值设计方面，则主要强调"安全"。如果把这三个品牌放在马斯洛的需要层次论中加以研究，可以发现：奔驰的象征价值对应的是"自我实现的需要"，即购买这个品牌产品的消费者主要是为了展示自己的事业成功感；而宝马的象征价值尽管也对应"自我实现的需要"，但是其所展现的个性则是一种追求内心的快乐；沃尔沃的象征价值对应的是"安全需要"，购买这款品牌产品的消费者给人以务实、可靠的感觉，即在象征价值方面并不张扬和浮华。

本章小结

本章重点介绍了品牌管理理念和品牌核心价值的设计思路和方法。

品牌理念是指关于品牌经营与管理的观点、看法、主张和想法。品牌理念一般由品牌的建立者提出，并在品牌的市场推广中不断完善，最后经过理论和实践的共同检验而确立下来。品牌理念从内容上划分为品牌经营理念、品牌管理理念和品牌自身传递的理念三种类型。一般而言，有什么样的品牌理念，就会有什么样的品牌战略、品牌计划和品牌管理目标。品牌理念一经确立，通常不会轻易改变。

品牌理念的科学设计代表着品牌设计的最高境界，它能够唤起社会大众的共同意识，得到消费者群体的广泛认可，体现出企业及其产品和服务作为品牌的独特价值，同时也是一个品牌能够从激烈的市场竞争中脱颖而出的重要因素之一。

品牌理念的重要作用体现在6个方面：品牌理念对品牌的建立、发展、维持、完善具有重要的导向作用；品牌理念能够激励员工向着更高的目标努力；品牌理念能够把在社会阶层、收入水平、知识能力、性格特点等方面不同的人群凝聚在一起，为了品牌所倡导的共同理念而努力；品牌理念具有稳定组织体制、机制的重要作用；品牌理念是把一个企业与其他企业区别开来的重要标志；品牌理念是社会发展与进步的显示器与风向标。

一般认为，品牌理念应当从以下三个层次进行设计：品牌所体现的愿景、使命和目标；品牌所体现的经营管理思想、理论和观念；组织及其员工在品牌建立、发展与完善中应坚持的伦理行为准则。

品牌理念设计的基本原则：统一性、差异性、适应性、融合性、简洁性和科学性。

品牌理念设计的主要方法：历史追溯法、管理咨询法、领导意见法。

品牌理念设计应避免的问题：过于追求新颖，导致华而不实；放弃传统精髓，导致理念偏差；追求全面覆盖，观点面面俱到；语言过于陈旧，背离时代潮流。

品牌理念设计的主要维度：以展现企业发展目标为核心的品牌理念设计；以体现企业员工精神为核心的品牌理念设计；以满足消费者需求为核心的品牌理念设计；以展现竞争姿态为核心的品牌理念设计；以阐述质量追求为核心的品牌理念设计；以表达企业社会责任为核心的品牌理念设计。

品牌核心价值设计是品牌要素设计中的又一重要内容。品牌设计如果停留于理念层面是远远不够的，品牌必须能够为消费者带来实实在在的价值。只有这样，品牌才能够在激烈的市场竞争中站稳脚跟。品牌核心价值设计在品牌理念设计的基础之上进行，它是品牌理念设计的具体化。品牌核心价值设计介于品牌理念设计与品牌有形要素设计之间，它是把品牌理念向品牌有形要素过渡的主要依据。

品牌核心价值包括三个构成维度：功能价值、情感价值和象征价值。功能价值主要是针对产品和服务而言的，一个产品或一项服务必须具有一定的功能，否则就没有在市场上存在的可能性。情感价值主要针对消费者而言的，是指消费者在购买和使用作为品牌的产品和服务的过程中所产生的情感，这种情感能够给消费者带来满足，并影响消费者对于生活和工作的态度。象征价值主要是指人们在使用品牌时所体现出的个性与自己所追求的个人形象的一致性，一般而言，品牌在表达个性方面越是能够满足消费者的个性展现需求，品牌的象征价值就越强。

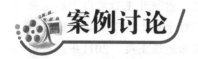

案例背景信息

内联升的品牌理念与核心价值

公元1853年（清咸丰三年），赵廷在北京创建了"内联升"。赵廷其人早年曾在北京城的一家制鞋作坊做学徒，后来凭借着极高的悟性，学到了很高的做鞋手艺。通过这段经历，赵廷累积了一定的客户人脉和相应的管理经验，后来赵廷决定自立门户，于是便有了至今仍旧享有盛名的内联升靴鞋店。

在创业之前，赵廷对当时北京制鞋业进行了分析。他发现，北京城还缺少专门制作朝靴的鞋店，于是便决定创立一家专门做朝靴的鞋店。如果用现今流行的营销专业术语表述，那么这家靴鞋店当时的"目标市场"就是皇亲国戚和文武百官；同时，为了适应这样一个"细分市场"中消费者的心理需求，赵廷对朝靴店的名称进行了细致的思考,并定名为"内联升",其中,"内"系指大内宫廷,"联升"喻义"顾客"穿上此店制作的朝靴,可以在宫廷中官运亨通,连升三级[①],这极大地提升了该品牌的核心价值。

在创业之初,内联升品牌经营理念主要是围绕两方面展开:产品质量和客户需求。在产品质量方面,内联升精益求精,其所做的朝靴都是选用最好的布料,朝靴底厚可达32层,穿起来极为舒适轻便,并且每一双朝靴都要制鞋师傅上门量尺寸、试样式,直到顾客最终满意为止。在满足客户需求方面,第一代掌门人赵廷会根据顾客的官职等身份背景信息,将顾客的尺寸、脚型、住址等信息编入《履中备载》。这类似于我们今天所使用的客户信息管理系统。由于使用了比同行业中其他企业更先进的顾客管理方法,内联升从而能够更好地推行自己的品牌理念,从顾客实际使用感知和心理感知两个层面来强化产品和服务体验效果,从而优化了企业自身品牌形象。内联升产品的高质量和卓越的顾客体验使其在消费者心中树立了非常之高的品牌形象。老北京城曾有着这样一联句口头禅:"头顶马聚源,脚踩内联升,身穿八大祥,腰缠四大恒。"意思就是穿着内联升的鞋子就像戴着马聚源的帽子,穿着八大祥的衣服一样是身份的象征。

进入21世纪,在新媒体环境下,内联升充分利用现代商业经营模式继续强化自己的品牌理念和核心价值。

一、建立电子商务平台,突破了区域性的限制

长期以来,受制于产品认知度的地域局限性,内联升的主要销售市场集中在北京地区,这使得内联升的增长空间受到了很大限制。2007年,内联升开始进入电子商务业务领域,然而由于管理经验和认知上的缺乏,线上价格与线下价格发生了冲突,内联升的电子商务业务一直处于亏损状态。在随后的几年间,内联升先后启用了规范业务管理流程的ERP系统和规范客户管理程序的CRM系统,对于线上线下商品的价格等因素进行了统一的管理,自此,内联升的电子商务业务开始迅速发展。2011年,公司成立了专门的网络营销部门并正式上线运营了自建的布鞋类B2C网购平台——尚履商城(1853shop.com)。尚履商城的主要功能是向消费者展示经典的手工布鞋,并发布公司最新的时尚新品,以此来吸引消费者进行购物。2012年,内联升还与天猫、京东商城、1号店等网购平台进行合作,开展了第三方电子商务平台业务。

二、从传统到时尚的转变,品牌经营理念与时俱进

内联升依靠着自身手工艺程序的精细,获得一部分非常忠诚的消费者,但是布鞋作为传统服饰的一种,受现代穿着习惯及布鞋工艺的制约,其对于市场的吸引力正在下降。尤其是对于年轻人来说,内联升给这部分消费者的印象是"设计老土"。因此,在与现代皮鞋、运动鞋等主流商品的竞争中,手工布鞋并不占优势,相反其市场还日益萎缩,主要集中于35岁至65岁的中老年消费者。为了迎合现今的主流消费群体——年轻消费者的需求,更深层次地挖掘品牌核心价值,内联升也做出了一些重要改变。

---

① 白玉苓. 新媒体时代"内联升"品牌传播策略与新途径[J]. 对外经贸实务, 2015, (2): 50-53.

首先，内联升在产品设计中尝试将一些时尚流行的颜色、布料以及制作工艺糅进传统的布鞋制作工艺，打破了过去传统老款式一统天下的格局。不仅有传统的手工"千层底"布鞋，还有工艺、牛仔、体操、芭蕾、时装、网花、绣花等布鞋，适应了现代人求新、求美的心理。在鞋的花色上更是五彩缤纷，如白、蓝、粉红、玫瑰红等，并运用朵花、碎花、暗花、绣花、格花等装饰，可与时装搭配。在面料方面，不但有棉，而且发展到采用平绒、毛呢、条绒布、牛仔布、仿布、帆布等材料。

其次，为了突出内联升品牌的新元素——时尚个性，内联升在B2C商城的名称上也下了一番功夫，其商城以"尚履商城"来命名。没有使用"内联升"这个品牌名称的原因主要在于，内联升管理层想要明确地把传统客户与网络客户区分开来。网上商城的目标就是要满足国内外年轻消费者的需求，所以无论在名称还是网页设计等方面，内联升都力求给消费者带来轻松时尚的感觉，以期能拉近与消费者之间的心理距离。

另外，内联升的广告投入策略也做出重大调整。从2012年起，取消了电视和纸媒预算，将促销费用更加专注地投放到户外和网络平台，且不断加大投入。2013年9月，内联升在北京恭王府举办2014年春夏新款发布会，将传统工艺文化与现代时尚元素结合，展现了鞋类老字号的时尚蜕变。2014年10月，内联升参与了中国国际时装周活动，展出了内联升四个系列的时尚新品，近距离与潮流尖端品牌进行沟通交流。内联升立足传统、与时俱进的品牌经营理念，敢于在竞争中提升核心价值的管理方法，使企业的新产品和服务不仅受到了时尚消费者的高度关注，也受到了营销界和品牌管理界权威人士的肯定和赞扬。

三、利用新社交类媒体技术，在无形中塑造品牌的核心价值

2009年底，内联升开通内联升新浪官方微博@内联升鞋店。内联升的微博主要面对的是小众潜在顾客，有很强的针对性。内联升转发顾客的微博，这种转发形式，会使已有顾客更加忠诚，而且能更加精准地抓住他们身边的潜在顾客。微博营销成本低、传播速度快、效果回馈迅速的特点与老字号有着很好的契合度。2013年1月，内联升开通了微信平台，应用微信形式传递品牌核心价值。内联升的微信传播主要针对的是年轻客户，其微信公众号主要分为互动区域、尚履商城、潮老品牌、微自助四个模块。互动区域消费者可以提任何问题，实现消费者与企业的互动，尚履商城可以实现消费者的直接购买。潮老品牌主要介绍品牌历史、时尚达人的街拍秀以及企业的传播活动，微自助是关于企业快递门店查询以及微信特权优惠方面的信息等。

内联升利用微博与微信等社交媒体，增加了新的流量入口和展示平台，并提供保养、购买咨询，以及其他商务合作、媒体采访等信息，在与消费者的互动中传播了品牌经营理念，提升了品牌核心价值。比如积极地举办文化专题活动、在国际化传播中利用名人效应等。内联升品牌经营理念与核心价值的深度挖掘，为中华老字号品牌增添了新的绚丽的一页。

（本案例根据以下资料编辑整理而成：1.张书乐.内联升："沉默寡言"的"微营销"[J].财务与会计：理财版.2012（10）：64-65；2.白玉苓.新媒体时代"内联升"品牌传播策略与新途径[J].对外经贸实务.2015（2）：50-53；3.内联升官网.http://www.nls1853.com/.）

案例讨论题

（1）结合本章所学理论知识，分析内联升品牌无形要素设计的特点。
（2）内联升品牌经营理念有哪些主要内容？
（3）简要说明内联升进行品牌核心价值挖掘的必要性。

复习思考题

1. 简述品牌无形要素设计包括的主要内容。
2. 简述品牌理念的基本含义。
3. 品牌理念包括哪些主要内容？请举例说明。
4. 简述品牌理念设计的原则和方法。
5. 以一家国际著名品牌企业为例，说明其品牌理念设计的独特之处。
6. 简述品牌核心价值的基本维度，并结合实例加以说明。

第七章
品牌有形要素设计

本章知识点

- 品牌名称设计的原则
- 品牌标识的种类
- 品牌标识设计的作用
- 品牌形象代表、口号、音乐与包装设计方法品牌设计的第二部分内容是品牌有形要素的设计。品牌有形要素是品牌最为重要的构成部分，因此与之相关的设计直接决定了品牌整体设计的成败。在前面的章节中，我们已经提及品牌不同于产品与服务，但是品牌又和产品、服务有着密切的关系。事实上，品牌作为独立的存在，它必须使一些抽象的理念与价值具体化和显性化，这个过程就是有形要素设计。如果品牌的构成中没有有形要素，那么这个品牌的影响力就会受到严重制约。

把总的品牌理念与价值，通过生动的形象和要素表达出来，这个过程中可能会涉及整体品牌的具体化，或者总体品牌的单个化。品牌设计从抽象到具体的过程，在第一个层面上是指把企业的品牌理念与核心价值以具体的品牌产品或服务的形式来显性化；在第二个层面上是把每一个品牌产品或品牌服务在设计理念与核心价值上具体化。因此，从这两层含义上讲，品牌有形要素设计是一个从整体到局部，从个体的理念与价值再到具体形式的设计过程。只有在认识上把握了这样的思路，我们才能把总体品牌与个体品牌、品牌与产品等概念有效地联系在一起，使品牌设计不是一种空洞的事物，而是直接指向市场上每一个具有理念和价值的品牌产品、服务。

第一节　品牌名称设计

在常见的品牌有形要素中，品牌名称排在最为显著的位置上。给一个具体的品牌命名，就是名称设计过程，这与给现实中某个具体的人命名一样，其基本原则应当是相同的。

一、品牌名称设计的基本原则

一般而言，品牌的名称设计应当坚持三项原则。

（一）名称内涵与品牌所在行业一致性原则

品牌名称设计要与品牌所在行业的特点相一致，即消费者能够从品牌名称中感觉到该品牌应当归属的行业类型甚至具体行业。这与给具体的个人命名的道理一样，即"名"与"姓"的内涵与外延的一致性，在语意上的相符性。对于那些作为产品或服务的品牌而言，所在行业的属性决定了它们的命名词汇范围与想象空间。因此，所在行业就是某个具体的品牌产品或服务的"姓"。

例如，在餐饮业中，品牌命名通常会以"香""味""火""锅""肉""菜""烧""饼""家""客""品""吃""喝""醉""茶""饭""面""米""酒""水""聚"等字或者词来表达其品牌意义。这些字及经过与其他文字组合而成的词与所在行业具有高度的一致性，因而在消费者的认知中，容易将其与餐饮业联系在一起，便于记忆与识别。比如，"十里香""山城火锅""成都小吃""兰州拉面""云南米线"等，都是在品牌名称设计上与行业一致性较高的品牌名称。

又如，在汽车品牌中，由于所在行业为交通运输业，因而在命名方面要体现出"快速""平稳""力量""方便""安全"等与行业这些"姓氏"相关的内涵与外延，不论是国内品牌或者国外品牌，在名称的具体设计方面都含有这样的含义："奔驰"让人联想到快速；"宝马"让人感觉到英雄的坐骑；"捷豹"让人想起其超常的加速度；"路虎"让人感到这款汽车的力量与威严。

再以化妆品行业为例，其护肤品和香水系列在名称上都应当体现"年青""靓丽""活力""青春""美貌""姿态""健康""美丽""馨香""亲切""柔和""光泽""光滑""温和""湿润"等元素。在中国直销行业中，安利、雅芳、玫琳凯、如新等国际巨头，在其化妆品和保健品系列中，拥有大量的品牌，这些品牌都或多或少地包含了上述这些元素。

（二）名称内涵与语言审美习惯吻合性原则

人们总是喜欢追求美好事物，因此在品牌名称的设计上一定要展现出美丽的一面，使人们能够在拥有品牌的同时产生幸福与快乐的联想。西方伦理学认为"幸福"与"快乐"是最高的善，东方伦理学认为"知足常乐""健康是福"。因此，在品牌名称设计中要尽可能地融入这些在伦理情操上属于美德的表达元素。

比如，"喜之郎"果冻、"金六福"酒、"娃哈哈"矿泉水、"美的"空调、"福临门"花生油、"徐福记"糖果、"杜康"酒、"万家乐"热水器，这些品牌中都有中华文化元素的体现，而且与人们的日常生活紧密地结合在一起，在语言意境方面有着较强的美感。

一些国际品牌在其中文名称中也较好地融入了中国元素，比如P&G旗下的品牌：潘婷、飘柔、海飞丝等，都将其英文名称的翻译与中华文化的审美有机地结合在一起。

除了在语言意境上要有内涵之外，在发音和选词方面也要有一定的技巧。以中国文字命名的品牌名称，在设计方面要注意其长短与韵律，比如，以男性消费者为主要销售对象的品牌，其名称设计一般应当显得豪放与大气，品牌名称在韵律上要有强烈的节奏感，同时一般以"开口音"（如"郎""鹏""刚""强""龙""猛""来""旺""长""达"），元音结尾较好，且尾声最好为扬声，即汉语中的二声和三声；而以女性消费者为主要销售对象的品牌，其名称设计一般应得端庄与娴静，品牌名称在韵律上要有平稳的节奏性，同时一般以"闭口音"（如"诗""丝""斯""思""冰""梅""菲""婷""丽""依""咪"），舌切音结尾较好，且尾音最好为平声。中国传统文化中，从人物姓氏笔画命名原则扩展而来，关于品牌名称设计的具体方法较多，一般有男子命名读《诗经》（语言意境优美）、女子命名阅《楚辞》（文风华丽）一说。

（三）名称内涵与同类品牌名称相区分原则

事实上，在任何特定的文化环境中，能够作为美好喻义的文字和词汇是有限的。但是，把不同的文字组织起来，其可以发挥的空间就比较大。以中国汉字为例，在《康熙辞典》中能够给个人命名在笔画和语音上都比较适合的汉字只有3 000多个，这导致在人们的命名中总是存在着一定的重复的可能。从这个角度来讲，随着市场中品牌的不断增多，品牌名称设计的难度会越来越大，在语义上能够体现中华文化之美，而在名称上却又与众不同的品牌名称似乎越来越难以设计。

近年来，为了突破这样的设计瓶颈，一些品牌企业在给旗下的各个品牌产品和服务命名时采取了中西文结合的方式，这种方式作为一种新的尝试带来了一些较好的效果，尤其是新生代消费者，由于接触西方文化较多，因而更加容易接受。区分度事实上主要为了把品牌的识别呈现出来，在名称上稀奇、特殊的表达方式尽管能够达到区分的目的，但是如果在程度上把握得不好，也容易进入品牌名称与内涵设计中的误区。比如，有的企业在设计品牌名称时直接用英文单词的谐音来进行汉语命名，而且使用汉字多达六七个，这种命名方式与中国传统品牌命名习惯虽有较大差异，也有区分度，但是总是缺乏文化美感。

在中国传统文化中，命名有一定的规则可遵循，除了上面所讲的"音与韵"之外，还强调名称中的总字数以及每个字所代表的"数"，甚至计算名称中各个字所代表"数"加总之后的"总数"，这在中国命名学中属于"五格"。这种命名方法以"水、木、金、火、土"五行为基本原理，计算"天格""地格""外格""人格"和"总格"，因此而推测名称的科学性，它以道家学说为依据，具有朴素的唯物主义特征。这种方法由于建立在汉字的"笔画"和"音韵"基础之上，因而就品牌命名而言，虽有一定的原则可以遵循，但是也容易出现形而上学的倾向，它在显示品牌名称的区分度方面有一定的作用，但是不如中西文字结合的方式更有效果。

二、品牌名称设计的可选类型

上面所讲的主要是品牌名称的形式选择和所用文字及词语的选择问题。在品牌名称设计过程中，还需要考虑名称所要表达的主题思想的呈现形式，即品牌名称的类型。品牌名称在具体设计上，主要有以下三种可供选择的命名类型。

（一）文字和内容描述型品牌名称

这种品牌名称主要说明作为品牌的产品和企业"主要是什么"或者"由什么而来"这样一类事实。这种命名方法由于简单易行，因而在实践中经常被采用。最为常见的是在品牌名称中加入品牌创造人的姓氏或者名字，或者在品牌名称中加入品牌的原产地或者品牌的物质属性。

例如，以创始人名字命名的品牌："王老吉""万山蹄""东坡肉""杜甫草堂""文君醽酒""妃子笑"，等等；以地名命名的品牌："汾酒""衡水老白干""青岛啤酒""珠江啤酒""江津老白干""泸州老窖""宁城老窖""伊利牛奶""蒙牛""王府井""西单商场""重庆百货""九寨沟"，等等；以物质属性命名的品牌："赣南脐橙""中华牙膏""红星二锅头""四川高粱酒""五粮液""云南白药""过桥米线""老陈醋""平遥牛肉""德州扒鸡""北京烤鸭""驴肉火烧""农夫山泉""泰国香米""华盛顿苹果"，等等。

（二）文字和语意暗示型品牌名称

这种品牌名称主要通过优美的或者具有独特文化含义的文字或词语来解释品牌的价值与功能，说明品牌应当具有的一些功能以及在使用之后实际能够达到的独特效果。选择这种品牌名称类型，除了需要设计出具有感染力的名称和语义之外，消费者的联想能力也十分重要。因此，对于品牌所要进入的社会文化环境的了解与把握，在一定程度上决定了这种命名方法的实际效果。

例如，暗示着实际功能的品牌名称："冷酸灵"牙膏、"达克宁"药膏、"黑又亮"鞋油、"宝洁"日化、"舒肤佳"香皂、"立白"洗涤液、"如家"酒店、"安踏"运动鞋、"香奈尔"香水、"小糊涂仙"酒，等等；暗示可以达到的心情或精神境界的品牌名称："可口可乐""百事可乐"、"七喜"可乐、"芬达"汽水、"潘婷"沐浴露、"飘柔"护发素、"海飞丝"洗发水、"多芬"护肤品、"康佳"彩电、"阿里巴巴""天猫""蓝月亮""东来顺""翰林轩"家具、"宜家"家具、"长虹"彩电、"荣华"月饼、"喜来登"酒店，等等。

（三）文字与语意复杂型品牌名称

一般而言，这类品牌名称中所传递的语意与品牌本身的形式和内涵并不具有直接的关系，即其语意虽比较复杂，但并非完全体现在品牌的形式与内涵上。在品牌命名设计中，品牌名称有时是一些与企业品牌相关联的词汇组成的，即集合词汇；有时可能是创始人或者企业员工共同认可的一种公司历史文化中的元素，或者是动植物，或者是一种自然现象；有时甚至是完全与品牌不相关的一些新颖的文字和词汇的简单组合，企业以此与其他品牌相区分，彰显自身在品牌建设过程中的创造精神。但是，总体来看，这种类型的命名方法并不占据主导地位。

例如，"同仁堂"这个品牌如果单从它的名称上分析，对于一些不知其历史与文化的消费者，尤其是外国消费者而言，就较难了解其经营范围与品牌类别。理解这个品牌需要具有一定的中华文化底蕴，毕竟"仁"字所代表的含义较为复杂而且抽象，它并不限于医药行业的企业能够使用。又如"全聚德"这个品牌名称，它的核心文字是"德"，因而一般消费者如果之前对这个品牌没有丝毫的了解，那么就较难把它作为一个餐饮行业的品牌来理解。再如，一些西方品牌由于在中译过程中主要采用了音译法，因而语意缺失现象十分普遍，像"沃尔玛""家乐福""麦当劳""肯德基"这些世界著名品牌，如果消费者从没有接触过它们，那么单凭文字与语意来判断就会感到无所适从。

■ 三、品牌名称的命名步骤

品牌名称的拟制、评价、选择与决策，本身是一个科学分析与理性判断的过程。因此，命名步骤越是做得细致周到，效果应当越好。企业的品牌名称的确立，不应当只是企业家的事，它关乎企业全体员工和消费者的实际利益。一个在音韵与语义方面都表现恰当的品牌名称，总是能够给人以愉悦的感觉。比如，P&G的"飘柔""潘婷"和"海飞丝"，在这些方面就比联合利华的"力士""立顿""旁氏"意境更清晰一些。而在联合利华的其他品牌，如"和露雪""清扬"在音韵与语义设计方面就显得比较成功。从这个意义上讲，品牌名称的选择与决策是一门科学。

总结起来，在品牌命名过程中需要考虑的因素主要有五个方面，如图7-1所示[①]。

图7-1　品牌命名过程中需要考虑的因素

在具体步骤上，品牌命名一般要完成三个阶段的任务。

（一）提出方案

这个阶段事实上在整个命名过程中最为基础，同时也最具有挑战性。方案的数量与质量，对于后期的选择与决策至关重要。在这个阶段，对于企业文化的理解及品牌所在行业的特征及消费者心理的分析，这是在信息获取中必须要注意的地方。方案的提出可以集思广益地听取企业不同层次的意见，可以尝试性地由各个层次的管理者和普通员工对品牌进行命名，也可以由外请的专业咨询和设计公司进行设计。一般而言，应当把企业员工的首创精神与外请公司的专业智慧结合起来提出方案。

（二）选择方案

这个阶段事实上在整个命名过程中最为复杂，同时也可能是历时最长的一个步骤。在所有可行的方案中选择一些能够供企业领导层进行决策的方案，这事实上要把许多问题剖析清楚，同时也应当能够在理论与实践的结合中对每一个可提供作为备选对象的名称提出合理依据。选择方案可以通过动员消费者参与的方法来进行测量。一个方案的好与坏，除了设计者、管理者及普通员工的感觉外，还必须在乎消费者的感觉。因此，在市场中抽取一定比例的消费者进行调查与测试，这有助于把品牌名称设计做得更加经得起市场的检验。

（三）决策方案

这个阶段事实上把不同方案的利弊呈现在企业决策层面前，通过大量的信息来展示各

[①] 资料来源：张明立，任淑霞.品牌管理（第二版）[M]. 北京：清华大学出版社，北京交通大学出版社，2014：79.

个不同的名称所代表的含义及其在市场上所获得的测评结果与反馈。决策方案事实上是企业主要负责人或者高管层负责的事务，这种管理行动本身体现着企业领导者的审美能力和对市场未来的预见能力。有的领导者在管理具体事务上能力较强，但是在品牌名称的审美方面可能缺乏相应的认知，这时就可能由于个人能力的局限性而使企业品牌名称的决策出现偏差。避免个人在认知方面的局限性是提升最终方案有效性的重要前提。因此，企业在决策方案这个步骤中，应当使更多的高层管理者参与，并听取专家的意见。

第二节　品牌标识设计

品牌标识（Logo）是品牌中那些可以被识别但是不能用语义表达的部分。在前面的分析中，我们已经针对通过文字与语义来表达品牌作了深入的分析与阐述，但是，在实践中，品牌中的许多含义并不是完全能够通过文字与语义传递出来的，同时，文字与语义的模糊性也会降低品牌识别的生动性和具体性。因此，品牌标识作为一种重要的识别元素，在品牌有形要素设计中扮演着越来越重要的角色。

一、品牌标识的种类

可以作为品牌标识的事物一定是有形的。一般来讲，品牌标识主要由符号、图形、颜色和字体构成。品牌标识有三种形式：文字标识、图形标识和图文结合的标识。

（一）文字标识

在第一节所讲的文字与语义中，我们把品牌名称设计主要放在字音与字义或词义这个角度来理解，主要是从"听觉"和"语义联想"这两个角度来考察一个具体名称的科学性、美感与完整性。而这里从标识的角度来研究文字，则主要是从"视觉"的角度来评价品牌名称设计的好与差。品牌名称中的文字，不论是单个文字或者是全部文字，其形状设计对于品牌的宣传有着重要影响。

例如，"可口可乐"作为世界上最大的品牌，它的文字标记的设计就比较成功，在英文名称和中文名称的字体设计风格上都显得特别的"动感"与"飘逸"，给消费者的印象是充满"活力"。

由于汉字有五种基本字体：篆字、楷书、隶书、行书和草书，因此，不同的品牌名称由于内涵的差异，在选择字体、型号大小及宽窄方面有着较大的区别。一般而言，如果显示品牌的正统与端庄，那么就会选用楷书，而且大小与宽窄要适度；如果显示品牌的华丽与优美，则可选择行书，而且大小上可以形成一定的错落，以细长型为宜；如果显示品牌的历史感与文化上的厚重，则可选择隶书，且笔画上可以适当加粗并以扁平型居多；如果是体现品牌的豪迈情感和不羁性格，则可以选用草书，以体现无拘无束的境界；如果是一款用于体现诗文情操且品位极高的品牌，那么可以用篆字，在大小和宽窄上尽可能达到工整的效果，其实际效果就会比其他字体要好一些。由于西方文字的引入，文字标识从审美角度来观察，还需要考虑不同文化背景下人群的偏好与特点。中国汉字是象形文字，因而在美感上容易与其字意相关联，而西文中单词许多不具有这样的特点，因而在标识设计上做到字迹清楚、线条优美即可。

（二）图形标识

图案怎样设计才能展现品牌名称中的含义，这事实上与社会文化有一定的关系。由于生长环境中的自然因素与人文因素的差异，因而不同民族对于同一幅图案的美学评价可能是不一致的。因此，图形标识以怎样的形式和内涵来体现品牌的功能、价值和利益，这是需要认真研究的问题。

在图形标识的设计中，自然界的动物（海洋动物、陆地动物、两栖动物）、植物（花草、树木）、天文现象（日、月、光、辉、云、霞、虹、霓、星辰、雷、电、风、雨、雾、露、冰、霜、雪，等等）、地理现象（潮汐、河流、湖泊、海洋、高原、山地、丘陵、草原、平原、山谷、高山、沙漠，等等）都可以作为题材来选用，同时也可以把其中的两个或多个题材元素结合在一起进行组合设计。比如，美国人比较喜欢以动物为题材进行品牌设计，因而在NBA的品牌标识中有许多动物图形的采用，在达拉斯小牛队、芝加哥公牛队、孟菲斯灰熊队、森林狼队、密尔沃基雄鹿队、亚特兰大鹰队这些具有商业价值的品牌标识中，都把相关动物形象放在设计图案之内。美国人对于动物的喜爱还体现在大学校园文化中，一些学校通常把最能代表当地形象的动物作为学校的图形标识元素加以精心设计。当然，一些商业企业也会走与之类似的图形标识设计之路，因为这样的图形既有真实感，具有一定的精神在内，同时还体现了环境保护的社会责任感，因而具有较强的感染力与传播力。在东方文化中，以动物作为品牌图形标识的品牌也有很多，但是，更多的品牌在它们的图形标识设计中喜欢用人物或者自然现象、地理现象，比如，雪山、草原、大海、蓝天、白云，等等，而动物在这种类型的图形标识中一般处于"配角"地位。有些品牌受中国传统文化影响较大，其图形标识往往比较抽象，并以这样的设计风格来显示它们的文化底蕴。

（三）图文结合标识

这种标识设计在生活中最为常见，而且它能够适应不同消费者的识别需求。对于喜欢通过文字识别品牌的消费者，他们可以通过主要观察文字标识来识别品牌；而对于喜欢通过图形来识别品牌的消费者，他们可以通过主要观察图形标识来识别品牌。这种设计由于兼顾了"文字标识"与"图形标识"的优点，因而在品牌推广过程中能够获得范围更大的消费者人群的认可。但是，这种设计方法的缺陷也比较明显，即把文字与图形融合在一起会出现两个题材元素的实际展示效果都弱化的情况。有时，如果文字与图形搭配不当，甚至会起到负面宣传的效果。

需要引起注意的是，在图文结合设计的标识中，文字并不一定要局限于品牌的名称，它可以是品牌口号，也可以是品牌故事。一般而言，图文标识中的"文字"为品牌名称，图形为品牌的"形象代表"，这样的一种组合效果最为直接，也最容易被消费者所接受。如果图文中的"文字"和"图形"与品牌名称和品牌形象代表没有直接关系，那么就会使消费者产生一些错觉或者不相关的识别。以肯德基为例，其品牌标识是典型的图文结合型，除了有专门设计的"KFC"文字之外，还配有山姆·山德仕上校面带微笑的个人形象，二者有机地结合在一起，形成了一种十分温馨的感觉。以"NIKE"为例，其品牌标识曾经采用了文字"NIKE"与名称为"SWOOSH"的图形（类似于对勾的形状）相结合的方式，"SWOOSH"的英文解释是"嗖嗖"的意思，其图形形状则像有一定弧度的田径跑道，在图形的两端似乎给人以没有止境的感觉，它所体现的是长跑项目中的毅力与坚持，而长跑项目正是该品牌的诞生地美国俄勒冈州最值得骄傲和受人们喜爱的体育项目之一。

（四）品牌标识的颜色

品牌标识中除了需要有形状、大小之外，还应当有颜色搭配。有时，主色调选择的正确与否，直接决定了品牌的形象与感染力。颜色的选用除了需要考虑消费者的文化偏好外，还应当考虑品牌作为产品和服务的属性。以文化偏好为例，在英美文学著作中，经常以"BLUE"（蓝色）如天空的颜色来形容或表示人们的心情比较低沉，对自然界中的绿色，人们则比较偏爱和喜欢。而在中国传统文化中，红色、紫色和黄色是较为典型的富贵色。这种对颜色的特定偏好，在世界各国和不同民族之间都有一定的差异。一个国家或民族究竟喜欢什么样的颜色，比较常用的判断标准是观察其国家或民族主要标志物的颜色。因此，品牌标识的颜色究竟应当如何选择，这需要综合多种因素来进行思考。同时，由于每个品牌背后的产品和服务并不一样，因而与产品和服务相关的品牌颜色又会影响着不同文化习俗下的人们的消费选择。

例如，心理学分析认为，黄色和红色是预警颜色，会让人们感到危险或者心跳加速；而蓝色和白色则给人以安静的感觉，这些颜色通常用于那些需要保持一定秩序的公共场所；白色可能会给人以宽松、肥大的感觉，而色调较暗的颜色则显得比较严肃与拘谨。一般认为，淡色总是能够给人以轻松的感觉，比较适合于一些压力较大而需要缓解的工作和学习场所，而色彩生动通常会使人兴奋，因而比较适合于娱乐场所。深色通常会显得比较压抑，有时也显得庄重。对于不同的消费者群体而言，不同的颜色所传递的品牌效果并不一致，比如，对于年轻的消费者来讲，鲜艳的颜色代表着青春与活力，对于老年人群，品牌的颜色应当尽可能地显得持重与庄严。但是，在一些文化比较特殊的国家和民族中，上述的颜色与品牌的对应关系并不一定能够成立。

二、品牌标识的作用

正如我们在前面章节中所提到的，品牌标识作为重要的品牌标志之一，它的主要作用在于把一个品牌与其他品牌进行区分。但是，随着品牌概念与含义的不断发展与充实，品牌标识的作用也越来越具体，包括了诸多层面的含义。

（一）便于消费者记忆与识别

有时我们很难记得往一个具体品牌的名称，却对这个品牌的标识有着深刻的印象，最后是由于这个印象的长期存在而使我们努力地寻找与其对应的品牌名称。这样的品牌标识设计无疑是成功的。当一个品牌使用了消费者心目中特别喜欢的事物作为品牌标识时，这个品牌就会牢牢地进入消费者的脑海里，并与其他品牌区分开来。比如，中华文化强调"人与自然和谐相处"，强调"天人合一"，因此，品牌标识设计越是贴近自然，反映大自然之美，就越是容易取得成功。以中华名酒"贵州醇"为例，它在品牌标识设计中强调"好山，好水，出好酒"，因而得到消费者的广泛赞誉。又如，在"九寨沟"这个旅游品牌的标识设计中，它主要强调"童话世界，人间仙境"这个与其他品牌不同的地方，使之成为中华旅游品牌中的杰作。

（二）展现品牌的内涵与美感

品牌标识作为品牌外在形式中的一种，它能够展现品牌的内涵与美感。品牌的内在元素需要外在形式来表现，而且外在形式越是能够具有穿透力与表现力，品牌内涵呈现就会越到位。以一款世界著名品牌产品为例，它所需表达的含义可能不止一种，同时它需要通过审美的角度来展现的内在精神追求与信仰也可能比较复杂。这些具体的要求，在客观上必须得到展现，并作为一种品牌优势而区别于其他竞争性品牌。尤其是一些服务业品牌，其所提供产品的无形性以及服务过程的复杂性，导致品牌标识所呈现的内涵与美感成为重要的区分品牌影响力的因素。在一些产品同质化程度较高的行业中，品牌内涵与美感的传播往往需要借助于品牌标识来实现。

例如，在白酒行业中，尽管市场上有许多种品牌，但是这些品牌的同质化程度较高，一款著名品牌与一款一般品牌相比较，它们之间的差异度可能会很小，有时著名品牌的酒的品质并不比一般品牌好多少，甚至可能在口感上还不如后者。这时，品牌标识所起的作用就至关重要，精美的设计与具有品位的内涵，通过品牌标识设计而得以全面呈现。因此，在白酒行业中，在品牌的新生期、成长期，酒的质量对于品牌的竞争力提升具有关键作用；而在品牌进入成熟期之后，精心设计一款酒的品牌标识，使其具有内涵与美感，可能比提升酒的质量更为重要。

第三节 品牌形象代表、口号、音乐与包装设计

除了第一节和第二节所讲的品牌名称与品牌标识之外，品牌形象代表、品牌口号、品牌音乐和品牌包装，也是品牌设计中必须考虑的重要因素。

一、品牌形象代表设计

所谓品牌形象代表设计,是指在现实世界或者虚拟世界中寻找一个与品牌相一致的事物作为品牌的形象代表,并在此基础上进行相应设计的过程。

品牌形象代表可以有许多种类型,现实世界中的人物、动物、植物、风景、山水,虚拟世界中的卡通形象、玩偶,文学著作中的虚构人物、动物、场景等,都可以作为品牌形象代表。但是,一款品牌究竟应当选择现实中的事物作为设计对象,还是选择虚拟世界中的事物作为设计对象,这需要结合品牌本身的特点及消费者人群的认知偏好来决定。

在纷繁复杂的广告世界中,我们接触了大量的品牌,这些品牌中的形象代表就是现实中的人,或者是明星,或者是偶像,他们都在用自己的影响力和号召力来左右着消费者的选择与判断。但是,在此要区分两个不同的概念,即"品牌形象代表"与"品牌代言人"。前者是指出现于品牌设计中的能够代表品牌形象的人或者事物,而后者往往是指在广告宣传中专门为品牌作促销的人或者事物。前者往往出现于品牌的标识之中,而后者一般不出现于品牌的标识之中。品牌形象代表一经确定,通常不会轻易改变;品牌代言人则会跟随消费者需求的变化以及代言人本身的形象变化而做出更替。在品牌形象代表设计中,以人物为基础的品牌形象需要经过设计,因而经设计之后的人物,与真实的人物有一定的区别。但是,在品牌代言人出现的广告中,代言人通常是真实的人物,并以其使用品牌的实际感受来打动消费者的内心。品牌形象代表设计得越是生动、有趣,对品牌形象的传播越会有帮助。

在品牌形象代表设计过程中,企业要认真了解品牌所代表的文化及其体现的功能、利益、情感价值。除了以真实人物为原型的"品牌形象代表"之外,以动物原型为设计对象也很常见。例如,"大白兔"奶糖曾经是中国市场上特别畅销的品牌产品,生动、活泼的兔子形象至今还留在那些忠诚消费者的心中。这个品牌中"兔子"形象就是较为典型的"品牌形象代表"。还有,在20世纪六七十年代的中国社会中,能够购买一辆"飞鸽"牌自行车,是许多家庭的向往,这个品牌中的"鸽子"形象,也作为品牌形象代表深深地印在了那个时代消费者的脑海中。当然,这些品牌形象代表设计都是与品牌名称直接相关的人物或者动物原形,它们能够直接体现品牌的含义与价值。但是,对于一些与品牌名称不同的形象代表,则需要企业在设计时做出认真的选择。例如,现实中有不少企业喜欢卡通形象作为企业品牌的形象代表,如直接用文学作品中的故事原型来设计品牌形象:米老鼠、唐老鸭、孙悟空、猪八戒、白雪公主、睡美人、灰姑娘、多萝西、樱桃小丸子、葫芦娃、蜘蛛侠、金刚、蝙蝠侠,等等。还有一些企业则自己来设计品牌形象代表,由于形象十分生动,逼真地反映了品牌的内涵,这些品牌形象代表也广泛地为消费者所接受。

不论是企业借鉴已有的品牌形象而进行品牌形象代表设计,还是企业自己独立地进行品牌形象代表设计,有一点需要引起足够的重视:品牌形象代表一定要有"代表性"。我们以一个城市、一个地区为例,如果都从品牌管理的角度来进行思考,那么可以作为这些客观存在的代表形象应当在人们的心目中是十分清楚的。因此,所选择或设计的品牌形象代表是否具有真正意义上的代表性,主要取决于这些城市和地区的民众在情感上的接受程度。有的城市在选择品牌形象代表时喜欢用当地最有名的动物,有的城市则喜欢用当地最独特的植物,也有一些城市以某一历史建筑作为品牌形象代表,还有一些城市则选择以城市中的自然风景作为品牌形象代表。总之,品牌形象可以有不同的代表形式,在有多个代表形象可供选择时,最具有市场潜力和最能够得到当地群众认可的形象就应当设定为形象代表。

比如,2008年北京奥运会作为一个重大赛事品牌,在吉祥物设计方面就花了很大功夫。在设计者看来,中华文明博大精深,北京是一座融合古老文明与现代文明的城市,因此能够代表中华文明和北京特色的事物有很多,可供选择的范围较大。经过长时间的评选,"五个福娃"作为品牌形象代表脱颖而出:数字"5"在中华文化中是一个显示尊贵的数字,作为奇数(阳数)在"五格"中属"吉"数,同时在品牌的寓意上代表着"五福临门"、"水、木、金、火、土"五行(自然界最为基本的元素)、"东、南、西、北、中"五个方位和来自五大洲的各国体育健儿和嘉宾,五个福娃的名字分别为"北京欢迎您"的"谐音"双拼。因此,这个品牌形象代表的设计得到了中国广大民众的认可和喜爱。在作为"品牌形象代言人"的选择上,在世界重要比赛中获得优异成绩的中国运动员成为选拔对象,经选出的运动员和体育明星作为"2008北京奥运会形象代言人"而活跃在奥林匹克精神宣传的各种场合中。

在选择"品牌形象代表"与"品牌形象代言人"时,企业要把握以下三条原则。

(一)一致性原则

品牌形象代表与品牌本身所要传递的功能、价值、情感、利益相一致。品牌形象代言人应当能够从个人的气质、修养、经历、形象、品位、情感和价值追求等多个层面来影响和帮助消费者进行有益的购买决策,使品牌形象更加具有个性化和人格化特征。

(二)时效性原则

品牌形象代表如果选用卡通形象或者自然现象,一般不会出现过时或者概念陈旧的问题,但是如果选用人物原型来设计品牌形象代表,比如聘请著名影星、歌星、体育明星作为品牌形象代言人,就会受到这些人物原型及代言人的行业关注度下降的影响。因此,提升品牌形象中人物的魅力成为品牌形象维持与保护的重要前提条件。

(三)正向性原则

品牌形象代表和品牌形象代言人的选择都应当促进品牌的宣传与推广,如果仅是以市场的关注度来选择形象代表或者形象代言人,企业极易被短期的市场狂热所蒙蔽。选择品德可靠的形象代表和形象代言人,这是企业获得品牌市场影响力的重要前提。对于一些以道德标准和审美标准衡量存在瑕疵的形象代表和形象代言人,企业在使用上应十分慎重。

二、品牌口号和品牌音乐

品牌口号与品牌音乐经常会出现在一起,但有时也处于彼此分离的状态。它们主要是从"听"这个维度来营销品牌并影响消费者对品牌的判断。品牌口号不一定非要通过声音来表达，在文字的措辞、结构及符号的使用上的独特设计，同样能够达到"无声胜有声"的效果。一般而言，品牌音乐一定要通过音响系统来进行传播才能达到其实际效果。品牌口号与品牌音乐的结合使用能够起到比单独使用更好的效果。例如，响亮的品牌口号，激昂的品牌音乐；温暖的品牌口号，舒缓的音乐旋律；等等，在这些组合中，品牌音乐对品牌口号起着独特的解释作用。

在品牌有形要素设计中，品牌口号与品牌音乐是一种作用于精神层面的"类无形要素"。因此，将这些要素以更加具体的情形呈现出来，既是一门科学，又是一门艺术。我们经常发现，许多品牌根据实际需要设计了品牌口号，但是由于企业的管理者对音乐知识缺乏理解或掌握不深，因而往往缺乏品牌音乐设计这个重要环节。但是，世界著名品牌一般都专门设计了品牌音乐。比如，当一位消费者进入麦当劳餐厅时，悦耳的音乐就会进入他的脑海。对于那些忠诚于麦当劳品牌的顾客来讲，这个旋律可能无比熟悉，它所传递的文字信息就是，"I am loving it！"。

在实践中，一个品牌应当使用什么样的口号，什么样的音乐，这需要根据这个品牌本身的特点来决定。一般而言，企业家作为品牌管理的实施主体，总是喜欢按照自己的意愿来设计品牌口号，决定品牌音乐的类型，这种决策的成功概率并不是很高。品牌口号和品牌音乐一方面需要反映企业管理者和员工的心声；另一方面还应当体现出消费者对品牌的诉求。因此，成功的品牌口号和品牌音乐设计往往是连接企业管理者、企业普通员工、市场中的广大消费者精神世界的桥梁。品牌口号和品牌音乐除了在设计上要展现品牌的功能、价值、利益和情感之外，更为重要的是应当与主流社会的核心价值观念相一致。它们应当能够提升所在社会的精神文化层次，比如在传递品牌承诺、企业使命、价值与追求的同时，积极倡导企业社会责任。如果仅仅是说明品牌是什么，并以品牌的实际功能和效用的解释为重点来设计品牌口号和品牌音乐，那么这样的设计理念是有局限性的。

现实世界中，品牌口号与品牌音乐设计成功的例子有很多。表7-1列举了当今世界上一些著名品牌的品牌口号，这些品牌除了拥有广为传播的口号之外，还有它们的品牌音乐，一般进入这些品牌企业的官方网站就可以下载欣赏。

表7-1 世界著名品牌的口号

序号	企业（品牌）名称	品牌口号
1	阿迪达斯（adidas）	Impossible is nothing（没有不可能）
2	李宁（Lining）	Anything is possible（一切皆有可能）
3	香奈尔（Chanel）	La mode se démodé，le style jamais（时尚来去匆匆，唯有风格永存）
4	丰田汽车（TOYOTA）	Poetry in motion，dancing close to me（动态的诗，向我舞近）
5	佳能（Canon）	Delighting you always（感动常在）
6	德比尔斯（De Beers）	A diamond is forever（钻石恒久远，一颗永流传）
7	巴黎欧来雅（Paris L'oreal）	You worth it（你值得拥有）
8	耐克（Nike）	Just do it（想做就做）
9	匹克（Peak）	I can play（我能行）
10	NBA	Where amazing happens（奇迹发生之地）

在实践中，要区分品牌口号与品牌广告用语，这二者并非同一个概念。品牌口号具有品位性、持久性、理念性、凝聚力和导向性，而广告用语主要是为了促进销售，便于消费者在短时间内获得大量、浓缩的信息，尤其是商业广告，其功利性特别强，因而不能将其与品牌口号放在同一个层面上加以设计。

三、品牌包装

品牌包装是品牌有形要素设计中最为接近市场的部分。但是，品牌包装与产品包装并不是一个层次的概念。

如果仅是产品包装设计，那么其设计内容与风格就相对简单一些。例如，在外包装上把产品的生产制造企业、出厂日期、所用的原材料及其构成比例、保质期、安全事项说明等加以标明就基本达到要求，另外需要考虑的就是包装所用的材料和形状。但是，作为品牌包装，除了与产品包装有一些共同的地方之外，还需要考虑品牌本身在市场上展现形象时的实际需要。最简单的道理就是，如果一款品牌在消费者的心目中属于奢侈品牌，那么，它的包装就不应该采用普通产品所用的包装形式。这说明，品牌包装除了需要考虑企业保证品牌产品和服务质量的同时，还必须考虑消费者在情感上的可接受能力。当然，如果是一般的品牌采用了奢侈品的包装方法，则会产生销售"欺诈"的嫌疑。

产品包装主要考虑生产制造成本和销售成本，而品牌包装主要考虑消费者的心理认同和企业品牌形象。越是市场影响力大的品牌，通常越会注重自己的品牌包装，并且把品牌包装作为一种品牌识别的重要标志。例如，在中国白酒行业中，品牌影响力排名在前10位的企业，它们对于自己品牌的包装都特别在意。近年来十分流行的含有中华文化元素在内的"青花瓷"瓶成为市场上高档白酒的包装之一。与产品包装不同的是，这些品牌在青花瓷瓶上除了含有品牌的"产品特征"介绍外，更多地传播着品牌自身的功能、利益、情感和价值。因此，在这种类似的品牌包装中，除了一部分属于产品包装元素，更大的部分属于品牌元素的营销与推广。所以，这种品牌包装除了作为容器具有储存、保鲜、防潮、隔热等功能外，还具有审美价值，可以作为工艺品进行收藏。

从上面的分析中可以看出，品牌包装并不具有随意性，它应当体现品牌的社会文化价值和企业家的精神追求。因此，在品牌包装设计方面，一般要在以下三个方面体现品牌的价值与内涵。

（一）文化作用

一个品牌如果缺乏基本的文化元素，那么这个品牌是很难在市场中长期存在的。品牌本身就是一种文化符号。因此，在品牌包装设计方面，企业一定要将文化融入包装之中。不同文化环境中，社会民众对包装的形式与内容的要求并不一致。包装作为一种文化，应当与品牌本身所依托的文化紧密地结合在一起。如果一个品牌它的内涵属于东方文化，但是在品牌包装上却采用了西方文化中流行的风格，那么内容与形式上的反差就会影响品牌的市场效果。但是，本土化经营通常又必然倡导这样的形式变化。如何在保持品牌内涵不变的同时从包装上来适应目标市场的消费需求,这是品牌包装设计中面临的新课题。

(二)审美作用

品牌的包装一定要有审美作用,而对其"美与不美"的判断,主要来自于目标顾客群体。因此,审美是一个相对的概念,即生产企业要站在消费者的立场上来设计品牌包装。比如,不同文化下的消费者对形状与颜色的感觉并不完全相同,有的民族喜欢圆形,有的民族喜欢方形,有的以淡雅为美,有的则以浓妆为美。在设计品牌包装时,企业首先应当对目标市场的消费者行为进行充分研究,在不影响品牌内涵的同时,尽可能地将包装向着有利促成消费者购买的方向设计与发展。比如,有的研究表明,美国青年多以穿"红色"和"黑色"来体现活力与激情,那么,在做体育品牌时,特别是运动装,就可考虑多利用这两个颜色来进行包装设计。

(三)区分作用

品牌包装作为直接呈现在消费者面前的品牌形象,它具有显著的区分品牌、识别品牌的作用。为此,在设计品牌包装时应突出品牌差异点,放大品牌核心元素的功能与作用,尤其是品牌形象代表和品牌形象代言人宣传图片在品牌包装上的位置与比例,要进行精心的设计与思考。把品牌名称、品牌标识、品牌形象代表与品牌形象代言人宣传图片放在品牌包装的最为显著的位置,这是通行的做法。但是,也应当防止品牌包装在区分方面走向极端——不伦不类。把握品牌区分的度,这是品牌包装设计的一条重要原则。

本章小结

本章重点介绍了品牌有形要素的设计。品牌有形要素是品牌最为重要的构成部分,与之相关的设计直接决定了品牌整体设计的成败。

一般而言,品牌的名称设计应当坚持三项原则:在名称内涵上与品牌所在行业的一致性原则;在名称与内涵设计上与人们的语言审美习惯的吻合性原则;在名称与内涵设计上与同类品牌的名称有一定的区分度原则。

品牌名称设计的可选类型包括:文字和内容描述型品牌名称;文字和语意暗示型品牌名称;文字与语意复杂型品牌名称。

品牌名称的拟制、评价、选择与决策,本身是一个科学分析与理性判断的过程。因此,命名步骤应当细致周到。总结起来,在品牌命名过程中需要考虑的因素主要有五个方面:命名目标、命名方法、产品特性、受众特性和有效传播。

在具体步骤上,品牌命名一般要完成三个阶段的任务:提出方案;选择方案;决策方案。

品牌标识是品牌中那些可以被识别但是不能用语义表达的部分。可以作为品牌标识的事物一定是有形的。一般来讲，品牌标识主要由符号、图形、颜色和字体构成。品牌标识有三种形式：文字标识、图形标识和图文结合的标识。

品牌标识的作用在于，一是便于消费者记忆与识别；二是展现品牌的内涵与美感。

品牌形象代表、口号、音乐与包装设计也是品牌设计的重要方面。

所谓品牌形象代表设计，是指在现实世界或者虚拟世界中寻找一个与品牌相一致的事物作为品牌的形象代表，并在此基础上进行相应设计的过程。在选择"品牌形象代表"与"品牌形象代言人"时，企业要把握以下三条原则：一致性原则；时效性原则；正向性原则。

品牌口号与品牌音乐经常会出现在一起，但有时也处于彼此分离的状态。在品牌有形要素设计中，品牌口号与品牌音乐是一种作用于精神层面的"类无形要素"。

品牌包装是品牌有形要素设计中最为接近市场的部分。品牌包装与产品包装并不是一个层次的概念。

在品牌包装设计方面，一般要在文化作用、审美作用和区分作用这三个方面来体现品牌的价值与内涵。

案例背景信息

凯迪拉克品牌标志百年演变史

作为世界豪华汽车品牌的代表，凯迪拉克（Cadillac）自1902年于底特律诞生以来，就以超高的工艺品质著称，被一向以追求极致尊贵著称的伦敦皇家汽车俱乐部冠以"世界标准"的美誉。作为美系豪车的代表，凯迪拉克的车标百年来历经多达38次演变，成为品牌设计更迭的成功典范。

一、品牌创立初期

1906年，凯迪拉克的第一个正式注册的品牌标志诞生。其设计灵感源自底特律的建立者——安东尼·门斯·凯迪拉克先生的家族纹章。标志整体由王冠、盾牌、人名及花环构成。其中，标志的主体盾牌代表着勇敢开拓和百折不挠的精神，同时盾牌还被分为四等分，左上和右下等分中各有三只鸟形鸭图案，代表基督教中"三位一体"的神圣概念。另外两个等分中的横竖线条则表示十字军战士在遥远战场上富有骑士般精神的勇猛，王冠与月桂枝则着重体现了凯迪拉克家族的贵族血统。在品牌建立的初期，凯迪拉克就通过欧洲的家族纹章式标志强调自己在汽车行业中的高贵地位，有力地在豪华汽车市场占据了一席之地。

一炮而红之后，凯迪拉克迅速将其高精度的标准化制造作为品牌的核心竞争力进行宣传。1908年，凯迪拉克零配件的通用性得到了极大的提高，成为汽车制造行业的顶级标杆。此时，为了配合这一战略，凯迪拉克将车标变成了一个正圆形，其中凯迪拉克先生的贵族名被更换为凯迪拉克当时的品牌口号"Standard of the World"（世界标准）。

二、特殊时期

在20世纪20年代后期到40年代中期的十余年间，凯迪拉克标志的更改主要基于以下三个特殊事件。

1927年，凯迪拉克推出了全球第一款拥有彩色车漆的车型La Salle。为了纪念这一划时代的创新之举，凯迪拉克再次更新了车标，将皇冠与盾牌合二为一，花环也再次加入车标中。虽然标志更改本身与车型设计并没有直接的对应关系，但在当时首度强化了凯迪拉克个性化奢侈的特质。

进入20世纪30年代，美国开始了大萧条时期。在纽约车展上，凯迪拉克发布了汽车行业中首款量产的V16发动机，希望凭借这款发动机确保自己的顶级豪华汽车的地位。伴随着新发动机的推出，凯迪拉克于1932年更换了车标，新车标在原有王冠、盾牌的设计元素基础上增加了一对天使之翼，彰显出凯迪拉克高贵、独特的气质。

1939年，第二次世界大战爆发。不久之后，凯迪拉克开始为军队生产军用装备，民用车的生产被大幅削减。此后，天使之翼从凯迪拉克车标上消失，取而代之的是两把形如利刃的羽翼，在王冠与盾牌之后直冲云霄，一如出膛的炮弹，让人不禁联想到欧洲奔赴沙场的贵族战士，仿佛时刻准备着在战场上一展雄姿。战时的这一更改成功地将爱国情怀融入品牌设计中，传递出品牌强烈的社会责任感，为凯迪拉克赢得了极高的社会声誉。

三、设计成熟期

"二战"结束后，凯迪拉克迅速恢复了民用车的生产，并开始研发新车型。由于"二战"中美军战斗机搭载了通用的发动机，凯迪拉克开始将战斗机元素融入新车型Eldorado的车身中，促使象征着征服天空的尾鳍设计诞生，这也一度成为凯迪拉克最为标志性的设计，横跨了整个五十年代，并为众多欧美汽车所效仿。为了呼应这一设计，凯迪拉克在王冠、盾牌下方增加了一个棱角分明的"V"形图案，同时也强调了由凯迪拉克奠定的V型发动机的品质标准。在此期间，凯迪拉克还数次调整"V"形车标以配合车身前脸的设计。

1964年后，凯迪拉克逐渐放弃夸张的飞机尾翼设计，转而走向简约典雅的风格，同时车标中的"V"也重新被桂冠所取代。全新的品牌标志传承了典雅的贵族气质，在接下来的40余年中一直没有出现较大的变动，成为凯迪拉克最广为人知的品牌标志。

20世纪90年代末，新任通用设计副总裁韦恩·谢里的到来将一股全新的活力注入凯迪拉克。在此期间，凯迪拉克的车身设计棱角分明，雍容大气。在全新设计理念的引领下，1999年北美车展上，凯迪拉克发布了全新车标。这枚车标以铂金色为底色，车标上原有的鸟形鸭、王冠等图案都被简化。盾牌的颜色组合中，金黄与黑色象征智慧与财富，红色象征行动果敢，银白色代表纯洁、仁慈、美德与富足，而蓝色则代表着骑士般侠义的精神。

四、市场竞争新时期

中国汽车工业协会数据显示，中国汽车行业2015年1—7月的累计销量比去年同期只增长了0.4%，豪华车市场在此番下跌中也未能幸免。而在豪华车市场全面下探的背景下，豪华中级车却由于兼具了运动性能和优雅的外观，在市场中逐渐获得了一批年轻消费者的青睐，一跃成为市场竞争的新"蓝海"。

顺应这一趋势，凯迪拉克提出"建立凯迪拉克品牌和千禧世代豪华车消费者的相关性"的新战略，计划在小型豪华轿车市场推出全新车型，而在目前略显空白的小型、紧凑型SUV领域，凯迪拉克也将实现车型覆盖。

近几年来，为了吸引更多的年轻消费者，凯迪拉克在设计中又融入了更多的未来科技感。于是，古老的桂冠与新的品牌形象开始显得格格不入。在刚刚过去的2015上海车展上，凯迪拉克首次面向中国市场发布了全新的品牌标志，取消了古老的月桂装饰，弱化了古典的贵族风格，却增加了十足的科技感，成功强化了凯迪拉克意欲凸显的这一品牌特质。凯迪拉克品牌标志演变如图7-2所示。

图7-2　凯迪拉克品牌标志演变

纵观凯迪拉克的品牌标志演变史，我们不难发现，无论其标志如何变化，盾牌的设计主题基本保持不变，这一家族纹章式的标志设计成功将其深厚的底蕴融入品牌特质中。而在市场竞争环境发生变化时，其标志则又成为顺应品牌战略调整而改变的先驱，在传递不变的奢华气质的同时，反映凯迪拉克当时的品牌诉求和所追求的设计方向。

我们无法确定凯迪拉克下一次更改品牌标志会在何时，但可以肯定的是，在这永不停止的改变中，唯一不变的是凯迪拉克对高品质、高标准的孜孜追求，这也是一个汽车企业能够创造百年辉煌的核心理念。

（本案例根据以下资料编辑整理而成：1.程秋实.豪华汽车品牌的品牌建设研究——从消费者需求和品牌价值的视角[J].广告大观（理论版）.2011（01）；2.欧阳予婧.家族纹章与汽车标志设计的关系[J].设计.2014（11）；3.凯迪拉克车标演变史[N].环球网. 2015/04/26.http：//auto.huanqiu.com/news /2015-04/6281550.html；4.宋彬.百年历史38次换标 谈凯迪拉克车标的演变[N].搜狐网.2015/05/15.http：//auto.sohu.com/20150515/n41 3029538.shtml；5.2015上半年中国豪车市场全景解析[N].车聚网.2015/08/30 http：//www. autoju.com/2015/08/30/28648/.）

案例讨论题

（1）试分析凯迪拉克品牌标志与时代变革之间的关系。
（2）凯迪拉克品牌标志设计中哪些元素是不变的？为什么？
（3）在不同的历史时期，凯迪拉克品牌标志分别有着怎样的象征意义？

复习思考题

1. 简述品牌有形要素设计主要包括的内容。
2. 品牌名称设计的原则有哪些？
3. 品牌名称设计的类型分为哪几种？
4. 简述品牌标识的作用，并举例说明。
5. 品牌形象代表、口号、音乐与包装设计有哪些注意事项？请结合实例加以说明。
6. 选择一家国际著名企业，分析其品牌名称、标识、形象代表、口号、音乐与包装设计的特点。

第八章
品牌定位

本章知识点

- 早期广告理论中的定位思想
- 品牌定位理论
- 品牌定位原则
- 品牌定位要素

在品牌管理知识体系中，关于品牌形象的研究主要是从两个角度展开的：一是从企业角度；二是从消费者角度。前者着重强调通过品牌设计来建立品牌识别系统，为品牌确立相应的身份和地位，突出品牌是什么，并积极展示品牌应有的形象；后者主要从消费者角度来解释品牌，即品牌给人们的实际印象是什么，也就是品牌在消费者心目中的具体形象。品牌设计必须考虑这两个方面的需求，即既要体现企业的设计思路与战略意图，同时又要满足消费者的物质和精神层面的需求。

因此，在实践中必然要围绕着品牌识别和品牌形象这两个核心来不断地调节着企业品牌管理思想、理念以及行为。品牌设计事实上也是围绕这两个中心而进行。为了让品牌识别与品牌形象能够较好地取得一致，在品牌设计过程中就必须不断地调整品牌设计思路，以免企业品牌设计工作进入误区。同时，品牌设计工作的完成，并不意味着品牌形象会立刻在消费者心目中建立起来。而实际情况却是，品牌识别系统往往并不能够在消费者心目中迅速产生出企业想要达到的品牌联想效果。因此品牌设计中所构思的品牌识别、拟塑造的品牌形象，需要企业在其营销实践活动中不断地与消费者的实际需求进行对接。这个过程事实上就是品牌定位。

第一节　品牌定位理论

品牌设计只是完成了品牌建设的第一个阶段的工作，它从无形要素和有形要素两个维度构思了品牌的雏形，这样的工作类似于设计师在纸面上或者在脑海中所进行的思维活动，有一定的理想主义色彩。品牌设计是否真正有效，必须通过市场的检验，必须与消费者进行直接接触，而且应当经过与消费者人群的反复、多层次、多场景的接触之后，确定品牌的发展轨迹。

品牌的塑造与培育中需要注入性格元素。除了应当有好的名称和形象之外，在发展过程中，需要不断地进行性情的培养和性格的塑造，即应当设定参照物和学习对象。品牌定位是品牌成长的必经步骤，也是品牌性格形成的必经阶段。

品牌定位的实质是向消费者或者目标人群传递品牌识别，并作为与竞争性品牌的差异而体现出品牌的自身价值。品牌识别中的差异性，是一个品牌区别于另一个品牌的关键所在。这种差异能够确保品牌在消费者心目中占据一个有利的位置。因此，品牌定位是指品牌识别在消费者脑海中的位置、空间大小、清晰程度与重要程度。一般而言，品牌定位越是成功，它在消费者脑海中的位置越牢固，形象越清晰，重要性越强，占有的存储空间越大。

一、早期广告理论中关于定位的思想

在早期的广告理论中，强调品牌传播在品牌形象塑造中的重要性，因而直接或间接地涉及了定位的思想。较为成熟的理论是独特的销售主张理论（unique selling proposition，USP）。

USP理论由美国达彼思广告公司的董事长劳斯·瑞夫斯于20世纪50年代提出。该理论认为，每一个广告都应当提出一个不同于竞争性品牌的独特的销售主张。这种独特性主要表现在：第一，广告中所传播的品牌应当体现出竞争性品牌所不具有的功能性利益，即能够满足消费者实际需要的独特之处；第二，这种独特的功能性利益必须与消费者的实际需要紧密相关，否则将不会产生持续的吸引力和销售力；第三，每一则促销广告都应当聚焦于一个对消费者特别有益的价值主张，使消费者感到这样的价值在品牌实际使用过程中确实存在。

这种理论的核心思想在于，用于营销品牌的广告必须有一个独特的价值主张，强调这种品牌所提供的功效是其他品牌所不具有的，至少之前未曾在市场上出现过，即其他品牌还没有做出过类似的承诺。同时，这种价值主张必须能够满足消费者的真实需求，即这种主张具有市场号召力和感染力。

以中国凉茶品牌"王老吉"广告为例，"要下火，就喝王老吉！"这则广告语为中国广大消费者所熟悉；而"王老吉，中国正宗凉茶"的品牌标识，更使人们把"凉茶"与"王老吉"这个品牌紧密地联系在一起。这个品牌在早期市场营销活动中做得十分成功，其主要原因就在于把"下火"这个具体功效，即消费者尤其关注的价值，明确地提出来，并且作独特的功效而加以营销。这就是该品牌的"USP"，它在建立品牌形象方面起到了重要推动作用。

又如，在竞争越来越激烈的中国白酒行业中，能够体现品牌独特的价值主张的地方并不多见。这是由于，尽管各种品牌的包装各不相同，但是在消费者大众看来，它们的共同点都是一个"醉"字。这种认识给酒类企业塑造品牌形象造成了较大困难。为了从这种共同的认识中独立出来，寻找到USP，不少企业想尽了办法。做得比较好的是"孔府家酒"，这款品牌利用中国儒家文化中对于"家文化"的重视，它着重强调饮酒中的"乡愁"元素，即突出品牌的"情感"独特性，并以"孔府家酒，使人想家"来强调品牌独特性，因而取得成功。

■ 二、品牌定位理论

1969年杰克·特劳特（Jack Trout）在美国《产业营销》上发表了题为《定位：同质化市场营销突围之道》的文章，提出通过定位来突破同质化的瓶颈；1986年阿尔里斯（AlRies）和杰克·特劳特联合推出成名之作——《定位：攻占心智》一书，该书系统阐述了定位理论。在《定位：攻占心智》这本书中，作者认为品牌定位是一个品牌被观察到准备去占据的存在于目标人群脑海中的"市场空间"。[①]

可以说，定位是市场对一家企业相对于其竞争对手而言产生的总体印象。这种印象与这家企业本身所从事的管理活动是否积极与有效关系并不大。但是，企业可以通过战略调整来改变这种来自于市场的印象。为此，企业需要把营销工作聚焦于为数较少的几个关键

---

① 资料来源：西尔维·拉福雷（Sylvie Laforet），现代品牌管理（英文版）[M]. 北京：中国人民大学出版社，2011：118.

点上，加强与市场的沟通。

为了更加准确地理解品牌定位，我们有必要对一些与之相关的概念，如市场细分、目标市场和市场定位进行阐述[①]。

（一）市场细分

市场细分是指把同质化的市场按照有意义的维度拆分成相关的和能够介入的群体。

（二）选择目标市场

选择目标市场是指选择能够达到的、具有所要求的容量和（或）战略重要性的群体。

（三）市场定位

市场定位是指给产品在消费者脑海中赋予一个永久的意义和相关性。

依据上面三个相关概念，我们可以对品牌定位这个概念作进一步的阐述。品牌定位事实上是品牌的价值传输机制。它决定了品牌价值如何传递和传递什么样的价值。同一品牌的不同定位意味着这个品牌本身对于消费者的价值是不同的。当一个品牌被再定位时，这清楚地表明重新定义了该品牌对于顾客的价值。

凯文·莱恩·凯勒（Kevin Lane Keller）认为，定位就是通过识别和建立对等点和差异点来建立正确的品牌识别和品牌形象。[②]因此，品牌定位并不仅限于差异点的建立，同时也应当考虑对等点（共同点）的建立。如果一个品牌在差异点上过于突出，而在对等点上却严重不足，这在一定程度上也会影响到品牌定位的实际效果。

第二节　品牌定位原则

由于品牌定位受诸多主观、客观等环境因素的影响，因而在具体操作过程中如果缺乏一定的原则作为指导，那么就很容易出现偏差。成功的品牌定位，应当坚持以下六条原则[③]。

一、相关性原则

品牌应当具有清晰的愿景和精确的含义。品牌所传递的定位，应当在世界上不同国

---

① 资料来源：西尔维·拉福雷（Sylvie Laforet），现代品牌管理（英文版）[M]. 北京：中国人民大学出版社，2011：118.
② 资料来源：凯文·莱恩·凯勒. 战略品牌管理（第3版，英文版）[M]. 北京：中国人民大学出版社，2010：79.
③ 资料来源：西尔维·拉福雷（Sylvie Laforet）. 现代品牌管理（英文版）[M]. 北京：中国人民大学出版社，2011：119.

家和地区的消费者心目中都有相关性，即清楚这个定位的愿景具体是什么，或者它所表达的精确含义是什么。因此，越是具体的描述，越是形象的展现，品牌定位的效果越好；反之，抽象的定位则有可能让人们不知所云。与人们生活的高度相关性，使品牌定位能够建立在坚实的基础上，因而也就比较容易获得消费者的广泛认同。品牌定位不能脱离品牌的愿景、使命、理论和观念。

例如，一家游乐园的定位就应当与"快乐""欢乐""轻松""愉快"等相关联，如果偏离了这样一些定位，就可能使公园的定位出现偏差。因此，在满足消费者的需求时，一定要确定究竟是满足哪些层面的需要，或者是那些群体的需要，否则就很难达到营销的效果。如果把游乐园定位于同酒店一样的性质，那么就会出现经营资源分布上的重心偏移，使消费者所要的旅游效果无法达到满足。

又如，一件衣服的定位应当与"得体""大方""讲究""时尚""潇洒""风度""优雅""美丽""新颖""耐磨""简朴""经济""华丽""温暖""关爱""呵护"等有关，如果在服装的定位上并没有这些方面的内容，而是强调一些与衣着并不相关的含义，这就会使作为品牌服装的形象受到影响。由于衣服与个人的喜好总是紧密相关，因此在经营上如果将衣服定位于礼物赠品，就会进入品牌定位误区。

■ 二、独特性原则

在品牌定位上，创造与设计出与竞争者的不同之处，这是品牌管理成功的捷径之一。因此，独特性是品牌定位原则中最为重要的一条。定位的独特性不仅有利于品牌识别，同时也能够为消费者带来实实在在的价值与利益。强调独特性并不排斥一致性或者共同点，只是在共同点的基础之上形成了品牌的独特价值。如果一款品牌缺乏独特性，则会在激烈的竞争中卷入价格战或者促销战。

以手机行业为例，尽管目前市场上的品牌很多，而且竞争十分激烈，但是由于苹果手机在市场中的独特地位，以及其所具有的独特高品质，因而在培养忠诚度方面处于比较有利的地位。在价格和促销方面，苹果手机并没有向着低端的路线发展，而是继续坚持着走高端路线，这种品牌定位与其独特性是分不开的。

在世界直销行业中，女性就业者始终占据着较大的比例。基于该行业的这一特点，美国直销巨头玫琳凯，将企业的使命与解决女性就业紧密地结合在一起，并作为品牌定位的重要特征。正是由于这个成功的定位，该企业不仅赢得了大量潜在客户的信赖，而且使其品牌效应不断推向世界各地。玫琳凯作为企业的创始人，因其企业品牌影响力的不断扩大而成为世界直销发展史上的传奇人物。她的直销事业的成功要素之一，在于把理想和信念与品牌定位有机地结合在一起。

■ 三、一致性原则

品牌定位必须使品牌所定位的消费者群体与品牌本身的价格、功能、利益、情感等因素保持一致性。品牌定位如果从营销4Ps角度进一步细化，主要是指质量定位、价格定位、渠道定位、促销方式定位等方面。但是，不论从何种角度对品牌进行定位，满足消费者的特定需求是品牌能够在市场中生存与发展的必要前提。而如果对消费者的特定需求进行细化，它们应当主要体现在三个层面上，即功能需求、情感需求和利益需求。

所谓功能需求，主要是指品牌应当具有一定的功能和属性，并以此作为满足消费者需求的物质基础。如果一个品牌缺乏基本的功能和属性，那么在价值上就很难向着情感和利益层面扩展。情感需求是指品牌在维系消费者情感方面所发挥的作用和具有的地位，由于每个消费者的具体生活环境不同，因而同一个品牌所能激发的情感在不同消费者身上并不完全相同。品牌所具有的时代特征和风格，这是消费者群体所能够认可的共同情感，而一些与个人生活密切相关的特征和风格，则只能激发出个体情感。利益需求则是指一个品牌对于消费者而言能够带来的实际好处。

在品牌定位方面，品牌不仅应当在质量、价格、渠道、促销等方面取得一致，而且应当在功能、情感、利益方面取得一致。前者主要是指形式上的一致，而后者主要是指内涵上的一致。一致性原则有利于品牌形象的塑造，使品牌定位更具体、更准确、针对性更强。社会人群在收入和地位方面的层级化趋势，也正在使品牌定位对于消费而言变得越来越重要。一致性原则除了强调品牌在形式与内涵方面的一致性外，还强调品牌在时间上的一致性，即品牌所具有的风格和特点应当在品牌的系列产品中体现出共同的特征，同一个品牌的产品在形象上应当有所传承。

四、承诺性原则

品牌是一种承诺。品牌与产品的最大区别在于品牌是以承诺而立足于市场，而产品是以质量在市场中存在下去。一款高质量的产品，如果向着品牌的方向发展，那么必须在承诺方面体现出其应有的价值。品牌的承诺性并非仅指品牌的质量，它还包含价格、服务、维护、保养、配送等其他环节的内容。一般而言，品牌承诺的事项越多，品牌的价值越大，消费者的满意度因而越高；相反，越是不具有品牌潜质的产品，越不会做具体的、明确的承诺，因而所做的承诺往往是抽象的或者虚假的。

承诺性原则意味着企业在品牌定位方面要有足够的实力，同时对于消费者的实际需求有着更加深刻的洞察。脱离消费者实际需求的承诺是没有现实意义的，对于企业而言也不会带来业务的提升和竞争力的增强。因此，在品牌定位方面，企业应当做出怎样的承诺，承诺哪些具体的事项，违反承诺的后果是什么，这些都应当有着正确的认识。在市场上，品牌的承诺主要出现于质量和价格方面，与之相配套的是服务承诺。例如，沃尔玛的"天天平价"，作为品牌定位而言，它所传递的是一种面向消费者的价格承诺。

承诺是品牌的重要特征之一。消费者对于一个品牌的信任，主要来源于对这个品牌所做出承诺的验证。承诺兑现是企业在品牌形象塑造中必须重视的一件事。因此，在品牌定位方面，承诺的事项与所负责任的大小，一定要经得起时间和实践的检验。善于做出承诺的企业一般对承诺的事项有着相当程度的把握。而所承诺的事项往往与品牌所传递的功能、情感、利益有着高度的一致性。中国民族品牌海尔在塑造品牌形象过程中,时任总经理的张瑞敏曾经怒砸冰箱,不让存在质量问题的产品流入市场。这种行为所体现的就是品牌定位中的承诺性原则。

■ 五、持久性原则

　　品牌定位是一项持久的活动。一方面,品牌定位需要历经较长的时间才能完成,如果没有品牌管理和使用方面的体验,品牌定位很难完成。另一方面,品牌定位一经确定,要长期坚持下去,不能经常改变。由于任何一个产品或者一项服务的客观评价,都是建立在消费者长期使用基础上,因而满足消费者需求的过程,本身就是一个反复试验、反复修改、不断提升的过程。因此,品牌定位作为一项活动,必然建立在一定的人、财、物投入基础上,在长期的评价之后,才能确立品牌定位的方向。

　　品牌定位作为企业战略层面的考虑,必须具有持久性。为哪一部分消费者服务,如何提供服务,服务到怎样的程度,满足这些顾客的何种需求,这些都是品牌定位方面的具体问题。只有长期地坚持下去,品牌定位才能够取得成功。不追求短期的利润,追求长期的投资回报,这应当是品牌定位中必须坚持的方向。持久性不仅适用于品牌树立消费者忠诚度方面,而且适用于品牌自身形象的完善方面。在现实世界中,越是历史悠久的品牌,越是受到消费者的信赖;而越是历时短暂的品牌,其背后的文化积淀越薄弱。品牌定位应当从长期着想,把时间的跨度尽可能拉长。

　　以松下电器为例,作为世界著名品牌,这家企业的创始人松下幸之助为了将品牌持久地保存下去,把品牌定位在250年的发展目标上。之后,家用电器行业的竞争越来越激烈,这家企业并没有因为在市场中的优势地位受到挑战而改变品牌定位,而是将品牌的发展目标继续延长,改为500年,即这家企业要在500年内都维持长盛不衰。这种品牌定位方法,与其说是鼓励企业员工在品牌定位上具有战略思维,还不如说是向市场中的广大消费者积极地传递着松下公司对自身品牌的执着与坚持。

■ 六、清晰性原则

　　品牌定位一定要清晰。品牌定位作为"占据潜在消费者脑海中的一部分空间"这样一种概念来理解,那么其清晰性直接决定了品牌印象的实际效果。品牌定位清晰性原则主要包括三个层面的含义:定位理念的清晰性;定位路径的清晰性;定位目标的清晰性。

　　保持品牌定位理念的清晰性,主要是指企业要在品牌定位方面有正确的思想、理论、观念作为指导。在理念层面上取得一致,有助于避免实践中出现工作偏差。理念的正确性与可实施性,这是品牌定位的重要前提。

　　品牌定位所采取的路径要十分清晰。在品牌定位方面,涉及营销中的不同工作部门的协作与不同工作环节的协调,因此,定位的实施路径的选择尤其重要。比如,为顾客提供高于行业平均水平的服务,作为一家五星级酒店的品牌定位,那么,这种定位的实施路径是什么？这就是品牌定位路径问题。在达到高于行业平均水平的服务这个定位时，这家企业可以有多种有效的途径供选择，而最终确定的路径就是定位路径。

品牌定位的目标应当清晰。清晰的目标有助于把员工和消费者更有力地凝聚在企业所从事的活动中来。由于企业的品牌经营目标通常不止一个，企业的发展目标可能是一个体系，因而品牌定位的具体目标选择就显得十分重要。品牌定位目标不能过多，不宜分散，应当聚焦于一个目标或者两至三个，这样就容易保持目标的清晰度，同时有助于在市场竞争中强化品牌识别。目标多元化是品牌定位的最大障碍之一。坚持品牌定位清晰性原则，客观上要求企业必须简化自身的目标，同时在目标设计上，使品牌管理行为在品牌定位层面上取得一致。除了这些战略层面的清晰外，在语义表述和概念应用上也应当清晰准确。

第三节 品牌定位要素

品牌定位涉及诸多要素，如目标消费者群体、消费者心理状况、竞争中的优势地位、利益点和选择购买的理由。品牌定位应当主要围绕这些元素来进行设计。

一、目标消费者群体

品牌一定是依托于某一个或者某一类消费者群体而存在的。单个的消费者不足以成就品牌，因此，消费者人数的多少或者群体规模的大小，决定了品牌在市场中的地位和影响力。

品牌定位应当围绕目标消费者群体而展开。当一个品牌投入市场时，它所服务的对象就是其目标消费者。品牌与消费者之间的关系是双向的、动态的。一方面，品牌可以选择自己的服务对象；另一方面，消费者可以选择自己喜欢的品牌。品牌忠诚度在这个双向互动的过程中形成。

品牌定位既可以围绕着潜在顾客的实际需求而进行，也可以围绕着现有顾客的实际需求而扩展。对于前者而言，品牌定位主要解决吸引力方面存在的问题；对于后者而言，品牌定位主要解决忠诚度方面存在的问题。因此，对于品牌发展所处不同时期所面对的消费者群体，品牌定位的着力点是有一定差异的。开发新客户和保留老客户，这是品牌定位必须兼顾的两项重要内容。

一般而言，针对潜在客户，品牌定位主要在于强调品牌对于这些人群的功能、利益和价值。这些方面的营销活动与以往针对老顾客有所不同。其侧重点在于把顾客的注意力吸引到企业的品牌上来。吸引潜在消费者的注意力，这是挖掘市场需求的第一步；其次应当是培养潜在消费者对品牌的兴趣；第三步才是对有可能转化为目标顾客的潜在消费者进行有针对性的促销活动。一个品牌进入目标市场并不意味着立刻能够完成销售工作，在现实世界中，一个潜在市场中可能会存在一些其他的竞争性品牌，这时，企业的品牌能否在激烈的竞争中获得顾客的信赖感，还取决于该品牌能够给消费者带来的超值功效、情感价值和实际利益。

对于老客户，品牌定位的关键在于发现这些顾客的新的需求特点以及在个人收入和社会阶层方面的变化。维持老客户不应当总是停留于原有的关系或者认识基础上，企业应当对老客户的消费态度变化有所准备并能够做出准确预测。事实上，由于市场环境的不断变化，尤其是新技术、新方法的不断采用，这使传统的品牌定位方式面临着严峻挑战。维持老客户除了需要在感情维系上不断增加投入外，更为重要的是能够在品牌的定位方面与这些客户的消费趋向保持同步。以高档品牌为例，所谓的高档并不是一个不变的概念，而是不断地推陈出新，因而对于那些曾经忠诚于某个高档品牌的消费者群体而言，随着新的强势品牌进入市场，他们有可能把购买力转移到这些新的品牌上来，这时过去的高档品牌就有可能成为这些消费者心目中的中档或者低档品牌。

二、消费者心理状况

如前面所述，品牌定位的实质在于把握消费者的心智地图，了解消费者的消费偏好，进而在他们的脑海中占据一定的空间。但是，每个消费者的心理状况是不同的，因而可以被占用的消费空间也是有限的。在心理学上，消费者个人的心理状况与其本人的认知能力、动机强烈程度和行为中表现出来的态度有关。从逻辑关系上讲，认知决定动机，动机引起行为。动机在认知和行为两个要素中处于中介作用。作为品牌管理者的企业，在品牌定位方面首先能够做的工作是改变消费者的认知能力；其次是诱发消费者购买动机；最后才是促成消费者的购买行为。这三个环节的完成并不是一个过程，而可能是三个不同的过程。认知通常与个人的天赋和后天成长环境有较大关系，因而改变认知在三个过程中历时可能最长，同时可能与品牌定位以及品牌最终能否被消费者所接受并没有直接关系。正因为如此，不少企业直接针对诱发动机和促成购买行为这两个环节而进行品牌定位。

消费者心理状况是一个不断发展变化的过程。首先，消费者由感性到理性，这是心理走向成熟的发展过程；而消费者在使用某一品牌过程中所出现的心理上的起伏和波动甚至落差，这反映的是消费心理变化。在一些构成复杂的品牌消费过程中，消费者对品牌的认识并不能够一次完成，有时甚至根本无法完成对品牌的完全认识，因而在这些品牌产品的购买中，企业的营销作用就显得十分重要，专家意见和企业的质量说明与服务承诺在品牌产品的销售中起到了重要的信用保障作用。当消费者的心理状况稳定时，品牌定位不容易走偏，即企业能够比较好地捕捉到消费者的心理变化轨迹，并依据这种轨迹来进行品牌定位和再定位。但是，当消费者的心理状况不稳定时，尤其是经济处于低迷或者处于高涨阶段，消费者的心理预期会比较强烈，这时进行品牌定位就会面临较大的困难。

把握消费者心理是现代市场营销学的发展方向，同时也是品牌管理研究的新领域。不同文化背景下的消费者群体、处于不同年龄段的消费者群体、不同性别的消费者群体以及不同社会阶层的消费者群体，在对待同一个品牌定位时所表现出的态度有着较大的差异。同时消费者个体的感性或者理性，也会对品牌定位所产生的效果起到抑制或者放大作用。

当消费者心理较为感性时，品牌定位于外在形式上的差异性，或者美观、价格方面的差异性，或者渠道经营的差异性，实际效果可能更好一些；而当消费者的心理较为理性时，品牌定位于内在元素上的差异性和功能差异性，如质量可靠性、使用安全性、经济实用性，效果会更好一些。在体验经济时代，消费者心理变化更加复杂，一款品牌只有在感性和理性两个层面上都与消费者的实际需求相吻合，才可能实现成功的定位。因此，并不是侧重于某一个单独的层面就能够赢得消费者的信赖。当企业对消费者的心理状况并不是特别清楚时，最好的办法就是通过多个层次的努力来满足消费者的不同需求。

例如，为了能够满足在感性和理性程度上表现不同的消费者的饮食需求，一家中式餐馆可以用图8-1所示方式进行品牌定位。

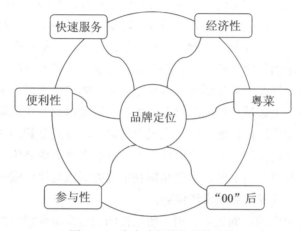

图8-1　一家中式餐馆的品牌定位

在图8-1所示的品牌定位中，表明该中式餐馆品牌定位于2000年后出生的青年人群，且强调价格方面的经济性。同时，为了满足此类顾客的快速消费服务，该餐馆强调便利性和参与性。最后，在品牌定位方面，该餐馆强调风味上的独特性，选择了味道比较清淡的粤菜，这有助于健康，同时能够吸引长期的顾客，培养顾客忠诚度。

三、竞争中的优势地位

品牌定位除了建立区别化的特征之外，还应当体现出与其他竞争性品牌不同的优势地位。企业在品牌定位中，所创造的优势既可以是绝对的，也可以是相对的。有些品牌，它们的优势众所周知；而另一些品牌，它们的优势则需要企业进行深度挖掘。

一般而言，企业可以利用的优势是相对有限的。优势可以来自于经济方面，也可以来自于管理方面，或者自然地理方面，甚至还可以来源于社会文化方面，更多的时候来自于技术方面。在一些特定的环境中，优势作为一种竞争性资源而存在。以经济优势为例，一个企业可以通过资源禀赋、劳动力、人力资源、经济规模、价格等方式获得竞争优势。法国盛产葡萄酒，与其经济上的资源优势有一定关系，同时也与其自然地理优势有一定关系，因而法国葡萄酒能够作为世界性品牌而存在和延续下去；日本是一个经济资源相对稀缺的国家，但是该国在管理上不断创新，通过严格的管理来提升生产加工制造工艺水准，并大量进口原材料，这在一定程度上弥补了经济资源方面的缺陷，从而在加工制造行业中涌现出一批世界著名品牌。美国是一个在自然地理资源、经济资源、管理资源和技术资源等方面都十分丰富的国家，因而使其品牌塑造方面有着较为坚实的基础作为支撑。中国是一个历史文化悠久、人民勤劳、劳动力资源丰富和市场发展空间巨大的国家，因而在品牌塑造方面具有较强的发展潜力和市场竞争力。

品牌定位应当与企业所在国家或者地区的竞争性优势结合在一起，这样才能具有持久的生命力。中国企业在改革开放以来，整体的经管管理水平都走上了一个新的台阶，因而竞争优势正在从各个不同的层面显现出来。有的企业立足于中国的自然地理资源优势来定位自己的品牌，利用所在省份的自然风景资源的独特性，发展旅游品牌，如云南旅游、海南旅游、贵州旅游、苏杭旅游、川西旅游等，汇聚了一些中华旅游品牌。有的企业立足于中国的劳动力优势，积极发展加工制造品牌，如改革开放之初的服装行业、玩具行业、印染行业，形成了一定的品牌优势，之后产业结构升级，加工制造品牌向着高技术行业发展，家电、汽车、电脑等品牌大量涌现。有的企业在品牌定位方面立足于中华灿烂悠久的历史文化，选择其中一个领域进行品牌经营，如白酒行业内的企业品牌，相当一部分企业都把品牌定位于消费文化层面，通过文化来吸引消费者，增加品牌的文化内涵。近年来，中国国内的房地产业飞速发展，并因此而催生出一批有竞争力的品牌，如恒大、万达、万科、华远、富丽、宝利等著名品牌，这些品牌在定位方面做得比较成功，所利用的竞争优势之一就是资金优势、规模优势和市场优势。

具体到同一个行业中的不同企业，由于所依托的宏观经济环境、社会文化环境、法治政策环境和信息技术环境是相同的，因而在品牌定位上应当更加细化，而不应仅停留于行业优势或者区域优势等层面上。但是，品牌定位必须是能够体现自身价值的一种描述，而不应是抬高自己或者贬低同行的行为。2015年9月1日，新的《广告法》正式颁布实施，这对品牌定位提出了严格的管理要求，对于一些容易在广告用词中出现误导消费者的行业，如医疗和保健行业，在品牌推广中提出了十分严格的要求。过去曾经流行的"最佳""最好""最有效""行业第一"等词汇在广告中的使用会受到限制，因而强调自身品牌在行业中的位置，对于企业而言要十分慎重，在没有充足证据时，一般不能进行行业排名式的定位。以中国白酒行业为例，在著名品牌中，茅台、五粮液、泸州老窖、汾酒等著名品牌就应当从品牌本身的内在元素中寻找定位点，而不是与"国宴""国酒""×××行政机关指定用品"等字词相关联。新的《广告法》要求中国企业在品牌定位上必须做出更加精确、更加明确、更加反映品牌内涵的判断，与消费者心目中的真实的对品牌的感知印象紧密地联系在一起，而不是利用其他因素来误导消费者。

四、利益点

利益点是消费者在品牌选择时主要考虑的因素之一。品牌的价值主要体现在给消费者带来的实际利益。一个品牌往往并不只限于一个利益点，一般而言，利益点越多，品牌的影响力越大。在利益点的设计上，品牌定位起着十分重要的导向作用。各个利益点之间的关联性，以及这些利益点所形成的功效对于提升消费者满意度方面的作用，是品牌定位需要考虑的重点环节。

企业究竟应当把一个利益点做大做好，还是同时做几个功效处于平均水平的相互关联的利益点？这就是品牌定位时所需进行的决策事项。第一种方法，主要把品牌定位于一个点上，集中优势资源，将其做大做强，形成明显区别于竞争性品牌的利益点，并因此而吸引消费者的注意力。这种方法的好处在于品牌形象鲜明，价值传递信息明确，消费者在品牌选择时比较容易作出判断；但是其缺点在于缩小了市场份额，将一些对这个利益点热情不高的消费者主动地排除在外。第二种方法，主要把品牌同时定位于几个点上，企业围绕这几个点均衡地分配经济、管理资源，以各个点之间的协调发展为目标来实施品牌定位，赢得市场发展空间。这种方法的好处在于品牌定位多头并举，不容易因一点失败而影响整个品牌的定位效果；但是缺点在于导致资源分散，品牌形象不鲜明，顾客忠诚度和满意度一般。

比较好的品牌定位方法是把上述二者结合起来，即设计一个核心利益点，并将其置于品牌定位的核心层，然后在外层再设计出几个延伸的利益点，或者称作支撑利益点。这种双层利益点分布结构，有效地解决了品牌定位中利益点在"聚焦"与"分散"过程中的不一致、不协调问题，因而能够起到较好的效果。

例如，麦当劳提出"QSCV"的品牌价值理念：Q表示quality（质量），S表示service（服务），C代表clean（干净），V代表value（价值）。如果把这四个点作为利益点，即提供给消费者的"好处"，那么麦当劳无疑在品牌定位上做得十分成功。当消费者进入一家麦当劳加盟店时，总是会带着对这四个方面的利益需求而进行消费选择。但是，麦当劳作为世界快餐行业的领导者品牌，它并不是以这四个分散的利益点来赢得顾客的。真正使这家快餐企业获得竞争优势的品牌定位在于"快速"。因为，这家企业创立的初衷就在于满足现代人生活快节奏中的餐饮需求。因此，"快速"是其利益点的核心部分，或者核心利益点。由此，我们可以通过图8-2来形象地展示麦当劳在品牌定位中的利益点分布。

图8-2 麦当劳品牌定位中的利益点

五、选择购买的理由

在品牌定位过程中，企业应当给消费者说出一个可以让他（她）做出购买决策的理由。

有时，消费者对自己的需求并不是十分清楚，即对内心深处的需要有比较强烈的感受，但是应当选择何种品牌来满足自己的这种需要，却并不是特别有把握。人们对自己的认识不清楚，这并不是一个新鲜的命题。在哲学等学科中，较为深奥的知识领域在于认识自己。与哲学的理论性和抽象性相比，营销学和品牌管理学等学科的实践性更强，但是在营销活动和品牌选择活动中，消费者认识自己的内心世界并不是一件十分简单的事。因此，企业必须对消费者在品牌判断上的不足以及消费过程中可能出现的消费惰性或消费不理性做好充分的准备。从品牌定位角度出发，企业应当列出消费者选择自身品牌的必要性和可行性。

消费者选择一款品牌而不选择另一款品牌的原因有许多种，对此，企业应当进行分析与识别。将一类产品在品牌定位中应当考虑的主要因素进行一一罗列，并进行重要性排序，这是为消费者寻找购买理由的有效方法之一。

以日用化妆品为例，消费者在判断一款品牌时，往往会着重观察以下几项内容：

（1）使用这款化妆品能够解决哪些方面的问题？
（2）这款化妆品比其他品牌有哪些特殊的地方？
（3）在同等功效的条件下，这款化妆品是否更便宜？
（4）它的品牌形象与我个人的喜好是否一致？
（5）在我的社交圈子中，有哪些人曾经或正在使用这款化妆品？
（6）这款化妆品的生产企业形象及关联品牌形象如何？

针对以上六个方面的主要疑问，企业作为该化妆品品牌的主要管理者，应当给予其经销商相应的管理和技术支持，为解答这些问题、说服消费者购买提供充足的理由。图8-3所列各项，就是针对上述问题由企业向消费者提供的购买理由，这些理由事实上是站在消费者角度对品牌进行了新的定位。

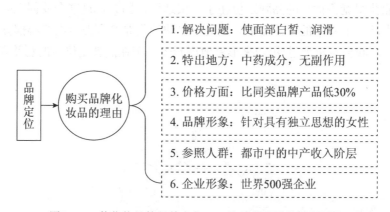

图8-3　一款化妆品的品牌定位——为消费者寻找购买理由

需要指出的是，企业为消费者提供的购买一款品牌的理由，只是源自于市场调查而获得的数据，在真实的购买场景中，消费者的个性种类有许多种，每一个消费者对特定品牌都会有自己的期望值，因而企业所提供的购买理由是否具有说服力，除了受市场调查数据的有效性影响外，还受消费者个性的影响。因此，在品牌定位中，越是强化对特定消费者个性的满足程度，越会限制品牌的扩展空间，但是这对自动筛选消费者又有着较强的过滤作用。从这个意义上讲，品牌定位应当与品牌营销进行适度衔接，品牌定位的准确性有助于提升品牌营销的成功率。从满足消费者的需求方面考虑，品牌定位必须在"大众化品牌"与"个性化品牌"之间选择一个合适的定位。

第四节　品牌定位过程

品牌定位过程是一个反复调研、反复论证、反复确认的过程。一次定位往往很难取得成功，只有反复地进行市场测试，才能把品牌定位在一个合适的点上。我们经常用"市场空间"来描述企业活动的场所。事实上，品牌定位正如第一节中所讲到的，是在消费者的脑海中寻找品牌可占据的空间。这样，在企业运营的实际空间——市场空间，与品牌定位的想象空间——消费者思维空间这二者之间，应当有一个不断调试的对接过程，这其实就是品牌的定位过程。

在现有的品牌管理理论中，关于品牌定位过程的论述，主要采用了市场营销学中STP战略的内容，即市场细分、确定目标市场和市场定位。但是，客观地讲，品牌定位与产品定位并不是一回事，用产品定位的方法来进行品牌定位，势必会在方法上落入品牌的低层次形态——产品与服务等范畴之内，而忽略了其高层次形态——品牌理念的设计与思考。因此，我们有必要探索新的品牌定位过程，并使之与产品定位过程有所区分。

一般来讲，品牌定位过程共分为以下四个步骤。

一、品牌理念定位

企业家是以理念制胜的。因此，在品牌定位过程中，理念应当放在第一位。尽管在实践中每一个企业都是由小到大发展而来的，在企业初创时期并没有可见的理念作为支撑，但是，当企业发展到一定的规模时，特别是进入品牌化经营阶段之后，理念的重要性摆在十分重要的位置上。如果没有正确的理念，企业很难进行成功的品牌定位，因为不同管理者在管理风格上的差异性以及思维上的变动性，会影响品牌定位的实际效果。品牌理念定位是品牌定位中最为重要的一环，它在经营思想上把不同阶段的企业管理者的经营风格与管理思维统一起来。

二、品牌理念的实体化呈现——产品与服务的市场测试

品牌理念形成之后，品牌定位的管理重心应当向着实体化产品的推出阶段发展。好的理念必须体现在行动上，企业的行动的结果就是产品与服务。因此，对于品牌定位中的重要对象：产品和服务，企业应当进行市场测试，对消费者态度进行调查，对员工的态度进行访问，了解在品牌定位过程中可以改善的地方，使品牌理念与其实体呈现之间有效地结

合起来。如果产品和服务的形态与提供方式影响了品牌理念的效果，那么就应当改变产品和服务的形态和提供方式。在这个过程中，理念测试与产品、服务的市场测试可以同步进行，一般而言，调研结果可以作为后期改进的重要依据。

三、品牌差异点与竞争优势的确定

具有先进的理念和实体产品与服务的呈现，这并不能够保证企业在品牌定位方面取得成功。企业要想在激烈的市场竞争中存续下去，必须在具备上述两者的同时，还能够开发出第三个点：品牌差异点与竞争优势。这种差异和优势主要体现在实体呈现上，它们是对品牌理念的进一步诠释。品牌差异点与竞争优势建立在与同行业竞争者所形成的共同点之上，差异点在共同点的基础上发挥作用。强调"求同存异"这是品牌定位的一项重要原则。差异点中包含着竞争优势，甚至是核心竞争力，这是品牌定位成功的关键。因此，差异定位和优势定位是品牌定位的第三个重要环节。

四、品牌定位的扩展与延伸

品牌定位应当为品牌的后续发展留下空间和想象力。不论是在理念上或者在实体产品和服务的呈现上，品牌定位都不应当过于拘泥于形式或者时代特征。越是针对特定的人群和特定的文化时期，品牌的扩展与延伸能力越弱。为此，在品牌理念上，应当选择人类共同的价值观念为主题，比如：求真、向善、爱美；而在形式上应当不过于跟随市场快速变化，而是把握市场的主流。品牌定位的扩展与延伸应当有其主要的线路与文化传承，定位中外延在不断地扩展和变化，而其核心思想和理念却能够保持下去。因此，在保持品牌生命力方面，在定位和再定位上，赋予传统的品牌理念以新的内涵，不断改变其呈现形式，这是品牌定位成功的关键。

本章小结

本章重点介绍了品牌定位理论、品牌定位原则、品牌定位要素及品牌定位的过程。

品牌定位的实质是向消费者或者目标人群传递品牌识别，并将其作为与竞争性品牌的差异而体现出品牌的自身价值。

在早期的广告理论中，强调品牌传播在品牌形象塑造中的重要性，因而直接或间接地涉及了定位的思想。较为成熟的理论是独特的销售主张理论（unique selling proposition），这种理论的核心思想在于，为品牌制作的广告必须有一个独特的价值主张，即强调这种品牌所提供的功效是其他品牌所不具有的，至少之前未曾在市场上出现过，或其他品牌还没有做出过类似的承诺。同时，这种价值主张必须能够满足消费者的真实需求,即这种主张具有市场号召力和感染力。

1969年杰克·特劳特(Jack Trout)在美国《产业营销》上发表了题为《定位:同质化市场营销突围之道》的文章,提出通过定位来突破同质化的瓶颈;1986年阿尔里斯(AlRies)和杰克·特劳特联合推出成名之作——《定位:攻占心智》一书,该书系统阐述了定位理论,并认为品牌定位是一个品牌被观察到准备去占据的存在于目标人群脑海中的"市场空间"。

由于品牌定位受诸多主观、客观等环境因素的影响,因而如果在具体操作过程中缺乏一定的原则作为指导,那么就很容易出现偏差。成功的品牌定位应当坚持以下六条原则:相关性原则;独特性原则;一致性原则;承诺性原则;持久性原则;清晰性原则。

品牌定位要素主要包括:目标消费者群体;消费者心理状况;竞争中的优势地位;利益点;选择购买的理由。

品牌定位过程是一个反复调研、反复论证、反复确认的过程。一次定位往往很难取得成功,只有反复地进行市场测试,才能把品牌定位在一个合适的点上。

一般来讲,品牌定位过程共分为以下四个步骤:品牌理念定位;品牌理念的实体化呈现——产品与服务的市场测试;品牌差异点与竞争优势的确定;品牌定位的扩展与延伸。

案例讨论

案例背景信息

万豪集团收购喜达屋对其品牌定位影响分析

2015年11月16日,美国酒店巨头万豪国际集团同意以一个外界看来相对较低的112亿美元的价格收购喜达屋酒店及度假村国际集团,合并完成以后的新万豪集团将拥有全球超过5 500家酒店(其中万豪4 300家,喜达屋1 270家),110万间客房,将超过希尔顿一跃成为全球最大的酒店集团。

随着国际商务的快速发展,各国(地区)之间商务和经济往来日益密切,商务旅游的需求在日益增大。在商务人士眼中,酒店的品牌影响力至关重要。这是由于,作为客人,他们通常对酒店的办公设施有着较高的要求。他们需要在酒店的商务中心处理一系列紧急的办公事务,因而完善的办公条件和全面的服务必不可少。品牌作为一种有效的服务保障,因而酒店的品牌影响力越大,往往能够吸引更多从事公务活动的商务客人入住。万豪酒店针对此类客人的特性和自身酒店的特点而将品牌定位于全面服务型的商务酒店。这种成功的定位,使其不仅以设施豪华而闻名,稳定的产品质量和出色的服务,也使该酒店在行业中享有盛誉,尤其受到商务住客的欢迎。

早年的万豪国际是当时世界上10大饭店集团中唯一一家涉及所有细分市场的饭

店。在超豪华细分市场上有举世闻名的利兹卡尔顿（Ritz-Carlton）；在高端细分市场上有万豪酒店（Marriott）、新世界饭店（New World）、文艺复兴（Renaissance）、万豪豪华酒店（JW Marriott）；在中等价位细分市场有庭院饭店（Courtyard）、旅居饭店（Residence Inn）、华达美（Ramada）；在经济型细分市场有良园（Fairfield）、双城套房（Towne Place Suits）、春山套房（Spring Hill Suits）等。建立在成功定位基础之上的万豪国际品牌，几乎涵盖了酒店中所有的细分市场，满足了不同消费者的需求。正是这种全面覆盖式的品牌定位方式，为万豪国际在市场上赢得了极高的口碑，并因此吸引了一大批忠实的顾客。

近年来，万豪国际偏向于收购美国以外的国际市场。究其原因，主要是2011年万豪拆分了全球业务，以北美为基地将业务架构改为美洲、亚洲、中东与非洲、欧洲四个分区域管理模式（见图8-4），进而变成真正意义上的国际酒店集团。为了加快开拓国际版图，它收购了位于欧洲的AC酒店、非洲的Protea Hotels。2015年的一月万豪用了1.35亿美元收购了加拿大Delta Hotel，成为加拿大最大的全服务酒店集团，而此次收购喜达屋是万豪第一次吞下国际酒店集团。

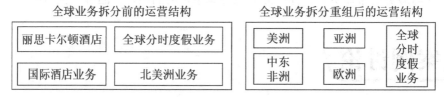

图8-4　万豪公司全球业务拆分前后运营结构对比①

就像在万豪酒店的宣传视频中提到的那样："万豪不仅是一家酒店，它还传递了一个概念：旅行应该是一种非常棒的体验。旅行体验不仅与你住在哪里有关，它还取决于你去往哪里旅行。"可以说，万豪这几年的收购正是从"你住在哪里"向"你往哪里旅行"的观念的转变，更加迎合了新一代旅行者以移动为主导、希望将生活和工作完美结合在一起的生活方式。

从万豪的发展方向来看，未来不仅要保留之前品牌定位的成功经验，更要把酒店业规模经济的特点发挥出来。合并成功之后的新万豪，横向是全球四大区域的规模管理，纵向是各种细分的酒店市场。这样的模式对万豪酒店的品牌定位的影响主要表现在两个方面。

从积极的一面来看，喜达屋的加入是对万豪集团品牌的一种丰富，是对细分市场的一种补充。以本次收购为例，喜达屋目前有10个酒店品牌，大部分都是生活方式类和豪华类酒店，而提供有限服务的只有雅乐轩和源宿。而万怡，Residence Inn和Fairfield Inn撑起了万豪酒店在经济型和中档酒店的市场占有率。因此，两者可以在整个品牌布局上形成很好的互补。同时喜达屋的一些优质的资产和管理方式也可以为万豪所利用。比如喜达屋的SPG（顾客优先计划）是目前全球酒店行业一项非常有竞争

---

① 资料来源：万豪公司2011年年报。

力和吸引力的会员计划,未来万豪品牌有可能得到更加有效的推广。

但是这种收购也有消极的一面。首先,喜达屋被万豪收购与其业绩增长乏力有较大关系。喜达屋公布的财务报表显示,公司2015第一季度的净利润仅为9 900万美元,较2014年同期的1.36亿美元下降了27.2%,到三季度净利润降至8 800万美元,也较2014年同期的1.09亿美元下降了19.2%。加入万豪以后,如何处理喜达屋业绩下降将是一个难题。如果处理不好的话,可能会影响整体品牌形象,优势品牌被"拖后腿"。其次,两个品牌在品牌定位和酒店选址上具有一定的资源重复性。万豪集团之前一直有一些高端品牌与喜达屋的豪华酒店相互竞争,未来两者的积分模式是否互通,管理与服务是否同标准,这些难题都将深刻影响万豪的发展。最后,对于万豪来说,收购了喜达屋以后,其旗下的品牌将超过三十个,过多的品牌也使品牌管理的难度加大。

时下,全球的酒店业正在从2008年的经济危机中复苏,但是行业中的竞争尤其是在高端豪华酒店变得空前激烈,不同集团品牌同质化程度日益升高,消费者对酒店业的要求也在悄然改变,对于品牌的忠诚度正在逐渐降低。万豪酒店品牌定位所带来的优势是否能够长期保持下去,主要取决于它在优化品牌布局、创新酒店服务、更加契合消费者的需求方面是否有突破性进展。

(本案例根据以下资料编辑整理而成:1.奥诺弗雷·马托雷利·库尼利.饭店集团成长战略[M].北京:旅游教育出版社,2007;2.冯学东,林祝君.里兹卡尔顿服务标杆权威个案[M].北京:对外经贸大学出版社,2015;3.肖凡.万豪低价购得喜来屋,大酒店成了难做的生意?[N].趣商业杂志.2015-11-20;4.邹益民,周亚庆,黄浏英.持续追求价值领先——解读开元酒店集团品牌经营之道[M].杭州:浙江大学出版社.2015;5.尹婕.关于《给酒店业带来新契机》的一点看法[N].人民日报海外版,2013-07-09.)

案例讨论题

(1) 试分析万豪集团品牌定位成功的主要原因。
(2) 万豪集团收购喜达屋对其品牌定位有何影响?
(3) 试分析万豪集团在中国市场上的品牌定位策略。

复习思考题

1. 简述品牌定位的基本含义。
2. 品牌定位理论有哪些?
3. 简述品牌定位的原则。
4. 品牌定位要素主要有哪些?请举例说明。
5. 品牌定位过程包括哪些具体环节?请以一家日化企业的品牌定位为例,说明定位过程。
6. 对比同一行业中的两大品牌产品,分析它们在定位中的差异点。

第九章
品牌个性化策略

本章知识点

- 品牌个性的定义
- 中国与西方在传统个性方面的差异
- 中国品牌个性维度的测量
- 品牌个性特征及塑造

一般认为，品牌作为人格化的产品和服务，与人一样应当具有个性。在想象一些世界著名品牌时，消费者通常会把这些品牌与特定的个性联系在一起，此时这些品牌就被人格化地加以考虑。品牌作为一种客观事物，它不可能真正具有情感、个性、气质，而所谓的情感、个性、气质都是在长期的接触过程中被消费者所赋予的一种拟人化称谓或假定。将不同的品牌分别以与其相应或者类似的个性进行描述，这样有助于提升品牌管理的质量。如果把品牌的理解停留于物质层面，只是从组织形态、产品和服务等物质角度来解释，那么在引导消费者的选择时就不可能深入他们的内心深处，从精神层面来影响消费和市场走向。

第一节 个性与品牌个性

一、个性的含义

个性（又称为人格），英文对应单词为personality，是由拉丁文Persona演变而来的，原义是指古希腊、古罗马时期演员表演时所带的面具，因此它具有一定的"表演""掩饰"功能，既强调给他人的感觉，又强调内心的呈现，因为通过观察一个人所带的面具，人们可以推测其内心活动。从对外表的分析来推测内心，这是个性研究的最为原始的阶段。个性的中文含义是指个人的性情。个性在心理学上的解释是指一个人在不同的环境中所表现出来的区别于其他人的、相对稳定的心理特征和行为模式的总称。个性既可以通过外在形式表达出来，也可以通过内部的心理活动进行释放。

例如，性格外向的人，通常是通过身体的外在形式来表达自己的个性；而性格内向的人则是通过身体的内部心理活动来释放自己的情绪。前者属于个性张扬，后者属于个性内敛。个性并没有好坏之区分，但是在特定的场景中，不同的个性所带来的实际反应差异较大，人们总是倾向于喜欢某一些个性，而不喜欢另一些个性。

由于市场营销学和品牌管理学在逐步地向人们的心理和行为模式的研究方向发展，因而关于个性的研究构成了当代品牌管理的重要内容。一般认为，个性可以从一个人是否自信、是否具有控制别人的欲望、做事是否主动、在社会活动中是否活跃、行为是否循规蹈矩、对于环境的应变能力的强弱等方面来做出描述。

例如，如果把"自信"作为一种个性描述，那么相应的"自恋""自尊""自爱""自负""自贬""自卑""冒险"就是与之相关的属于同一个层面的其他个性描述；如果把"控制欲"作为一种个性，那么相应的"权力欲""表现欲""虚荣""服从感""合作精神""责任心""反抗性""叛逆""随和""宽容""容忍""大度"就是与之相关的属于同一个层面的其他个性描述；如果把"主动"作为一种个性描述，那么相应的"积极""乐观""活泼""勤奋""坚韧""被动""消极""悲观""消沉"

就是与之相关的属于同一层面的其他个性描述；如果把"社会化"作为一种个性描述，那么相应的"开放""开朗""从容""活跃""友好""包容""豁达""保守""传统""刻板"就是与之相关的属于同一层面的其他个性描述；如果把"循规蹈矩"作为一种个性描述，那么相应的"严格""严谨""认真""教条""老实""诚实"就是与之相关的属于同一层面的其他个性描述；如果把"灵活"作为一种个性描述，那么相应的"倔强""顽固""坚毅""刚强""执着""偏执""忠诚""自然"就是与之相关的属于同一层面的其他个性描述。

现实生活中，关于个性的描述有许多种方式方法，上述分析个性的方法比较接近于人们的习惯性理解，因而容易在人的个性与品牌的个性二者之间找到结合点。除了这种综合性的分析方法之外，不少学者习惯于从个人对自己的态度、个人对他人的态度以及个人对自然界的态度这三个维度来研究个性，即从个人与自我的关系、人与人之间的关系和人与环境之间的关系来探讨个性的培育与发展。这些维度在个性的研究中，有时用"外在表现""内心体验"等词汇来表述，并对相关的心理、行为现象从动机和生物学角度来进行解释。虽然目前在有些相关领域已经得出较为科学的理论和方法，但是仍然还有不少领域尚需深入探索。

"人与自己的关系"这在个性方面属于自我结构；"人与他人之间的关系"属于人际交往关系结构；"人与自然之间的关系"属于以具体事物为指向的结构。因此，个性的结构通常是三维空间中的关系结构复合体。关于人性的研究，西方学者多用主观经验主义或者精神分析方法进行，人本主义思潮对这个方面的研究具有重要影响。当然，个性研究也随着现代技术发展更多地引入了科学依据，行为主义和特质理论成为新的理论工具。

个性中强调人的品格、格调、标准和规格，其中所谓"格"是指世界万物之条理状，如树木之枝条，有一定的规律可遵循。因此，人格既强调行为标准，即人表现于外的一些行为特征的约束，以一定的尺度为合宜；另外也强调人对于自身内心世界的把握，但是这里面的原则并不是十分清晰。西方理论在分析个性的结构中，通常用"大五"人格模型来进行分析，即包括五个方面：外向性（extroversion）、愉悦性（agreeableness）、公正严谨性（conscientiousness）、情绪性（neuroticism）和开放性（openness）。这五个方面的具体含义如表9-1所示。

西方传统的"大五"个性结构中的五个方面相对独立，由于所涉及的行为和心理等活动较少重复，因此每一个维度都具有相对完整的含义，但是西方传统的个性结构中比较强调人格独立、情感的自然流露以及对于公共利益的关注，以同情心和法治精神为社会基础，因而与东方传统的个性结构差异较大。中国传统的个性结构主要受东方文化的影响，尤其是文化中的道德伦理因素和评价标准，强调群体意识、情感的含蓄以及行为的社会性和包容性，这些都对个性的形成发挥着关键作用，因而在中华文化中的个性结构更多地体现为个人与他人之间的关系层面上。表9-2列举了中国传统个性结构中的主要维度以及所包含的一些主要评价指标。需要明确的是，这些指标都是从个性为美德这个角度来定义的，因而一些个性为"恶"的指标并没有包括在内。

表9-1　西方传统的"大五"个性维度及其测量指标

1. 外向性	3. 公正严谨性	5. 开放性
热情（warmth）	能力（competence）	
合群、爱交际（gregariousness）	守秩序（order）	
自信（assertiveness）	负责任（dutifulness）	
活跃（activity）	追求成功（achievement striving）	幻想（fantasy）
追求兴奋（excitement-seeking）	自我控制（self-discipline）	爱美、有美感（aesthetics）
积极情绪（positive emotions）	严谨、深思熟虑（deliberation）	情感丰富（feelings）
2. 愉悦性	4. 情绪性	行为（actions）
信任（trust）	焦虑（anxiety）	观念（ideas）
诚实、坦诚（straight, forwardness）	愤怒、敌意（angry, hostility）	价值（values）
利他（altruism）	抑郁（depression）	
顺从（compliance）	自我意识（self-consciousness）	
谦逊、质朴（modesty）	冲动（impulsiveness）	
温和、亲切（tender, mindedness）	脆弱、敏感（vulnerability）	

表9-2　中国传统的个性维度及其评价指标

1. 外向性	3. 做事风格	5. 情绪性
喜欢社交	严谨	耐性
合群	自制	直率
活跃	沉稳	豪爽
乐观	干练	理智
善于表达	冷静	稳定
2. 善良	4. 才干	6. 人际关系
关心他人	果断	宽容
诚实守信	坚毅	热情
重感情	机智	谦让
具有同情心	勇敢	豁达
公正守法	灵活	忠诚

当然，中国传统文化中属于美德的个性并不止表9-2所列的这些，甚至在维度上也可能会有更多。中国传统文化中以儒家学说备受推崇，未经实证检验的"性善"假设多主张推行道德教化（中国诸子百家中也有主张人的"性恶"一说，但并不受封建社会统治阶级的推崇），人们通过自身的修为来提升个性涵养，即人应当自律和内省，这种思想在一定程度上受到了印度文化的影响。西方文化中一部分人群（以古希腊社会为代表）强调增长知识，以不断向自然界探求的科学精神来提升对个性的认识；另一部分人群则强调从外在的更高层次的主宰中获得启示来提升个性（这种信仰主要源自中东两河流域，后扩散到英、美等国）。西方文化多以"性恶"为假设，主张法治与管教。这三种不同的个性培养路径，形成了向内、向外两种在方向上相反的个性塑造模式。

总的来看，个性的成因是极其复杂的，尤其是把品牌个性置于不同的文化背景下进行审视，人们对品牌个性的判断会出现较大的差异。事实上这也在一定程度上决定了品牌个性的设计与塑造必须依托于一定的社会文化环境,品牌个性的判断和评价也要依据一定的社会文化标准。由于中国与西方在道德伦理上的较大差异,因而在品牌个性的审美方面,中国企业家与西方企业家有着不同的视角,这在一定程度上引起了品牌国际化经营中的冲突与伦理问题。但是,人们目前所关注的主要还是品牌个性所表现出来的一些特征方面的差异,而对于形成这些个性的原因的探索却涉及较少。一般认为,作为个人,其个性的形成既受先天因素的制约,又受后天环境的影响,同时也与个人的自我修炼、性情培养有着重要关系。因此,从这个意义上讲,个性是由天赋、环境和个人学习三个因素共同作用的结果。

二、品牌个性

Jenniffer L. Aaker认为,品牌个性是品牌联想出来的一组人格特质,是指品牌所具备的人类特性以及这些特性在向外界传播的过程中消费者对它们的感知。品牌个性可以从输入和输出两个方面进行解释。[①]从品牌管理者的角度观察,品牌个性是品牌管理者期望通过沟通所要达到的目标,是企业想要实现的与品牌形象相一致的个性设计目标;而从消费者的角度观察,品牌个性是对企业已经设计完成的品牌的感知。品牌个性的计划者、设计者是企业,而品牌个性的观察者及品牌联想的实施主体是消费者,消费者在选择、购买和消费过程中所产生的对具体品牌的主观印象,并从个性的角度来进行描述,就形成品牌个性。

企业作为品牌的提供者,可以在品牌出现于市场之前,对品牌应当具备或者必须具备的个性进行设计和塑造,并在此基础之上针对已经设计和塑造完成的个性进行营销宣传,这个过程就是品牌个性化设计与管理。但是,品牌出现在市场上时,品牌个性设计和塑造的成功与否,更多地取决于消费者的判断。因此,品牌个性通常是借助于品牌形象这个外在的呈现而进入消费者脑海中的。

但是,品牌个性与品牌形象并不是同一个事物,它是同一个事物的两个不同方面,这个事物就是品牌本身。品牌由于具有个性和形象两个不同的立足点,因而在内涵和形式上都能够充分地展现出其价值。换言之,品牌价值就是品牌个性与品牌形象的统一体。一般而言,品牌个性越是与品牌形象吻合,品牌价值越高;反之,则越低。品牌个性是品牌的"灵魂"所在,而品牌形象是品牌的外部装饰。尽管品牌个性和品牌形象都蕴藏于品牌本身,但是它们事实上又都是消费者在脑海中的印象。品牌设计的主要功能就是将这二者对应起来。品牌个性与品牌形象的结合或者称之为对应关系,其实质是品牌"灵魂"与品牌"实体"之间的体现与被体现关系。企业作为设计者,一方面要了解和掌握消费者人群对于品牌的内在期望;另一方面应当根据品牌所具有的内涵与外形来进行设计定位。

从前面针对西方传统个性和中国传统个性的分析,可以发现:对于同一个品牌而言,如果分别由西方消费者和中国消费者来对它进行评价,他们所使用的个性的评价维度和具

---

① 资料来源:余伟萍.品牌管理[M].北京:清华大学出版社、北京交通大学出版社,2007:108.

体标准是不同的。这事实上说明了品牌个性的设计与评价一定要结合具体的社会环境，否则就没有现实意义。由于品牌个性设计中包含着审美学、行为学、心理学等社会科学方面的内容，因而在认识品牌个性方面一定要从管理学科中的自然属性和社会属性两个方面来加以理解，而不应当把对一个具体品牌的个性判断通过两种不同的评价标准来做出。

品牌个性中的社会属性，还包括年龄、性别、社会阶层等人口统计学特征。

表9-3为Jenniffer L. Aaker的品牌个性维度量表，它与西方传统的"大五"个性模型有所不同，是目前比较流行的评价品牌个性的市场调研方法与工具。企业在面向市场调查的品牌个性问卷中，在态度量表中可以直接沿用这些反映个性特质的词语。

表9-3 Jenniffer L. Aaker的品牌个性维度量表[1]

个性维度（变量）	不同层面 （观察项）	品牌个性特质词语 （观察项的关键解释词语，即如何表述观察项语句，问卷中问题设计应体现的关键词汇）
真诚（sincerity） （X1）	脚踏实地（down to earth） 诚实（honest） 健康（wholesome） 愉悦（cheerful）	家庭导向（family oriented）、小城镇的（small town）； 真诚（sincere）、真实（real）； 原创（original）； 感情丰富（sentimental）、友好（friendly）
激动人心（exciting） （X2）	大胆（daring） 活泼（spirited） 有想象力（imaginative） 时尚（up-to-date）	追逐潮流（trendy）、令人兴奋（exciting）； 酷（cool）、年轻（young）； 独特（unique）、幽默（humorous）； 特立独行（independent）、紧随时代（contemporary）
能力（competence） （X3）	可靠（reliable） 智慧（intelligent） 成功（successful）	勤奋（hard working）、安全（secure）； 技术（technical）、团结（corporate）； 领导者（leader）、自信（confident）
精细（sophisticated） （X4）	上流社会（upper class） 有魅力（charming）	富有魅力（glamorous）、外形美观（good looking）； 女性化（feminine）、流畅（smooth）
粗犷（ruggedness） （X5）	户外（outdoorsy） 结实（tough）	男性化（masculine）、西部（western）； 粗犷（rugged）、强壮（strong）

资料来源：AAKER JL.Dimensions of Brand Pesonality[J].Joumal of Maketeting Research，1997（34）：342-352.

Aaker的上述量表可以解释西方93%的品牌个性差异，而且在西方营销理论研究和实践中得到了广泛的验证和应用。但是，由于品牌个性存在着跨文化差异，这些与西方个人的人格特征相对应的品牌个性是否在东方文化下仍然有效，除了我们在前面所提及的一些传统人格特征之外，东方文化下的人格特征主要还包含哪些元素，它们应当是什么，它们如何影响着品牌个性的计划与设计，这些都是困扰着理论界的重要难题。另外，西方国家与东方国家对于"人性"或者"人的个性"方面理解上的差异，以及由此而出现的品牌设计与品牌感知的差异，这是不可否认且必须面对的现实。Aaker为了探索个性维度中的这种文化差异性，经与日本和西班牙的学者合作，于2001年沿用1997年开发的个性评价量表

---

[1] 资料来源：张明立，任淑霞.品牌管理（第二版）[M].北京：清华大学出版社、北京交通大学出版社，2014：137.

对东方国家日本和拉丁文化的代表国家西班牙进行品牌个性研究，并结合已有的对美国品牌研究的成果，得出结论：美国品牌个性维度的独特性在于"粗犷"（ruggedness）；日本的独特性维度是"平和"（peacefulness）；而西班牙却是"热情"（passion）。

第二节　中国品牌个性维度的测量

从前面对Aaker品牌个性维度量表分析中，可以发现，西方所设定的品牌个性维度的测量标准有其在文化层面上的局限性。因此，有必要根据中国人的个性特征，在传统人格理论基础上开发个性维度评价量表。中国学者卢泰宏和黄胜兵对中国本土化品牌个性维度进行了系统性的研究，并使用词汇法、因子分析和特质论作为方法论基础，用中文语言作为品牌描述的测量工具，从"仁、智、勇、乐、雅"五个维度研究了中国品牌的个性特征。他们所开发的量表如表9-4所示。

表9-4　中国品牌个性维度量表

变量		衡量项目
中国品牌个性维度	仁	正直 温馨 仁慈 务实
	智	成功 智慧 信赖
	勇	强壮刚毅 粗犷 进取
	乐	吉祥 时尚 乐观
	雅	魅力 品位 儒雅

资料来源：卢泰宏，黄胜兵.品牌个性维度的本土化研究[J]. 2003.

由于中国文化与西方文化的差异，一些维度并不能够找到准确的、完整地与之相对应的西方词汇。比如，在中国文化中，个性"仁"本身就是一个含义十分复杂的词汇，一般对应的英语单词是"benevolence"，但是前者中文含义比后者英文含义要大得多；又如，中国文化中经常提倡个性中的"孝"，对应的西方词汇是"filial"，但是这两者之间并不是在含义上完全重合的可以相互代替的词，甚至在西方文化环境中，"filial"并不是一个特别重要的个性维度，但是在中国文化环境中，尤其是传统文化背景下，"孝"作为个性是十分重要的人格特征，如果缺乏这个方面的个性，人们一般会认为是人格或个性发展方面的一种严重问题。在设计中国品牌个性测量表时，有些观点将中文之"仁"等同于英文中的"sincerity"，将"智"等同于"competence"，这些观点都在语义的对称方面出现了较大偏差。

对比中国品牌与西方品牌的个性维度，除了在维度的个数、每个维度的具体含义等方面有一定差异之外，具体到每一个衡量项目，即描述个性所使用的词语的含义也有一定的区别。比如，中国品牌个性中所描述的"正直"，在西方品牌个性中并没有特别适合的对应项；在西方品牌个性中描述的"humorous"，在中国品牌个性中也没有相对应的项目；在西方文化中的"independent"是品牌十分重要的描述项目，而在中国品牌个性中可能由于并不是一种重要的个性而加以省略，或者融入"成功"或"智慧"这两个项目之中。此外，即使是人们认为在语义上等同的同一个描述性词汇，尽管这种在语义的内涵上基本一致的情形很少见，如"粗犷"与"ruggedness"这两个词汇，事实上它们之间的真正含义还是有一定的区别。

从上面的分析中我们可以得出这样的结论，即利用西方品牌个性维度量表来解释中国品牌，或者利用中国品牌个性维量表来解释西方品牌，都是有一定的局限性的。这种局限性就在于语言文化交流中客观存在的语义障碍，以及由此而形成的人们在理解上的偏差。如果我们假设西方文化下的人性和中国文化下的人性在内涵和外延上是一致的，那么由于个性维度数量、个性维度项目描述词汇含义不对称等方面的差异，使得西方品牌和中国品牌在比较上缺乏共同的基础。因此，在品牌个性评价方面，有必要抛开西方文化和中国文化的伦理差异，而站在第三方的角度来对品牌个性进行客观评价。品牌个性测量的转化系统，即把西方文化下的品牌个性直接转化为中国文化下的品牌个性，或者把中国文化下的品牌个性直接转化为西方文化下的品牌个性，这是品牌个性维度量表设计的重要研究课题之一。

图9-1揭示了西方文化与中国文化之间的差异所引起的品牌个性不对称性，这种不对称性或者不对等性以西方个性和中国个性的整体一致性为假设前提。

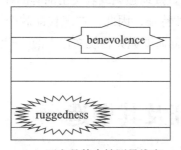 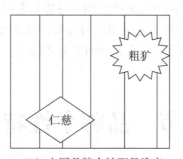

（a）西方品牌个性测量维度　　　（b）中国品牌个性测量维度

图9-1　中国品牌个性与西方品牌个性测量维度的区别

通过对比中国品牌个性测量维度与西方品牌的不同，我们可以更加清楚地理解中国品牌个性的独特性，以及在中国品牌走向国际市场的过程中需要重点关注的一些问题。仅是强调中国传统文化下的个性并不能够十分有效地进入国际市场。同样，一款国际品牌如果仅是从品牌原产国的角度来营销品牌个性，那么也不一定能够成功地在中国市场中立足。但是，经济的发展水平会影响文化的渗透力，一些国家由于经济发展水平较高，也会在一定程度上帮助其品牌以本国所倡导的个性走向世界市场。比如，现在市场上一些品牌都宣称自己很"酷"，有的甚至以含有"酷"的字来命名品牌，这个来自于英语单词"cool"的汉语谐音就是比较成功的品牌个性在国际间的转化。一般而言，经济上的强大会增强文化上的渗透力，这种力量尤其体现在品牌个性的描述方面。

  在中国品牌个性维度测量上，传统文化中的个性要素，如"仁、义、礼、智、信、廉、耻"，应当吸收其精华，去除其糟粕。在社会发展过程中，文化提升十分必要，个性也需要发展，品牌个性随之也会发展变化。在经济全球化和信息技术飞速发展的当今时代，品牌个性的国际化成为一种潮流，强调推行世界人民共同认可的品牌个性测量标准已经成为一种新的发展趋向。但是，文化的繁荣与保护以及个性化的纵深发展，又在强有力地把消费者拉回到传统文化的轨道上。因此，在对待中国品牌个性化发展这个具体问题上，正确的路径在于传承优秀文化并吸收世界先进文化。具体到品牌个性维度量表的开发与设计方面，应当把社会核心价值观念加入在内，在品牌个性设计上做到在发展中传承，在传承中发展，体现中华文化优秀之处，同时借鉴西方文化的先进地方。

  由于品牌的个性与人的个性毕竟不是同一个概念，因而借用描述人的个性的词语来描述品牌的个性时，应当注意从社会向经济转化时需要考虑的问题。品牌主要是作为商品而出现的，它以体现经济价值为主要取向；而个人则主要是作为社会的一个成员而存在的，因此，其个性的要求更多时候需要考虑与其他人员之间的关系，以及保持社会传承、稳定、发展中的个性的作用，即个人应当承担的社会责任与义务。品牌并不具有这些客观存在的义务，它只是人们设计和感知的一种结果。在现实中，如果完全以对待个人的方式来分析品牌的个性，那么，这种品牌管理方法是行不通的，执行起来并不会取得好的效果。在品牌个性设计与感知方面，应当更多地从商业价值和经济利益这些角度来进行选择性描述。当然，在传递给消费者的个性信息方面，强调品牌的社会责任感也越来越受到社会的关注。由于中国传统文化中的个性要素并没有直接地强调或者突出品牌的社会责任意识，而主要强调人与人之间相处时需要展现的个性特征，因此，在现代品牌个性维度测量表中，应当把个性与社会之间的关系考虑进去，同时要抛弃传统文化中的一些消极阴暗面。

第三节 品牌个性特征及其塑造

  品牌个性特征往往与品牌广告宣传等营销手段中的一些人物和具体活动联系在一起。一方面，品牌确实可以从人格化的角度来加以理解，它们似乎与人一样具有个性特征；另一方面，只有将品牌进行人格化理解或者营销，企业才能够将特定的品牌与特定的社会人群联系在一起。前者属于品牌本身所具有的一些基本特征，即与人相似的特征；而后者则是由营销者或者企业经过主观想象力而赋予特定品牌的。因此，当一个成功的品牌出现在消费者面前时，它给消费者带来的感觉是，其个性特征总是能够与其品牌宣传中的形象描述或者品牌代言人的个性特征具有一定程度的相似性。品牌个性经过长期的营销宣传，逐渐在消费者的脑海中固定下来，即它能够像人一样从个性的角度被社会人群所理解和识别。总的来讲，越是市场影响力大的品牌，它们的品牌个性越突出；反之，则越不显著。

一、品牌个性特征

一般而言，社会人群中个人所具有的各类特征都会在不同品牌中得到体现，也就是说，如果现实世界中有 1 000 种人格特征，那么与此相应，在理论上品牌世界中也应当会有 1 000 种品牌人格。但是，由于品牌是向社会传递正面的能量，因而社会人群中个性特征的一些负面因素往往会被企业或者品牌设计者所淡化和隐藏。如果消费者在选择一个品牌时认为该品牌都是正面的个性特征，而没有负面的个性特征，那么就会做出一些错误的决策与判断。因此，注意品牌个性特征中的负面因素，这应当是消费者在品牌消费中趋于理性的一个客观评价标准。越是成功的品牌，它们在品牌人格设计方面越会把一些不利的个性特征作隐性化处理。

从心理学和行为学角度理解，人格包括气质和性格两个方面。气质通常是指心理活动的强度、速度、灵活性和倾向性，例如，根据体液说，可以将气质分为胆汁质、多血质、黏液质和抑郁质四种类型，而按照神经运动说，又可以将气质分为兴奋型、活泼型、安静型和弱型四种类型。除了这两种主要的划分方法外，气质还可以按照体型和血型等指标进行划分。与气质不同的是，性格主要是指一个人在现实生活中所表现出的稳定的态度和行为背后的一些具有规律性的个性特点。性格通常是在一个人对待所在社会或集体以及他人的态度中呈现出来，它既具有理智的一面，也有情绪展现的一面，同时还包含了一定的意志成分在内，例如，性格中会表现出行为者对目标的执着程度、行为者对自身行为的控制能力、行为者对于环境剧烈变化的应急反应以及行为者在长期的工作和生活中所体现出的个性特点，等等。

一般而言，人格的形成既受生物学方面因素的影响，又受社会经济环境方面的因素的制约。行为者的遗传因素和后天成长环境都会不同程度地影响着个人的人格特征。但是，先天因素和后天因素在人格特征中究竟各占多大的影响比例，目前的理论研究还不能给出一个令人信服的答案。在现实社会中，人们用于分析个人人格特点的方法比较多，总是把气质和性格放在一起进行考虑。常见的人格类型有：追求完美型、助人为乐型、成功导向型、艺术偏好型、学习智慧型、忠诚老实型、活跃进取型、领导权力型和随遇而安型。

品牌的人格化特征往往将某一个具体的品牌与特定的消费者人群紧密地联系在一起。例如，有的品牌的人格化特征显得"成熟"与"稳重"，尤其是一些烟草品牌；而有的品牌的人格化特征则给人以"青春"与"健康"的感觉，如运动类时装；还有一些品牌在人格方面与消费者的性别联系在一起，例如在东方文化下，包装为粉红色的椭圆形产品，比如香皂，在品牌人格方面往往给人以"女性"的感觉，而放在灰色的长方形包装中的同类产品，则在品牌人格方面往往意味着"男性"的感觉。尽管这样的联系并不一定会在任何场景下都具有说服力，但是这种在品牌想象力上所展现出的一致性，表明品牌具有明显的人格化特征。

尽管品牌个性特征丰富多样，可供企业或者品牌管理者在塑造品牌时选择的方案较多，但是在实际工作中，品牌具有不可仿效的特点。这意味着一个品牌不能复制另一个品牌的人格，企业要想使自己的品牌产品在市场中获得消费者能够认同的人格，就必须让这个品牌形成自己的人格特征，并显著地区别于同类竞争品牌。由于在同一个行业中，竞争型品牌之间在产品外形上往往会趋于相似，因而展现品牌人格特征就成为重要的品牌识别之一。在品牌人格上仿效竞争者品牌的特征，只能使企业自己的品牌产品更加显得人格特征不明显。因此，在激烈的市场竞争中，往往会出现与仿效相反的情形：在品牌人格特征上完全反向而行。假如市场中的某个品牌已经形成了较为明显的品牌个性特征，那么其他竞争者比较有效的办法就是营销与这种个性特征相反而又不是负面的一种特征。例如，在汽车行业中，一些有领导力的品牌在强调"速度"与"激情"的个性特征，而另一些具有领导力的品牌则强调"安全"与"舒适"的个性特征。在消费者看来，这两类汽车品牌似乎有着不同的品牌人格特点，而事实上，第一类品牌并不一定会放弃"安全"与"舒适"这些品牌内在属性，而第二类品牌也并不一定会放弃"速度"与"激情"这样的品牌内在属性。两类品牌所做的工作只是从品牌人格的认知这个角度出发，将不同类型的消费者区分开来，进而有利于把品牌人格与消费者人格对应在一起，把市场中的每一个可以发展的空间都包含在内。

二、品牌个性塑造

利用品牌人格化是塑造品牌个性的十分有效的方法之一。个人的个性塑造主要在于家庭和社会环境的影响以及个人的自我培养，而与个人的个性塑造有所不同，品牌个性塑造之主体是生产企业或者经销商或者消费者群体，品牌自身由于不是生命机体，因而不具有自我培养的功能。从这个意义上讲，个人的个性塑造主要是三个主体在发挥着作用，即家庭、社会和个人；而品牌的个性塑造则主要是品牌所有者、品牌消费者两个主体在发挥作用。个人和品牌在个性塑造过程中，有一个相似的地方，即二者都是在一定的前提条件下进行的。对于个人而言，这个前提条件是先天的遗传基因；而对于品牌而言，它的前提条件是品牌发展的历史。品牌个性塑造与个人个性塑造之间的区别如图9-2所示。

品牌个性塑造与人的个性塑造一样，是一个极其复杂的系统工程。个性中的优点与缺点，都是这个工程的最终产物。作为品牌的所有者，总是希望自己的品牌能够以积极的、正面的形象展现在消费者面前，这就如同个人一样，总是希望有一个健康的、向上的人格特征。因此，个性塑造总是从正面影响入手，而结果却不一定是正面的。在个性塑造过程中，力的作用方向和作用大小，这是影响个性发展的最为重要的两个因素。同一个影响元素，即使都朝着一个方向来努力，但是由于作用力的差异，而使最终展现出的个性有着较大程度的不同。比如，为了培养个人个性中的"仁慈"，如果没有一定的原则和尺度限制，就可能发展到"怯懦"这样一个负面的个性。品牌个性的塑造也必须在一定的原则和尺度指导下进行。

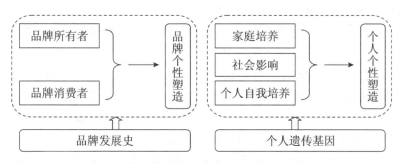

图9-2　品牌个性塑造与个人个性塑造之间的区别

品牌个性塑造中一些因素是与品牌所依托的产品和服务直接相关的，比如产品和服务的类别、包装、价格、产品的功能等，这些在前面章节中一般可以从品牌的内在属性和外在属性两个角度来理解。这些属性也是个性的一个重要方面。一般而言，人们总是从品牌的这些基本属性中来观察品牌的独特个性，而且这种感觉会直接影响他们的消费选择与判断。品牌经营理念中的一些具有渗透力和号召力的用语，往往也使人们容易将与之相关的品牌承诺与品牌在市场上所展现的直接形象连接在一起来加以思考。比如，一家汽车生产企业在品牌理念中提供生产技术性能卓越的高质量汽车，那么在产品类别中，它的品牌就不应当出现在低端市场上；同样它的品牌价格也应当与这样的品牌经营理念相一致。

在品牌个性塑造中，也有一些与产品和服务无关的因素在影响着品牌的个性形成，比如消费者形象、企业与社会不同人群之间的关系、企业所使用的品牌广告风格、品牌所使用的象征符号，等等。有时，企业所使用的这些无形因素似乎与品牌的有形因素之间并不具有直接的关系。但是，经过长期使用这些无形因素，这些无形因素就会十分容易地被消费者所接纳，同时将它们与品牌的有形因素之间主动地联系在一起，进而形成一种类似于"因果关系"的品牌个性推导方法。比如，一款时装品牌如果总是能够选择世界上最著名的电影明星——获得奥斯卡金像奖的女明星代言，那么这款品牌经过长期的意识与个性培养，就会在消费者心目中形成"美丽""高雅""时尚"的个性。又如，如果一款品牌在象征性符号和营销用语设计中，能够从美学的角度把消费者心灵深处的对美好事物的追求挖掘出来，那么，这款品牌就会具有长期的个性影响力。

正是由于在现实世界中存在着如上所述的逻辑必然性，因而在品牌个性塑造中，企业作为品牌的所有者总是希望了解和掌握消费者内心深处的情感与渴望。品牌个性塑造也就因此而成为一种不断地向着消费者内心世界和灵魂深处研究的一种尝试性和探索性的发掘工作。从这个意义上讲，成功的品牌个性塑造一定是建立在对于消费者的个性特征清晰地了解和掌握基础上的。例如，一家企业如果想在其他国家的市场上开展品牌营销活动，而该企业所在国家和民族的文化还没有得到东道国消费者的基本认同，那么它的品牌的个性塑造就必然要求与东道国消费者的个性标准相一致，否则就不会取得预期的效果。正是考虑到了消费者个人的个性对品牌的个性有着解释、吸引和排斥能力，因而在品牌走向国际化过程中，应当实施文化先行战略，即外商投资企业在积极推行本国文化的同时，必须对东道国的民族文化有所了解，并在此基础之上对于消费者人格特征进行清晰的定位与判断，在品牌个性塑造中主动地把国际化差异考虑在内。

品牌个性塑造是一个形象匹配过程：品牌个性设计形象与消费者认知中的个性形象的一致性过程。在品牌个性塑造之前，企业作为品牌的所有者应当进行市场调查，了解自己的品牌在消费者脑海中的印象，并将这种印象做出形象化处理，比如与自然界或者社会中的一些客观事物或者描述性的语言联系在一起。比如，有的品牌给人以强壮的感觉，那么消费者就会联想到强有力的动物：狮子、老虎、公牛等；有的品牌给人以漂亮的感觉，那么消费者就会联想到外表比较好看的动物：孔雀、雄鸡、熊猫等。还有一些品牌带给消费者的感觉是十分复杂的，只能用语言来描述，比如"温柔"又"可爱"，那么企业可能会用"轻风""花朵""明月"等来塑造自己品牌的个性。由于思维世界中的想象力是无穷的，因而对于企业而言，必须能够在众多可以用来塑造品牌个性的客观事物中找到最准确、最有力、最美丽的一个个性形象来塑造自己的品牌。

具体到品牌塑造战略，主要应当强化品牌体验，进而深度把握消费者的内在需求和联想，围绕消费者的个性化人格特征来塑造品牌个性。在品牌塑造中，既要强化情感对消费者人群的吸引力量，同时也要注重品牌的基本属性的作用，把品牌定位的作用和功能充分利用好，强化文化元素在品牌个性塑造中的独特作用，使个性塑造既能够拥有一定的社会环境作为支撑，同时也能够长期固定下来。品牌个性塑造从维度上不宜过于复杂，而应当选择有优势的一个或两个维度即可，个性过于复杂通常会减弱品牌的影响力，使消费者人群自动地产生分化，购买力向市场中的一些竞争性品牌转移。

本章小结

本章重点介绍了个性与品牌个性的含义、品牌个性维度的测量、品牌个性的特征及塑造等内容。

Jenniffer L. Aaker认为，品牌个性是品牌联想出来的一组人格特质，是指品牌所具备的人类特性以及这些特性向外界传播的过程中消费者对它们的感知。品牌个性可以从输入和输出两个方面来进行解释。

Jenniffer L. Aaker的品牌个性维度量表，与西方传统的"大五"个性模型有所不同，是目前比较流行的评价品牌个性的市场调研方法与工具。企业在面向市场调查的品牌个性问卷中，在态度量表中可以直接沿用这些反映个性特质的词语。

Aaker的量表可以解释西方93%的品牌个性差异，而且在西方营销理论研究和实践中得到了广泛的验证和应用。但是，由于品牌个性存在着跨文化差异，这些与西方个人的人格特征相对应的品牌个性是否在东方文化下仍然有效，这是理论研究的重点之一。

中国学者卢泰宏和黄胜兵对中国本土化品牌个性维度进行了系统性研究,并以词汇法、因子分析和特质论作为方法论基础,用中文语言作为品牌描述的测量工具,从"仁、智、勇、乐、雅"五个维度研究了中国品牌的个性特征。

从心理学和行为学角度理解,人格包括气质和性格两个方面。气质通常是指心理活动的强度、速度、灵活性和倾向性。一般而言,人格的形成既受生物学方面因素的影响,又受社会经济环境方面因素的制约。行为者的遗传因素和后天成长环境都会不同程度地影响着个人的人格特征。

品牌的人格化特征往往将某一个具体的品牌与特定的消费人群紧密地联系在一起。尽管品牌个性特征丰富多样,可供企业或者品牌管理者在塑造品牌时选择的方案较多,但是在实际工作中,品牌具有不可仿效的特点。

利用品牌人格化是塑造品牌个性的十分有效的方法之一。个人的个性塑造主要在于家庭和社会环境的影响以及个人的自我培养,而与个人的个性塑造有所不同,品牌个性塑造之主体是生产企业或者经销商或者消费者群体,品牌自身由于不是生命机体,因而不具有自我培养的功能。从这个意义上讲,个人的个性塑造主要是三个主体在发挥着作用,即家庭、社会和个人;而品牌的个性塑造则主要是品牌所有者、品牌消费者两个主体在发挥作用。

品牌个性塑造与人的个性塑造一样,是一个极其复杂的系统工程。个性中的优点与缺点,都是这个工程的最终产物。在品牌个性塑造中,也有一些与产品和服务无关的因素在影响着品牌个性的形成,比如消费者形象、企业与社会不同人群之间的关系、企业所使用的品牌广告风格、品牌所使用的象征符号,等等。品牌个性塑造是品牌形象与消费者认知中的形象的一致性过程。品牌塑造战略主要应当强化品牌体验,进而深度把握消费者的内在需求和联想,围绕消费者的个性化人格特征来塑造品牌个性。

案例背景信息

品牌个性对垒:"英伦绅士"VS"德国精英"

当我们提起英国时,脑海中总是会自然地浮现出一个传统英国绅士的形象;当我们提到德国时,又会不自觉的勾勒出一个严谨的社会精英的形象。这正验证了中国的一句老话叫作"一方水土养一方人",这句话放到产品上,也同样适用。当来自英国的捷豹与来自德国的奔驰相遇,又会擦出什么样的火花呢?

捷豹,是1922年创建于英国的著名豪华汽车品牌。自品牌创立起,捷豹就致力于为消费者生产充满动感而又富有优雅高贵气息的汽车。奔驰,自1900年首次亮相至今已有一个多世纪的历史,是全世界汽车工业的楷模,是德国汽车工业送给全世界人民的一份大礼。两者同为享誉世界的豪车品牌,但是两个品牌个性却是十分不同。根据大卫·阿克尔的品牌个性维度量表,我们可以将梅赛德斯的品牌个性归到精细这个维度,体现出梅赛德斯的豪华,舒适与精英;而捷豹则可以被归为激动人心这一维度,体现出捷豹自身所具有的动感、时尚。我们都知道一个品牌的个性塑造并不是一蹴而成的,捷豹和奔驰这种鲜明的品牌个性,是它们在漫长的发展过程中通过公司全方位的努力而打造的。并且,这两个品牌的各个方面都在诠释着它们各自的个性。

首先,两者的品牌标志便彰显出它们的个性。捷豹的车标是一个向前扑跃的美洲豹的立体形象,这个车标非常传神地展现出美洲豹矫健勇猛、优雅动感的特点,非常有视觉冲击力。捷豹的车标完美地表达出了捷豹的品牌个性。它既代表了公司的名称"Jaguar",同时也契合了捷豹汽车所代表的速度与进取的精神。梅赛德斯奔驰的车标则是著名的三叉星标志。简洁的形状,金属的光泽,梅赛德斯的标志正如它的产品一样充满了科技感与现代感。

其次,捷豹和奔驰的广告各具品牌特色。捷豹在品牌宣传过程中也始终强调品牌独具的英伦高贵优雅的个性。捷豹汽车在选取品牌代言人方面一直偏好于本国明星。无论是老牌实力派演员本·金斯利,还是近年来炙手可热的汤姆·希德勒斯顿,本尼迪克特·康伯巴奇,或是新晋英伦小生尼古拉斯·霍尔特,他们外表迷人、举止优雅,机智诙谐,还有纯正的伦敦音和从小受莎士比亚著作影响而耳濡目染出来的文学造诣。这些特质汇聚成英国绅士的独有魅力。他们身上所传递出的优雅高贵不仅契合捷豹的品牌个性,同时也极大地提高了品牌美誉度。奔驰在中国选取的代言人包括黄晓明、范冰冰等著名影视明星。这些艺人自身形象良好,定位也是社会新兴精英阶层,契合奔驰的品牌定位。范冰冰和罗斯伯格共同为奔驰SLK350拍摄的广告整体基调浪漫高雅,高潮部分便是两辆奔驰SLK350的激烈追逐战,在一种唯美的氛围中展现出奔驰车所具有的速度与爆发力,广告最后的结语"To see it is to want it, to know it is to love it",配合前面广告画面中的余韵,很好地勾起消费者进一步了解和购买的欲望。

最后,捷豹和梅赛德斯的产品也体现出各自品牌个性气息。捷豹的产品一直秉承它优雅迷人而又动感激情的特色。从连续多年在勒芒赛场取得骄人战绩的捷豹D-Type,到被纽约现代艺术博物馆列为永久珍藏品的E-Type,再到被人们公认为汽车工业史上最美设计外观汽车的XJ13;从在市场上连续十年深受消费者欢迎的捷豹XK8,到最新车型捷豹XJ,再到2013年首次在法兰克福登台亮相的有史以来第一款捷豹SUV概念车C-X17,无论在哪个时期,捷豹始终以其优雅迷人的设计和卓越不凡的技术引领着豪华车市场的新潮流,成了代表时尚的奢华标志,并凭借这种独特的个性在全球吸引了无数的品牌忠实消费者。从1900年至今,梅赛德斯-奔驰一直以高质量、高性能闻名于世。奔驰全新E级轿车的身上就体现出奔驰轿车精神的精髓。流线型的外观设计彰显着奔驰本身的动感,也降低了空气的阻力;强大的功能配置不仅最大限度地保证了驾驶人员的人身安全,同时加强了本车的操作性能;宽阔的车内空间给消费者更舒适的驾驶体验;双椭圆车前灯兼具美学功能和实用功能。奔驰不仅致力于汽车产品的制造，同时，奔驰还一直致力于主动和被动安全领域的研究。奔驰率先应用于最新S级轿车身上的预防性安全系统，开创了一个汽车安全的新纪元。在2005年，梅赛德斯-奔驰再次推出了夜视辅助系统，并将之应用到全新S级轿车身上。夜视辅助系统可以让驾驶者在夜间也能够通过红外感应装置清楚了解路况信息，大幅度提升了车辆夜间行驶的安全系数。

消费者的个性和价值观的多元化，以及对于产品和服务的不同需求，这是品牌个性存在的意义与价值。品牌个性所具有的强烈的情感感染力，能够深深地感染目标消费者，进而逐渐推动消费者成为品牌的忠实顾客。捷豹和奔驰两者同为高端汽车品牌，但是不同的文化背景孕育出不同的品牌底蕴，从而展现出不同的品牌个性。捷豹更加古典，更多地体现出一种绅士气质，浑身散发出一种低调的高贵；奔驰更加现代，更多地体现出一种精英气质，是一种大气的豪华。正因两者的品牌个性都十分鲜明，才能在市场上众多的汽车品牌中脱颖而出，成为深受消费者喜爱的品牌。反观一些竞争力不强的汽车生产厂家，它们并没有形成自己独特的品牌个性，各个品牌之间的品牌定位和品牌形象区分度很小，这就很难与消费者产生情感上的共鸣。品牌个性是一个品牌核心价值的体现，捷豹和奔驰的成功，为我国汽车企业的品牌个性构建提供了非常好的学习范本，希望我国自主汽车品牌也可借鉴其经验，打造出闻名世界的中国汽车品牌！

（本案例根据以下资料编辑整理而成：1.国泰.感悟百年经典——梅赛德斯-奔驰汽车发展历史回顾[J].科技资讯.2004（04）；2.王冀中.捷豹：与生俱来的动感奢华[J].旅游时代.2013（05）；3.王新刚，黄静.品牌管理[M].上海：华东师范大学出版社，2013：53-71；4.佚名.奔驰广告片摩纳哥之夜的邂逅赏析报告[OL].百度文库，2012.）

案例讨论题

（1）结合本案例，试分析汽车品牌个性与消费者个性之间的相互关系。
（2）品牌个性化策略如何在民族汽车工业中实现？为什么？
（3）汽车品牌个性主要应当呈现哪些基本元素，如何区分这些元素，为什么？

复习思考题

1. 简述品牌个性的基本特点。
2. 西方"大五"人格模型有何特点？
3. 中国传统个性维度是如何划分的？试以国内某一著名品牌为例加以说明。
4. 简述Jenniffer L. Aaker的品牌个性维度量表的内容。
5. 中国品牌个性维度与西方品牌个性维度有何不同？试举例说明。
6. 品牌个性塑造过程中需要注意哪些具体问题？试举例说明。

第十章
品牌体验与接触点管理

本章知识点

- 品牌体验的定义
- 品牌体验的内容
- 品牌体验的类型
- 品牌接触点

品牌体验是体验营销的重要内容之一。当经济发展进入体验阶段之后，品牌体验在营销推广中的地位与作用更加突出。在当今世界经济总体构成中，服务业所占的比重呈现出持续上升的态势，旅游、餐饮、酒店、航空、邮递、设计等行业的快速发展，不仅改变了传统的产业结构理念，也使一些新的经济形态，如体验经济有了更大的发挥作用的空间，因而在市场活动中，与之相应的，企业的品牌建设也越来越多地把体验成分包含在内。从以加工制造业为主的物质生产形态向着以满足人们精神生活需要的文化生产形态的发展，这是人类进步的一种表现，它使营销工作的重点逐渐由满足人们的物质需求为主向着满足文化需求为主转变，这就使一些心理层面的营销研究更加具有市场开发价值。体验作为一种既有助于促进感官，同时又能够带来心理愉悦的营销手段，在企业的品牌管理活动中扮演着更加重要的角色。

第一节　品牌体验

一、体验概念的由来

体验对应的英文单词是experience，它来源于拉丁文exprientia，原意是指探查和试验。古希腊学者Atistotole认为，体验是一种感觉和记忆，许多同样的记忆在一起形成的经验即为体验。[①]随着社会经济的不断向前发展，人类的生产活动趋于专业化和复杂化，许多产品和服务的内在功能及其使用效果，并不能够通过直接的一次性感觉来获得，有的甚至需要通过使用才能够作出判断。这种由专业化生产及先进技术应用所形成的产品结构和功能的复杂性，增加了体验这一消费环节的重要性，因此也就成为一种新的不可替代的经济形式。以产品销售为中心内容的营销方式，这是市场营销的最初形式；以服务提供为核心内容的营销方式，代表了市场营销的现代潮流；而以体验为中心的市场营销，指明了未来市场中企业经济管理活动发展的基本方向。从以产品为中心，发展到以服务为中心，再发展到以体验为中心，这是市场营销发展变化的主要轨迹。体验不仅能够带动营销，而且能够创造价值。

在互联网时代，体验经济下的营销活动得到了快速发展。人们可以直接从网上浏览、阅读、收听一些产品和服务的信息，如图片、文字说明、广告等，可以在实际购买之前完成对产品和服务的在线体验。同时，企业为了配合网上销售所精心设计的体验店，以实体的形式全方位地把产品和服务呈现在消费者面前。消费者在线上的体验，这时在线下的实体店中得到验证和强化。同时，线上商店中的虚拟场景能够给消费者创造一种远离嘈杂商

---

① 资料来源：张明立，任淑霞. 品牌管理（第2版）[M]. 北京：清华大学出版社、北京交通大学出版社，2014：204.

场的购物选择与评价环境；而线下实体店中的专门陈设，又使消费者的购物感觉增加了许多艺术化、人性化的氛围。线上进行购买选择与线下进行购买体验的有效结合，把消费者的感官体验与内心活动紧密地联系在一起，从而成为新经济时代一种有效的整合营销方式，有助于把消费者的感性（线下实体店体验所获得的感觉）与理性（线上购买过程中的反复比较与无干扰选择、对比）结合起来。

体验营销所倡导的理念，并不是把产品和服务置于一边，反而是把这两个核心元素在体验这个场景下更加有效地融合在一起。体验使产品和服务更加生动、有形，具有感染力。在传统的销售观念或者营销观念中，产品和服务的销售或者营销活动往往是孤立地进行的，产品与其适用的环境以及主要针对的消费者群体在销售过程中并没有有效地结合在一起，因而被营销的对象与其消费者环境和消费者人群之间存在着一定的信息交流障碍。同时，在这些传统的观念中，由于被营销的对象处于整个营销活动的中心，因此在销售和营销理念的设计方面，总是把产品和服务放在最重要的位置上加以考虑，而与之相关的消费者人群的情感，潜在消费者的注意力，以及社会其他人群的关注度，并没有被生产企业和经销商认真地重视起来。强调产品和服务的功能、利益、价值与属性，仍然是多数企业考虑的重点内容。因而全方位地展示产品和服务的具体功能与属性以及可能带来的价值，就成为传统销售观念和营销观念支配下的主要工作。

在体验经济时代，产品与服务的销售或营销活动往往与消费者的内心情感和现实感受更密切地结合在一起。产品和服务从生产环节进入流转环节，再进入消费环节，这些过程都可以让消费者真实地感受到进而产生内心体验。以商场促销为例，在传统销售观念支配下，消费者往往只是被动地听取促销员的介绍，而很少能够真正地进行产品和服务的使用体验；而在体验营销观念指导下，消费者可能主动地参与产品和服务的消费过程，充分感受产品和服务的实际功效。同时，体验营销更注重体验消费场景的设计，能够让消费者在"仿真"的环境中深入理解产品和服务的内在价值。这种销售方式或者称之为现代营销方式，不仅拉近了生产企业、经销商与消费者之间的距离，同时也能够让营销渠道上游或中游的成员发现下游渠道成员的真实需求。在接近真实的体验环境中，消费者往往能够把最真实的情感与想法表达出来，同时也能够更深入地了解自己的内在需求，这些都有助于供需双方在市场环境中更清楚地认识对方和把握自己的真实状态。

因此，体验经济或者体验营销与传统经济和传统营销的最大区别在于，它能够把生产企业、经销商和消费者等渠道成员都吸引到一个特定的、专门设计的场景中。在这个场景中，理性的价值追求与感性的情感追求能够达到一种均衡，从而能够把消费者的物质层次的利益和精神层面的利益有机地融合在一起并达到最大化的满足。从情感诉求角度着手来深层次地满足消费者的内在需求，尤其是精神层面的追求，这是体验经济或者体验营销模式下销售的主要优势之一。如果生产企业在体验经济时代还仅是停留于"吃、穿、用、住、行"这些消费领域的一些最低层次的需求来进行营销宣传，那么它所能够吸引的顾客群体一定是有限的；而真正能够从内心吸引消费者注意力和满意度的，一定是那些能够跟随消费者消费能力的提升来不断丰富营销活动内涵的企业，即能够从满足低层次的"生理需要"的产品生产和服务提供的角色中摆脱出来，而定位于"安全需要""社会需要""尊重需要"和"自我实现的需要"来开展营销活动,并在产品和服务的生产方面从物质层次向精神层次来发展。

图10-1说明了在传统销售或营销观念支配下的产品和服务在营销中的地位与体验经济时代的区别。

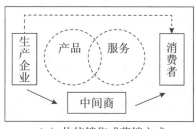 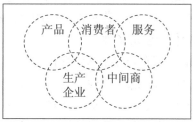

(a) 传统销售或营销方式　　　　(b) 体验营销方式

图10-1　不同观念支配下的产品和服务

从图10-1可以看出,在10-1（a）方式下,传统销售或营销观念占主导地位,产品和服务处于市场的中心位置,而生产企业、中间商和消费者等渠道成员处于这个中心的外围,它们之间的关系比较简单,是一种线型的、基于产品和服务的管理关系,尤其是在生产企业和消费者这两个市场端点之间,直接的关系并不是十分清晰,通常是生产企业对消费者具有直接的影响力,而消费者对于生产企业的影响力的反作用力较弱;而在10-1（b）方式下,产品、服务处于消费者的两边,它们以满足消费者需求为中心来提供,与之相应,生产企业和中间商处于市场的最下端,即作为产品和服务的提供者来影响消费者的行为,但是这些市场成员与产品和服务要素共同形成了一个相互联系的"圆圈",它们彼此之间紧密地融合在一起,形成了一个有效的"体验场景",产生共振效应。这种效应除了具10-1（a）方式中的物质层面因素外,更多地体现于精神层面的影响力。

■ 二、品牌体验的含义

品牌体验是体验营销中的一个高端领域。品牌以产品和服务为基础这一根本特点,决定了它的体验从理论上比单纯的产品和服务体验要在层次上更高一些。由于品牌既是生产企业所精心塑造的产物,同时它又是消费者脑海中的一种印象或者联想,因而品牌体验更多地以精神层面的感受而展现出来。生产企业或者中间商如代理商、批发商和零售商在涉及产品和服务的具体体验过程中的作用和贡献,这通常是人们强调的重点。但是,这种把品牌体验环境的建立纯粹地理解为是渠道上游或者中游参与者或者成员的行为和责任,事实上也在一定程度上限制了品牌体验的进一步发展。真正有效的体验环境,通常是一种在产品和服务的提供者、经营者和消费者之间有效展开的信息交流和行为互动,因而在一些特定的环境条件下,消费者对于体验文化的理解与支持以及在体验环境中的积极表现会直接或间接地影响体验营销的实际效果。

从上述的分析中我们可以看出,品牌体验不是一种单向的行动,它是市场中各个参与主体的一种双向或者多向的互动。品牌体验活动的评价主要是对消费者的评价,而不是主要针对生产企业和中间商。正是由于品牌体验具有这样的独特性,因而消费者人群的认知、情感、情趣、思考方式、行动能力以及关联能力在较大程度上决定了品牌体验的结果。品牌作为对产品和服务人格化之后的产物,它们与消费者在认知、情感、态度、知识、文化、兴趣等方面越是具有相似性,互动活动就越容易展开。在具体的品牌体验活动中,生产企业、中间商和营销渠道中的辅助机构,都应当扮演相应的角色,为消费者能够深度参与品牌体验创造条件。

以一家品牌汽车4S店体验营销为例,在策划品牌体验营销活动时,它首先要将"品牌体验"与"产品和服务体验"进行区分,加强对该品牌相关知识的展示,体现出品牌本身的历史、差异、追求、价值等元素。其次,应当把生产制造企业的生产经营管理现状、分销渠道模式等信息向消费者传递,尤其应当把品牌系列中的一些精品进行展示,让顾客有机会现场感受,充分体验这些产品和服务的实际价值与优越性能。最后,应当发挥品牌体验过程中辅助机构的作用,强化消费者对于品牌在激烈的市场竞争中胜出的信心。此外,品牌体验还包括忠诚顾客群体的激励与情感分享,以及销售队伍在体验现场的促销活动安排。明星代言人的出场,以及大型合作伙伴企业的参与,也会为品牌体验增加特色与亮点。总之,品牌体验主要以消费者的主动参与为目标,把一些抽象的品牌理念和经营思想,以及品牌价值和品牌形象,能够具体地传输到消费者的心目中,这是品牌体验活动成功的关键所在。

比如,对于一款品牌产品而言,什么是"生产制造技术一流",什么是"精益求精",什么是"性能卓越",它们是如何表现出来的?这些品牌特点,事实上都需要消费者在现场来进行亲身感受。如果品牌的营销宣传仅仅是停留在一些表面的层次上,比如文字描述或者口号传播上,那么这种营销工作所形成的影响力毕竟是有限的;但是,如果能够把以概念或者思想为主要形式的营销宣传活动通过体验的方式进一步形象化和具体化,那么它对消费者的影响就是深刻的、持久的和感人的。比如,就品牌自身的发展而言,通过作纵向的技术对比,就可以把品牌的技术发展路径和技术的先进性甚至领先性直接地表达出来。关于品牌所依托的产品,如果强调其制造工艺的"精益求精",就应当通过每一个具体的生产和加工工艺环节的技术应用、材料选用以及员工的操作手法等展示来把这种品牌精神充分地体现出来。

品牌体验中还有一个环节十分重要,那就是在特定的营销环境中消费者之间形成的互动与感染力。比如,在迪斯尼乐园,游客除了从这家企业员工的服务态度以及主题公园内的一流的娱乐设施来感受它的品牌文化外,更为重要的是,他们可以从其他消费者投入该品牌消费中的态度来具体而形象地感受它的强大感染力。因此,创造一种可以使不同类型的消费者能够互相感染的营销、购买和消费环境,这是生产企业在创造品牌体验时必须注意的事项。又如,现在不少商场的外面都建有较大的活动广场和绿地,而在商场的内部还有许多与商品销售并不直接相关的陈设。其实,这些设计构思主要是为了满足消费者的体验需要,即能够把对该品牌的体验从一种简单的购物过程变为一种休闲、娱乐、运动、审美和社交相结合的过程。从单调的商业交往体验向着社会交往体验发展,这是品牌体验的一种新的发展取向。当然，在品牌体验的具体设计中，生产企业或者经销商一定要将体验场景与消费者的实际需求结合起来。

三、品牌体验的内容

一般来讲，品牌体验的内容是由品牌的具体内容所决定的。在结构和内容上比较简单的品牌，其品牌体验也会相对简单一些；而在结构和内容上比较复杂的品牌，其品牌体验也会相对复杂一些。由于品牌体验总是与一定的场景相结合，而建立这样的场景又需要一定的经济投入，因而为形式和内容都较为简单的品牌创造复杂的体验环境并不是一项十分有价值的活动。比如，一款服装品牌与一款汽车品牌相比，它的体验场景建设就会相对简单一些；而现场参加并欣赏一场由著名钢琴家担纲的音乐会所获得的品牌体验，可能与只是听这位钢琴家的光碟的品牌体验效果又有不同。这就表明，即使是同样一种品牌，但是由于体验场景的不同，其品牌体验的内容会大有差异。再如，NBA作为世界篮球品牌，它的现场体验效果远比通过电视画面传播的效果要丰富得多，这是由于，作为同一个品牌，前者所营造的体验环境是全方位的、立体的、双向的信息交流与互动，而后者的体验环境是二维的、平面的、单向的信息传递。从这些同一品牌在不同环境中的作用与效果对比，我们可以将品牌体验的内容划分为以下三个主要方面。

（一）品牌体验的实体对象

品牌体验的实体是品牌所依存的客观事物，它是品牌的载体。不同类型的品牌实体对象，对品牌体验的场景设计与消费者的互动能力提出不同程度的要求。有的品牌实体对象，其体验效果对于场景和消费者的互动有着较大程度的依赖性；也有一些品牌实体对象，它们的实体体验效果对于场景和消费者的互动能力的要求相对较低。例如，不同类型的实体产品品牌，它们在体验效果方面，对于场景和消费者的依赖程度差异较大；而不同类型的服务产品品牌，它们在体验效果方面，对于场景和消费者都有一定程度的依赖性。正是由于服务产品的这个特点，使该类产品与实物产品之间在体验营销方面有着不同的需求程度。例如，人们对于究竟应当在一个豪华的超市去购买一款洗发水，还是在一个简陋的超市中去购买这款洗发水，从体验效果上去区分，意义并不是特别大；但是，如果是购买一款金融产品，或者进行一次快餐消费，消费者对于购买这些服务的场景就会有一定程度的区分。因此，从这个意义上讲，品牌体验的实体对象决定了体验设计的重要性与基本方向。

（二）品牌体验的实际场景

品牌体验的实际场景是品牌体验的重要构成内容之一。在品牌产品的两个极端中，即从纯粹的实体产品到纯粹的服务产品，品牌体验实际场景呈现出越来越重要的倾向：越是服务占比例较高的品牌产品，越需要体验的实际场景来进行匹配。但是，品牌体验的实际场景的设计又要求与消费者的需求特点和心理特征相一致。这就说明，品牌体验实际场景设计一方面需要考虑品牌产品中所包含的服务的比例；另一方面需要考虑品牌产品所面对的消费者人群的主要特征。以旅游酒店的品牌体验为例，由于该类品牌的服务比例较高，因而体验场景的设计需要进行专门的设计；同时，由于不同消费者的民族文化背景不同，在体验同一个场景时会获得不同的感受，这时就应当针对不同的人群设计不同的体验活动。在世界著名酒店的品牌化经营战略中，按人群的消费能力和消费文化进行区分并针对性地设计体验环境，这是这些品牌成功的关键所在。

（三）品牌体验的具体效果

品牌体验的具体效果主要体现在顾客满意度上。一般而言，顾客满意带来了相应的经济收入，同时也使品牌在市场竞争中的地位更加牢固。品牌体验将外观上基本相似的两个产品区分开来，并让优势品牌在消费者的脑海中占据更加牢固的位置，把品牌的个性精确地展现出来。这样，又会使一款品牌与特定的消费人群之间建立起对应关系，进而带来品牌美誉度和忠诚度。品牌体验增强了消费者与品牌之间的情感交流，使消费者对企业的一举一动更加关注，因而企业的一些利润最大化行为也容易获得消费者的理解和尊重。因此，品牌体验的具体效果事实上在顾客满意度提升的基础上扩大了企业的盈利能力，这显然比那些没有专门设计品牌体验这个环节的营销活动更有影响力。品牌体验还会带来口碑传播效应，其传播速度并不比广告宣传或者其他的促销方式慢，且效果要明显地优于广告和其他促销方式。因此，如果从促销这个角度来理解品牌体验，它更像是一种场景固定化感染力极强的现代促销方式，而且是消费者主动寻求参与的一种促销方式。

四、品牌体验的类型

品牌体验的类型可以按照以下两种标准进行划分。

（一）根据参与程度及其与环境的相关性划分体验

按照这种标准，B. Joseph Pine Ⅱ 和 James H. Gilmore将品牌体验划分为娱乐（entertainment）的体验、教育（education）的体验、逃避现实（escape）的体验（又称逃避体验）和审美（estheticsm）的体验。

品牌参与程度与环境之间的相关性如图10-2所示。

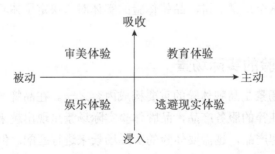

图10-2 品牌体验的参与程度与环境之间的相关性

（二）根据消费者情感的参与深度与广度划分体验

在Schmitt提出的战略体验模块（strategic experiential modules，SEMs）中，依据消费者情感的参与深度与广度把体验分为五种：感官（sense）体验、情感（feel）体验、思考（think）体验、行动（act）体验和关联（relate）体验。

关于体验的类型划分，还可以有其他的一些标准和方式。但是，不管怎样划分，品牌体验总是归结为两个层面的内容：感官层面和行动层面。随着人们越来越关注心理和行为等影响因素，理论界对于品牌体验的研究也逐渐向着这两个领域展开。尤其是在心理层面，目前的成果比较多，比如，在2014年出版的Marketing Science学术期刊中，学者针对品牌对于消费者购物选择影响的研究已经深入到了手推车自动价格显示器对于商场自有品牌与著名品牌的对比层面。与此相似，近年来关于颜色、香味和购物场景中的温度设置等体验场景因素对于消费者品牌选择的研究也正在越来越深入，例如，研究人员发现，在温度适宜的购物环境中，消费者的购物体验效果会提升，因而更容易做出购买一些高级品牌的选择。这些针对作用于心理和行为层面的体验元素的科学分析，正在把影响消费者行为的处于隐性状态的心理原因逐步显性化和具体化。

第二节　品牌接触点

品牌接触点（brand contact point）是品牌体验的一个重要组成部分。在体验经济时代，品牌接触比产品经济时代和服务经济时代更加具有重要的意义。事实上，消费者对于品牌的体验更多的时候是建立在品牌接触基础之上，因此，如果没有品牌接触点，品牌体验就根本无法实现。

一、品牌接触点的概念

所谓品牌接触点，就是企业和社会所能够提供的便于消费者接触到品牌和企业的相关信息、实体产品和无形服务的任何场景和具体情形。在互联网时代，品牌接触点的含义发生了较大变化，与以往不同的是，品牌接触点可能通过在线互动的方式提供。这样就改变了传统理论中对于品牌接触的时空限定。尤其是品牌信息流、文化流的接触，线上的信息获得方式比线下更为便捷。比如，消费者在出国旅行时，往往会通过旅游网站来搜索旅游线路的报价和一些酒店的房价、特色餐饮和能够提供的其他类型的服务，甚至能够获取一些标准房间的内部装饰和陈设情况，以及针对旅游淡季的折扣价格和促销活动等信息。这种直接通过网上获取品牌信息的接触方式，在较大程度上给顾客提供了直接的、可靠的消费信息，同时及时更新的旅行线路报价、房间价格与促销活动安排，也增强了酒店品牌的经营活动的信息透明度，使顾客能够根据自己的个人偏好来选择相应的线路、房间和促销活动。这样，一方面极大地提高了这些酒店品牌的影响力；另一方面也较好地消除了消费者在品牌接触中所固有的沟通障碍。

正确地理解品牌接触点，必须对"品牌接触"有一个科学的概念界定。严格地讲，品牌接触与"企业人员与消费者之间的接触"或者"品牌产品陈列"并不是处于同一个层次的事物。这种差异主要体现在以下三个层面。

（1）品牌接触是一种全方位的品牌形象和特征展示，而那些能够帮助消费者理解品牌真正含义的事物，构成了品牌接触点，因此，品牌接触并不只是局限于地理或空间范畴之内。比如，人与人之间的口口相传，作为一种品牌传播的重要渠道，它也能够使消费者接触心目中的品牌，在这种情形下，品牌接触并不受地理或空间的严格限制，尤其是在互联网时代，美国消费者对于某一品牌的正面评价，可能会直接影响到中国消费者对于该品牌的购买选择，因而这种人与人之间的互联互通关系，使品牌接触更加方便与快捷。

（2）品牌接触从关系沟通方面来分析，它比"企业人员与消费者之间的接触"要复杂得多。企业人员与消费者之间的接触只是品牌接触的一种途径，或者称之为直接接触途径，而品牌接触还有其他的直接途径与间接途径。例如，广告宣传就是一种品牌接触方式，但是它并不比"企业人员与消费者之间的接触"效果差。因此，如果仅是把品牌接触理解为"企业人员与消费者的接触"或者"企业产品与消费者的零距离接触"，这事实上弱化了品牌接触的概念，也在一定程度上会束缚品牌接触工作的开展。

（3）品牌接触是消费者获得品牌体验的重要途径，它更强调品牌对消费者心理和行为的影响力，它是消费者能够积极参与其中的一种营销活动，因而它与被动式的品牌陈列具有较大的区别。品牌接触强调消费者在接触过程中能够与品牌企业进行互动，通过对企业或者产品的进一步了解来逐步认识品牌的内在价值、情感和利益，以完成该品牌在消费者心目中的定位。品牌接触过程事实上是一个品牌认知中的再认识或者回忆过程，时间、场景、人物、地点等要素固然重要，但是消费者的内心体验更重要。因此，品牌接触的中心任务在于了解消费者的特征，并使这种特征与品牌特征进行对比。"品牌接触—品牌体验—品牌特征与消费者特征重新匹配"，这是品牌接触点设计的重要内容。

二、品牌接触点与品牌特征之间的关系

品牌接触点与品牌特征（brand feature）之间具有一定的内在关系。一般而言，品牌总是以某种方式来接触潜在的消费者并向目标群体传递品牌的具体特征。品牌接触点与品牌特征并不是一种一一对应关系，它们可能是"一对多"或者"多对一"关系。这就意味着，在有些时候，一个接触点可能展示品牌的一个或者多个特征；而在另一些时候，多个接触点只能展示品牌的一个特征。

品牌特征作为品牌的特点、气质和内涵，它体现出一个具体品牌区别于其他品牌的价值所在。品牌特征与消费者感觉密切相关，它所包括的核心特征、支撑特征、通用特征和流动特征等要素都需要消费者通过品牌接触来进行感受。因此，围绕着品牌特征中的这些不同层面，品牌接触可以层层递进，从而实现对品牌的全方位了解和掌握。一般而言，核

心特征如品牌实质与精华的接触，通常受品牌产品所应用的技术的可展现性影响，需要长期的品牌使用经验和内心体会才能获得；而支撑特征如名称、Logo、图案等，则相对直观一起，消费者相对容易完成品牌接触；通用特征作为品牌所属类别的共同性质，是通过短期使用就可获得品牌接触效果的性质；而流动特征作为品牌应对市场竞争的权变性设计，它在品牌接触中应当能够容易地被消费者所理解和接受。

由于品牌特征存在着上述四个层次的特点或性质，因而品牌接触往往并不是一次性的观察或者试用就能够完成。事实上，品牌接触点的设计就是把这四个层次的特征和性质与消费者的需求进行对接，让消费者能够把对品牌的理解从表层观察深入核心层的研究。例如，消费者购买一款豪华小汽车，这款品牌所能带给消费者的体验应当是一个长期的、持续的过程，而不是购买之后短期之内所能够迅速完成的，比如它在体现社会身份和地位方面的价值与作用，它的技术卓越性能的充分展现，它的维修服务的系统性、可靠性和安全的保障性，以及它作为著名品牌在市场竞争中所体现出的强大能量，等等，这些功能、价值与利益的体验，都需要通过设计专业的品牌接触点来实现。

品牌接触点与品牌特征之间的对应关系，如图10-3所示。

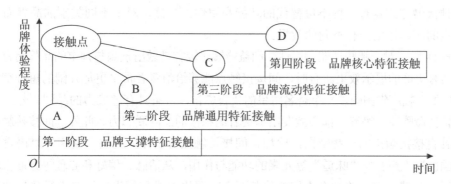

图10-3　品牌接触点与品牌特征之间的对应关系

图10-3中"圆圈"A、B、C、D分别表示不同类型的接触点，而且这些类型与各自所处的接触阶段相一致。由于消费者在购买品牌产品时，总是首先会对品牌的一些名称、符号、图案有着直觉的印象，因而将品牌支撑特征列为第一阶段，即品牌接触中可能首先会面对的一些特征；而通用特征往往是消费者接触的第二项，即他们会在品牌产品的同一个类别中进行横向对比，以观察该品牌产品的质量与性能；而流动性特征由于是企业品牌产品的短期卖点，因而消费者会在掌握了该品牌产品的通用特征之后再深入地接触这一特征；最后才是消费者对品牌核心特征的接触，这并不意味着该特征不重要，恰恰相反，由于该特征需要长期的接触和深入的观察和体验才能把握，因此它处于品牌体验的第四个阶段。

当然，图10-3的分析有一些简化之外，它立足于品牌产品接触与体验中的一些共同特点而得出。有时，具体到一些特殊行业的品牌产品或者品牌企业，它们的品牌接触或者品牌体验过程可能比该图所描述的更加复杂，甚至在一些接触阶段的排序上是完全相反的。

三、品牌接触点的类型

品牌接触点可以按以下标准进行划分。

（一）间接接触点

间接接触点是指消费者在品牌接触中主要是以被动地接受企业的品牌宣传为主，而并没有对品牌产品进行亲身体验的一种接触方式。在实际生活中，消费者经常接触的电视、广播、网站、邮递宣传册、道路宣传画等广告形式，往往以间接接触点的形式来展现品牌的影响力。间接接触点尽管在接触方式上不直接，但是不能因此而认为这种接触点的实际体验效果就一定比直接接触点差。

间接接触点相对于直接接触点而言，既可以是一种事先的营销活动设置，也可以是一种事后的营销活动设置。由于消费者的人格特征并不完全相同，因而对于那些喜欢被动地接受信息的消费者而言，品牌间接接触点的多样化、个性化设计以及它们的便利性，就会极大地方便这些消费者的购物决策。间接接触点所具有的省时、省力、低度情绪干扰性，都使这种接触方式具有一种不可替代的功能和属性。当然，对于不同类别的品牌而言，间接接触点的实际作用会有不同的效果。

一般而言，对于那些功能、属性、利益能够比较容易做出预测与判定的品牌而言，间接接触点具有更好的展示效果。有时，间接接触点能够给消费者带来更加开阔的思维空间和想象力，比如一幅广告图画，一个著名明星的代言广告，一条具有感染力的品牌口号，一段优美的品牌使命陈述，等等，都会激发出消费者的积极的品牌联想力。此外，间接接触点通常可以弥补直接接触点的一些空白，比如，间接接触点可以充分利用"文字""语言""图形""颜色""声音""味道"等元素的功能与作用，从情感、偏好和心理等方面来增加品牌的吸引力与感染力，并结合人们的价值观念、思维方式和行为特征来进行选择性营销活动，因而这种接触点通常包含艺术性和思想性的特征在内。例如，对于一款著名品牌的手表的间接接触，有时比直接接触的效果更好，这是因为人们在自己的脑海中会对各种间接的品牌接触信息进行深度解释和加工，而这种效果有时会比直接接触点所释放的能量还要大一些。

（二）直接接触点

与间接接触点不同，直接接触点是指消费者亲身体验品牌产品的全部或部分实际功效。这种接触点强调品牌产品与消费者之间的互动，即相互影响，在这种影响或作用过程中，消费者完成对品牌的实际体验。企业作为营销活动组织者，为这种互动式体验提供全方位的帮助。直接接触点由于生动、具体、真实、可信，因而使品牌接触点的实际效果更加能够经受住时间的考验。强调"眼见为实""重在参与""亲身感受"这样一些检验效果，使直接接触点在体验经济时代成为企业经营活动中必不可少的营销环节。

一般而言，就一项服务品牌的具体感受而言，从直接接触点所获得的体验通常会比从间接接触点所获得的体验要更加深刻与持久。例如，消费者从一篇关于娱乐节目的评论与介绍中，一般很难体会到这个品牌本身所具有的真实的含义、功能、价值与利益；而如果置身于直接接触点，消费者就会调动身体的各种感官来评价这个服务品牌的实际功效。例如，对于一位消费者而言，现场参与著名歌星的演唱活动，与读一篇相关的报道，其体验效果差距十分明显。在激烈的市场竞争中，消费者往往可以通过对比同一类别中不同品牌的产品和服务的受欢迎程度以及它们的质量和价格策略，进而大致获得对于这些产品和服务在市场中所处实际位置的认知。

直接接触点的类型比较多，以一家品牌企业为例，管理人员、销售人员、工作场景、产品陈列、服务设施等，都可以成为直接接触点。一般而言，企业规模越大，直接接触点就会越多，这一方面是由于管理机构和人员构成的复杂性决定的；另一方面是由企业所生产产品和所提供服务种类的多样化决定的。对于规模较小、产品品种比较单一的企业而言，品牌直接接触点可能相对要少一些。除了企业规模和结构差异引起的直接接触点的数量差异外，不同类型的企业，由于生产和服务流程所包括的环节有着明显的区别，因而直接接触点的类型或者数量也会有所不同。

以品牌产品为例，直接接触点可能包括营销渠道所有环节中可能出现的对于品牌的直接接触，生产企业、代理商、批发商、零售商等渠道成员都能够提供一定程度上的品牌接触；但是，在不同的环节中，品牌直接接触点的数量和内容并不相同。由于消费者通常是通过零售商来直接接触品牌产品的，因而他们对于生产企业、代理商、批发商等环节中的品牌管理情况了解得并不是十分清楚，这就需要生产企业作为品牌的管理者，把这些渠道上游环节的品牌接触点工作设计好，同时着力突出品牌在零售商这个环节中的直接接触点的实际效果。但是，对于服务品牌而言，由于其在性质上不同于实体产品，它的直接接触点并不是能够像产品品牌一样进行渠道的层层流转，因而在品牌接触点的设计方面，就需要考虑这种品牌的特点。比如，一家品牌旅游企业，它所能够提供的服务分布于不同的领域中，在这个品牌的构成要素中，虽然也有上下游环节之间的内在联系，但是，这些要素更类似一种平行的关系，而不是一种垂直的关系，即"吃""住""行""游""购""娱"这六个环节之间并没有必然的上下游关系在内，而是一种可以平行的直接接触点。正因如此，旅游企业的品牌管理就比一般生产企业的品牌管理要复杂一些。

除了可以按照"接触方式"的直接与间接程度来划分接触点外，实践中也有按照消费者的"接触对象"来划分接触点，并将接触点分为"人际接触点""媒体接触点"和"体验接触点"三种类型；另外，还有一种方法，它按照消费者"接触到的具体品牌特征"来划分品牌直接接触点，将品牌直接接触分为：企业人员、企业场景和有形物、非人员沟通类信息和其他人员的评价。

四、品牌接触点的管理

在品牌管理中，企业作为品牌的主要管理者，首先要从企业自身的经营、管理和发展需要出发，区分不同类型品牌对于品牌接触点的实际需求，在有限的资源条件下，认真规划和设计品牌接触点的层次和数量，立足于品牌形象塑造和品牌认知推广，科学把握品牌接触的内容和形式，把品牌接触点的效果充分体现出来。其次，企业应当分析目标顾客对于品牌接触的实际需要，把品牌接触点所提供的品牌特征的内容与形式，与消费者所理解和所需求的品牌概念结合起来。

品牌接触点并不是越多越好，也不一定是越大越好，真正有意义的品牌接触点是能够广泛获得消费者认可的品牌接触点。一般而言，营销中的4Ps都是品牌接触点，产品、价格、分销和促销都是在通过不同的角度来诠释品牌产品乃至品牌企业的理念、价值、信仰和追求。因此，从这个意义上讲，品牌接触点并不是一种独特的事物，它事实上融合于市场营销各个环节与活动之中。作为一位品牌管理的企业家，他所需要做的工作并不是在市场营销之外建设大量的品牌接触点，而是在现有的经营管理基础上把品牌接触的观念树立起来，并通过强化品牌接触点的管理来不断完善体验营销活动。

在品牌接触点的管理中，应当坚持以下四条原则。

（一）系统性原则

不论企业大小，作为品牌，它的自身及其产品都是品牌体系中的一个构成部分。品牌接触点系统应当与品牌体系相吻合，即每一个重要的品牌特征，都应当有对应的品牌接触点。事实上，在品牌接触点体系中，每一个具体的"接触点"，都在品牌体系结构中占据一定的位置。

（二）逻辑性原则

不同的品牌接触点之间有一定的逻辑性，品牌接触点管理应当遵循这种内在的逻辑规律。比如，按照营销渠道的产品流向而设置的线型接触点，与按照品牌特征的内在结构而设置的综合接触点，它们所呈现的是两种不同的接触点排列规律。这就要求企业在管理时要体现出一定的针对性。

（三）关键性原则

一个品牌的特征可能有多个层次构成；同时，它在营销渠道中的接触点可以随着渠道的延长而不断地延伸。针对这些情况，品牌接触点的管理就应当体现出一定的差异性，即围绕关键接触点来管理整个品牌的体验过程。比如，一款汽车品牌，它的关键接触点可能包括产品的技术性能和质量、生产企业的内部管理、合作企业的服务态度等。管理好这些关键接触点，企业的品牌体验活动就能够提升到一个更高的水平。

（四）时效性原则

品牌接触点的设计往往与消费者需求紧密相关，由于市场需求处于不断变化之中，企业的品牌体系也会随着这种变化而做出变更。品牌接触作为一种体验活动，它具有一定的时效性，在完成接触之后，企业一定要保持产品提供与售后服务的及时跟进。同时，针对消费者在体验过程中所表现出的不满意情绪，企业应当在接触点管理中做出与之相应的管理创新。

总之，品牌接触点管理的中心任务，在于为消费者创造高品质的体验消费环境，实现企业在品牌建设过程中所作出的各种承诺。

本章小结

本章重点介绍了品牌体验与品牌接触点。

体验对应的英文单词是experience，它来源于拉丁文exprientia，原意是指探查和试验。古希腊学者Atistotole认为，体验是一种感觉和记忆，许多同样的记忆在一起形成的经验即为体验。

在体验经济时代，产品与服务的销售或营销活动往往与消费者的内心情感和现实感受更密切地结合在一起。体验经济或者体验营销与传统经济和传统营销的最大区别在于，它能够把生产企业、经销商和消费者等渠道成员都吸引到一个特定的、专门设计的场景中。在这个场景中，理性的价值追求与感性的情感追求能够达到一种均衡，从而能够把消费者的物质层次的利益和精神层面的利益有机地融合在一起并达到最大化的满足。从情感诉求角度着手来深层次地满足消费者的内在需求，尤其是精神层面的追求，这是体验经济或者体验营销模式下销售的主要优势之一。

品牌体验是体验营销中的一个高端领域。品牌以产品和服务为基础这一根本特点，决定了它的体验从理论上比单纯的产品和服务体验要在层次上更高一些。由于品牌既是生产企业所精心塑造的产物，同时它又是消费者脑海中的一种印象或者联想，因而品牌体验更多地以精神层面的感受而展现出来。

品牌体验的内容包括：品牌体验的实体对象；品牌体验的实际场景；品牌体验的具体效果。

品牌体验的类型可以按照两种标准进行划分，一是根据参与程度及其与环境的相关性划分；二是根据消费者情感的参与深度与广度划分。

品牌接触点（brand contact point）是品牌体验的一个重要组成部分。在体验经济时代，品牌接触比产品经济时代和服务经济时代更加具有重要的意义。事实上，消费者对于品牌的体验更多的时候是建立在品牌接触基础之上，因此，如果没有品牌接触点，品牌体验就根本无法实现。

所谓品牌接触点，是指企业和社会所能够提供的便于消费者接触到品牌和企业的相关信息、实体产品和无形服务的任何场景和具体情形。

品牌接触点与品牌特征（brand feature）之间具有一定的内在关系。一般而言，品牌总是以某种方式来接触潜在的消费者并向目标群体传递品牌的具体特征。品牌接触点与品牌特征并不是一种一一对应关系，它们可能是"一对多"或者"多对一"关系。这就意味着，在有些时候，一个接触点可能展示品牌的一个或者多个特征；而在另一些时候，多个接触点只能展示品牌的一个特征。

品牌特征作为品牌的特点、气质和内涵，它体现出一个具体品牌区别于其他品牌的价值所在。

品牌接触点分为间接接触点和直接接触点。

品牌接触点并不是越多越好，也不一定是越大越好，真正有意义的品牌接触点是能够广泛获得消费者认可的品牌接触点。在品牌接触点的管理中，应当坚持以下四条原则：系统性原则；逻辑性原则；关键性原则；时效性原则。总之，品牌接触点管理的中心任务，在于为消费者创造高品质的体验消费环境，实现企业在品牌建设过程中所作出的各种承诺。

案例背景信息

美国西南航空公司用"心"服务，专注品牌体验

乘坐飞机是为了更快地到达更远的目的地，穿越大洲，跨越大洋。而有这样一个公司，它独具一格，创造性地提出"飞机成为公共汽车"的理念，一举开创航空业的短途运输时代，并成功凭借绝对低成本战略优势成就航空业的"不老传奇"。它就是历经"9·11"事件，在2005年美国航空业的萎靡不振时仍屹立不倒，截至2014年能够创造连续盈利41年记录且至今无人打破的美国西南航空公司。

美国西南航空于1971年6月18日由罗林·金与赫伯·凯莱赫创建，以"廉价航空公司"而著名。它的首航是从达拉斯到休斯敦和圣安东尼奥，只做短途航行。该公司不提供机上用餐，不设特等舱和商务舱，使用可以多次利用的登机牌……这些包含在"1 001项改革"中的举措，是它能够做到行业绝对低成本的关键所在。但是，廉价并不等于粗制滥造，美国西南航空公司致力于打造品牌的关键接触点，通过整合资源来增强客户对品牌的感知价值，提高客户的品牌体验。从公司的Logo、广告、口号，到公司的精神、文化；从飞机的座位设计、机舱空间，到机场的候机厅、登记处；从公司员工的热情服务，到客户因为满意而微笑，到处都是公司通过专业分析研究而设计的品牌接触点。同时，该公司专注于客户对服务质量的满意度，竭力打造客户完美的品牌体验。

一、有形设计传递品牌形象

产品和服务能够强化顾客对品牌的识别能力，让客户直观地感知品牌价值。顾客可以通过观看产品的包装、标识以及亲身体验服务的方式、流程，来接受公司品牌传递的信息和价值。2014年9月，美国西南航空公司启用了全新的品牌形象——"Heart"，原来的Logo换成了带有红黄蓝三种颜色的心形图案，涂装也进行了更新，这使品牌的视觉表现更加醒目，带给顾客强烈的感官冲击，让顾客的目光不自觉地转移到飞机机身上。

与此同时，公司网站打出了新的口号"没有用心服务，飞机只是一个机器"。"Heart"这一全新的品牌形象，以及用心服务、实现公司使命的口号，表达着公司对顾客用心服务、贴近顾客需求的细致态度。

二、精准流程塑造高效服务

美国西南航空公司致力于做低成本短途航线，它的每一架飞机都是行业中飞行时间最长的，始终处于高频次使用状态。同时，该公司减少了飞机的经停点和联结点，80%以上的航班都是直达。如此的航线和航行方式设计，有效地保证了飞机的准点起飞、准点到达，避免了由于晚点或取消航班服务所引起的顾客不满意。如果顾客错过了某个航班，他也能在一个小时之内登上下一架飞机，这有效地降低了顾客的焦虑。相比之下，其他航空公司常常面对的情况是，顾客往往需要提前几个小时到达机场，若出现航班延迟，还不得不等上好几个小时，整个过程加剧了顾客的焦虑感，甚至有些顾客会在机场发泄愤懑情绪，投诉航空公司的服务质量。服务不满意对航空公司的影响是致命的，事件的影响范围会不断扩大，最终影响公司的品牌形象。

美国西南航空公司的服务区域的每个登机口都设置了标杆，共有6个，每根杆上标明5个序号，旅客按照手中序号站在不同区域，按号登机。工作人员按照A、B、C顺序一次性组织旅客排队。整个登记过程按照流程进行，有条不紊。而中转地登机口只需几分钟就能够到达，大大节省了寻找时间，设计十分便捷。在美国西南航空公司，顾客感受到的不仅是高效，精准的服务，更是公司用心服务的每一瞬间。用心服务的理念，贴合顾客需求的流程，吸引着越来越多的顾客成为品牌的忠实拥护者。

三、快乐工作，快乐服务

决定顾客满意度和品牌体验的最为关键的品牌接触点之一是员工。员工的服务态度和服务质量能够向顾客展示品牌的形象，但是，员工的服务具有个人的主观性，而且通常难以量化和规范。只有先让员工满意，他们才能竭尽全力让顾客体验到更高的品牌价值。美国西南航空公司很完美地做到了这一点。它强调"员工第一"的经营理念，让员工"承担责任，做主人翁"。对于那些对公司成功有着突出贡献的员工，公司会把他们的名字雕刻在特别设计的波音737上，或者将他们的突出业绩刊登在公司杂志上，等等。因此，美国西南航空公司在激励员工、激发工作积极性方面，有着自己独特的做法。

在西南航空公司充满关爱和快乐的氛围中，处于工作状态的员工，在服务顾客的时候，一直面带笑容，耐心认真，还能够给顾客带来意外的惊喜和乐趣。例如，机上服务员有时会把自己藏在头顶的行李箱里，在旅客登机时突然冒出来；或者当登机口出现耽搁时，售票代理人会给袜子洞口最大的旅客发奖。这些别出心裁的举动，热情亲切的服务接触，带给顾客极大的乐趣，让顾客一想到美国西南航空公司，都忍俊不禁，深刻地记住这个品牌带给他们的独特体验。

四、绿色环保理念引领行业生态

美国西南航空最为人所知的是"廉价航空"理念，虽然票价极低，不提供机餐服务，但是它善于抓住关键的品牌接触点来加以整合，从而全方位地展示公司的品牌形象和经营理念，带给顾客至臻体验。西南航空自创建以来就坚持推行绿色环保理念，除了展示"碳平衡"绿色飞机模型来宣扬节能减排之外，在实际应用中，更是大力采用绿色环保材料和可循环回收的品牌产品来减少座椅的重量，机身的重量，从而达到减少碳排放的目的，为生态旅行服务起了很好的示范作用。

五、开展社区活动，增强与潜在顾客的互动

美国西南航空公司不仅仅在服务现场和服务流程设计方面带给顾客超值的品牌体验，还走进社区，开展各种各样有趣的活动来吸引更多的潜在顾客。它的志愿者会向社区的人们提供免费的机票、精美的礼物，并和人们进行友好互动。这类举措为西南航空公司挖掘了更多的顾客资源，让顾客感受到它不只是专注于卓越的旅行服务的优秀公司，更是致力于打造与顾客每时每刻的快乐接触。"我们创造快乐，我们分享乐趣"拉近了公司与顾客的距离，让顾客成了公司品牌价值创造的参与者。

"以真诚与尊重对待每一位员工和顾客"，这是美国西南航空公司的核心理念，公司做到了廉价航空的低成本战略与精致的服务的完美结合。从公司的核心理念、企业文化到Logo和广告风格，再到机场服务流程设计，公司在全方位倾力打造影响顾客品牌体验的关键接触点。从精心打造品牌接触点开始，从用心服务开始，美国西南航空公司通过一流的品牌体验来不断增进顾客的品牌识别和品牌价值感知，这为其塑造强大的品牌形象打下了坚实的基础。

(本案例根据以下资料编辑整理而成：1.荣蓉.美国西南航空公司推出"碳平衡"绿色飞机[N].搜狐绿色.2009/11/23；2.杨波.美国西南航空公司体验记[N].民航资源网.2014/01/23；3.David Srere.塑造品牌体验的五个关键步骤[N].成功营销.2014/04/28；4.王鲁生.要改变品牌体验 从接触点开始[J].中国品牌.2014/09/18；5.佚名.年度最佳航空公司——美西南航空[J].空运商务.2015（3）.)

案例讨论题

（1）应用本章理论知识，分析美国西南航空公司成功的原因。
（2）试从本案例中梳理出服务业品牌体验和品牌接触点的基本特征。
（3）美国西南航空公司的品牌体验方法能在世界其他地区推广吗？为什么？

复习思考题

1. 简述品牌体验的基本含义。
2. 在互联网时代，品牌体验有何新的特点？
3. 品牌体验与产品体验有何不同？请举例说明。
4. 品牌体验的内容和方式有哪些？请举例说明。
5. 简述品牌接触点的基本含义。
6. 试分析品牌接触点与品牌特征之间的关系，并举例说明。

第十一章
品牌忠诚

本章知识点

- 品牌忠诚的内涵
- 品牌忠诚的等级
- 品牌忠诚的作用与影响因素
- 品牌忠诚的测量

品牌忠诚（brand loyalty）是品牌管理学的重要研究领域之一，也是在企业市场营销实践活动中备受关注的热点问题。对于企业而言，品牌忠诚是其最重要的资产元素，它比那些体现在财务报表上的数字更有可开发潜力和市场价值。一般而言，一个企业的品牌资产价值的高低，除了可以从该企业在行业和市场中的地位来进行评价外，另一个重要的评价尺度就是企业所生产产品和所提供服务的品牌忠诚度。在一些特殊的环境中，比如经济不景气或者市场销售低迷，消费者忠诚度高的品牌能够摆脱不利形势的影响，使企业能够经受住严峻环境的考验，进而获得持久的竞争优势。

第一节　品牌忠诚的内涵与等级划分

品牌忠诚在企业发展战略体系中处于核心地位。培育忠诚的消费者群体，在某种意义上比击败竞争对手更为重要，以企业品牌的自身优势或吸引力来赢得顾客，这在效果上比通过与对手的竞争更能够获得消费者的认可。从企业发展的目标来看，击败竞争对手和占领市场份额只是企业获得利润的一种手段或者途径，企业真正想要争夺的资源，是存在于市场中的购买力或消费需求，而由顾客对于品牌企业所形成的忠诚，以及进而形成的对于企业某些产品品牌或者服务品牌的忠诚，这应当是所有市场可提供资源中最为可靠的资源之一。

一、品牌忠诚的定义

简单地讲，品牌忠诚就是消费者在购买选择上所表现出的对品牌的长期的、持久的一致性认可。从品牌忠诚的表现形式上，品牌忠诚具有品牌的排他性和品牌的偏好性，即消费者在购买行为中所表现出的总是喜欢某几家企业的产品或者一家企业的某几个品牌，而不是任何企业或任何品牌都可以进入消费者的选择范围。通过心理学和行为学方面的大量调查发现，形成消费者排他性或偏好性品牌购买选择的原因十分复杂。消费者在品牌选择方面所表现出的忠诚度，除了消费者与品牌之间的社会文化环境一致性等客观因素之外，还有消费者主观层面的因素在起作用。

消费者持续性地购买某一类品牌，甚至在内心深处喜欢某一类品牌，尽管其成因十分复杂，但是从所表现的结果来看总是会形成一些一致性的特征。正是由于这些体现在购买意愿、购买数量、购买频次等方面的差异，使品牌忠诚的区分在实践中成为可能。实践中，由于品牌忠诚的可量化途径比较多，因而对于"品牌忠诚"的准确定义，学者们在理解上并不完全相同。不同学者总是试图从各自的认知角度来解释品牌的内涵。从现有关于品牌忠诚的研究成果来看，品牌忠诚可以大致从以下五个角度进行理解。

（一）由消费者对某个品牌的偏爱程度来解释品牌忠诚

这种品牌忠诚并不意味着消费者只购买一种品牌，而是在同一类产品的几个品牌中，消费者更多地选择所偏爱的品牌来消费。比如，消费者在购买洗发水这种产品中，更多时候会选择某一个品牌，尽管有时也会选择其他品牌。偏爱是一种心理和行为倾向，它并不意味着消费者会完全使用这个品牌而排斥其他品牌，而是消费者在选择上更多时候会考虑这个品牌而不是其他品牌。

（二）由消费者的重购或持续购买意愿来理解品牌忠诚

愿意进行一次购买并不足以说明品牌对消费者的实际影响力，而愿意对某一品牌进行重复购买或者持续购买，就会从心理层面揭示出消费者对品牌的忠诚度。消费者对于自己的内心情感并不总是处于观察之中，因而当消费者在市场调查时被发现有重复购买或者持续购买某一品牌的意愿时，往往被营销人员认为是具有品牌忠诚度。尽管此时购买意愿并没有转化为实际购买力，但是所表现出的对品牌的好感或者信任感，也能够帮助企业发现更多的潜在顾客。

（三）从消费者对某一品牌的反复购买行为和对该品牌的良好评价态度来解释品牌忠诚

消费者对品牌的忠诚可能更多时候是通过实际购买行为表现出来的，而且在企业看来，在实际购买行为中出现的购买数量、购买次数以及在售后服务评价中所表现出的态度，正是衡量品牌忠诚的最为重要的、直接的测量指标。对某一品牌的购买行为和对该品牌的实际评价的同时测量，事实上把"行为"与"意愿"有效地结合起来。相比较而言，这样的品牌忠诚测度方法，其可信度最高。

（四）从品牌信任感和排他性信息搜索这个角度来解释品牌忠诚

在互联网时代，消费者的购买选择是多元的。因而测试品牌忠诚度可以通过观察消费者对于品牌的信任感以及在购买产品过程中的品牌搜索信息来获得。消费者如果总是在信息搜索与获取方面聚焦于某一类产品的少数几个品牌，那么通常会说明这些品牌引起了消费者的兴趣与注意力。消费者对某个品牌或者某几个品牌的信任感的建立途径，既可能是由于他人的使用和宣传而引起，也可能是基于自己的使用经验。企业可以通过跟踪和分析消费者的信息浏览过程来获得他们的品牌忠诚状况。

（五）从品牌依恋性上来判断消费者对品牌的忠诚程度

消费者对某一类品牌可能产生情感依赖。这应当是品牌忠诚的一种比较理想的形式。从购买意愿到重复购买和持续购买，这是品牌忠诚的第一个阶段；而由重复购买和持续购买再发展到品牌依恋，这是品牌的第二个阶段。品牌忠诚作为一种消费选择上的排他性心理和行为，当发展到依恋程度时，品牌忠诚者成为企业消费者群体中有力的支持伙伴。品牌依恋在情感上表现为对品牌的完全排他性忠诚，在行为上表现为消费者选择中的唯一性。处于品牌依恋程度的消费者，他们对品牌企业或品牌产品的发展通常会高度关注，并将自己的形象与品牌形象联系在一起，有时甚至会表现出主动收藏品牌或者从品牌消费中获得审美情感的心理和行为倾向。

二、品牌忠诚等级划分

不同消费者对于同一品牌的忠诚度差异较大；不同品牌在市场中所获得的忠诚度也在客观上存在区别。为了区分品牌忠诚中所体现的各种差异，应当对品牌忠诚进行等级划分。品牌忠诚等级如图11-1所示[①]。

图11-1　品牌忠诚度金字塔

品牌忠诚度的不同级别给营销人员带来的挑战并不相同。针对品牌忠诚度不同的顾客，企业应当制定不同的品牌资产管理方式和品牌开发与维系方式。

（一）无品牌忠诚度（no brand loyalty）

这是品牌忠诚度最低的一个层次，处于这个层次的顾客在品牌之间的转换没有规律可循，他们对价格敏感，对品牌漠不关心。在这些消费者的心目中，每个品牌都不错，因而品牌对于他们的购买决策的影响力十分微弱。追求价格便宜和购买便利是这类消费者的基本特点。

（二）满意的购买者或习惯型购买者（habitual buyer）

这类购买者的品牌忠诚度处于次低层次，他们对品牌满意，至少不感到厌恶，基本上不会出现一不满意就更换品牌的情形。但是，这类购买者对于竞争者品牌所进行的营销活动会感兴趣，而且企业很难从内心深处打动他们，他们在寻找替代品牌时不进行理性的思考。

（三）满意的购买者（satisfied buyer）

这种类型的购买者通常面对较高的品牌转换成本，如时间、精力、成本等。他们一般不会轻易进行品牌转换，而且对所拥有的品牌在学习和情感方面投入了较多的精力，因而

---

① [美]David A. Aaker，管理品牌资产[M]. 北京：机械工业出版社，2014：35.

对所使用品牌有一定的依赖性。如果竞争性品牌没有更具吸引力的利益和价值来弥补这些消费者放弃现有品牌所形成的转换成本，那么他们一般不会做出更换品牌的决策。

（四）视品牌为朋友（like a friend）

处于这个层次的品牌购买者，他们与品牌之间建立了真正意义上的情感联系，并发自内心地喜欢所使用的品牌。他们对品牌的这种喜好一般建立在情感、体验和认知等比较抽象的层面上，因而对于一些具体的细小品牌特征往往并不在意。这种情感和情绪上的依恋，使购买者与品牌之间的关系类似于人与人之间的"朋友"关系，因而十分牢固与可靠。

（五）坚定购买者（committed buyer）

该层次的购买者对品牌的忠诚度最高，他们以拥有企业的特定品牌而自豪，并赋予这个品牌经济地位或者社会身份等象征性含义。对于这个层次的消费者而言，品牌的功能和社会身份含义往往具有十分重要的作用，他们喜欢把自己拥有的品牌产品向他人推荐。

Aker认为，上述五种品牌忠诚度的划分都或多或少地偏向于某一方面，这可能与现实中消费者所表现出的品牌忠诚情况并不一致，实际上，品牌忠诚并非总是以单纯的形式出现，有时候还可以形成其他形式。在有些顾客身上，不同级别可能会有所组合，例如喜欢某一品牌，但又有转换成本。在另外一些顾客身上，态度可能与结果不一致，例如对某一品牌不满意，但由于转换成本较高，无法转向其他品牌。不过，这五个级别大致给出了品牌忠诚度可能的不同形式，以及忠诚度对品牌资产的影响。消费者在不断购买和消费某一品牌的过程中，他的忠诚度可能是逐级上升或者跳跃式上升的，即他对品牌的认知有一个逐渐深入和完善的过程。因此，品牌忠诚往往与品牌发展所经历的时间以及消费者与该品牌所接触的时间长短有直接的关系。从这个意义上讲，品牌忠诚一方面是由于品牌的长期市场影响力所引起；另一方面是由于品牌与消费者的接触而形成。因此，那些投放市场时间较短而吸引了大量购买力的品牌，它们是否具有真正意义上的品牌忠诚，这是值得深入研究和探讨的问题。

三、品牌忠诚分类

品牌忠诚除了在程度上能够排出一定的次序外，也可以按照品牌忠诚的原因来进行分类。一般而言，可以从以下角度进行分类。

（一）按照市场环境来进行分类

可以分为"假象忠诚"和"真正忠诚"两种类型。在品牌比较单一或者相互竞争的品牌较少的市场上，有时消费者会经常购买某一个品牌的产品或服务。这时，消费者的购买行为并不足以说明他对这个品牌的忠诚，其中可能有一定程度的假象。因此，消费者在几乎没有选择权时所做出的购买行为，或者出于别无选择的一种购买行为，这时所表现出的

"忠诚"就属于"假象忠诚"。

例如，一个在国外旅行的消费者，他可能由于在饮食或者住宿方面有一定程度的源自于身体方面的需求，因而选择了仅有的几家酒店中的某一家，而且经常在该家酒店进行消费，在这种情形下就不能十分肯定地认为这个消费者对该酒店具有忠诚度。而真正忠诚是指在不受环境条件限制的条件下，在具有充分的市场竞争和品牌替代的情形下，消费者经常选择某一个品牌产品或服务进行消费。如果同样是一位出国旅行者，如果他所面对的是一个充分竞争的品牌市场，而且他所准备购买的品牌产品或服务类别中有许多可供选择的品牌，而且这些品牌形成了激烈的竞争，这时他对某一个品牌的产品或服务所进行的重复购买和持续购买，就可以从"真正忠诚"这个角度来理解。因此，"真正忠诚"与"假象忠诚"之间的根本差异在于，当市场环境发生改变，尤其是竞争趋于激烈时，消费者所表现出的购买态度。与"假象忠诚"相比，"真正忠诚"能够经得起市场变化和时间的检验。

（二）按照表现形式来分类

可以分为情感忠诚和行为忠诚两种类型。从企业的角度来观察，那些经常购买自己产品和服务的消费者，就应当作为忠诚的顾客来对待。但是，在市场中，仍有大量的消费者，他们虽然并不购买企业的产品和服务，却在不断地夸赞和宣传着企业的品牌和服务。与前者相比，这些消费者并没有形成直接的购买力，而只是在欣赏和称赞企业的产品和服务，因而如果仅是用购买数量和购买次数这两项指标来评价消费者的忠诚度，企业就会忽略大量的潜在顾客。从这个比较中可以看出，企业有必要从行为忠诚和态度忠诚两个角度来区分品牌忠诚。行为忠诚产生直接经济效益，而态度忠诚产生间接经济效益。态度忠诚与情感忠诚是同一个事物的两个不同发展阶段，而当态度忠诚与行为忠诚出现一致情形时，所形成的品牌忠诚称为理性忠诚。

态度忠诚一般体现为消费者对一种品牌所表现出的稳定的偏好、信仰和购买意图。行为忠诚中既可能含有态度忠诚的成分，也可能没有态度忠诚的成分。如果行为忠诚中缺乏态度忠诚，那么这种行为忠诚只属于惯性忠诚，即经常购买的动机可能只是图节省时间、用着习惯等方面的便利。关于行为忠诚是否必然会向态度忠诚转化，目前还存在着较大的争议。也有一些研究表明，消费者在耐用品市场所表现出的品牌忠诚度与快速消费品和服务产品有着较大的差异，即在不同的产品类别或者不同的行业中，行为忠诚向态度忠诚转化，或者态度忠诚向行为忠诚转化，有着不同的运行轨迹。消费者在对待企业品牌时所表现出的行为忠诚、态度忠诚之间的关系如图11-2所示[①]。

总之，品牌忠诚是指消费者在购买一类产品时对某一特定品牌所表现出来的偏好或者优先考虑的情感，它是行为或者态度的一种表现，或者是行为和态度的综合。之所以如此，是因为消费者会认为自己所购买的这个品牌能够提供他想要的产品特征、形象、质量和价格。这事实上是前面章节所提及的各种品牌属性，在品牌忠诚这个环节上的充分体

---

① 资料来源：张明立，冯宁. 品牌管理[M]. 北京：清华大学出版社、北京交通大学出版社，2010：244.

现。在这种认知基础上，消费者形成新的购买习惯，他们在与品牌接触的初期，会对品牌进行尝试，之后如果感觉使用效果满意，就会形成购买习惯，并继续购买，因为他们从内心深处感觉到这种产品是安全可靠和熟悉便利的。

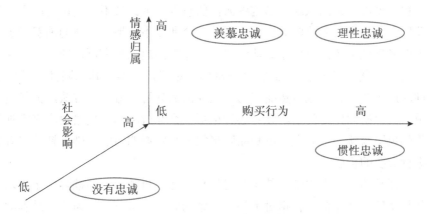

图11-2　Spiros 划分的四种品牌忠诚

品牌忠诚者一般会有以下思维定式：
（1）我忠诚于这个品牌；
（2）与其他品牌相比，我愿意为这个品牌支付更高的价格；
（3）我会向其他消费者推荐该品牌。

第二节　品牌忠诚的作用与影响因素

对于企业而言，品牌忠诚在促进销售、提升利润和稳定顾客群体等方面具有重要的作用。在现实中，影响品牌忠诚的因素有许多种，它们对品牌作用的有效发挥形成了一定程度的制约。

一、品牌忠诚的作用

一般认为，品牌忠诚的作用可以从顾客和企业两个不同的角度来进行分析。

（一）从消费者角度分析的品牌忠诚

品牌忠诚使消费者专注于一类产品中的某一个品牌或者某几个品牌而进行购买和消费，这样就会从需求的角度提升这些品牌的销售额，即由于需求的增加而导致销售收入的增加。尤其是对一些品牌的过度专注，往往使消费者产生过量的需求，这样的一种品牌忠诚极有可能在扩大品牌产品销售额的同时，造成真正意义上的市场份额并没有显著的提升。因此，针对特定人群所表现出的品牌忠诚，应当客观地进行评价，越是仅仅依赖于少数人群来增加销售额和利润,企业对品牌忠诚的依赖程度也就越高;反之,越是依赖于市场中普通人群来增加销售额和利润,企业对品牌忠诚的依赖程度也就越弱。

当然,消费者中出现的对于某一品牌的高度忠诚,既利于企业的销售收入的稳定和利润的增长,也隐藏着一定的风险。当这些人群的收入下降或者不再是市场的主要消费者群体时,企业所面临的经营风险就会增大。因此,企业要不断地培养新的消费者忠诚群体并替代老的消费者忠诚群体,这样才能使消费者对品牌的忠诚具有可持续和可维系能力。从这个意义上讲,市场中普遍认同的"20%:80%"定律,其实有其局限性,即由于顾客群体的单一性而产生的品牌忠诚虽然能够简化企业的品牌管理方式与方法,但是也会由此而引起业务单一、风格固化等问题。针对这种情形,企业就应当从战略角度来审视这种品牌忠诚所面临的风险与挑战,并在不影响品牌形象和品牌影响力的基础上把消费者忠诚在社会人群中进行必要的扩展。

此外,一般认为,品牌忠诚会使顾客对价格变化不再敏感,即顾客由于忠诚于某个品牌而会对其价格的上涨保持一种相对平和与接纳的心态。有时,作为某个品牌的长期消费者,该品牌价格的上涨反而会引起消费者的内心愉悦感,即认为自己所忠诚的品牌具有长期投资价值,而价格下跌反而会引起消费者的不悦。因此,品牌的价格变化对于忠诚于该品牌的消费者而言,主要是指价格上涨的影响,而不是指价格下跌的影响。当然,在一些特定的情形下,如果品牌产品的质量和性能没有发生变化而价格下跌,这样就能够使忠诚于该品牌产品的消费者在同样的购买力水平下获得更多的品牌产品,有时也会引起消费者满意度的提升。

还有一点需要强调,顾客总是比较喜欢保持原来的品牌而对竞争性的品牌促销不感兴趣。这事实上从注意力角度解释了品牌忠诚所形成的品牌入围。由于顾客喜欢某一品牌,那么他总是习惯地把这个品牌的信息保留于脑海中,并且因此而拒绝其他品牌产品信息的介入。这种类似于选择性记忆的信息过滤方式在缩小了品牌选择范围的同时,也使那些被消费者高度认可的品牌的价值凸显出来。消费者这种主动排斥一些可选品牌的做法,虽然客观地讲并不是十分理性,却加速了消费购买过程,因而使消费者在品牌体验方面可能有更加便利和熟悉的心理感受。

(二)从生产者角度分析的品牌忠诚

在《市场营销学》理论中,企业习惯于把自己的顾客按照所创造的价值进行分类:真正的朋友、蝴蝶、陌生人和船底的贝壳。但是,品牌忠诚与价值创造并不是同一个概念。真正能够创造价值的顾客,并不一定会忠诚于单一的企业;而那些在态度上和行为上表现得十分忠诚的顾客,如果仅是从价值创造这个角度来进行评价,可能并没有保留与他们交往的实际意义。一般认为,品牌忠诚对于企业而言,能够降低成本。例如,品牌忠诚具有口碑效应,它能够一定程度上替代广告的作用而把品牌宣传出去。因此,塑造良好的品牌形象比通过广告宣传更重要。品牌具有价值和宣传效应这个特点,使品牌忠诚与销售收入和利润等经济指标总是联系在一起,而且品牌忠诚所带来的营销效果也会在一定程度上增加企业的市场份额。基于对其他人群的品牌忠诚的好奇心或者羡慕心理，一些消费者也会受品牌忠诚者的情绪感染而加入品牌忠诚的人群中，这样就使品牌忠诚者的群体人数增加。

品牌忠诚总是会延迟消费者向其他品牌转移的时间，尤其是在产品出现技术升级或者产业革命时，品牌忠诚能够起到稳定消费者需求和心理需要的作用，为企业适应市场和行业变化提供一定时间长度的"准备期"或者"过渡期"，因为忠诚的消费者总是希望所依赖的企业能够跟上时代的步伐，因而表现出了足够的"耐心"和"支持"。品牌忠诚也便于品牌产品或服务向着其他方向进行延伸，不断增进企业的品牌资产价值。忠诚度意味着消费者对于目前的品牌的一种心理认同，并以依赖感和信赖感等情绪或情感形式而表现出来，因此，即使在品牌延伸过程中出现一些偏差，核心品牌形象由于已经十分牢固地存在于消费者的脑海中，因而延伸品牌的偏差并不能够形成根本性影响，它仍然会被消费者所接受。此时，延伸品牌可以根据市场的变化继续寻找相应的市场定位，直至被市场完全接受或者退出市场。

二、品牌忠诚的影响因素

影响品牌忠诚的因素主要来自于两个大的层面：主观层面和客观层面。首先，消费者的个体差异是影响品牌忠诚的最为重要的因素之一；而客观层面的因素，如产品的质量、企业的声誉、消费者所在的环境等，也是影响品牌忠诚的重要因素之一。

（一）消费者的个体差异

在针对品牌忠诚度的分析中，更多的研究把消费者个性与品牌个性进行一对一分析，试图寻找出二者之间的对应关系。完全否认这种内在的联系是缺乏理论依据的，但是明确的、可信的内在联系仍然处于探索之中。事实上，消费者的个体差异必然会影响到他们所表现出的品牌忠诚度。比如，现实中，总是会有两种类型的消费者：一种是忠诚度比较高的消费者，他们比较容易形成对某些品牌的忠诚，有的甚至对某一种品牌表现出持久的忠诚与依赖；另一种是忠诚度比较低的消费者，他们往往不容易形成品牌忠诚，态度总是习惯于在不同的品牌之间摇摆。

从心理和行为学上分析，容易形成品牌忠诚的消费者往往对他人的观点和主张有一定的信任感，因而能够对被推荐的一种品牌产品长期地坚持使用下去，并激发自己的好感，进而逐渐培养出忠诚度。而那些不容易形成品牌忠诚的消费者，往往对于他人的观点和看法有一定程度的质疑，而是喜欢通过比较或者更多的试用来建立品牌忠诚。不同消费者由于生活于不同的社会经济文化环境中，因而对于如何培养、建立与品牌之间的关系，有着不同的看法。事实上，不同民族和国家的消费者人群，对于他们所忠诚的品牌产品，表现出的忠诚度与忠诚感有较大的差异。地理、气候、文化、年龄、性别、教育对消费者的个性特点产生影响，进而直接影响到个体对品牌的忠诚程度。

（二）品牌的属性和利益

由于每一种品牌产品的属性和利益都有其特点，因而它们能够引起的消费者忠诚度也有一定区分。消费者总是会在一些品类的产品中表现出较高程度的忠诚度，而在另一些品类的产品中可能没有忠诚度可言。对于技术复杂、价格高昂，且需要经过长期使用经验才能够做出功能、属性和利益评价的产品而言，由于转换成本较高，一般而言，如果第一次购买的经历比较满意，那么就容易形成品牌忠诚度；而对于那些技术简单、价格较低，经历较短时间就能够观察到品牌功能、属性和利益的产品，即使第一次使用能够带来满意的效果，也不一定能够形成长期的品牌忠诚度。

对于品牌差异较小的产品，品牌忠诚度一般较高，比如食盐、糖、醋等；而对于品牌差异较大的产品，且能够不断进行内容和形式更新的产品，比如手机、电脑、电视等，品牌忠诚度一般较低。品牌属性与利益也与产品和服务的季节性特点有一定内在关系，即具有时间性特点。比如，消费者在不同的时间节点会有不同的品牌需求，即忠诚度排序会发生一定的变化，以服装品牌为例，两个竞争性的服装品牌"A"和"B"，它们在夏季和冬季的销量并不相同，在消费者的忠诚度中，"先A后B"是夏季品牌排序；而"先B后A"是冬季排序。

（三）消费者所在的外部环境

消费者所在的外部环境也在影响着消费者对品牌的忠诚度。这种外在环境既包括市场环境，也包括行业环境。一般认为，行业中竞争对手数量的多少，会直接影响消费者的品牌忠诚度。如果行业中充满了提供相同产品和服务的竞争者，且每一种竞争性品牌都有其个性特征和满足消费者的一些价值和属性，那么这时消费者的忠诚度就会趋于分散而不是集中；如果行业中能够提供相同产品和服务的竞争者较少，那么此时的消费者忠诚度就会集中于某一个或某几个品牌，品牌忠诚度就会提升。但是，这两种行业情形与前面所讲的充分竞争的市场或者垄断竞争市场，甚至是完全垄断市场有一定关系。

除了行业环境之外，市场环境也是一个重要的影响因素。在有些市场环境中，各个市场参与主体（包括市场监管者）的思路是允许各种形态的企业和经营方式存在，即一些低端的业态也能够长期地存在下去，这就导致消费者的品牌忠诚总是向着下游的方向发展；而在另一些市场环境中，各个市场参与主体从社会发展角度在不断地提升市场的经营管理水平，即在不断地向着高端的业态发展，这时消费者就会自然的选择一些中高端的品牌作为消费对象。一般而言，经济发展和社会进步所带来的市场变化应当是市场环境的逐渐向好，以及消费者在品牌与非品牌的选择方向上更倾向于前者。但是，在一些倡导"便宜""经济""实惠"的市场环境中，消费者的品牌忠诚也会受到一定程度的影响，向着低端品牌方向发展。此外，外部环境中的营销方式与方法也对消费者的品牌忠诚产生一定影响。例如，在有些环境中，企业比较强调广告的作用，因而这种促销方式对于品牌忠诚具有重要的影响；而在另一些环境中，企业更多地依靠质量和信誉，因而越是高质量和守承诺的产品，其消费者忠诚度越高。

第三节　品牌忠诚测量

前面两节主要是从定性角度解释了与品牌忠诚相关的一些基本概念与理论方法。如果要具体地了解品牌忠诚度及其管理方法，还必须掌握品牌忠诚的测量方式。

一、行为测量法

行为测量法是最为直接的品牌忠诚测量法之一。不能转化为行动的承诺或态度是很难有说服力的。在越来越多的统计技术、数学分析手段和心理学知识应用于消费者行为分析时，做品牌忠诚的定量研究变得更加容易。

（一）再购率

一次购买并不能够体现出消费者对品牌的忠诚，而第二次购买，第三次购买，以及多次购买，就能够在行为上体现出一定的品牌忠诚度。我们可以通过对比和分析某一品牌的再购率，来观察这个品牌在市场中的具体表现。以洗发水为例，如果某位消费者对"飘柔"这个品牌一再购买，那么说明他对这个品牌具有行为忠诚。也许，这款品牌的某些功能使消费者感到很适合自己，因而他总是会优先考虑这款品牌。但是，不管怎样，在有众多品牌可以选择时，他把"关键的投票"投给了这款品牌。这种由实际购买所体现出来的消费行为忠诚，一般可以根据产品的类别、所购买产品的次数和平均购买时间间隔来划分消费者的忠诚程度。比如，日化产品类别中的洗发水（家庭用中型包装），每半年购买1次，每次1瓶，1年购买2次，划为低度忠诚；每季度购买1次，每次1瓶，1年购买4次，划为中度忠诚；而每2个月购买1次，每次1瓶，1年购买6次，划为高度忠诚。在实际生活中，再购率与"回头率"有着相近的含义。当企业所提供的产品品牌和服务品牌能够引起消费者的好感时，再购行为往往会发生。

在大数据营销时代，企业可以通过与经销商的销售数据库的对接，直接分析自己品牌在经销商所有品牌中的再购率，并根据再购顾客的特点有针对性地开展营销活动。当然，经销商的销售数据有时并不会直接提供给生产企业，而仅是作为下次采购时的品牌选择依据。出现这种情形时，企业就要想方设法来直接掌握消费者的购买信息，并对忠诚的顾客群体进行深度分析，通过扩展品牌系列或者改进品牌功能来扩大品牌消费市场。在通常情形下，一些技术含量较高的产品品牌设有售后服务与回访这个与消费者直接接触的过程，但是许多企业并没有有效地利用这个过程中的交流来挖掘消费者对于企业品牌的忠诚程度，而只是停留于技术支持或者售后满意度调查这样一些层面，而且购买时间与回访时间间隔较短，这就使企业与消费者直接接触的机会变成了一种工作人员认为意义不大的程序化或表面化的工作。

（二）购买率

购买率是指消费者在各个品牌消费方面的实际购买比例。上面所讲的再购率只是一个针对第一次购买了某一品牌的消费者人群（全集），之后再重复购买该品牌的消费者（子集）占第一次购买该品牌的消费者总人数的比例。根据再购率，我们可以划分出第二次再购率，第三次再购率……第N次再购率，等等。但是，购买比例与再购率不同，它是指某一特定的消费者或者消费者群体在购买的所有品牌中各个品牌所占的实际比例。例如，消费者A在2015年共购买了20瓶洗发水，它们分属于4个不同的品牌：海飞丝、力士、蜂花和夏士莲；消费者B和消费者C同样购买了这4个品牌的洗发水。三位消费者对各个品牌的实际消费量如表11-1所示。

表11-1　三位消费者的洗发水品牌消费数量　　　　　单位：个

消费者＼品牌名称	海飞丝	力士	蜂花	夏士莲	总消费量
A	10	5	3	2	20
B	6	5	4	3	18
C	4	4	2	2	12
品牌消费量	20	14	9	7	50

三位消费者对各个品牌的实际消费比例可以从两个不同的角度进行计算：一是计算某一位消费者实际消费某一品牌数量占该消费者所消费全部品牌数量的比例，如表11-2所示；二是计算某一消费者具体消费某一品牌占所有消费者消费该品牌总数量的比例，如表11-3所示。

表11-2　消费者实际消费某一品牌数量占该消费者所消费全部品牌数量的比例　　单位：%

消费者＼品牌名称	海飞丝	力士	蜂花	夏士莲	消费比例
A	50	25	15	10	100
B	33	28	22	17	100
C	33	33	17	17	100
品牌消费比例	40	28	18	14	100

表11-3　消费者具体消费某一品牌占所有消费者消费该品牌总数量的比例　　单位：%

消费者＼品牌名称	海飞丝	力士	蜂花	夏士莲
A	50	36	33	29
B	30	36	45	42
C	20	28	22	29
品牌消费比例	100	100	100	100

从表11-2可以看出，消费者A对海飞丝和力士这两个品牌有较高的忠诚度，尤其是对海飞丝，忠诚度达到50%，而消费者B和消费者C尽管也对海飞丝和力士这两个品牌有一定的忠诚度，但是相对于其他两个品牌，这种忠诚度并不特别显著，尤其是消费者C，他对海飞丝和力士的忠诚度处于同一水平，对其他两个品牌的忠诚度尽管较低，但水平是一致的。

从表11-3可以看出，消费者A在海飞丝的销量中占比最高，应当是该品牌最忠诚的消费者；消费者A和消费者B都是力士品牌的最忠诚消费者；消费者B在蜂花这个品牌的销量中占比最高，因而是该品牌的最忠诚的消费者，同时他也是夏士莲品牌的最忠诚的消费者；消费者C对于所有品牌来讲，都不是最忠诚的消费者，因而在这些品牌提供有差别的服务时，可能会被放在最不重要的位置来对待。

（三）品牌购买数量

在Aaker的理解中，品牌购买数量是指分别购买不同品牌数量的顾客在全部顾客中各占的比例。比如，只买一种品牌的顾客占多大比例，购买两种品牌的顾客占多大比例，购买三种品牌的顾客占多大比例……

一般而言，产品门类不同，顾客忠诚度相差较大，这取决于相互竞争的品牌数目和产品的性质。Aaker在其研究中发现，对于食盐、蜡纸之类的产品，只购买一种品牌的顾客比例占了80%以上；对于汽油、轮胎、蔬菜罐头之类的产品，其比例不到40%。我们在前面提到了品牌忠诚度与品牌可选择范围之间的关系，并认为品牌可选择范围的宽窄程度对品牌忠诚度的评价构成一定影响，并容易造成品牌忠诚假象。因此，分析品牌购买数量，其结果的客观性在较大程度上依赖于品牌可选择范围的充分竞争性假设，即只有在一种产品类别中具有充分竞争的品牌，那么计算品牌购买数量对于评价品牌忠诚才有真正的价值。

相对于那些只购买一种品牌的消费者而言，在同一种产品的消费中，购买许多种品牌的消费者就会显得不够忠诚。如果一个特定的市场中在某一类产品项下有100个品牌在激烈地竞争，那么只选择一个品牌进行消费的消费者，与选择其中的10个品牌进行消费的消费者相比，就会显出对于其所消费的品牌的绝对忠诚度。但是，如果这个消费者与购买两个品牌的其他消费者相比，尽管仍然具有品牌忠诚方面的优势，但是品牌忠诚的差异在缩小，或者变得不明显。如果该消费者与购买两个品牌的消费者在总的消费额上是相同的，那么他的忠诚度就是后者的两倍。从这个意义上讲，忠诚度的评价一定要建立在市场充分竞争与消费者的消费能力相同的假设基础上。接着上面的例子，假设：（1）洗发水市场各品牌之间充分竞争；（2）A、B、C三位消费者的洗发水消费支出额相等，在此条件下，如果A、B、C分别购买的品牌数量如表11-4所示，那么对于他们的品牌忠诚度的评价又可能会出现一定的改变。

从表11-4可以看出，A消费者的忠诚度最高，他只购买海飞丝洗发水；B消费者购买两个品牌的产品，既消费力士，又购买蜂花；C消费者购买三个品牌的产品，从忠诚度上应当是三位消费者中最低的。

表11-4 消费者购买品牌数量与品牌忠诚度评价

消费者 \ 品牌名称	海飞丝	力士	蜂花	夏士莲	品牌购买数量（单位：个）
A	○				1
B		○	○		2
C		○	○	○	3
品牌忠诚者（单位：人）	1	2	2	1	—

注："○"表示消费者选择消费该品牌。

但是，这种评价方法的局限性在于只计算被选购品牌的名称数量，而不计算每个品牌产品的实际购买量。以B消费者为例，在他所选择的两个品牌中，可能绝大部分的购买力投在了力士与蜂花中的某一个品牌上。同理，C消费者也可能出现与B消费者类似的情形，即购买力并不是均匀地分布于三个品牌上，而是出现偏态分布。这种现象的出现，事实上会影响到品牌购买数量评价方法的实际使用效果。因此，在使用这种方法时，还必须另外加上一个前提条件，即消费者的购买力在所选择品牌之间是呈均匀分布的特征。

■ 二、转换成本

前面的分析通常是假定消费者不受任何其他条件的约束开始选择品牌进行消费。事实上，这种情形并不常见。消费者除了有自己的偏好与习惯外，还会在品牌选择时受一些客观条件的制约，比如已经购买和使用的品牌产品。

以个人电脑的更新为例，有的电脑在销售时就配有相关的软件支持系统，如果更新硬件，可能意味着软件不再能够发挥作用。如果更新软件，原来的硬件也可能不能充分发挥效率。因此，软件与硬件之间的匹配是困扰着下一步品牌选择的主要因素之一。在是否选择新的品牌产品时，企业往往要慎重地评价现有品牌产品的使用情况，以及工作人员对这些品牌的依赖程度。除了操作上的习惯外，还包括情感上的依赖。一般而言，消费者越是长期使用某一品牌产品，他对该品牌的依赖感越强。这时，如果用其他品牌产品来替代现有品牌，就必然涉及转换成本问题。

如果现有品牌产品在会计账簿上的残值已经较低，那么购买新的品牌产品可能只要通过解决工作人员的情感依赖问题就可以完成。但是，如果残值比重较大，且新的品牌产品的功能和利益不十分明显，就会产生较大的转换成本。企业往往通过快速折旧来抵减内部员工对品牌产品的依赖感。但是，有时这可能只是购买者的一厢情愿。

生产企业作为品牌的管理者，它们往往会想方设法来增加品牌的转换成本，使品牌产品的使用不是建立在单个的实体上，而是建立在一个与其他品牌产品相关联且关联程度较高的系统上。这时，如果消费者想要淘汰这个系统中的某一个部分，更换上新的品牌产品，那么所要付出的转换成本可能是对整个系统进行更换。例如，在当今世界，互联网技术、计算机技术和信息技术在深刻地改变着每一位消费者的生活，这给整个社会带来了便利的服务，但是，在这个巨大的世界网络中，消费者进行品牌消费时所付出的升级成本越来越高。以移动电话为例，每一次升级，都是一次新品牌与老品牌之间的对决，而最终往往是由消费者来承担技术转换与品牌升级的结果，即原有品牌产品退出市场、退出消费领域，而新的品牌产品大举进入。

三、其他测量法

除了上述两种主要的方法外，品牌忠诚度的测量还可以通过"衡量满意度"、评价"品牌的喜欢程度"和"坚定程度"等方法来完成。

"衡量满意度"可以从"满意"与"不满意"两个方向上进行测量。在目前比较流行的市场调查方法中，不少方法是以调查"满意度"为出发点的，而不是调查"不满意度"。事实上，在一些特定的情形下，"不满意度"表格的设计与调查比"满意度"表格的设计与调查效果更有效。

满意并不代表喜欢，而喜欢并不意味着消费者会主动地进行品牌推荐。因此，从"不满意"到"满意"，由"满意"到"喜欢"，再由"喜欢"到"坚定"，这事实上反映了消费者对品牌的忠诚程度的不断提升。当然，这些方面的表现主要是针对消费者态度而言的，它们与前面所讲的行为忠诚有一定区别。这种情感上的忠诚往往要比行为上的忠诚更具持久力和影响力。因此，在品牌忠诚度测量中，一定要重视这些方法的使用和推广。

本章小结

本章重点介绍了品牌忠诚（brand loyalty）、品牌忠诚的内涵与等级划分、品牌忠诚的作用和影响因素以及品牌忠诚的测量。

品牌忠诚在企业发展战略体系中处于核心地位。培育忠诚的消费者群体，在某种意义上比击败竞争对手更为重要，以企业品牌的自身的优势或吸引力来赢得顾客，这在效果上比通过与对手的竞争更能够获得消费者的认可。

简单地讲，品牌忠诚就是消费者在购买选择上所表现出的对品牌的长期的、持久的一致性认可。

从现有关于品牌忠诚的研究成果来看，品牌忠诚可以大致从以下5个角度进行理解：由消费者对某个品牌的偏爱程度来解释品牌忠诚；由消费者的重购或持续购买意愿来理解品牌忠诚；从消费者对某一品牌的反复购买行为和对该品牌的良好评价态度来解释品牌忠诚；从品牌信任感和排他性信息搜索这个角度来解释品牌忠诚；从品牌依恋性上来判断消费者对品牌的忠诚程度。

按照消费者对品牌的忠诚程度，可以将消费者划分为五种类型：无品牌忠诚度（no brand loyalty）；满意的购买者或习惯型购买者（habitual buyer）；满意的购买者

（satisfied buyer）；视品牌为朋友（like a friend）；坚定购买者（committed buyer）。基于消费者在品牌忠诚方面所表现出的等级差异，企业应当制定不同的品牌资产管理方式和品牌开发与维系方式。

品牌忠诚是一种思想和行为，品牌忠诚除了在程度上能够排出一定的次序外，也可以按照品牌忠诚的原因来进行分类。一般而言，可以从以下角度进行分类：按照市场环境来进行分类，可以分为"假象忠诚"和"真正忠诚"两种类型；按照表现形式来分类，可以分为情感忠诚和行为忠诚两种类型。

品牌忠诚者一般会有以下思维定式：我忠诚于这个品牌；与其他品牌相比，我愿意为这个品牌支付更高的价格；我会向其他消费者推荐该品牌。

一般认为，品牌忠诚的作用可以从顾客和企业两个不同的角度来进行分析。从消费者角度分析的品牌忠诚，是指消费者专注于一类产品中的某一个品牌或者某几个品牌而进行购买和消费，这种忠诚的结果会从需求的角度提升这些品牌的销售额，即由于需求的增加而导致销售收入的增加。从生产者角度分析的品牌忠诚，是指企业习惯于把自己的顾客按照所创造的价值进行分类：真正的朋友、蝴蝶、陌生人和船底的贝壳，并按照这种分类方式来进行客户资源管理。

品牌忠诚与价值创造并不是同一个概念。

影响品牌忠诚的因素主要来自于两个大的层面：主观层面和客观层面。

品牌忠诚的测量方式主要包括：行为测量法（如再购率、购买率和品牌购买数量）；转换成本测量法；其他测量法。

案例背景信息

海尔的品牌忠诚打造

成功品牌80%的利润来自20%的忠诚顾客。品牌忠诚度联系着价值的创造，企业为顾客创造更多的价值，有利于培养顾客的品牌忠诚度，而品牌忠诚又会给企业带来利润的增长。因此，忠诚是值得企业花费精力去赢得的，而系统性、计划性地提高顾客忠诚度已经成为企业具有战略意义的营销计划之一。

2015年12月15日，由世界品牌实验室独家编制的2015年度《世界品牌500强》中，中国内地共有31个品牌入选，其中海尔品牌排名较去年上升了90名，入围世界品牌百强，成为全球上升最快的品牌之一，并位居全球白色家电品牌第一名。在对世界级品牌的品牌影响力评价中，市场占有率、品牌忠诚度和全球领导力是品牌评分所依据的三项关键指标。在品牌忠诚度这项指标中，海尔指标列居最高分，处于全球领先位置。

作为世界第四大白色家电制造商的海尔集团，是如何在千变万化的市场格局中生存，紧跟时代步伐，并受到消费者们长久的欢迎的呢？这得益于海尔成功的品牌忠诚打造：满足消费者个性化需求、产品创新、提供物超所值的附加产品及与消费者之间的有效沟通。

一、消费者个性化需求的满足——"互联网+"时代下的年轻化战略

在移动互联时代，社会化媒体全面崛起，在接触大量信息的过程中，消费者对品牌的忠诚度也因此而改变。针对互联网时代的消费特点与用户对品牌的认知特点，海尔在品牌营销上展开了深入探索。海尔发现，消费者在选择家电产品时，更愿意选择与自己格调匹配、有影响力的产品。因此，在战略转型中，海尔把品牌、产品年轻化定位作为首要目标，提出了打造"年轻品牌+产品体验+用户需求+生活理念+场景应用"等多层面全方位的升级战略。目前海尔致力于为年青一代定制产品，推出了"90后青春家电""咕咚手持洗衣机"等时尚产品。

就拿"咕咚手持洗衣机"来说，它以独特的设计性能为卖点，有效地满足了年轻消费者对新奇产品的需求。在海尔咕咚问世之前，谁能想到洗衣机是可以不用把衣物放在机器里面进行清洗的。但是咕咚手持洗衣机，仅仅采用三节7号电池驱动，就能够产生每分钟700次频率的拍打，利用准确定位外加高频拍打的形式去除衣物上的污渍，洗涤过程十分迅速，身娇体轻且用水量少。同时，其299元的售价，也符合年轻人的消费能力。2015年5月上市后，该产品引起了市场的广泛关注，也受到了广大年轻消费者的喜爱。

将年轻用户的期待转化为真正可见的"智爱家"，海尔在品牌建设中全面对接了新时代的用户需求，从而赢得了顾客。

二、产品创新——解决顾客痛点

产品的质量是顾客对品牌忠诚的基础。消费者对品牌的忠诚，在一定意义上也可以说是对其产品质量的忠诚。企业的创新活动能够向市场传递产品品质不断提升的信息，消费者因此而能够获得更大的感知价值。例如，针对空调噪声问题，海尔在美国成功推出两款超静音空调，有效解决了产品噪声大的用户痛点；针对印度用户从冰箱中取冷藏食物频率较高这一特点，海尔开发出冷藏、冷冻室调换位置的"不弯腰冰箱"，并因此而获得了印度冰箱类产品"年度产品"奖。

三、为消费者提供超值服务——真诚到永远

统计数据显示，目前海尔集团的冰箱、洗衣机产销量均已超过1 000万台，产量均占到全球总量的10%以上。经过多年的飞速发展，海尔已经从国内白色家电市场的领导者发展到现在的世界白色家电的领导者这一新的高度。在发展征程中，虽然海尔集团的战略方向紧随着市场的发展而不断地改变，但是对待顾客的态度却始终如一——"真诚到永远"的服务口号深入人心。

海尔总是能够比同行业其他企业领先一步认识到服务的重要性，以五星级服务赢得了全球消费者的喜爱。例如，海尔空调开展了"无氟空调十年包修"活动，即消费者无论在什么时间、什么地点购买了海尔这种款式的空调，都能够享受包修服务。除此之外，海尔对产品服务进行了全面升级。比如，在家电服务内容上，增加了为用

户免费检测用电环境等一系列增值服务，试图以最大化的努力带给顾客物超所值的附加产品。海尔20年如一日地为消费者提供卓越的产品，"真诚服务到永远"不仅是口号，而且是实实在在的行动。海尔品牌因此而赢得了广大消费者的喜爱。

四、有效沟通——优异的客户关系管理

2000年后，海尔装上了由IBM和吉林大学合作研发的CRM系统。事实上，在此之前海尔就采用了SAP的ERP系统整合物流等内部流程。海尔通过CRM技术实现了与客户的"零距离接触"，产品在各个销售点的每日销售情况在系统中可以轻易查询出来。具体来说，客户可以通过海尔的CRM网络获得多种服务：网上财务对账、费用查询等在线账务服务，管理咨询、客户投诉服务，以及企业文化、产品推介、促销活动等网上信息服务。对海尔内部的员工来说，他们作为内部客户可以享受到库存查询、客户进销存查询、商业智能分析等在线系统服务。CRM系统的建立，有助于海尔了解顾客的需求并有效满足其所需，与顾客建立长期而稳定的关系。而借助线上的平台，既降低了成本，同时也有效推广了海尔的产品。

海尔集团从1984年创立至今，经过30年创新，从一家不知名的集体小厂发展成为世界第四大白色家电制造商，这很大程度上得益于其优异的品牌忠诚的打造。通过四个维度策略的综合使用，海尔成功地塑造了消费者对其产品和服务的强烈忠诚感，从而带来了重复的购买行为，不仅提高了销量，增加了利润，更使其面对竞争时有较大弹性，这也进一步提高了海尔的品牌价值。

（本案例根据以下资料编辑整理而成：1.王席乐.真诚到永远——海尔以服务引导全新变革[N]. 河南商报. 2010/03/12；2.王焕君.2015世界品牌500强揭晓，海尔跃居全球白电第一品牌[N].光明网. 2015/12/17；3.海尔品牌年轻化引擎，引领互联网+消费真相[J].成功营销. 2015（9）；4.沈钺，刘晓峰.品牌管理[M].北京：机械工业出版社，2009：148-149.）

案例讨论题

（1）海尔的品牌忠诚是如何实现的？
（2）海尔培养品牌忠诚的四个维度有何借鉴价值？试举例说明。
（3）海尔是如何维系与顾客之间的信任关系的？试举例说明。

复习思考题

1. 简述品牌忠诚的基本含义。
2. 如何划分品牌忠诚等级？试举例说明。
3. 如何进行品牌忠诚分类？试举例说明。
4. 品牌忠诚的作用主要体现在哪些方面？
5. 品牌忠诚的影响因素有哪些？试举例说明。
6. 如何测量品牌忠诚度？结合一家国际著名企业的品牌管理方式来加以说明。

第十二章
品牌资产

本章知识点

- 品牌资产的定义
- 品牌资产的维度
- 品牌资产的创建与维护
- 品牌资产的评估方法

品牌资产（brand equity）是所有品牌活动的最终落脚点之一。品牌管理活动的目标和目的事实上就是促进品牌资产增值。如果品牌管理活动不能够带来品牌资产的增值，甚至使这一资产减值，那么品牌管理活动可能就是没有效果或者低效率的。由于品牌与产品在性质上差异较大，因而品牌管理与产品管理的方式和方法也有较大程度的不同。对于一件产品，企业可以进行无数次的更新和设计；对于一个品牌，企业的任何更新和设计都应当十分慎重。产品在受到严重破坏之后，企业可以通过成本计算的方法来进行重新创造与设计，而品牌在受到负面影响之后，企业对其修复就很难计算出成本，因而可能要付出高昂的代价。在区分产品性资产与品牌资产方面，品牌管理大师Aaker有着精辟的论述。在其《管理品牌资产》著作中，他引用了史蒂芬·金（英国伦敦WPP集团）的话作为开卷之语——工厂可以生产产品，顾客购买品牌；产品可以被竞争对手复制，品牌却是独一无二的；产品可以很快过时，成功的品牌却可以经久不衰。

第一节　品牌资产的基本含义

资产是企业拥有的优于竞争对手的资本。品牌资产是指企业在品牌方面所拥有的优于竞争对手的资本。作为一家企业，它可能有许多地方要比竞争对手优越，但这并不一定就意味着它因而拥有品牌资产。企业资产有多种类型，品牌资产只是其中之一。但是，在市场竞争越来越激烈的今天，品牌资产在企业参与市场竞争中的作用越来越重要，有时甚至成为决定竞争结果的关键性影响因素。

一、品牌资产的特殊性

一般认为，资产总是以资本的实体形态而存在于现实世界中，例如，厂房、机器、设备、流动资产，等等。不作为资本存在的资产也有其存在的形式，但是它们并不是经济学主要研究的对象。因此，在经济学意义上，资产总是与资本相对应，即一定的货币对应一定的实物，并将总资本分为固定资本、流动资本，而相应的将总资产分为固定资产和流动资产。同时，资产也可以资本化。

品牌资产从经济学角度分析品牌作为资产的属性和特征，从理论上讲，它应当与"品牌资本"相对应。但是，在企业的实际运行中，并没有"品牌资本"这样的资本形式存在，也没有相应的概念。由于品牌资产的形成有许多种因素导致，它是无形与有形的结合体，不容易进行量化处理，因而关于它的形成及发展的轨迹，通常有着不同的解释。从品牌管理的角度观察，品牌是企业最重要的资产，但是这种资产并没有资本化，作为最为重要的无形资产形态，它难以进行类似于"固定资产折旧"式的处理，无法从会计核算或财务管理角度对其进行有效保护，难以在企业的长期发展中确保其价值不减价，因而品牌资产与其他资产相比，总是显得十分脆弱。

与货币或实物的非对等性或不可互换性,以及无法进行"计提折旧"式会计处理等特点,使品牌资产的属性十分特殊。但是,品牌资产并不需要像其他资产那样必须进行保值、增值,而且这样的要求事实上也无法进行准确计量。因此,实践中,有时企业家对这种不能明显带来企业经营业绩改善并使改善效果显性化的资产形式并不是十分重视,品牌管理部门的人员对待自己的工作时也会由于业绩在短期之内不明显,因而出现工作不积极主动、决策比较随意等消极倾向;在另一些时候,企业家会特别重视品牌资产,因而会出现品牌扩张过度的倾向,比如品牌不断向低端方向发展,或者不顾市场需求而扩大品牌系列,这又将品牌管理推向了另一个极端。

二、品牌资产的概念

Aaker认为,品牌资产是指与品牌(名称和标志)相联系的,可为公司或顾客增加或削弱产品价值或服务价值的资产或负债。品牌资产基于的资产或负债必须与品牌的名称和(或)符号相联系。①

在上述定义中,品牌名称和品牌标志是作为品牌资产最为重要的两个特征而被提出,而这种资产是与这两个特征相联系的,并通过这种联系能够为公司(品牌的实际拥有者)或者顾客(品牌的消费者)增加或削弱产品或服务的价值。品牌资产是一种资产或负债。在Aaker看来,如果品牌名称或标志发生变化,部分甚至全部品牌资产或负债就会受到影响,甚至消失,尽管部分资产或负债有可能会转移到新的品牌名称或标志上。

品牌资产与品牌名称和标志相关联的这个特点,使品牌名称和标志可以作为商品进行估值并进行买卖,这事实上能够较好地体现出品牌的价值所在。当然,品牌资产的实际构成可能远比它的名称和符号的简单叠加更复杂。在一个优秀品牌的名称和标志下,人力、物力、财力、组织机构、制度保障、经营理念、文化传统等元素聚集在一起。因此,品牌资产是以品牌名称和符号为标志物的一种竞争能力的综合体。

Aaker将品牌资产分为五个不同的维度,这五个维度又归纳为两个价值点,第一个价值点作用于第二个价值点。其基本框架如图12-1所示。

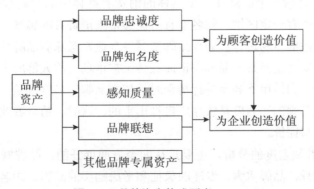

图12-1 品牌资产构成要素

---

① [美]戴维·阿克.管理品牌资产[M].吴进操,常小虹,译.北京:机械工业出版社,2014:13.

三、品牌资产的维度

图12-1中所示的五项内容是品牌资产的主要构成维度，也是研究品牌资产的主要变量。这五个维度将品牌资产划分为不同的类型，即消费者可以从不同的侧面来体会和观察品牌资产的实际存在。

（一）品牌忠诚度

关于品牌忠诚度这个概念，我们在前面的章节中已经有大量的阐述。在此处，品牌忠诚度是作为品牌资产的一个维度来加以探讨的。一家企业如果拥有大量的忠诚消费者，这显然是该企业的一项重要资产。而当这家企业的名称和标志转移给其他企业时，势必会造成一部分忠诚消费者的流失。一般而言，品牌名称和标志在企业之间发生所有权转移后，消费者群体并不能够全部完成同步转移，因而在转移过程中就会发生一定程度的顾客流失和忠诚度下降。这种顾客流失或者现有顾客忠诚度的下降，都会形成品牌资产的减少。

在所有行业中，维持老客户的成本都比开发新客户的成本低，因此，企业在老客户身上的每一项投入似乎都要比投在新客户身上更经济一些。即使消费者在技术快速发展、产品迅速更新的时代，面临着一些长期处于受忠诚地位的品牌的影响力不断下降，但是，他们作为这些品牌的忠诚客户也会由于使用习惯和其他方面的转换成本的影响而不会轻易地更换品牌。因此，从某种意义上讲，一个企业现在所形成的品牌忠诚，往往与它过去的持续投入有关。

当顾客成为品牌的高度忠诚者后，他们往往会主动地替企业作品牌宣传，从而扩大企业的消费者人群。当消费者所忠诚的品牌受到市场上竞争者的攻击时，他们往往会以自己的行动或者购买行为来保持品牌的形象与地位。因此，Aaker将品牌忠诚度这个品牌资产划分为四个小的方面：减少营销成本、交易杠杆、吸引新顾客（建立品牌知名度、增加新顾客的信心）和有时间应对竞争威胁。

（二）品牌知名度

品牌知名度是指一个品牌在一个具体的消费者群体中的知晓程度。知名度与忠诚度不同，也与美誉度有一定区别。知名度有时能够带来消费者的忠诚，因为人们总是喜欢与自己所了解或熟悉的事物进行接触。品牌知名度高通常意味着品牌被消费者认可的程度较高，当然此时的知名是指某一品牌在正面宣传上被市场上的人群所了解和熟悉。当消费者对一类产品的功能和效用不容易进行辨别时，依靠品牌知名度就是一种比较有效的选购方法。当然，有的品牌的知名度是依靠广告打出来的，这时，消费者就要认真地进行品牌质量与功效的分析与评价。

Aaker对品牌知名度的分析，主要是从四个方面展开的：品牌联想赖以存在的基础，熟悉到喜欢的过程，品牌实力、专注的象征和考虑购买的品牌。知名品牌通常能够引起人们积极的、正面的联想，即在满足功能性的需要之外，这类品牌还有可能为消费者带来娱乐性的体验。对于消费者而言，知名的品牌与不知名的相比，前者似乎更能够带来满意和愉快的感觉，有时甚至能够提供更多的安全感和成就感。同时，消费者在使用知名品牌时，也会比较容易获得社会人群的认同。因此，从这个意义上讲，品牌知名度也是一项重要的品牌资产。在娱乐界和体育界，歌星和球星的品牌价值往往是由知名度决定的。当然，形成这种知名度的前提条件是这些明星必须具备独特的技能和气质。

当两个品牌所提供的功能性价值基本相同时，品牌知名度能够有效地将二者区分开来，同时在品牌资产的价值上也可以有所区分。在一些特殊而且敏感的行业中，如果我们无法获得这些行业中每个品牌企业的实行运行情况，那么通过品牌知名度来划分这些行业中不同品牌企业的品牌资产就是一种比较可取的办法。例如，我们可以通过某一个品牌在行业消费者总人数中的知晓程度，即以知晓品牌的人数占行业消费者总人数的比例来定义市场份额的大小。如果某一行业中，所有消费者中有50%的消费者知道A品牌，30%的消费者知道B品牌，20%的消费者知道A和B之外的其他品牌，那么我们就可以简单地把这个市场的品牌资产比例推测为A品牌：50%，B品牌：30%，其他品牌：20%。

（三）感知质量

感知质量事实上就是对品牌的一种在质量上的总体感觉。由于感知质量是建立在感知基础上，因而它会因人而异。在实体产品与服务产品的对比方面，消费者通常对服务产品的感知更加强烈一些，因而体验营销在服务行业更加具有市场空间。但是，消费者的主观感觉是一个易变的量。除了不同消费者之间对于同一品牌的感觉会有不同外，同一个消费者对同一品牌在不同的场景下也可能会出现较大的感知差异。因此，感知质量的研究总是与消费者个性、品牌个性特征、营销场景等因素紧密地结合在一起。

对于一些不能够进行详细分析和认真观察的品牌产品来讲，感知质量在消费者的购买决策中形成重要的影响力。

Aaker认为，感知质量是指顾客了解某一产品或服务的具体用途后，心里对该产品或服务相对于其他同类产品或服务的质量或优势的整体感受。它不同于产品或服务的真实质量或客观质量，也不同于产品质量和生产质量。感知质量是相对于预期目标和替代方案而言的，它与满意度不同，也不同于态度，它能够带来顾客忠诚并创造价值，进而使品牌资产价值得以提升。

感知质量创造价值的过程，如图12-2所示[①]。

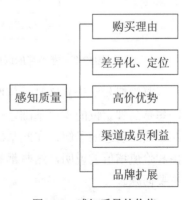

图12-2 感知质量的价值

（四）品牌联想

品牌联想是品牌资产中最为重要的主观感受之一。联想是通过与品牌相关事物创建的，产品或服务的功能和利益是产品品牌联想的最直接的因素之一，除此之外就是它们的包装和分销渠道。不同的包装和分销渠道，给消费者带来的联想效果有着较大的差异。品牌名称、标志和口

---

① [美]戴维·阿克.管理品牌资产[M].吴进操，常小虹，译.北京：机械工业出版社，2014：79.

号对于消费者认识品牌，进而在脑海中形成联想有着重要的定位作用。在所有影响品牌联想的因素中，广告被认为是效果最为直接的方式之一，公共关系和其他促销活动也对品牌联想有一定的积极作用。

但是，消费者如何进行品牌联想以及联想到怎样的一种程度，除了受产品或服务本身以及它们背后的企业的促销宣传和营销渠道合作者的影响外，还在较大程度上受消费者对特定信息的处理能力和信号判断的影响。尤其是对于一些技术成分复杂或信息量极大的产品和服务而言，消费者受个人认知能力和信息获取能力的局限性的影响，往往不可能准确地做出关于品牌质量、性能、价值、利益等方面的判断，这时对于一些标志或符号的识别或判断就会起到十分重要的鉴别作用，例如"绿色环保""纯天然""ISO9000"等标志或标识。

尽管每一个消费者对于一个具体品牌的联想内容并不完全相同，但是这个品牌给特定的消费者群体形成的联想往往还是有一定程度的共同特征。例如，麦当劳就能使目标消费人群产生类似于图12-3所示的联想。①

类似地，我们可以在生活中发现许多品牌都能够产生与它们相应的一些联想，比如同仁堂这个品牌，消费者对该品牌的联想可能从图12-4所示的角度展开。作为同仁堂的品牌管理者，该家企业应当从图中的七个方面来对品牌进行定位，而且务求实效，这样就会使消费者心目中的品牌形象与企业所做出的品牌定位相一致。

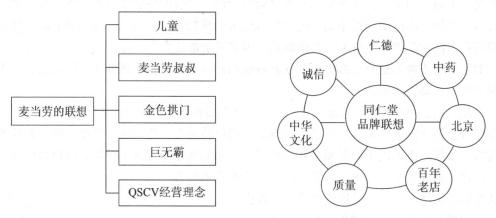

图12-3　麦当劳的联想　　　　　　图12-4　同仁堂的品牌联想

品牌联想对于新产品、新服务尤其重要。事实上它与品牌定位的关系极为密切。品牌联想是品牌定位的重要基础之一，因此，企业对自身品牌特征和品牌感知的分析，对竞争对手品牌联想的了解，在此基础上引导出差异化的联想，以及为消费者提供充足的购买理由和价值增值的说明，这些都是在利用品牌联想这个工具帮助解决品牌定位时需要关注的主要问题。

---

① [美]戴维·阿克.管理品牌资产[M].吴进操，常小虹，译.北京：机械工业出版社，2014：58.

（五）其他品牌专属资产

在品牌资产的集合中，专利、商标和营销渠道属于其他品牌资产类型。这些资产是从保护品牌不受竞争者品牌侵蚀而形成的。由于品牌资产总是可以从创造和保护两个角度来进行划分，因而创造资产价值，使资产总量提升的品牌资产通常占据资产管理的主导地位。但是，资产的保护也很重要，如果已经创造的品牌资产得不到有效保护，那么就会使通过积累所进行的品牌资产创造和增值活动的价值降低。有时，品牌资产保护比品牌资产创造更加重要。

企业在生命周期的不同阶段，它所面对的品牌资产管理任务并不总是相同。在产品生命周期的第一、第二阶段，品牌管理的主要任务是让更多的消费者认识品牌并大量消费品牌，这时的品牌管理主要集中于品牌资产的增值与品牌扩张方面，因而进攻战略应当是品牌管理的主要选择；而当产品进入生命周期的第三、第四阶段，品牌管理的主要任务应当是保持现有消费者人数，并使他们的实际购买力并不下降，这时就需要通过各种手段来保护品牌的市场地位和影响力。

强化专利意识、商标意识和营销渠道的独特性及优势，这是品牌保护或防护的重要途径。竞争者品牌有时可能采取不道德的方法来抄袭企业的专利，甚至进行商标侵权行为以获得非法利益，如果这时营销渠道是被品牌企业所控制的，那么竞争性品牌进行专利和商标侵权的可能性就会大大降低，但是如果品牌企业不能有效地控制自己的营销渠道，或者自己所设计的营销渠道在与竞争对手的竞争中并不能够起到有效地控制品牌产品市场份额被蚕食的局面，那么就会在品牌保护战中处于不利地位。

产品生命周期阶段与品牌资产管理策略之间的对应关系如图12-5所示。

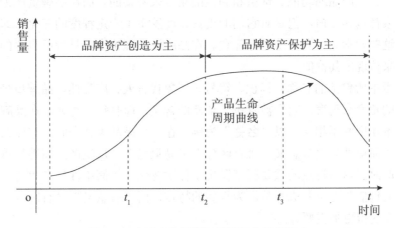

图12-5　产品生命周期与品牌资产管理策略

事实上，在产品的生命周期第一、第二阶段，企业也应当加强对品牌产品的保护，但是这两个阶段的主要任务是品牌的扩张及品牌资产的增值；而当产品的生命周期进入第三、第四阶段，企业尽管仍然可以进行品牌的扩张和品牌资产的增值活动，但是考虑到实际效果的下降以及竞争性品牌不断涌现，这时品牌资产保护的任务比品牌资产增值可能更为重要。因此，企业应当根据产品生命周期的阶段来不断调整品牌管理的重心。在通常情形下，当企业的品牌产品出现销售持续下滑、市场前景出现向下反转时，企业应当开发新的产品，将新产品加入到品牌系列中，进而保护品牌的形象不受过时产品的影响。因此，新产品的推出可以二次或者三次地延长产品生命周期曲线，使品牌管理策略在适应产品变化尤其是技术变化的动态环境中不断做出适应性调整。

第二节 品牌资产的创建与维护

品牌资产的创建与维护是品牌管理的核心问题。品牌管理的主要任务是提升品牌质量，而品牌管理的根本目标在于为企业获得最大的利润。品牌资产是实现企业利润最大化的重要基础，只有把企业的经营管理建立在品牌管理上，而不只是产品或服务上，企业的利润最大化目标才会有保障。从产品管理发展到品牌管理，这是企业管理的一次关键性跨越，而围绕品牌资产这一核心要素来进行企业资产管理，这是企业管理的又一次关键性跨越。品牌资产管理主要包括两个方面：品牌资产创建与品牌资产维护。

一、品牌资产创建

在前面的章节中，我们曾经对品牌设计中需要考虑的元素作过探索。品牌元素中的无形元素和有形元素，共同构成了品牌的内容与形式。在品牌设计中，这些元素主要是从审美的角度或者体现产品的功能、价值和利益的角度来考察的。而在品牌资产创建过程中，尽管这些元素都包含在内，但是对它们的观察角度发生了一定程度的变化，即是以资产的角度来研究这些元素如何有效地进行配置。在品牌资产理论中，品牌所包含的各种元素以资产的形式来体现出其价值。

品牌元素中所包括的名称、标识、符号、形象代言人、广告曲、品牌口号、包装等，如果从资产的角度来观察，它们被赋予了全新的含义，而且每一种元素在品牌资产中的重要程度和基本作用并不相同。以"名称"为例，在不考虑品牌资产时，它作为品牌元素，主要强调其"简单性""有意义""有区分""易记忆""反映产品属性"等特点，而在作为品牌资产时，这些特点的重要程度发生了位次变化，"简单性"和"易记忆"可能在品牌资产中的价值与地位变成不是最为重要的特点，而"有意义""有区分"和"反映产品属性"则会变得更加重要。

甚至在品牌资产的创建过程中，除了品牌本身所具备的元素需要被突出之外，还需要加入一些其他的元素使品牌资产实现价值增值。因此，从品牌资产管理的角度分析，品牌本身所应当具有的元素与品牌资产所需要的元素并不是一个等同的概念。品牌资产元素可能比品牌元素要更加强调构成元素的内在价值、外部可交换性和可估值性。如果把品牌元素比作是一个人的话，品牌资产元素就是这个人的价值所在。事实上，构成品牌的每一类元素都可以成为品牌资产元素，并在提升品牌资产价值中发挥作用。但是，在不同的市场环境中,每一类具体元素的价值和作用有着显著差异。从品牌元素向品牌资产元素的演变,是品牌管理中元素设计时必须考虑的一个重要环节。

品牌元素向品牌资产元素的转化如图12-6所示。

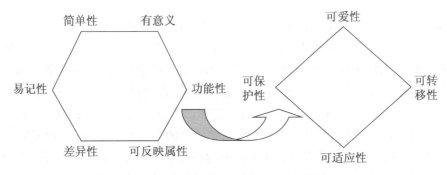

图12-6　品牌元素向品牌资产元素的转化

从图12-6可以看出,品牌元素在向品牌资产元素转变过程中,品牌元素的名称和内涵及它们之间的关系都发生了较大程度的变化,即原来作为反映品牌功能、情感、利益和价值的六个元素,在强调"资产"时,转变为四个其他元素。这种转化事实上说明了品牌本身的可变性:品牌需要根据市场的需求而不断地调整自己的特点和属性来主动地寻求变化。

"可爱性""可适应性""可保护性"和"可转移性"是把品牌从资产角度进行剖析的四个元素。首先,如果品牌要作为一种资产形态存在,它除了需要有一定的消费者人群基础外,同时它还需要具有更广泛的受众,因此,"可爱性"事实上能够培育出新一代的品牌消费者,使他们愿意接受品牌并成为品牌的投资者;其次,品牌作为一种有价值的资产,它在市场上是受价值规律支配而不断地流动的,即总是流向价格更高的投资者和消费者那里,因此"可转移性"事实上表明品牌作为资产,必须能够在空间上和时间上进行转移;再次,品牌资产作为一种消费或投资领域的对象,它应当能够适应不同社会文化环境中的需求,并能够进行自身的修改与更新,例如,作为一款有着品牌强大影响力的软件,它就应当能够根据不同社会文化环境中消费者的使用习惯进行修改与更新;最后,品牌资产一定要强调"可保护性",即资产不能够被竞争者或者其他市场主体轻易地占用或者侵袭,这个属性可能包括了品牌元素中的品牌名称、商标和Logo,这些品牌元素尤其要强化自身的知识产权属性。

■ 二、品牌资产的维护

品牌资产维护涉及两项重要内容:资产质量的维护与资产规模的维持。

(一)品牌资产质量维护

品牌资产质量维护,这是品牌资产管理的核心内容。资产质量是一个从财务或会计角度进行解释的专业名词。一家企业的资产质量高,往往意味着拥有优质的资产,而且在技术的先进性上和资产的结构配置上有着竞争对手无法超越的竞争力，例如，在生产加工制造行业中，资产质量高通常意味着拥有一流的生产设备和技术员工队伍，并在此基础上具有核心竞争力。品牌资产质量，主要是指构成品牌资产的各种元素的配置比例以及其内在的结构。

一般而言，资产质量是指特定资产在企业管理中的系统性作用，具体表现为变现质量、被利用质量、与其他资产组合增值的质量以及为企业目标做出贡献的质量等方面。评价资产质量通常采用获利能力分析法、企业营运能力分析法和资产结构分析法来进行，同时，资产质量往往与资产项目紧密联系在一起。品牌资产质量与企业的其他资产质量有不同之处，一方面，它很难从流动资产、固定资产、存货和变现能力等角度简单地进行分析；另一方面，品牌资产质量往往与企业的营销活动的力度和企业的形象有着紧密联系。

品牌资产质量事实上是指品牌作为资产的内在品质。一方面，从"可爱性""可适应性""可转移性"和"可保护性"来衡量，高品质的品牌资产，通常在这四个维度上都有着较好的表现。同时，这些资产属性与其他竞争性品牌相比，优势十分明显；另一方面，从"忠诚度""知名度""美誉度"等角度来衡量，优势品牌资产，通常意味着企业因此而拥有广大且牢固的消费者人群的支持。

由于品牌资产在更多时候表现为无形资产，因而它的质量在多数情形下需要通过与人们的感知相关的渠道进行营销与推广。从某种意义上讲，消费者对品牌的感知力越强，品牌资产的质量也就会越有群众基础。但是，仅仅有感知还是不够的，企业必须想方设法地保证消费者的感知是一种积极的响应。当然，企业品牌资产中也会有一些有形的资产形式，对这部分资产的质量维护，主要应当通过保持有形展示的生命力和穿透力来实现。

品牌资产中无形部分与有形部分之间的有效配置、配合，是实现对其质量有效维护的科学路径。例如，在品牌资产质量形成过程中，品牌有形展示往往需要无形资产的高度介入，而无形资产的形成，必须得到有形资产的验证。无形资产和有形资产在品牌资产质量形成过程中的一体化运作，这是企业保护品牌形象和提升品牌竞争力的有效方法。例如，企业在线平台的品牌宣传与线下体验店的有形营销的结合，以及由此而形成的O2O的品牌质量维护模式，就是在互联网时代的一种新的品牌经营管理路径。

（二）品牌资产规模维护

维持一定的资产规模对于品牌而言十分重要。有时，企业的资产构成中并非都是高质量的品牌资产，可能有一些非品牌资产在内。即使在品牌资产的构成中，也会区分出不同质量的品牌资产类型，即可能包括质量较高的品牌资产、质量中等的品牌资产和质量一般的品牌资产。因此，品牌资产与非品牌资产之间的比例，以及品牌资产内部不同质量资产之间的比例，对于企业的品牌化经营有着重要的影响。

一般而言，品牌资产在企业总资产中的比例越高，企业的品牌效应就会越明显；质量较高的品牌资产在品牌资产的总体构成中所占的比例越高，品牌资产的总体质量也就越高。由于不同的品牌资产是由各自的产品系列和服务为主要内容所构成，因而在规模和结构上主动调节产品和服务的比例，这对维持品牌规模有着积极的意义。比如，企业可以根据市场的供求结构变化来主动调节企业品牌资产的规模和结构，让一些有市场潜力的品牌资产不断增大，而控制一些竞争力下降的品牌资产的规模。

在维护品牌资产方面，采取强有力的商品名称、商标和Logo管理固然重要，但是在不同的品牌资产中突出重点保护的对象也很重要。品牌资产维护的核心是保护企业整体品牌资产的稳定性，在具体品牌的维护中，维护措施则应当根据其品牌生命周期阶段和市场竞争情况而做出。强调保持品牌的整体核心竞争力，这是品牌资产维护的重要策略之一。在品牌资产规模与品牌核心竞争力的选择方面，应当把品牌管理的重心放在核心竞争力上。

在品牌资产规模维护上，企业应当设置一个维持品牌形象和品牌地位的最低经营规模，然后在此基础之上进行品牌的市场化运作。如果企业分别有两个品牌系列的产品，分别为A品牌和B品牌，那么它应当分别为这两个品牌设置两个资产规模的最低值，即保护线。当资产规模低于这两条保护线时，就意味着企业在这两个品牌系列上的资产规模不足以支持它们在市场上展开有效的竞争。同时，企业也可以为这两个品牌设置两个资产规模最高线，即当A和B的品牌资产规模分别超过这两条线时，会意味着占用企业其他产品和服务的资产份额，进而影响企业总体资产的赢利能力和市场竞争力。

以某一家化妆品生产企业为例，如果它的总的资产规模为200亿元人民币，企业旗下有A、B、C、D、E和F产品系列，其中A和B产品系列是品牌产品，它们所对应的资产规模分别为10亿元人民币和20亿元人民币，而C、D、E和F是非品牌产品系列，在企业的营业收入中占有一定的比例，E和F有可能成为企业新的利润增长点。在激烈的市场竞争中，这家企业着力打造A和B两个品牌产品系列，但是考虑到品牌产品的经营风险，它为C、D、E和F产品系列留下了一定的资产配置空间。在这种情形下，该企业进行了如图12-7所示的品牌资产规模维护，即为A、B两个品牌产品系列分别设计了最高和最低资产配置两条控制线，以规避品牌产品市场的竞争风险，同时也为企业发展其他产品系列预留了一定空间。

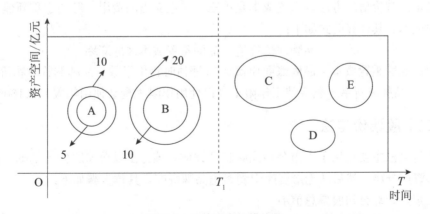

图12-7　品牌资产规模维护

在图12-7中，T_1把表示企业资产总值的矩形一分为二，这样就能够使现有的品牌资产A和B，与非品牌资产C、D、E相区分，以防止品牌资产过多地占有非品牌资产的空间。同时，在A和B两个品牌产品系列中，也分别设置最低资产运营维护线，即两个圆圈中的小圆圈，分别是5亿和10亿，而它们两个品牌系列的总资产不能够超越底边为OT_1的矩形。

第三节 品牌资产的评估

由于品牌作为有形资产的部分比较容易从财务报告上获得具体的数据，因而关于品牌资产的评估，主要是从品牌的无形性这个角度进行研究的。目前理论上比较通行的方法有三种：基于账务的评估、基于市场的评估和基于消费者的评估。

一、基于财务的评估

基于财务的评估主要有三种方法：成本法、股票价格法和收益现值法。

（一）成本法

成本法是品牌资产评估方法中比较常用的一种方法，历时也比较久远。该方法下又分为两种小的计算方法：历史成本法和重置成本法。

（1）历史成本法。历史成本法是依据品牌资产购置或开发的全部原始价值进行估值，它是评估品牌资产最为直接的方法之一。其具体做法是计算企业对被评估品牌的投资，包括设计、创意、广告、促销、研究、开发、分销、商标注册和专利申请费等支出。该方法的主要局限性在于无法直接反应品牌现在的价值，因为没有考虑过去投资的质量和成效，同时也没有考虑品牌的未来获利能力。

（2）重置成本法。重置成本法是按品牌的现实重新开发创造成本，减去其各项损耗价值来确定品牌价值的方法。重置成本是第三方愿意支出的费用，等同于重新建立一个全新品牌的成本。其计算公式如下：

$$品牌评估价值 = 品牌重置成本 \times 成新率$$

其中：品牌重置成本 = 品牌账面原值 ×（评估时物价指数÷品牌购置时物价指数）

品牌成新率 = 剩余使用年限÷（已使用年限 + 剩余使用年限）×100%

（二）股票价格法

股票价格法主要适用于上市公司品牌资产评估。该方法以公司股价为基础，将有形资产与无形资产分离，然后从无形资产中剥离出品牌资产。具体步骤如下：

第一步，计算公司股票总值A；

第二步，用重置成本法计算出公司有形资产总值B；

第三步，计算公司无形资产总值C：$C=A-B$；

第四步，将无形资产分解为三个部分："品牌资产""非品牌资产"和"行业外导致垄断利润的因素"，分别用C_1、C_2和C_3来表示；

第五步，确定C_1、C_2、C_3各自的影响因素；

第六步，建立股价变动与上述各影响因素的数量模型，并估计不同因素对无形资产的贡献率，然后在此基础上可以得出不同行业中品牌资产占该行业有形资产的百分比β。由$C_1=B \cdot \beta$即可以得到品牌资产的数值。

用股票价格法得出的是公司各品牌资产的总值，因此，这种方法尤其适用于采用单品牌策略的企业。

（三）收益现值法

收益现值法是通过估算品牌未来的预期收益（通常为"税后利润"），并采用适当的贴现率将该收益折算成现值，然后再进行累加求和，最后确定品牌价值的一种方法。

用该方法评估企业未来收益，需完成两个独立的过程：一是分离出品牌的净收益；二是预测品牌的未来收益。该方法计算的品牌价值由两部分构成：一是品牌过去的终值（过去某一时间段内的收益总和）；二是品牌未来的现值（未来某一段时间上的收益总和）。其计算公式为这两部分的相加。由于涉及预测，因而该方法的主观性比较大。

二、基于市场的评估

基于市场的评估方法主要有两种：Interbrand方法和Financial World方法。

（一）Interbrand方法

Interbrand方法是国际上比较通行的品牌价值评估方法。该方法的基本思想认为品牌资产的价值在于它能够使其所有者在未来获得比较稳定的收益。Interbrand所使用的方法主要围绕三个角度进行：财务分析、品牌作用力和品牌强度。[①]

品牌资产的计算公式如下：

$$V = P \cdot S$$

其中：V——品牌价值；P——品牌收益；S——品牌强度。

（1）品牌收益。品牌收益是指品牌带来的纯利润。其计算方式为，从品牌销售额中减去品牌的生产成本、营销费用、固定费用和工资、资本报酬及税收等。

（2）品牌强度。品牌强度是指品牌预期获利的年限。计算品牌强度的通行方法是七因子加权综合法，每个因素的分值在0~100之间。如表12-1所示。

表12-1　Interbrand评估方法的七因素及权重

因素	基本含义	权重（%）
支持力（support）	品牌获得持续投资和重点支援的程度	10
品牌保护（protection）	品牌的合法性和受保护的程度	5
领导力（leadership）	品牌的市场地位	25

[①] 资料来源：http://www.interbrand.com.

续表

因素	基本含义	权重（%）
稳定性（stability）	品牌维护消费者特权的能力	15
市场性质（market）	品牌所处市场的成长和稳定情况	10
国际性（internationality）	品牌穿越地理文化边界的能力	25
品牌趋向（trend）	品牌对行业发展方向的影响力	10
合计		100

以该机构对2014年中国最佳品牌的评价为例，在品牌强度方面，共包括两项指标：内部指标和外部指标。其中，内部指标包括：清晰度、内部重视程度、品牌保护和品牌反应力；外部指标包括：真实性、相关性、差异性、一致性、品牌存在性和理解度。2014年最佳中国品牌价值排行榜：腾讯、中国移动、阿里巴巴集团、中国建设银行、中国工商银行、中国银行、中国平安、中国人寿、中国农业银行和招商银行。

（二）Financial World方法

Financial World（金融世界）评估方法吸收了Interbrand方法的优点，并更多地考虑专家的意见来确定品牌的财务收益等数据。该方法主要有以下特点。

（1）强调品牌的市场业绩。首先以公司销售额为依据，根据专家对行业平均利润率的预测，计算出公司的营业利润，然后再从中剔除与品牌无关的利润额，最后计算出品牌收益。

（2）根据七因素模型估计品牌强度系数。

（3）计算Financial World品牌资产＝纯利润×品牌强度系数。

表12-2是该方法在对比A公司和B公司时的具体应用。

表12-2　Finacial World品牌资产计算方法　　　　　　单位：美元

步骤	项目	公式描述	A公司	B公司
1	销售额		154亿	90亿
2	利润率	行业平均	22%	30%
3	利润	1×2	34亿	27亿
4	资本比率	行业平均	60%	60%
5	理论资本	1×4	92亿	54亿
6	一般利润	5×5%	4.6亿	2.7亿
7	品牌利润	3～6（取整数）	29亿	24亿
8	修正利润	3年加权平均	29亿	24亿
9	税率	行业平均	43%	30%
10	理论纳税	8×9	12亿	7.3亿
11	纯利润	8～10	17亿	16.7亿
12	强度系数	6～20	19倍	20倍
13	品牌价值	11×12	323亿	334亿

资料来源：卢泰宏. 品牌资产评估的模型与方法[EB/OL].2006.12　http：//www.kesum.com/zjzx/mjzl/guangzhou/lth/200612/33219.html.有改编。

三、基于消费者的评估

基于消费者的品牌资产评估是一个比较新颖的角度，比较通行的方法是溢价法。

溢价法所依据的主要思想是品牌价值的大小可以通过消费者为选择这一品牌而愿意额外支付的货币量来加以衡量。其基本原理如图12-8所示。

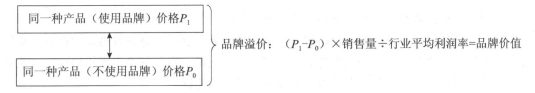

图12-8 品牌溢价及品牌价值计算

例如，某一产品使用某品牌时的市场销售价是1 000元，销售量是10 000件，而不使用某品牌时的售价只有400元，该品牌所在行业的平均利润率为30%，则该品牌价值为

$$（1\ 000-400）\times 10\ 000 \div 30\% = 20\ 000\ 000（元）$$

市场调查和市场实验是确定品牌溢价的有效方法。图12-8所示的品牌溢价及品牌价值计算方法也可用于同一种产品中的两个不同品牌的对比。但是，这种计算方法有其局限性，因为品牌之间的价格差异并不一定是由品牌本身造成的，因此，越是在质量、功能、属性和利益方面接近的品牌之间的对比，溢价及品牌价值的计算越准确。此外，在分析品牌溢价、品牌价值时，经济的周期性变化对销售量的影响也应当包括在内。

本章小结

本章重点介绍了品牌资产的概念、创建与维护以及评估方法。品牌管理活动的目标和目的事实上就是促进品牌资产增值。

品牌资产是指企业在品牌方面所拥有的优于竞争对手的资本。

Aaker认为，品牌资产是指与品牌（名称和标志）相联系的，可为公司或顾客增加或削弱产品价值或服务价值的资产或负债。品牌资产基于的资产或负债必须与品牌的名称和（或）符号相联系。在这个定义中，品牌名称和品牌标志是作为品牌资产最为重要的两个特征而被提出，而这种资产是与这两个特征相联系的，并通过这种联系能够为公司（品牌的实际拥有者）或者顾客（品牌的消费者）增加或削弱产品或服务的价值。简而言之，品牌资产事实上是一种资产或负债。

品牌资产的维度主要包括：品牌忠诚度；品牌知名度；感知质量；品牌联想；其他品牌专属资产。

品牌资产的创建与维护是品牌管理的核心问题。品牌管理的主要任务是提升品牌质量,而品牌管理的根本目标在于为企业获得最大的利润。

品牌资产创建主要针对品牌元素中所包括的名称、标识、符号、形象代言人、广告曲、品牌口号、包装等具体内容而展开。如果从资产的角度来观察,就是给这些要素的内容赋予全新的含义,而且使每一种元素在品牌资产中的重要程度和基本作用有所不同。"可爱性""可适应性""可保护性"和"可转移性"是从资产角度对品牌进行剖析的四个元素。

品牌资产维护涉及两项重要内容:资产质量的维护与资产规模的维持。

由于品牌作为有形资产的部分比较容易从财务报告上获得具体的数据,因而关于品牌资产的评估,主要是从品牌的无形性这个角度进行研究的。目前理论上比较通行的方法有三种:基于财务的评估、基于市场的评估和基于消费者的评估。

基于财务的评估主要有三种方法:成本法、股票价格法和收益现值法。

基于市场的评估方法主要有两种:Interbrand方法和Financial World方法。

基于消费者的品牌资产评估是一个比较新颖的角度,比较通行的方法是溢价法,其所依据的主要思想是品牌价值的大小可以通过消费者为选择这一品牌而愿意额外支付的货币量来加以衡量。

案例背景信息

可口可乐公司品牌资产调查

品牌资产(brand equity)是与品牌、品牌名称和标志相联系,能够增加或减少企业所销售产品或服务的价值的一系列资产与负债。它主要包括五个方面,即品牌忠诚度、品牌认知度、品牌知名度、品牌联想、其他专有资产(如商标、专利、渠道关系等),这些资产通过多种方式向消费者和企业提供价值。下面就这五个方面以可口可乐公司为例展开具体分析。

可口可乐公司成立于1886年5月8日的美国乔治亚州亚特兰大市,是当今世界软饮料市场上的龙头老大,拥有高达48%的全球市场占有率,同时稳稳占据着全球前三大饮料中的两项,其中可口可乐以绝对优势占据着第一,百事可乐占据第二,低热量可口可乐排名第三。目前,可口可乐在全球200多个国家拥有500多个汽水和不含气饮料品牌,其中包括碳酸饮料,果汁饮料,草本饮料,茶饮料,饮用水以及维他命饮料。全球每天有17亿人次的消费者在畅饮可口可乐公司的产品,大约每秒钟售出19 400瓶饮料。

可口可乐是全球最有价值的品牌。可口可乐总裁曾说,即使全世界的可口可乐工厂在一夜间被全部烧毁,他也可以在第二天让所有工厂得到重建。让他能够说出这样豪言壮语的背后,是可口可乐骄人成绩和巨大的品牌价值,可口可乐的品牌价值在1999年就高达838亿美元。在2008年度,被美国《商业周刊》评为2008年度"全球最佳品牌",并以667亿美元的品牌价值连续第八年独占鳌头。"2012全球品牌价值排行榜",可口可乐连续13年蝉联品牌价值榜榜首。可口可乐公司从品牌、理念、成本控制以及渠道控制的结合应用来获得比较竞争优势。特别是其营销渠道的建设,更是以创新和多方向领先于其竞争对手百事、雪碧、雀巢等竞争对手。

可口可乐能获得如此巨大的成功,离不开它的商标策略,可口可乐公司的商标100多年来未曾有过大的变动。据权威机构评估,可口可乐公司的总价值约为900亿美元,而其品牌商标价值高达650亿美元以上,占可口可乐公司总资产的约75%,远远大于公司有形资产的总和,可见其商标价值的巨大。

Coca-Cola其命名本身并没有具体的意义,只是因其发音响亮且朗朗上口,同时它的中文译名"可口可乐"更被看作是翻译的极品,不但保持了原有发音,同时又赋予了更好的意义。可口可乐的外在标志红色图案背景和白色字体形成鲜明的反差,使人印象深刻,同时也代表着热烈和激情,表现了其年轻、活力、清爽宜人以及积极乐观等品牌特性。虽然在百年的发展史中,可口可乐曾经对其品牌识别进行过细节的变化和处理,但始终成功地向消费者传递着其品牌标识形象的内涵,成功地传递了其品牌的功能诉求、感官诉求以及情感诉求等信息,在全世界引领了强大的红色旋风。

仅仅依靠商标,可口可乐还做不到如今的程度,可口可乐的广告也在其中产生了重要的影响。可口可乐的广告从刚开始需要迫切的寻求消费者,逐步的加入了品牌传递的理念信息,并且紧紧抓住了"二战"期间的机遇,稳稳地奠定了自身的市场占有率和知名度。随着时代的进步,虽然其广告语不断变化,但其所表达的品牌核心理念始终没有偏离。同时,在广告语的不断变化中,其品牌内涵也跟随时代的变迁得到丰富与发展。

不仅如此,可口可乐还积极进行公共宣传,在可口可乐的快速成长期,除了广告,他们非常重视公共宣传的力量。可口可乐通过紧跟赛事、赞助公益活动等方式打开自身品牌公共宣传的大门。体育赛事尤其是奥运会,是吸引全世界人们眼球的最佳时机,而这也是众多企业的黄金时刻。从1928年首次成为奥运会赞助商以后,可口可乐注重将自己品牌所致力的"快乐、健康"等内涵与奥运精神相结合。1996年亚特兰大奥运会,可口可乐花费了6亿美元大做宣传,而此举带来的收益是当年第三季度的销售收益上升21%,更重要的收获是,铺天盖地的红底白字品牌标志在关注奥运会的观众心目中达到了"想忘也忘不掉"的效果。

提升品牌美誉度,除了吸引公众注意力,更重要的是要得到公众的好感,树立正面的企业形象。积极广泛赞助公益事业的发展,是可口可乐树立品牌形象、提升品牌价值的一个有效渠道。从1993年起,可口可乐在中国加入"希望工程"行列,迄今为止,可口可乐已在中国捐建了52所希望小学,100多个希望书库,使6万多名儿童重返校园;此外,可口可乐公司还成立两个江西可口可乐希望之星高中班,并捐赠800万元支持家庭贫困的第一代农村大学生……在众多被捐助孩子的心里，可口可乐应该是他们心中最甜美的饮料。同时，这样的捐资助学完善了企业的公益事业体系，也使消费者心目中企业的社会价值得以提升，他们看到的可口可乐，是更加不同的可口可乐。

可口可乐着力打造产品的质量和附加品牌含义。在公众心目中，可口可乐已经是青春的代名词，是激情的表现，是时尚新潮的消费，是高品质生活的符号，是高品质、高质量的产品。这些概念有效传递给公众，大大提升了可口可乐品牌的美誉度和忠诚度。许多年轻人可以一天不吃饭，但是不可以一天不喝可口可乐。这种忠诚度不是一般品牌可以实现的。可口可乐这个有着百年历史的品牌，依然如此年轻地植根于消费者的心目中，其品牌成长之路值得我们学习和借鉴。

（本案例根据以下资料编辑整理而成：1.王莹.可口可乐：百年积淀的年轻品牌[J].华北电业.2012（3）；2.李建芳，刘欢欢.品牌资产的构成及评估方法研究[J].国际商务财会，2011（12）；3.卫海英，王贵明.品牌资产构成的关键因素及其类型探讨[J].预测.2003（3）；4.品牌资产.互动百科.2015/11/13；5.可口可乐公司.百度百科.2015/11/15；6.可口可乐现状之市场现状.MBA智库文档.2015/11/15；7.百事可乐与可口可乐的营销策略分析.百度文库.2015/11/15.）

案例讨论题

（1）结合本章内容，试分析可口可乐品牌资产保值增值的原因。
（2）在可口可乐的品牌资产中，品牌名称是如何发挥作用的？
（3）可口可乐是如何通过参与公益事业来提升品牌资产价值的？

复习思考题

1. 简述品牌资产的基本含义。
2. 简述品牌资产的主要维度，并举例说明。
3. 试举例说明品牌联想在品牌资产中的重要作用。
4. 产品生命周期和品牌资产管理有何关系？试举例说明。
5. 如何创建和维护品牌资产？试举例说明。
6. 品牌资产的评估方法主要有哪些，它们各自的特点是什么？

第十三章
品牌战略

本章知识点

- 品牌战略的定义
- 品牌战略的类型
- 品牌战略的制定
- 品牌战略的实施

品牌战略是在企业品牌管理所有活动中决策层次最高、影响最为深远、意义也最为重大的工作。它对品牌管理中的其他活动具有统领作用，因而在位置上处于企业品牌管理所有活动项目的最上层。但是，尽管品牌战略的地位十分重要，有时企业对于品牌战略的真正含义并不是十分清晰，因而容易进入理解和认识上的误区。有的企业将品牌战略简单地理解为品牌决策，致使统领品牌企业的一项重要工作变成了在位置上处于战略下面的活动；也有一些企业，将战略模糊化、抽象化，用笼统的表述和语言来概括战略中所需要解决的一些具体问题，这又使品牌战略在实施中无法落到实处；还有一些企业，对战略的地位和作用并不十分重视，因而在品牌管理观念上并没有准确的、可行的战略思维，导致与之相关的活动总是在一般的业务层面上进行。鉴于各类企业在品牌管理中出现的这些具体情形，在制定品牌战略时，首先应当对什么是战略有一个清楚的认识。

第一节　品牌战略的含义

品牌战略是企业发展战略中的一个重要分支。在产品越来越丰富的现代市场经济中，产品之间的竞争逐渐发展成为品牌竞争，因而品牌战略在应对市场形势变化、提升企业核心竞争力方面具有重要的作用。品牌战略是企业发展战略在品牌领域的延伸，了解和掌握品牌战略的内涵必须首先掌握"战略"一词的含义。

一、"战略"的含义

战略对应的英文单词是strategy，该词源于希腊语"strategos"，意为军事将领、地方行政长官，后来演变成军事用语，是指军事将领指挥军队作战的谋略。在中国，春秋时期孙武的《孙子兵法》被认为是中国最早对战略进行全局筹划的著作；在现代，"战略"一词被引申至政治和经济领域，其含义演变为泛指统领性的、全局性的、左右胜败的谋略、方案和对策。20世纪60年代H.I.安索夫（H.I.Ansoff）首先把战略的理念运用于企业管理。[①]

战略对于企业的作用主要体现在以下三个方面。

（一）指明发展方向

战略制定的一项重要工作是为企业的发展指明方向，即企业应当走什么样的发展路径，朝着怎样的方向前进。企业高层决策者由于所处的位置的高度以及所获得的信息的全面性，在正常情形下能够帮助企业做出正确的发展方向和发展路径选择。但是，有时也会由于企业管理者个人的认知局限性而使所处位置的优越性和所获得信息的全面性并不能够得到有效的利用，反而成为一种包袱。因此，当处于同样位置和获得同样信息时，不同的

---

① 引自：黎建新.品牌管理[M].北京：机械工业出版社，2013：143.

企业管理者可能做出方向完全相反的战略。

（二）明确业务重点

战略制定的另一项重要工作是明确业务重点，即当前和今后一段时期内企业的主要工作是什么，哪些业务是主要业务，其中核心业务是什么，哪些业务是辅助业务，其中哪些业务可以适当放缓甚至放弃。明确业务重点是一种选择与判断的过程，它对于提升战略实施的效率具有重要的推进作用。在企业复杂的业务工作系统中，找到工作的关键环节和重点业务，能够使所有业务工作快速进入一种秩序化的状态，通过业务关键路径的选择，顺利地带动企业各项业务正常展开。

（三）把握有利时机

战略制定的第三项重要工作是把握有利时机，即企业应当对所在行业和所在市场的客观环境有一个准确的判断，能够快速地识别有利时机，通过整合内部和外部资源，把企业的生产经营潜力最大程度地发挥出来。因此，企业在战略制定时一定要进行环境分析，对可能出现的机会与预期的风险进行准确研判。把握时机的能力有时比"指明发展方向"和"明确业务重点"两个方面更为重要，它所体现的是企业管理者的一种对企业自身与所在环境以及二者之间关系的全面分析能力和迅速决策能力。

■ 二、品牌战略的定义

品牌战略（brand strategy）是品牌管理的"上层建筑"，它指明了企业在品牌管理活动中的前进方向、工作重点和可利用的时机。它是各种战略思想和战略思维在品牌管理中的具体运用。品牌战略的构成维度如图13-1所示。

图13-1　品牌战略构成维度

"品牌战略"具有两层含义：一是指企业将品牌作为企业的发展战略，即在企业的整体战略体系中，品牌化经营是一个重要的发展方向；二是指品牌经营管理中的具体方向、业务重点和时机把握。第一层含义是指企业把品牌管理提升到一个重要的层面上加以思考；第二层含义是指在品牌经营管理中应当坚持怎样的方向、重点发展哪些业务以及应当如何把握有利时机，等等。在企业品牌管理实践中，"品牌战略"通常是指第二层含义。

品牌战略着重研究的问题包括：现有的品牌或未来开发的品牌应当坚持的发展方向

是什么，业务的重点是什么以及行业和市场中可能出现的时机有哪些？例如，对于一家新成立的创业企业而言，其品牌战略可能主要是立足于企业现状、面向未来的一种品牌建设思路，即主要围绕"生产什么样的产品？""生产的数量是多少？""怎样把这些产品塑造成为有市场影响力的品牌？"等问题而展开；而对于一家已经具有百年历史的"中华老字号"企业来说，它的品牌战略可能是一种既要考虑企业的历史，又要考虑企业的品牌管理现状，同时还要考虑企业未来发展的品牌建设与维护同时并举的思路，即可能围绕"如何延续企业的品牌发展历史？""如何维护现有品牌的形象？""如何积极打造新的品牌？"等问题而展开。因此，不同企业由于品牌发展的历史、所处的行业和市场现状以及对于未来发展的预期等方面存在着差异，因而它们的品牌战略在层次上和结构上有着较大的区别。即使是同处于一个行业中的企业，它们的品牌战略也会出现较大的差异，有时这种差异主要是针对竞争者的战略而专门设计的。

比如，"麦当劳"和"肯德基"这两大餐饮连锁品牌，它们在世界各地都开设了自己的分店，并且以店铺加盟的方式将美国的快餐消费方式推广到全球的各个角落。但是，这种在以"加盟店"为主的推广方式上的一致性并不表明它们品牌管理方式的实施路径的同一性。事实上，这两大品牌在中国市场中所实施的品牌管理战略就有较大程度的不同。前者在品牌推广中基本是沿用了"西式餐饮"的品牌管理模式，甚至有着"情侣餐"和"儿童餐"的美誉，并以"洋快餐"和"浪漫氛围"而成为特色；而后者则针对中国市场上消费者的消费习惯，尽可能地实施"本土化战略"，倡导"家庭观念"，塑造"亲情""温馨""关爱"的品牌形象。一种是沿用传统的品牌战略来推广其品牌形象和管理风格；一种是用"本土化"经营战略来赢得目标市场的认可，这种战略上的显著差异，在为两大品牌争夺消费者方面发挥了有力的品牌传递效应。

三、品牌战略的类型

品牌战略可以按照不同的标准进行分类。比较通行的划分标准有以下三个：一是依据品牌的广度和深度进行分类；二是依据品牌的数量来进行分类；三是依据品牌是否延伸进行分类。

（一）依据品牌的广度和深度的分类

品牌管理与产品管理在形式上有一定的相似之处，即二者都会涉及"项目"（item）、"系列"（line）和"组合"（mix）等概念。

例如，具体到一些拥有较多品牌的企业，它们的品牌就可以依据品牌的广度和深度进行分类。

比如，企业A，主要经营日化产品，已经拥有多个成熟品牌，而且依据品牌的广度和深度进行如下分类：在"香皂"产品项目中，它只有1个品牌；在"洗衣粉"产品项目中，它共有5个品牌；在"洗发水"产品项目中，它共有8个品牌；在"洗手液"产品项目中，它有2个品牌。而另一家企业B，主要经营的也是日化产品，且拥有多个成熟品牌，依据品牌的广度和深度进行分析，分别是：在"香皂"产品项目中，它拥有5个不同的品牌；在"洗衣粉"这个项目中，拥有2个品牌；在"洗发水"项目中，它拥有1个品牌；在"洗手液"产品项目中，拥有3个品牌。此外，企业A还有一些辅营业务，从事了与日化产品相关的其他产品的生产，分别属于Ⅰ类和Ⅱ类，并拥有相关品牌10个；企业B尽管也有辅营业务，且属于Ⅰ类和Ⅱ类，但是只有一个品牌比较有市场影响力，其他产品目前处于探索期，还没有形成真正意义上的品牌影响力。

如果我们对比这两家企业在品牌广度和深度上的情形，就可以形成如表13-1所示的结果。

表13-1　企业A和企业B在品牌广度与深度上的对比分析

产品项目	品牌数量	企业A	企业B
主营业务	香皂	1	5
	洗衣粉	5	2
	洗发水	8	1
	洗手液	2	3
辅营业务	Ⅰ类	4	1
	Ⅱ类	6	0
合计		16	11

从表13-1可以看出，企业A的品牌数量要比企业B的品牌数量多，而且主要集中于"洗衣粉"和"洗发水"两个产品项目；与企业A不同的是，企业B的品牌主要集中于"香皂"和"洗手液"两个产品项目。如果对比两家企业的品牌广度，那么企业A由于在主营业务和辅营业务两个领域都拥有更多的品牌，因而它比企业B要更有优势；但是，如果对比两家企业的品牌深度，我们发现，企业B在"香皂"和"洗手液"这两个产品项目比企业A要有优势。当然，此处的假设是每一个品牌对市场的影响力或效果都是一样的。

在品牌广度与深度的研究中，除了需要考虑品牌在不同产品类别或项目之间的分布外，还应当考虑各个品牌经营的数量以及销售额，甚至还要考虑它们所服务的主要消费者群体。在上例中，尽管企业B的品牌数量总体上要比企业A少，但是如果它在某一个品牌中拥有大量的消费者人群，甚至这个品牌有着较大的市场份额和竞争力，且具有优秀的产品项目、完整的产品线和产品组合，那么实际上企业B的品牌广度并不比企业A差，而是更广。因此，分析品牌的广度与深度，除了应当关注品牌的数量外，还应当考虑品牌的实际销售额、市场竞争力，以及品牌背后的产品的多样性和系列化程度。

需要注意的是，此处所指的产品项目与市场营销理论中所指的产品项目并不是同一个概念，它更接近于产品类别。由于品牌在层次上比产品要高，因而同一个品牌下往往可以拥有许多个产品项目，比如"洗发水"在此处作为一个产品项目，它所对应的品牌可以是一个或多个，而每一个品牌又可以由多种不同型号、款式但名称相同的具体产品组成。

从上面的分析中，我们可以看出依据品牌的广度和深度而分类的品牌战略。

（二）依据品牌的实际数量进行分类

依据品牌的实际数量进行分类，可以将品牌战略分为单一品牌战略、多品牌战略、主副品牌战略和联合品牌战略。

1. 单一品牌战略

单一品牌战略是指企业经营的多种产品都使用同一品牌名称的一种战略。该战略一般适用于那些自身品牌形象比较强大的企业，它们一方面希望通过强大的品牌形象来影响每一个产品的市场营销活动；另一方面希望通过统一的名称来向市场传递一致的品牌理念。该战略的优点在于品牌所形成的规模经济效益，即在市场营销推广中不需要不断地塑造全新的品牌形象，而需要在原有的基础之上不断地充实品牌的内涵和丰富品牌的形式。借助于企业已经建立的牢固品牌形象，新开发的产品往往能够迅速地被消费者认同，进而成为名牌产品。同时，如果个别产品的经营出现问题，消费者从企业的整个品牌形象考虑，也容易淡化这些发生于局部的问题，进而使出现问题的产品也能够在市场中获得新的机遇。

该战略的负面作用在于企业因所管理的产品过多而容易分散精力，尤其是在跨行业经营中，由于产品种类过多，且都使用同一个品牌，因而易使消费者产生对企业主营业务及核心竞争力的疑虑。另外，同一品牌下的不同产品由于质量、价格、功能、利益差异较大，因而使各种类型的消费者成为企业的顾客，这也使一些追求个性化和差异化的消费者将购买力转移到其他的品牌上，进而导致企业的市场份额下降。最后，单一品牌战略下的某一款产品出现问题时，往往会使其品牌或多或少受到影响，这事实上不利于同一品牌下的其他产品的销售与推广。基于对其优点与缺陷的分析，一般认为，该战略比较适用于产品关联度高、企业品牌定位准确的企业，同时在质量上各类产品之间应当有统一的要求与标准。例如，通用电气公司对于旗下的众多产品都要求使用"GE"的品牌名称。

2. 多品牌战略

多品牌战略是指企业对其所生产的不同产品分别给以不同的品牌名称进行命名，不同产品使用不同的商标。使用这种品牌战略的企业能够同时经营两种或两种以上的品牌在一个同质化的市场中展开竞争，而这种做法的目的就是促进企业销售总量的增长。

例如，P&G公司是使用多品牌战略较为成功的国际企业，它的日化产品不仅能够与世界其他著名品牌如联合利华公司旗下的品牌展开有力竞争，而且该企业自己的各个品牌之间也存在着一定的竞争和替代关系。例如，"海飞丝""潘婷"和"飘柔"三个品牌之间，它们的产品既都能够用于清洗头发，形成相互竞争与替代的关系，同时每一个品牌又有其各自的特点并相互区分，进而满足不同消费者的个性化、差异化需求。

多品牌战略的优点可以分散企业品牌经营管理的风险，防止一个品牌出现问题没有其他品牌能够迅速占领市场的局面发生；同时多品牌战略能够把品牌经营到市场中的每一个角落，利用现有品牌经营的优势，把这种成功的经验复制或应用到其他产品的品牌建设方面，这种全方位或多渠道发展品牌的思路有利于在提升企业品牌总量的基础上提升总资产和市场份额；此外，多品牌战略内部所形成的竞争关系有利于培育品牌的竞争力，使品牌能够在激烈的市场环境中成长、成熟起来。

但是，多品牌战略也有其缺陷，即在规模上的不经济，因为每一个品牌的塑造和建设都需要投入一定的人、财、物等资源，因而容易导致企业的资源过于分散，易使消费者的忠诚发生偏移，即从对于企业品牌的忠诚向着对于产品品牌的忠诚变化，进而不利于企业整体品牌形象的塑造与推广。在实践中，并不是所有的企业都适合采用多品牌战略。一般而言，该战略适用于具有一定规模和经营实力的企业，而所对应的行业应当是主张个性化消费的领域，同时不同品牌对于消费者而言可能意味着不同的价值、功能和利益，并且每一个品牌拟进行的细分市场都能有足够的空间和规模。

3. 主副品牌战略

主副品牌战略是指在主品牌保持不变的情况下，在其下面为新产品增加一个副品牌，以便于消费者识别该产品。品牌是产品的升级和升华，但是在品牌成功塑造之后，企业又会在品牌的名称下推出一系列新的产品，这时品牌又向着产品的方向转化。主品牌下发展出新的品牌，事实上就是品牌向着产品方向发展的典型做法。但是，为了不让原来的品牌形象淡化，或者不使新产品的出现与原品牌角色与定位发生冲突，企业需要根据这个新产品的特点而在原品牌基础上加入一些新的品牌含义，这个新的品牌含义尽管本身并不构成品牌，但它是支持原品牌形象的重要组成部分，因而在本质上属于副品牌。

在实践中，主品牌与副品牌的搭配现象十分普遍，这种做法是"单一品牌战略"与"多品牌战略"的一种折中，但它比这两种战略更具灵活性与适应性。这种战略最为突出的优点在于它的针对性很强，从根本上解决了单一品牌战略的个性缺失和多品牌战略的资源浪费问题。因此，该战略的主要优势在于能够在同一个品牌下建立起不同副品牌产品之间的差异，保持了主品牌的稳定性和权威性，同时它又使不同产品在副品牌下体现出各自的差异性，因而把产品应当归属的品牌和产品本身应当具有的特征紧密地结合在一起。

主品牌与副品牌之间的关系类似于人的"姓"和"名"，二者有效结合在使品牌的个性化和差异化特征更加明显的同时，也使企业在品牌经营管理方面的理念和思想得以延续和发展。但是，企业使用主副品牌战略本身也有一定的风险，具体表现在品牌的垂直延伸（从高档到低档，或从低档向高档）、水平延伸（覆盖不同的行业、不同的品类）以及过度使用（无限制地进行品牌延伸，使品牌失去应有的市场发展空间）方面。主副品牌战略尤其适用于那些技术进步快速行业中的企业，在一些经营产品类型比较稳定、产品使用周期较长的行业中，许多企业也采用这种战略。

4. 联合品牌战略

联合品牌是指两个以上（含两个）的品牌名称合并为一个联合品牌名称，并在此基础上进行单独销售或共同销售，以期通过这种联合来相互带动，强化品牌整体形象，提升消费者的购买意愿。

联合品牌往往是一种相关的业务领域的两个品牌之间的互补性合作，而且合作对象通常在资金实力、行业地位、品牌形象等方面有一定的对等性。例如，当行业A中的一个著名品牌开拓新领域进入行业B时，它所面对的竞争对手可能并不是B行业中已有的各个著名品牌，而是仍然属于A行业中的竞争性品牌，此时这个品牌就可以主动地提出与行业B中的一些著名品牌进行联合，以实现行业优势、竞争优势和技术优势的互补，进而防止行业A中的品牌竞争者随后进入B行业展开市场份额的争夺。在实践中，这种类型的品牌联合十分常见：航空运输公司品牌与餐饮企业品牌的合作；大型体育赛事品牌与著名饮料品牌的合作；精彩娱乐节目品牌与著名影星、歌星品牌的合作；慈善活动项目品牌与著名企业品牌的联合；跨地区的不同产品品牌的联合；跨国界的著名品牌联合；事业单位品牌与企业品牌的联合；等等。

联合品牌既可以表现为两个实力相当的品牌之间的"强强联合"，也可以表现为强势品牌与具有市场发展前景的成长性品牌的"面向未来式"联合；同时，也可以是两个处于下滑途中的弱势品牌之间的"互助式"联合。选择什么样的品牌与之进行合作，在品牌联合的基础上如何进行产品或服务的分销渠道的管理，这是企业需要认真考虑的问题。品牌联合往往不会停止于两个品牌名称的简单叠加上，在这个联合品牌名称背后，往往会有战略性经营资源的共享。比如，一家外国餐饮品牌企业进入中国市场，如果它与中国一家著名餐饮企业合作，那么联合品牌所产生的效益就是这家外国企业可以拥有中国合作伙伴的目标顾客群体和现有的成熟的市场营销渠道。当然，由于在餐饮文化上的巨大差异，一般很难实现西式餐饮品牌企业与中式餐饮品牌企业的品牌联合。这种水平方向上的品牌联合，由于合作方在同一个市场上竞争，因而往往受制于现有的市场规模和消费方式而效果不佳。但是，如果两个品牌或多个品牌处于同一个产业的不同环节或同一个市场的不同区域中，则这种联合就会取得相应的效果，即"品牌关联效应"就会充分地体现出来。

联合品牌在跨国公司进行国际投资时具有重要的影响力，它往往能够帮助跨国公司快速地适应东道国的市场和文化环境。在垂直一体化经营中，跨国公司品牌与东道国公司品牌的联合往往发挥着关键作用。联合品牌往往能够提升整个产业链条中的利润空间，压缩成本，提升竞争力。从消费者角度来观察，联合品牌能够扩展品牌的联想空间，即产生"1+1>2"的效果，尤其当单独一个品牌的联想存在空间狭小或者时间上比较短暂等缺陷时，与另一个品牌的联合，往往能够把劣势转化为优势。比如，一个古老的品牌，从积极的一面来看，可能预示着品牌的文化积淀和悠久的历史传统；但是如果从消极的一面来看，可能表明企业缺乏时尚和新鲜感。在这种情形下，如果一个古老的品牌与一个新的具有竞争优势的品牌合作，就会使品牌的形象中既有传统元素，又包含着新生代的活力。当然，这种"百年老店"一般不愿意与"新生代"进行联合，它们的品牌联合往往被限制在不对各自的主营业务和品牌形象构成负面影响的范围之内。在当今计算机市场上，个人电脑中的硬件制造商与软件制造商的品牌联合起到了较好的品牌联合示范效应。

（三）依据品牌延伸的方向进行分类

依据品牌延伸的方向对品牌战略进行分类是市场上常见的一种战略划分方法。品牌延伸作为品牌发展进入一定阶段后的自然产物，它具有为品牌拓展市场空间的积极功能。品牌延伸作为一种战略，它既可以是品牌发展的结果，也可以成为品牌发展的原因。品牌延伸是品牌作为一种客观存在展现其生命力的表现形式，企业在品牌管理实践中，根据市场环境变化而延伸或压缩品牌，这是一种遵循品牌发展规律的运作方式。市场竞争加剧、产品生命周期缩短以及技术更新步伐加快，都使品牌延伸成为利用品牌优势、规避市场风险的重要选择。

所谓品牌延伸，是指企业在品牌经营中将现有的某一品牌使用到与该品牌并不相同的产品类型上的一种经营战略。由于不同产品类型之间的差异度有大小之分，因而品牌延伸的跨度并不具有统一的标准。一个品牌从一类产品延伸到另一类产品，加以使用，这属于品牌延伸，比如，一个成功家电类品牌，被延伸到服装类产品上；一个品牌从一种产品延伸到另一种产品，加以使用，也属于品牌延伸，比如，一个成功的洗衣机品牌延伸到冰箱产品上。品牌延伸战略分类如图13-2所示。

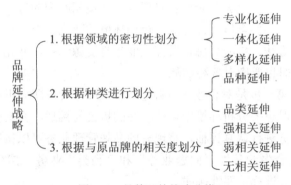

图13-2　品牌延伸战略分类

品牌延伸战略的优点在于，它能够提高新产品成功的机会，减少推广费用并提升促销效果；由于新产品与老产品使用同一品牌，因而可以节省包装和标签费用；在同一个品牌下有更多的产品能够满足顾客多样化、个性化的需求；同时，丰富的产品系列和关联性，也能够提升品牌形象和品牌价值。但是，这种战略的缺点也比较明显，如果企业不能有效地控制品牌延伸的数量和规模，以及对品牌管理的风险缺乏足够的了解，那么就会由于品牌延伸过宽、过深、过度而出现"品牌泛滥"现象，即同一个品牌充斥在消费和生产用品的各个领域，进而损害原品牌的高品质形象；同时，过多的产品使用同一个品牌，也会使消费者脑海中的品牌形象逐渐淡化，甚至产生品牌形象冲突，进而引发了不利于品牌维护的联想。

从企业进行品牌延伸初衷来考察，其主要目的是想把已有品牌的优点和优势传向其他产品，尤其是新产品（新产品独立命名成为品牌的可能性远远低于沿用成功品牌的名称），进而形成一种品牌效应的扩散，类似于植物界的"花香效应"，即感受到某一种花的香味，会认为与其类似的花也会有这种品味。但是，这种正面形象从成功品牌向其他产品进行移植的"嫁接效应"往往可能具有短期性，必须面临市场竞争的检验。成功的品牌延伸并不少见，但失败的品牌延伸也不乏其例。因此，在品牌延伸中，企业首先要有正确的品牌管理观念，并且对可能取得的利益和面对的市场风险有正确的评估。

第二节　品牌战略的选择与实施

品牌战略的制定是在各种可行的品牌战略方案中做出决策。企业了解和掌握品牌战略只是品牌管理成功的必要条件，但并不是充分条件。战略的制定需要审时度势，根据行业和市场环境来对已经成形的战略方案进行论证和评价。尤其重要的是，企业必须对自身可以利用的资源有清楚的认识，并能够根据环境的变化来不断调配内部资源，将品牌战略具体化，形成战略实施的推进和保障机制，加强对品牌战略运行过程中的风险控制。

一、品牌战略的选择

品牌战略的选择，事实上就是企业自身资源与环境相匹配的过程。在这个过程中，资源配置围绕品牌这个核心要素展开，并跟随市场环境的变化节奏来选择品牌发展的战略路径。这种选择战略的方法，核心思想是发挥企业自身资源优势，并充分利用市场和行业环境所带来的机遇，同时也要应对各种挑战。

品牌战略选择的第一步是对企业的资源进行SWOT分析，即分析企业在品牌发展中存在的优势、劣势，同时也要分析环境中可能存在的机会与挑战。在此基础上，企业应当对自身的品牌产品和业务进行认真评估，将现有的品牌管理业务可以按照波士顿矩阵方法分为"明星业务""现金牛业务""问题业务"和"狗类"业务，然后再进行战略方向决策，并对各类品牌业务进行重要性排序。

在品牌管理实践中，不少企业总是习惯于将品牌战略应用于所管理的各个品牌上，其实这是一种效果并不明显的做法。由于企业的品牌业务中，一般可以分为主营业务和非主营业务两个大的类别，而且在各类业务及其内部的各个品牌之间，每个品牌下面的产品和服务作为品牌构成要素的成熟程度并不相同，因而如果只是选择一种战略来指导企业中的全部品牌在市场中的运作，并将其应用于不同品牌的具体管理活动中，那么就可能面临着品牌发展的不同步和不协调等问题。

因此，品牌战略选择应当坚持的第一条原则就是要明确品牌本身所具有的竞争能力，即应当发挥优势、扬长避短。其实，这也是品牌定位思想在品牌战略选择时的一种应用。品牌的美誉度、知名度和忠诚度作为品牌资产的重要构成部分，同时也是进行品牌战略选择企业判断自身品牌竞争力的重要评价指标；企业自身的品牌管理经验、营销能力以及管理人员的素质，是制约品牌战略选择的内在因素。品牌的竞争力及企业自身的各种条件限制，对于品牌定位具有重要影响。一般而言，品牌定位越清晰，品牌的美誉度、知名度和忠诚度越高，因而品牌所体现的竞争力也就越强。依据"发挥优势、扬长避短"的原则，品牌竞争力体现在哪里，企业的品牌战略选择就应当指向哪里。

品牌战略选择应当坚持的第二条原则就是要明确品牌本身所处的具体位置，即应当适应环境、因地制宜。事实上，这是企业在做品牌战略选择时根据所必须面对客观情形进而做出正确判断的适应性改变。企业对客观环境的准确判断与适应，这是进行品牌战略选择的前提条件。企业所在市场的容量、市场竞争的激烈程度以及产品生命周期所处阶段，对品牌战略的选择形成重要影响。同时，企业还必须考虑所在行业的发展状况以及所在行业的品牌形象。在品牌理论研究中，人们习惯于将行业中的竞争者放在企业的对立面来进行研究，事实上这只反映了问题的一个方面。在实践中，企业与其竞争者同处于一个行业之中，它们之间的关系有时是一种竞争与合作关系。比如，在维护行业的品牌形象时，同处于一个行业中的企业就会共同维护属于它们自己行业的整体利益。因此，企业越是能够清楚自己在行业中的位置，那么它就越能够做出符合行业发展需求与市场环境要求的品牌战略决策。

品牌战略选择应当坚持的最后一条原则，也是最为重要的原则，就是企业必须把保护消费者的切身利益放在最重要的位置上加以思考。固然，企业作为赢利性组织，追求自身经济利益最大化是一种必然的选择。但是，企业利润最大化的重要前提之一应当是消费者的根本利益不受侵害。如果违背了这条原则，那么即使是选择最好的品牌战略，也会为企业的发展带来极大的道德风险。维护消费者的利益并不是一句空洞的营销口号，而是有着实际意义的经营理念。由于品牌存在于消费者的脑海里，因而消费者的利益维护得越好，品牌的形象就会越牢固，也就表明品牌战略选择的正确性。围绕消费者的实际需求和利益维护来选择品牌战略，这是市场营销观念在品牌战略选择中的具体应用，同时也在一定意义上体现了社会营销观念的内涵。

从以上三个层面上考察，可以发现，品牌战略选择是企业在自身竞争实力、市场环境与消费者利益维护之间的一个平衡或者再平衡过程，如图13-3所示。若采用形象的比喻，品牌战略选择处于这个三角形的三条中线的交叉点（或区域）上。这个点（或区域）可以称之为品牌战略选择的重心部位，它可以在位置上偏向于企业自身，也可以偏向于市场环境的要求，还可以偏向于消费者利益维护。但是，最好的方法就是处于这三种力量的均衡点（或区域）上，即尽可能保证在战略上不会出现较大的偏差。在一些特殊的情形下，企业的品牌战略选择可以向上述三者之中的某一个点倾斜。

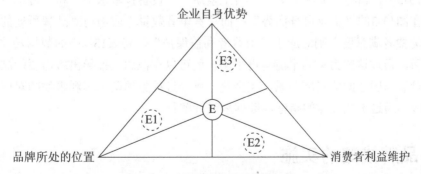

图13-3　品牌战略选择的力量平衡

在图13-3中，E点（或区域）就是品牌战略选择的均衡点（区域）。品牌战略选择如果位于三角形的中部，如图中E所示，则表明所做的战略选择是一种相对而言比较规范的决策；而如果偏向于其中的某一个点，比如偏向于E1，则表明企业在品牌战略选择上比较看重企业品牌在市场中所扮演的角色，这通常表明企业采取了以竞争为导向的品牌战略；而如果偏向于E2，则表明企业以保护消费者利益为核心来塑造品牌形象，这显示了企业所选择的品牌战略是一种长期的、稳固的战略；如果偏向于E3，则表明企业是以立足于自身优势而塑造和经营品牌，这种以自我为中心的发展方式，有其有利的一面，即能够在市场机会出现时迅速地发展壮大起来，但其缺点也比较明显，使品牌的战略定位远离了市场、远离了消费者需求，容易出现资源浪费现象，并在战略方向上出现偏差。

结合图13-3中所揭示的基本原理，我们可以分析一家汽车生产企业的品牌战略选择问题。

假如某汽车生产企业共有三个汽车品牌，分别是A、B和C。这些品牌本身的历史、竞争者情况、消费者满意度、员工素质、设备技术水平和占用企业资源等情况如表13-2所示。那么，该家企业将如何进行品牌战略选择？

表13-2　某汽车生产企业品牌经营管理指标

经营指标 品牌名称	品牌历史 （年）	竞争者数量 （个）	消费者满意度 （%）	员工素质 （大学生比例，%）	设备技术水平 （设备使用年限，年）	占用企业资源 （%）
A	50	10	40	60	2	35
B	80	15	70	50	5	40
C	100	20	90	40	10	25
合计	—	45	—	—	—	100

从表13-2可以看出，这家汽车生产企业的三个品牌并不处于同样的发展水平与层次上，因此，用统一的战略来指导这三个品牌的经营管理，效果可能并不明显。而比较有效的战略选择办法就是进行如图13-3所示的"力量平衡"分析，即分析在这三个品牌中，哪一个品牌距离均衡点（区域）所描述的特征更接近。

在表13-2中，指标"品牌历史""员工素质""设备技术水平"和"占用企业资源"应当对应于图13-3中的"企业自身优势"；而"竞争者数量"应当与"品牌所处的位置"相对应；"消费者满意度"则对应于"消费者利益保护"。将表13-2中的数据转化为图13-3中的力量后，通过这些力量的平衡与再平衡，就可以在概念上推导出所需要的品牌战略。当然，这种表与图之间的对应关系，完全是一种经过抽象的两个客观事物的对应关系，在实践中还应当通过更加具体的指标与数据来进行解释。

▌二、品牌战略的实施

在理论上，品牌战略的类型可以按照一些标准进行划分和归类，而在实践中，进行这样的划分比较困难。常见的情形是，一家企业所推行的品牌战略可能包括了理论中的多个战略，或者称之为多种战略的复合体。在企业的扩张过程中，品牌扩张也在进行中。因此，现阶段讨论比较多的是多品牌战略和品牌延伸战略所引发的各种问题及其解决方法。

品牌战略的实施与其他工作的不同之处在于，它必须考虑品牌的过去，以及战略实施可能对原有形象带来的影响。

品牌战略实施处于品牌计划及战略制定之后，它主要包括品牌战略管理组织框架的设计、品牌战略管理的运行过程以及品牌战略风险的控制等内容。

品牌战略实施包括以下三个步骤：

（一）建立科学的品牌战略管理体制

一般而言，品牌战略实施是一项长期工程，因而必须为其建立相应的管理体制。品牌管理体制主要决定品牌管理中的重大事项，并就品牌管理权力与资源配置做出制度性安排。以一家上市国有股份公司为例，在品牌战略制定方面，究竟属于品牌管理部门的决策范围，还是属于总经理办公会议的决策范围，抑或是属于公司董事会的决策范围，这直接关系到品牌战略的重要性及影响力，以及可能涉及的资源分配问题。此外，品牌管理部门在公司整个管理组织机构体系中的位置，以及它所主要担负的部门职责，也会影响到品牌战略实施的有效性。如果企业把品牌管理部门与产品管理部门等同，甚至认为品牌管理就是产品管理，那么就会降低品牌管理在企业组织机构设置中的地位与作用。如果企业把品牌管理置于其管理架构的上层领域，甚至认为是企业战略部门中的最为重要的组织单元之一，那么就能够保证品牌战略对企业业务工作的指导作用。品牌战略管理体制是企业内部关于品牌管理的基本"法规"，它也是一种十分有效的竞争力。从某种意义上讲，品牌管理体制竞争力的强弱，决定了企业的成败。

（二）建立有效的品牌战略运行机制

品牌战略的运行机制是战略实施中的重要组成部分。运行机制主要解决的是品牌管理由管理体制向管理能量转化的问题，其中涉及管理人员的配置与资源的分配，以及企业根据市场和行业变化所作出管理方式的变革。战略运行机制把企业战略与市场反应结合在一起，强调企业在执行战略过程中的原则性与灵活性，强调战略执行过程中的效果与效率。人、财、物是战略运行机制中的重要组成部分，这些要素的动态组合与相互协调、适应，决定了品牌管理机制本身的生命力。在品牌战略运行过程中，目标、方向、激励是重要的推动元素，市场、供求、价格、交易、信息、渠道是品牌战略运行机制的重要支持力量。比如，某一家日化企业实行多样化品牌战略，那么它必须保证该战略建立在有效的市场供求和价格交易基础上，同时还必须有关于竞争者品牌的完整的信息来源，并能够保证本企业的新品牌获得现有渠道的支持，即获得足够的中间商（如批发商、零售商）的货架空间。最为重要的是，在该企业的多品牌战略实施过程中，必须保证资金流的畅通和品牌的整体形象不会淡化。

（三）形成品牌战略风险控制体系

不论是单一品牌战略，还是多样化品牌战略，抑或是其他的品牌战略，在推行这些战略的过程中，企业都会面临着一定的经营管理风险。单一品牌的风险主要集中在可能会持续地受到市场中其他竞争者的攻击，而且出现负面形象时，往往不容易进行品牌形象修复。而多样化品牌战略的风险主要集中在资源分散，品牌之间相互竞争，子品牌容易冲淡母品牌的形象。品牌延伸战略会对品牌定位的准确性产生负面影响，进而形成延伸过度，或者延伸失败等不利局面。品牌战略风险控制就是要把这些可能存在的风险控制在一个安全的范围内，使品牌战略在方向上、重点业务上以及时机把握上都可以不出大的偏差。以企业实施品牌集中化战略为例，如果企业将大多数经营资源集中于某一个或某几个品牌上，并且不能有效地控制品牌投资规模，就有可能在市场环境发生剧烈变化和行业形势出现逆转时，不能够迅速地从这种品牌战略中挣脱出来。因此，品牌战略风险控制的中心思想是在资源规模上控制过度的投资、在投资方向上避免单一或过多两种极端情形，在品牌经营的关联性上避免过度介入非主营的一些领域。品牌战略风险控制包括了品牌管理体制风险控制和品牌管理机制风险控制两个方面的内容。

本章小结

本章重点介绍了品牌战略的含义、品牌战略的类型、品牌战略的实施与选择。

品牌战略是企业发展战略中的一个重要分支。战略对于企业的作用主要体现在以下三个方面：指明发展方向；明确业务重点；把握有利时机。

品牌战略（brand strategy）是品牌管理的"上层建筑"，它指明了企业在品牌管理活动中的前进方向、工作重点和可以利用的时机。

品牌战略具有两层含义：一是指企业将品牌作为企业的发展战略，即品牌处于企业的整体战略体系中，品牌化是一个重要的发展方向；二是指品牌经营管理中的具体方向、业务重点和时机把握。

品牌战略可以按照不同的标准进行分类。比较通行的划分标准有以下三个：一是依据品牌的广度和深度进行分类；二是依据品牌的数量来进行分类；三是依据品牌是否延伸进行分类。依据品牌的广度和深度的分类，品牌管理与产品管理在形式上有一定的相似之处，即二者都会涉及"项目"（item）、"系列"（line）和"组合"（mix）等概念。依据品牌的实际数量进行分类，可以将品牌战略分为单一品牌战略、多品牌战略、主副品牌战略和联合品牌战略。依据品牌延伸的方向对品牌战略进行分类是市场上常见的一种战略划分方法。

所谓品牌延伸，是指企业在品牌经营中将现有的某一品牌使用到与该品牌并不相同的产品类型上的一种经营战略。品牌延伸战略的优点在于，它能够提高新产品成功的机会，减少推广费用并提升促销效果；由于新产品与老产品使用同一品牌，因而可以节省包装和标签费用；在同一个品牌下有更多的产品能够满足顾客多样化、个性化的需求；丰富的产品系列和关联性，提升品牌形象和品牌价值。

品牌战略的选择，事实上就是企业自身资源与环境相匹配的过程。在这个过程中，资源配置围绕品牌这个核心要素展开,并跟随市场环境的变化节奏来选择品牌发展的战略路径。这种选择战略的方法,核心思想是发挥企业自身资源优势,并充分利用市场和行业环境所带来的机遇,同时也要应对各种挑战。

品牌战略选择的第一步是对企业的资源进行SWOT分析,即分析企业在品牌发展中存在的优势、劣势,同时也要分析环境中可能存在的机会与挑战。在此基础上,企业应当对自身的品牌产品和业务进行认真评估,将现有的品牌管理业务可以按照波士顿矩阵方法分为"明星业务""金牛业务""问题业务"和"狗类业务",然后再进行战略方向决策,并对各类品牌业务进行重要性排序。

品牌战略选择应当坚持的原则:首先,明确品牌本身所具有的竞争能力,发挥优势、扬长避短;其次,明确品牌本身所处的具体位置,适应环境、因地制宜;再次,企业必须把保护消费者的切身利益放在最重要的位置上加以思考。

品牌战略实施包括以下三个步骤:建立科学的品牌战略管理体制;建立有效的品牌战略运行机制;形成品牌战略风险控制体系。

案例讨论

案例背景信息

腾讯品牌延伸战略

自20世纪70年代以来,品牌延伸作为一种企业经营战略得到广泛的应用。采用品牌延伸战略不仅能够提高新产品成功进入市场的机会、减少新产品的推广费用,还可以提升品牌形象和品牌价值,使品牌获得新生。但同时,实施品牌延伸战略过程中也存在各种各样的陷阱,例如海尔集团就曾经在个人电脑业务的品牌延伸上遭遇失败。因此,企业在进行品牌延伸时需要选择正确的方向、采取适当的措施,这样才能避开陷阱,达到预期目的。

腾讯是中国最大的互联网综合服务提供商之一,也是中国服务用户最多的互联网企业之一。目前,腾讯使用的网络平台包括即时通信工具QQ、门户网站腾讯网、网络游戏、多媒体博客服务QQ空间、无线门户、搜索服务"搜搜"、电子商务"拍拍"以及财付通等。它旨在服务中国最大的网络社区,满足互联网用户的在线沟通、资讯、娱乐和电子商务等需求,为网民提供一站式"在线生活"服务。从1998年创建之初单一的即时通信服务到现在的多元化服务,它的品牌延伸无疑是非常成功的。回顾腾讯多年的发展历程,其品牌延伸获得成功的原因可以总结为以下三点。

一、一切以用户价值为依归

腾讯董事局主席兼CEO马化腾2015腾讯全球合作伙伴大会上发表了《给合作伙伴

的一封信》，在这封信中，他提到："腾讯从做一款产品起家，在早期的激烈竞争中得以生存下来，除了各种运气，关键在于'一切以用户价值为依归'，一心只想做好产品体验。""一切以用户价值为依归"这几个关键字眼既是腾讯的公司口号，也是腾讯的经营理念。

1999年11月，QQ用户注册数达100万。2003年8月，腾讯推出的"QQ游戏"再度引领互联网娱乐体验。2003年9月，QQ用户注册数升到2亿。2004年8月27日，腾讯QQ游戏的最高同时在线突破了62万人。标志着QQ游戏成了国内最大乃至世界领先的休闲游戏门户。2004年10月22日，在"2004中国商业网站100强"大型调查中，腾讯网得票率名列第一，领先于新浪、搜狐、网易等门户。同时，腾讯网还被评为中国"市值最大5佳网站"之一。2011年1月21日，腾讯推出为智能手机提供即时通信服务的免费应用程序——微信。

互联网增值服务、移动及电信增值服务与网络广告作为腾讯主营的三大业务为互联网用户带来了丰富的网络互动体验，腾讯基于这三大业务不断纵向细分产品类型，例如在2003年，腾讯从QQ中分出TM以满足办公室的即时通信需求。

而在这一系列成功延伸的背后，就是腾讯紧紧围绕"一切以用户价值为依归"的目标。腾讯密切关注用户需求，精准进行产品定位及开发，不断实现消费者情感满足的结果。从使用者角度而言，基本上是互联网生活需要什么，腾讯就会推出相应的产品，依托QQ聊天工具的普及和高使用率，腾讯一旦推出新产品，用户总能在第一时间获得相关信息，而凭借QQ的品牌渗透率以及腾讯的品牌知晓度，"腾讯系"的产品也比其余非知名公司推出的产品具有先天的品牌优势。真正满足消费者所需，是核心品牌在进行延伸时取得成功的必要因素。

二、符合品牌延伸的关联度

根据品牌延伸的关联度，延伸产品与原有产品应当具有互补关系，即能在共同场合同时被消费者消费和使用。同时，延伸产品与原有产品应在同一水平上，与企业形象保持一致。延伸产品与原有产品的相关程度越高，延伸成功率越高；相关程度越低，延伸成功率也就越低。

马化腾说过："多元化的目的是提供在线生活，在线生活的背后则是社区，上述所有的服务都将通过'社区'这两个词串起来。腾讯活跃用户好几亿，这形成一个庞大的社区，早期腾讯只给用户提供即时通讯的服务，现在，社区里面的人不满意了，认为这个社区里应该有更完善的基础设施。"因此腾讯的品牌延伸也基于这样的在线社区。QQ即时通信工具，从诞生开始就满足了人们的情感交流所需，而后开发的QQ游戏、QQ空间、QQ飞车等无一不是满足社区内成员娱乐休闲生活所需出发而进行的品牌延伸，并且这些延伸直接与最初的QQ账号绑定，也就从一开始注定了成功的必然性。腾讯希望自己的产品和服务像水和电一样渗透到用户的生活当中，只有这样企业才能基业长青，实现可持续发展。

三、符合品牌延伸的受众相关度

受众相关度，是指核心品牌与延伸产品是由受众性别、年龄、职业、文化、地域等方面的差异性和特点来确定的。即不同的受众接受不同的品牌与产品,在品牌延伸过程中,把原有品牌延伸至原有忠诚消费群及其所消费的其他产品中去,成功率自然就比较高。

从最初的QQ产品推出,腾讯产品基本形成了以学生为主要使用人群的用户群,年龄层次都较低,其开发的QQ秀、Q币、QQ游戏、QQ堂、QQ炫舞等一系列延伸产品,都紧密围绕着用户,符合学生这个年龄层次的用户需求。马化腾的野心很大,他要把一代人的传统生活全部搬上网络,打造在线生活,做一代人的网络生意。

而在其市场进一步扩展时,腾讯也是先将其整体品牌进行了调整,从改变LOGO、建立腾讯网门户等一系列举措,在进一步消除了公众对其用户年龄层次过低、消费能力较弱的疑惑后,陆续推出了企业QQ、大型游戏、互联网增值应用等一系列产品。所以说,腾讯在进行产品规划以及品牌延伸时,确实时刻考虑到了受众相关度以及产品的关联度。

腾讯公司的使命是"通过互联网服务提升人类生活品质",公司愿景是"成为最受尊敬的互联网企业",十几年来,它秉持着自己的理念,不断扩充自己的领域,强化自身的品牌效应,改变着互联网的生态环境。现在,腾讯QQ小企鹅的标志已经成为互联网即时通信的代表,承担着满足用户信息传递、共享和沟通的职责,也传递着互联网娱乐的精彩气息,继续为广大网民带来欢乐。

(本案例根据以下资料编辑整理而成:1.张杰.浅析腾讯品牌延伸策略[J].传播与版权.2014(12);2.http://baike.baidu.com/link?url=uZGdA7ur2KcRPx05SO QiKt7NBQP z5UiQx2R_5dHjCOu-qCT7Y9aQwfRWmrV2IgOs_5gIM_1E1GBVPROpbhv_uq;3.http: //www.sootoo.com/content/21967.shtml。)

案例讨论题

(1)本案例中的"品牌延伸"与"产品延伸"有何异同?结合本章内容指出品牌延伸的真正含义。

(2)近年来,腾讯还开发了哪些品牌?该企业的品牌战略是什么?

(3)在"互联网+"时代,腾讯的品牌战略重点是什么?业务发展方向在哪里?面临的机遇在哪里?

复习思考题

1. 简述品牌战略的基本含义。
2. 品牌战略有哪几种分类方法?结合实际加以说明。
3. 如何理解品牌延伸战略的基本含义?试举例说明。
4. 如何进行品牌战略选择?以国内一家著名企业为例,简述其品牌战略选择过程。
5. 简述品牌战略的实施步骤,并以国外著名企业为例加以说明。
6. 分析品牌战略和产品战略之间的异同,并结合实际加以说明。

第十四章
品牌文化

本章知识点

- 品牌文化的含义
- 品牌与文化的相互融合过程
- 品牌文化的主要类型
- 品牌文化的构成要素
- 品牌文化的塑造

品牌文化既是企业品牌管理的归结点，也是品牌管理的出发点。一方面，品牌是文化的载体，即文化需要通过强有力的品牌进行推动与宣传，越是具有广泛影响力的品牌，越是能够将文化完整、系统地呈现出来；另一方面，文化是品牌的载体，即品牌必须依托于特定的文化，并以所包含或凝聚的文化内涵来获得广大消费者的认同。品牌与文化这种互为因果、互为依托、互相促进的关系，表明了二者之间关系的复杂性和多样性。当一个具体的品牌出现在市场上时，它必然体现并解释着一种特定的文化；而当一种特定的文化走向市场时，它也必须要有相对应的品牌作为实体支持。但是，这种品牌与文化的"一对一"的并列或者对应关系，只是说明了品牌和文化二者都作为独立的客观存在而相互作用的过程。实践中，品牌作为一种客观事物，它本身也会在其发展过程中形成属于自身的独特文化，这正是品牌管理学主要研究的对象之一。

第一节 品牌文化的基本含义

品牌文化并非完全是"品牌"与"文化"的简单相加，而是二者的有机融合或相互作用的结果。品牌如果脱离一定的文化环境，通常很难形成属于自己的独特品牌文化。如前所述，文化如果脱离一定的品牌标志物，也很难具有强大的市场影响力。品牌作为一种客观存在，它是企业努力打造的对象。企业在促进品牌不断发展和提升的过程中，一方面会认真地积累管理工作中的经验，汲取教训；另一方面也会将一些长期行之有效的方法进行提炼和升华，用以指导后续的业务工作。这种经验的累积和方法的提炼，被广泛使用之后，就会向着文化的方向发展，并最终成为被市场所认可的文化形式。由于品牌文化通常是由企业经过长期的经营管理探索而逐渐形成的，因而它更像是一种源自于企业发展的自然产物和历史积淀。但在一些特定的历史发展时期，品牌文化也可以通过"植入"或"嫁接"的方式来形成。

一、品牌文化的定义及其属性

所谓品牌文化，是指品牌在其自身发展过程中所形成的区别于其他品牌并且能够上升到文化层面上的一种内在要素。品牌文化是品牌的重要组成部分之一，它依托于品牌的其他要素而存在、发展，同时它又在存在、发展的形式和内容上高于这些要素，它所反映的是品牌应当传递的那些可以表现为形式、内涵、思想、精神、意识、理想等层面的信息。

品牌文化既是品牌的重要构成元素，同时它也是文化的重要呈现形式之一。品牌之中包含文化，文化之中包含品牌，品牌在自身发展过程中逐渐形成文化。

首先，品牌文化作为整体文化的一个重要组成部分，它应当具有文化的基本属性。这些属性包括以下六个方面。

（一）历史性

品牌文化总是需要具有一定的历史，没有时间积淀的品牌文化，总是给人以文化基础不牢固的感觉。一般而言，品牌所经历的发展时间越悠久，品牌文化的形式和内涵就越丰富。有的品牌形成和发展时间较短，但很快被市场所认同和接受，这种现象并没有否定品牌文化的历史性这个特征，而是这些快速成长的品牌往往能够与所在社会的主流文化有效地融合在一起，进而形成了一种在快速运行状态下使品牌形象趋于稳定的品牌文化特征。同时，文化中所包含的历史属性也在品牌中得以展开。比如，一些品牌专门结合特定的历史年代或朝代而进行制作，使人们能够把这些品牌与特定的年代或朝代联系在一起。这种现象在餐饮业、旅游业的品牌文化塑造中应用的比较普遍。

（二）传递性

品牌文化具有传递性，即在正常情形下总是能够不间断地从一代传向另一代，保持这种文化的原始或最初特征。文化的传递主要体现在经营和管理思想方面，有时也体现在一些具体的工艺和技术方面。当然，在无形要素传递过程中，也包括了一些有形的物质载体的传递。正是由于文化具有传递的属性，才是品牌能够得以长期地保存下去。复制品牌形象、使品牌所包含的精神、理想和信念以及一些有价值的加工制作方法传向未来，这是品牌的生命力所在，也是品牌的真正价值所在。一般而言，在时空中传递性越强的品牌文化，它们的竞争力越强，因而价值就越高。

（三）价值性

品牌文化具有价值属性，尤其是一些以物质形式存在的品牌文化，能够进行估值和交易。无形的品牌文化通常依托于有形的品牌文化来进行市场估值和商品交易。价值性是品牌文化的又一生命力源泉。品牌文化的价值属性与其历史性、传递性融合在一起发挥引导市场的作用。品牌文化的价值性表明品牌文化会受市场供求规律的调节而发生价格改变，即同一种品牌文化在不同的市场或不同的时期，它所能够进行交易的价格并不相同。正是由于品牌文化的这种特性，才使得品牌文化管理应当以价值为取向，即围绕社会和经济生活的核心价值而展开。

（四）区分性

品牌文化具有区分属性，它能够把不同的社会群体区分开来，同时也能够把品牌自身与其他品牌区分开来。区分性是文化的一个重要特征，没有这个特征，文化的价值就会大幅度降低，甚至没有价值可言，也不便于传递和延续。品牌文化的区分性既是品牌定位的基础，同时也是品牌识别的基础。区分性将某一个品牌的特点，在文化这个特征下，与另一个品牌形成鲜明差异，进而能够把不同类型的品牌放在各自应当归属的文化下进行营销宣传。区分性使品牌文化不再抽象与模糊，而是让特定品牌与具体的文化紧密融合在一起，并因此而有别于竞争者品牌的文化特征。

（五）符号性

文化具有把不同的社会群体进行有效区分的符号属性，因而品牌文化也是一种符号。一个品牌与另一个品牌的显著不同之处，除了体现在功能、利益、情感等比较具体的价值形态上外，还体现在这些品牌所表达的文化之间的差异。文化作为精神层面的现象，它对品牌所作出的区分是一种深层次的划分，这种划分能够与消费者人群的精神追求取得一致，因而它的作用就更为强大。品牌所代表或展现的文化具有一定的排他性，即一个品牌很少可以同时作为两种文化的载体。尤其是那些在时空上不容易进行交流的文化，它们的符号性很强，但也限制了消费者人群的规模和数量。

（六）认同性

同一个文化下所产生的不同品牌，尽管它们在功能、利益和情感等方面的价值可能出现差异，但是由于受社会总体文化基础的影响，它们通常能够在文化发展中形成相互支撑的作用，这些品牌在竞争中相互合作，在合作中相互竞争，这事实上属于品牌文化认同。但是，在总体文化基础不同的两个品牌之间，它们可合作的空间就十分有限，因而对立和冲突时常发生。品牌文化认同不仅存在于消费者对企业所塑造的品牌文化的接受程度上，而且还体现在相互竞争的不同品牌之间的文化认同上。同一种文化下产生的不同品牌，基于文化认同性，会在保护品牌所赖以存在的文化方面采取合作的态度。而不同文化下产生的不同品牌，通常会通过强化不同文化之间差异来构筑品牌竞争优势，因而一种品牌文化竞争力的提升往往会导致另一种品牌文化竞争力的下降。

从上面的分析中，我们可以看出，品牌文化既是文化与品牌的深度融合，又是品牌自身积累所形成的一种精神积淀。图14-1和图14-2分别展示了品牌文化的两种不同形成路径，同时也展示了品牌与文化的相互包容关系。

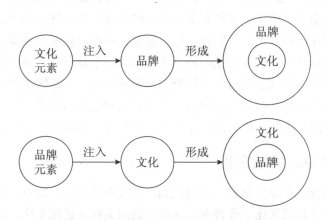

图14-1　品牌与文化之间的相互融合过程

处于不同经济社会发展环境的企业，可以根据自身的品牌经营管理实际，在上述两种路径中做出选择。第一种发展路径的优点在于，企业可以迅速地把现成的文化移植到企业的品牌产品或者服务当中，进而形成具有文化品味的品牌；第二种发展路径的优点在于，企业依靠自身的发展和积淀而形成的文化具有稳定性和持久性，同时这种文化与品牌之间的界线不明显，即品牌中包含着文化，文化中具有品牌的元素在内，这也是图14-2中表示文化的"圆圈"用虚线的原因。

图14-2　品牌自身发展积淀形成文化过程

■ 二、品牌文化的主要类型

文化的多元性特点在品牌文化中体现得更加明显。一般而言，文化可以按照四种不同的标准进行划分：民族文化、地域文化、历史文化、行业文化。相应的，品牌文化也可以按照这些划分方法进行分类。

（一）品牌中的民族文化

强调与突出品牌中的民族文化，这是塑造品牌形象的重要方法之一。品牌与民族文化之间的结合或者融合，既有先天的因素，也有后天的因素在内。比如，对于颜色、形状、味道的不同喜好，这是区分民族生活习性的重要标准。以颜色为例，中华民族喜欢红色，因而不少产品在品牌塑造过程中，往往融入与红色或者与红色相近的颜色作为品牌图案或者标志设计的主色调。民族文化体现在品牌中，并不仅仅是表现在品牌的形式上，在品牌内涵上，也会体现出来。比如，在餐饮业中，一些品牌产品或服务的内涵差别较大，而且主要体现在民族文化的差异上。"民族风味"是餐饮业和酒店业的重要品牌标识之一。同样，在旅游景区的设计中，民族文化的特点也会表现得十分充分。由于民族是文化的重要载体，因而文化保护的基础总是与民族的繁荣和发展有关。在品牌文化中，源自于民族文化的品牌往往具有强大的生命力，同时也会具有稳定和忠诚的消费者群体。除了餐饮、酒店行业外，品牌中的民族文化体现比较强烈的还有教育、影视制作、文学等领域。

（二）品牌中的地域文化

地域文化与民族或社会文化有一定的联系，但又有其自身的特点。在我国境内，以河流和山川名称命名的地域文化十分普遍，比如，黄河文化、长江文化、珠江文化、淮河文化、岭南文化、三峡文化、中原文化、高原文化等。地域文化还表现在它总是与特定的气候、地形紧密联系在一起，而且还融合了民族文化在内。地域有空间的大小之分，有的地域容纳数省，有的地域仅仅是一个省份中的一小块区域。从空间上讲，越是相隔距离远的地区，文化的相似性越低，因此地域文化总是处于距离相近的地区，并在当地社会中形成影响力。品牌中的地域文化主要受人们生活习惯的影响。风俗、节庆等活动使一些消费品牌流传下来并不断地影响周边地区。例如，在酿酒文化中，地域文化特点对品牌的影响力比较大。以盛行于江南多省的"米酒"为例，在该产品类别中形成了多种能够融入长江以南地域文化特点的品牌产品。这些品牌产品与南方的气候和消费者生活习惯有较大关系。在我国北方，由于缺乏形成类似品牌的地域文化特点，因而相关的品牌并不多见。

（三）品牌中的历史文化

广义上的历史文化，不仅包括民族文化，还包括地域文化。但是，在考察品牌文化时，我们所使用的概念是狭义的历史文化，即品牌文化中所沿用的"历史"年代。品牌中的历史文化主要研究一款特定的品牌它主要是使用历史上的哪个时间段的文化。以我国悠久的历史文化为例，在五千多年的历史长河中，每一个朝代都可以成为一些品牌在营销传播中依托的文化基础。在各种各样的品牌故事中，关于品牌产生的年代往往是越长越好，因而历史文化在品牌塑造形象时具有重要的价值。以"中华老字号"中的品牌为例，其中许多餐饮品牌都是以历时悠久而远近闻名的。品牌中的历史文化往往意味着一种类似于"诚信"的承诺，因而能够获得消费者的心理认同。对于一家品牌餐馆而言，悠久的历史往往意味着高水平的服务质量和独特的价值。以"全聚德"烤鸭店为例，"悠久的发展历史"和"独特的制作工艺"是其作为品牌长期立足于市场的重要基础。对于一些历史悠久的旅游景区，其品牌中的历史文化也起着重要的营销传播作用，因而越是历时久远的景区，尤其是人文景观，越能够吸引新游客的注意力，因为历史中的旅客的品牌形象与影响力也是一种重要的营销资源。

（四）品牌中的行业文化

每一个行业都有其独特的文化，并以此来区别于其他行业，进而成为该行业存在的重要基础。品牌中的行业文化在现实生活中表现得十分明显，例如，餐饮行业中的饮食文化，服装行业的时装文化，汽车制造行业中的汽车文化，纺织行业的纺织文化，家具行业的装饰文化，建筑行业的建筑文化，教育行业的教育文化，直销行业的直销文化，等等。每个行业由于形成时间不同以及在所在国家和地区的重要程度和市场影响力不同，因而行业文化的发展轨迹及表现形式并不完全一致。品牌中所体现的行业文化通常表现为行业用语、行业行为规范、行业标准、行业精神等方面。在餐饮行业中，服务精神的体现至关重要；在银行业中，风险防范意识和严格的工作纪律是保证业务质量的重要文化特征；在教育行业中，我国强调"为人师表"，这是教育品牌衡量的重要标准之一。一般而言，品牌中所包含的文化越是接近于或超出行业文化的要求，品牌的吸引力越强；反之，则越弱。品牌中的行业文化与企业本身文化的有机结合，这是提升品牌文化的有效途径。

尽管品牌文化可以按照上述标准进行划分，但是在现实生活中，每一个品牌所包含的文化通常是一个多元文化的综合体，即其中既有民族文化、又有地域文化；既有历史文化，又有行业文化。以产地为北京的"红星二锅头"为例，该品牌文化中既有地域文化，即主要消费者为北京普通市民，同时又有历史文化，即该品牌是北京二锅头的品牌延续。

与此相似,"西湖龙井"这个品牌,不仅具有历史文化,而且具有地域文化,甚至还包括了茶叶制造行业的"茶文化"。从这个意义上讲,品牌文化的综合程度越高,品牌的市场影响力越广泛;而在某个单一文化维度上的程度越深,则表明品牌的文化独特性越强。

第二节　品牌文化的构成要素

品牌文化的构成要素主要有两个方面:品牌物质文化和品牌精神文化。品牌物质文化是指可以通过物质形式有效体现的品牌文化;而品牌精神文化是指不能够以物质形式有效展现的文化。品牌文化的构成如图14-3所示。

图14-3　品牌文化的构成

一、品牌的物质文化

在物质与精神构成的世界中,物质文化通常处于客观事物的外层,而精神文化处于客观事物的内层,物质与精神二者之间的统一,形成了客观事物的整体,并影响着客观事物的外部环境。品牌文化作为一种客观事物,它也具有两个重要的组成部分:品牌物质文化和品牌精神文化。

品牌物质文化是品牌文化的重要表现形式,即品牌文化通过品牌物质文化而呈现出来。而品牌精神文化是品牌文化的核心内容,即它是使品牌物质文化具有生命力和竞争力的源泉所在。

品牌物质文化主要由以下元素构成。

(一)款式设计风格

品牌的设计风格是品牌物质文化的最为重要的构成要素之一。一个品牌区别于另一个品牌的显著特点在于它的设计风格。以一款中国服装品牌产品为例,在设计风格的选择方面,既可以采用现代风格,也可以采用传统风格;既可以选用中式设计风格,也可以采用西洋设计风格。设计风格的选择往往与所要表达的品牌理念和思想有关，文化形式对文化内涵的传递起着重要的保护作用。

（二）产品制造工艺

品牌中所包含的产品制造工艺，也是品牌物质文化的重要呈现形式之一。具体到服务产品方面，主要表现为服务的提供形式的差异。以餐饮业为例，不同的制作工艺是中式餐饮品牌与西式餐饮品牌在物质文化上的主要区别。而在服务的提供方式上，中式酒店与西式酒店的管理方法也有一定的区别。产品制造工艺所体现的品牌物质文化往往具有可传承性，并因此而成为品牌的核心竞争力之一。

（三）名称和标志

品牌物质文化中包括了一些可见的元素，其中就有品牌名称和品牌标志。在品牌物质文化的构成元素中，名称和标志是最为直接的呈现形式，它们通常与一定的建筑物或者人物联系在一起，而且与品牌创始人、品牌的传承者有一定的关系。品牌名称和标志通常与企业所在的社会文化生活高度相关，且体现时代特征，具有审美价值。品牌名称和标志作为品牌物质文化，既受企业所在社会经济发展水平的影响，同时也受当地消费者人群的可接受能力的影响。

二、品牌的精神文化

品牌的精神文化是附着于品牌物质文化而存在的，它与品牌物质文化一起来影响品牌消费者的行为。一般而言，品牌精神文化不能够脱离品牌物质文化而单独存在。因此，从逻辑关系上观察，品牌精神文化处于品牌物质文化的核心层面，并以品牌文化的内涵而被人们所了解。

（一）品牌的思想境界

品牌的思想所体现的是品牌精神文化各个要素中的最高精神境界。品牌的思想性往往将品牌从一般的物质文化中脱离出来，从而进入品牌的精神文化领域。因此，思想性是一个品牌区别于另一个品牌的重要精神特征。同时，品牌的思想性也使品牌能够作为一种客观存在而给人类社会的精神世界增加新的内容。但是，品牌的思想性也有先进的思想和落后的思想之区分，因而并不是所有具备或包含思想的品牌都能够促进社会文明的进步。品牌所表达的思想与人们的追求越吻合，越容易得到社会人群的认同。从这个意义上讲，品牌的思想境界与社会人群的精神文化层次有一定关系。品牌的思想如果与品牌的消费者人群的认知不能形成一致，那么品牌文化的传播就会受到限制。

（二）品牌的价值观念

品牌的价值观念是品牌在"是与非""对与错"等方面体现出的一种评价标准。品牌作为精神文化的载体，总是会倡导一些价值观念，并抑制另一些价值观念。在现实市场中，有的品牌在其产品、价格、渠道和促销等营销组合要素方面，所倡导的价值观念就与其竞争者并不相同，例如，以质量取胜的观念，就是把"质量"作为价值构成的重要组成部分；而有的品牌则强调"便宜"的定价观念，这事实上认为"经济性"也是品牌价值的重要组成部分；当然，也有一些品牌强调"性能"，即认为功能性利益才是品牌的真正价值体现。在品牌文化的构成维度中，不同品牌的价值观念主张可能有较大差异，这种差异一方面是一个品牌能够在市场上与其他竞争性品牌相互区分的重要标志，同时也是满足不同消费者对于各自价值追求的重要途径。

（三）品牌的情感体现

品牌精神文化中的另一个重要组成部分就是品牌所表达的情感。品牌由于总是与特定的历史年代、特定的消费文化环境、特定的消费者人群结合在一起发挥市场影响力，因而情感因素成为品牌核心竞争力之一。品牌所代表的情感，以及这种情感的持久性和影响力，这是价值的又一体现形式。品牌情感作为精神文化的构成元素，它包括"怀旧""忠诚""信任""期待""认同"等不同心理领域和感知层面。一般而言，品牌文化中所体现的情感越是丰富，品牌对消费者的精神影响力越大；反之，则只代表一般的实用性品牌发挥作用。品牌的情感体现通常会受到消费者响应程度的影响，即消费者的情感越是丰富，品牌的情感体现越能够取得相应的效果。

从品牌的物质文化与精神文化两个层面上分析品牌文化，这是品牌管理实践中经常使用的方法。但是，人们在分析这两种文化现象时往往将它们进行割裂，即脱离物质文化来分析精神文化，或者脱离精神文化来分析物质文化，这些做法其实都是不可取的。在品牌文化这个整体中，物质文化与精神文化是一个统一体，它们相互融合、互相支撑。处于品牌表层的物质文化，通常也会包含着精神文化；而处于品牌内涵深处的精神文化，通常也会包含物质文化。

第三节 品牌文化的塑造

品牌文化的塑造是一个系统的、复杂的过程。品牌文化如其他产品一样，也会经历生命周期的四个阶段，即品牌文化探索阶段、品牌文化成长阶段、品牌文化成熟阶段和品牌文化的衰落阶段。

一、探索阶段的品牌文化塑造

品牌文化探索阶段往往出现于产品或服务甚至于企业本身刚刚出现在市场上的时期，这时整个市场对于品牌的认同程度并不是很高，也并没有形成一致的认识，因而企业的产品和服务甚至于企业本身的形象定位正处于探索阶段,与之相应的品牌文化只是一种设想或者方案设计。

在品牌文化探索阶段,企业可以沿着自身的品牌经营理念、使命、愿景来设计和提出自己的品牌文化设想,并要求管理者和员工在各自的岗位上来积极落实这种文化设想。品牌文化的设计思想与设想方案通常要求企业尊重自身的行业文化传统和所在的市场文化传统,同时要有一定的创新精神,能够体现出与其他品牌文化之间的差异。

品牌文化在探索阶段可能要走一些弯路,即企业在品牌文化定位上可能出现过高或者过低的倾向,有时甚至进入一些误区,进而导致在文化上并不能够取得企业想要的效果。这种现象在中小企业的品牌经营中比较普遍,在一些大型企业也时有发生。品牌文化决策失误或者没有继续沿着正确的路径来塑造,这是导致品牌文化断裂或者扭曲现象发生的根源。

在品牌文化探索阶段,企业应当认真地了解自身的发展途径,并对所经营管理的品牌产品和服务有全面的了解,然后根据所在行业和市场的特点,立足于当地或者目标市场的文化需求来设计和构思品牌文化。在这个阶段,品牌文化的测试十分重要,即企业应当对品牌文化所引起的员工反应和消费者反应以及社会公众的反应进行有效的测量,并适时地调整品牌文化营销中的偏差。

在品牌文化探索阶段,企业可以通过前面所讲的两种方式来培育品牌文化:一是循序渐进地积累属于企业自身的品牌文化;二是通过"植入式"或"嫁接式"的方式来引进行业或市场中的先进文化。第一种方法的好处在于品牌文化立足于企业自身的优势与特点,能够长期地存在下去,并形成与竞争者不同的核心文化竞争力,但是缺点在于"文化培育"的时间较长,有时会受行业景气度或企业中断经营、兼并重组等不可控因素的影响,因而精心塑造的品牌文化往往在企业管理层发生变化或者产品和服务转产时受到严重冲击,有的甚至全面消失。第二种方法的好处在于能够快速地把文化移植到产品或服务甚至于企业自身当中,使品牌文化塑造能够充分利用已经成熟或者具有竞争力的文化元素,如果这些文化元素与企业自身形象或者品牌产品和服务的结合比较有效,那么就会极大地加快企业的品牌文化建设速度,使企业的品牌文化建设在市场竞争中跟上时代潮流,但是不利之处在于,这种方法由于引进了外来元素,因而需要企业内部管理层和普通员工在心理上接受和认同,同时还有一个使这些文化元素在企业本身的环境中不断成长壮大的过程。比如,一家中国国有企业为了塑造产品和服务的品牌形象,全面引进西方的品牌管理文化,并试图通过这种引进来培养属于企业自己的品牌管理文化,这种做法有时就会遇到管理者和普通员工对这种西方管理文化的接受和认可程度不高进而形成抵触的问题。

文化探索阶段所经历的时间可长可短,有的企业在短期内就能够完成品牌文化的探索工作,而有的企业可能需要经历较长的探索时期才能寻找到符合自身发展的品牌文化发展路径。由于同一个时代中的不同企业在品牌文化管理中所处的历史阶段不同,因而具有成熟的品牌文化的企业与还不具有品牌文化的企业之间的竞争,往往具有更加明显的优势。在这种表现为品牌文化实力的竞争中,占据强势文化一方的企业往往能够击败处于弱势文化的另一方。需要指出的是,品牌文化的强与弱,除了与品牌文化所处的发展阶段有一定关系外，还与品牌文化所依托的社会群体的政治、经济、文化的发展阶段及其在整个世界发展中的地位有关。因此，选择一种能够获得世界上大多数社会群体认同的文化作为品牌文化，就能够为企业自身及其产品和服务提升竞争力提供有力的保障。

二、成长阶段的品牌文化塑造

品牌文化在成长阶段的基本特征是作为一种文化现象越来越具有基本的形态，并且对所在行业和市场具有一定的影响力。从形态上观察，处于这个阶段的品牌文化在表现形式上趋于稳定，比如在作为品牌的产品和服务方面，包装、设计、名称、符号等物质文化和思想、价值观念、情感传递等精神文化都能够在形式上稳定下来，而且能够被所在行业和市场中的竞争者所识别，同时也能够被消费者和社会人群所认同。

处于成长阶段的品牌文化，虽然在形式上趋于稳定，但是它在内容上仍处于不断发展之中，即品牌在精神文化层面的发展仍然处于不成熟阶段。品牌在物质文化上的趋于稳定，必须要求精神文化上的稳定与之相协调，这时品牌思想、价值观念和情感的形成就显得十分重要。

处于成长阶段的品牌文化，与市场环境和行业竞争状况有着密切的关系。市场环境的复杂性和不稳定性，对于品牌文化的成长有着负面的影响作用；而健康、稳定的市场环境通常能够促进品牌文化的快速成长。行业竞争状况过于激烈或者过于不激烈，都不利于品牌文化的成长。激烈的竞争环境可能使品牌文化必须紧紧跟随行业发展的潮流而变化，进而失去应有的核心元素；而不激烈的竞争环境又会使品牌文化的发育过于迟缓，进而影响了品牌文化核心竞争力的形成。企业应当根据品牌文化所处的生命周期阶段，针对市场环境和行业竞争状况，对品牌文化塑造做出顺应市场变化和行业发展趋势的管理变革。

在品牌文化成长阶段，企业应当加大品牌文化的营销宣传力度，加大资金投入，让行业中的竞争者和市场中的各个参与主体更多地了解和认识企业的品牌文化的特点，并使这种特点能够成为企业本身及其产品和服务立足于市场的重要基础。企业品牌文化的成长是由小到大、由浅入深的过程，企业中的各项管理制度、每一种管理经营行为、各项有组织的活动都是品牌文化的体现物，企业要重视管理者和普通员工对于这种品牌文化的一致性认同，并灌输到日常的各项业务活动中，要求企业在作为品牌文化载体的各类产品、服务方面都呈现出一致的、健康的文化形象。

品牌文化在其成长过程中，可能伴随着企业的一系列管理和经营层面的变化，比如主要管理人员的更换，主营业务方向的变化，企业与其他企业之间的机构合并、资产重组等，这时就要求企业中能够有一种高于各个管理者的权力的制度来保证品牌文化的长期维持及运行。实践中，品牌文化成长阶段变更品牌文化的例子很多，通常都与企业的内部结构调整以及业务重组有关。正是由于管理机构和经营业务改变对品牌文化所造成的冲击，因而不少企业的品牌文化在成长中总是会经历一些较大的调整，有的企业在这种变革中不仅没有将品牌文化推向成熟，甚至因此而失去了原有的正处于成长阶段的品牌文化核心竞争力。

以一家中资企业与一家外资企业的合并为例，如果这两家企业都正处于品牌文化成长阶段，那么这种合并的结果可能是其中一种品牌文化的消失，而另一种品牌文化的迅速发展。由于两种在类型和性质上完全不同的品牌文化能够融合在一起的可能性较小，因而品牌文化往往成为企业合并或者重组中的主要障碍。在品牌管理实践中，与企业的联合、重组相关的品牌文化重塑总是显得十分艰难，它远比资产的合并、人员的合并、机构的重新设计要困难得多。

针对品牌文化成长阶段的上述特点，在品牌管理方面，应当慎重地考虑这个阶段企业的横向合作和纵向合作，特别是当这些合作可能影响到企业的品牌文化时，企业的管理层必须对可能出现的各种结果做出全面的评估。利润最大化和市场份额最大化，这些目标通常在企业的经营和管理中被过度地放大，致使企业管理者很少能够站在品牌文化塑造的角度来全面而系统地考虑与其他企业之间的关系，甚至很难正确地面对企业与行业中的竞争者以及市场中的其他参与主体的关系。只有在经营管理中把品牌文化以及其健康成长放在重要的位置上加以思考，企业才能够成为真正意义上的品牌企业，其产品和服务才能够作为品牌长期立足于市场上。

品牌文化成长阶段所面临的任务是形成完整的，能够对内有凝聚力，对外有影响力的文化体系。在这个体系中，各个文化元素围绕着品牌形成相互补充、相互支撑的关系。其中，一些文化元素内含于品牌之中，另一些文化元素则作为品牌赖以存在的外部环境而存在。比如，企业在品牌文化成长阶段所制定的生产文化、管理文化、经营文化和组织文化，它们都是品牌文化的外部环境，而包含于品牌文化之内的则有价格制定文化、质量保证文化、包装设计文化以及储存和运输文化等。在品牌文化成长阶段，企业文化与品牌文化相互促进，一方面企业文化会影响品牌文化；另一方面品牌文化也会带动企业文化。

企业领导者的管理风格和员工在生产过程中所表现出的工作态度，在品牌文化形成中也发挥着重要作用。品牌文化在成长阶段面临着来自于市场和行业中的各种挑战和压力，这种新的文化形式和现象会一定程度上改变市场上和行业中的既有文化传统。因此，品牌文化成长往往意味着对品牌传统文化的改造，这势必会对既有的文化利益格局形成冲击。企业在品牌文化成长阶段应当有足够的应对外部压力的措施和方法，保证品牌文化能够顺利地进入下一个阶段。

三、成熟阶段的品牌文化塑造

成熟阶段的品牌文化通常是指这种品牌文化已经被市场上和行业中的大多数群体所接受，并且从企业角度来观察，这种品牌文化已经定型，可改进或调整的空间十分狭小。在品牌文化成熟阶段，消费者和广大社会人群对待品牌文化的态度是接受与推广，乐意与其他人群一起分享这种文化产品、文化形式，并共同推动这种文化现象在社会中的广泛流行。成熟阶段的品牌文化往往具有影响力的品牌口号、品牌理念、品牌思想、品牌代言人。品牌文化已经融入社会文化之中，并与社会的核心价值观念形成高度统一。

以麦当劳的"QSCV"品牌管理理念为例，作为这一品牌的重要文化成分，它已经被广大消费者所接受，也成为该品牌与其他品牌相区别的重要标志之一。质量、服务、干净和价值，作为品牌文化的核心，与当时美国社会所强调的快节奏的生活、便捷的用餐服务等社会文化需求是高度一致的，因而这种文化成为美国现代餐饮文化的代表之一。而在"中华老字号"同仁堂的品牌文化中，其文化成熟性与中国社会文化紧密地结合在一起，"同修仁德"这种品牌文化思想与中国传统文化中的"仁义""扶危救困"等民族精神高度融合，因而使品牌的文化精神能够广泛地被中国消费者大众所接受。

成熟阶段的品牌文化是一种十分有影响力的文化。处于这个阶段的企业，要把品牌文化的推广放在十分重要的位置来加以思考，即要尽可能地扩大品牌文化的影响力与号召力，使品牌文化能够在更大程度上影响消费者和社会人群的生活方式。以"文化"的推广来带动产品和服务的推广，先开启思想，而后再进行商业服务，这是现代营销的重要方式之一，体现着现代商业文化精神的精髓。这种用"文化推广"来带动"产品和服务销售"方式要比纯粹的商业广告形式更为有效，也更容易取得消费者的心理认同。

企业的产品、服务及企业本身的形象作为品牌文化的呈现形式，当进入成熟阶段时，通常也就意味着这种品牌文化进入"收获"时期，即表明品牌本身具备了为企业带来大量的利润和现金流的能力。此时的企业管理者应当充分利用这种有利时机，加固品牌文化的影响力和品牌形象的感知力，通过加大营销投入的方式，把品牌通过各种营销渠道展现在目标市场上。同时，企业应当对合作者提出相应的文化要求，使自己成熟的品牌文化形象不受到合作者的影响，并能够利用合作者的市场和所在行业的影响力来继续扩大市场份额。

四、衰退阶段的品牌文化塑造

品牌文化的第四个阶段是衰退阶段，这意味着品牌文化的影响力正在下降，这可能是由于市场上或者行业中已经形成了新的替代性文化，品牌文化因此而受到排斥和抵制。文化作为一种特殊的产品形式，当其进入衰退期时，也和其他产品一样，会出现价格下降、目标市场缩小、竞争者增多、进入门槛降低、产品品味趋低等情形。对此，企业应当顺势而为，一方面是在现有品牌文化下尽可能地获得应得的商业利益，维系与部分忠诚客户之间的关系，并尽可能满足这部分消费者的需要；另一方面，应当努力开辟新的文化增长点，即完成品牌文化的升级与换代。

处于衰退阶段的品牌文化往往标志着这种品牌文化已经或正在从主流文化中退出，但是这并不意味着企业的品牌文化塑造工作的结束，相反，企业应当为品牌寻找新的文化根源和文化基础。文化生命力和技术生命力有相似之处，都存在着新旧的更替。品牌文化的过时，并不意味着品牌本身的市场价值的不复存在，只要能够为品牌培育、补充或者注入新的文化元素，品牌就会激发出新的生命力。

因此，在品牌文化进入衰退阶段时，企业应当着重寻找新的文化增长点，并让这种增长点能够快速地与品牌本身的功能、利益和情感实现融合。以零售行业为例，互联网技术、移动通信技术、计算机技术的推广应用，彻底地改变了人们的生活和消费观念，人们对于品牌文化的理解也由此发生了变化。以往流行于社会各个阶层的品牌认知文化正在由线下实体店向线上的网店转移。随着网上购物占比的大幅提升，物流运送网络的不断扩张，互联网金融以及金融互联网的大力推广，新型的购物文化更加方便了消费者的选择与支付，并且使网上购物的体验效果正在越来越接近实体店，甚至在某些层面上感觉更好。这时，源于传统经销方式以实体店为中心的品牌文化塑造方式就会面临着严峻的挑战。在这种形势下，生产企业和经销商都会面临着品牌文化衰退的考验，而摆脱这种困境的出路就在于实施文化创新，将互联网、计算机、移动通信等新型文化与企业的品牌产品和服务有机地结合。

当然，简单地将传统的企业品牌及其产品和服务品牌与新型的互联网消费文化进行板块式"嫁接"并不是一种十分可取的方法。企业应当对已经形成的品牌文化或正在处于衰退阶段的品牌文化进行重新塑造，即以计算机技术、互联网技术和移动通信技术为依托来改造品牌文化的形成及其营销过程，保留与现代技术和现代消费观念相一致的品牌文化元素，而将不符合时代潮流的品牌文化进行革新。

本章小结

本章主要介绍了品牌文化的基本含义、品牌与文化的融合过程、品牌文化的主要构成及品牌文化的塑造。

塑造卓越的品牌文化既是企业品牌管理的归结点，也是品牌管理的出发点。品牌文化并不是"品牌"与"文化"的简单相加，它是二者的有机融合或相互作用的结果。品牌如果脱离一定的文化环境，通常很难形成属于自己的独特品牌文化。

所谓品牌文化，是指品牌在其自身发展过程中所形成的一种区别于其他品牌并且能够上升到文化层面上的一种内在要素。品牌文化是品牌的重要组成部分之一，它依托于品牌的其他要素而存在、发展，同时它又在存在、发展的形式和内容上高于这些要素，它所反映的是品牌应当传递的那些可以表现为形式、内涵、思想、精神、意识、理想等层面的信息。

品牌文化作为整体文化的一个重要组成部分，它应当具有文化的基本属性。这些属性包括以下六个方面：历史性、传递性、价值性、区分性、符号性、认同性。

一般而言，品牌文化可以按照四种不同的标准进行划分：民族文化（强调与突出品牌中的民族文化，这是塑造品牌形象的重要方法之一）；地域文化（地域文化与民族或社会文化有一定的联系，但又有其自身的特点）；历史文化（品牌文化中所沿用的"历史"年代）；行业文化（每一个行业都有其独特的文化，并以此来区别于其他行业，进而成为该行业存在的重要基础）。

品牌文化的构成要素主要有两个方面：品牌物质文化和品牌精神文化。品牌物质文化是指可以通过物质形式有效体现的品牌文化；而品牌精神文化是指不能够以物质形式有效展现的文化。

品牌物质文化中主要由以下元素构成：款式设计风格，产品制造工艺，名称和标志。

品牌精神文化是附着于品牌物质文化而存在的，它与品牌物质文化一起来影响品牌消费者的行为。一般而言，品牌精神文化不能够脱离品牌物质文化而单独存在。因此，从逻辑关系上观察，品牌精神文化处于品牌物质文化的核心层面，并以品牌文化的内涵而被人们所了解，其内容主要包括：品牌的思想境界、品牌的价值观念、品牌的情感体现。

品牌文化的塑造是一个系统的、复杂的过程。品牌文化如同其他产品一样，也会经历生命周期的四个阶段：探索阶段、成长阶段、成熟阶段和衰退阶段。

案例背景信息

路易威登（LOUIS VUITTON）的品牌文化

卓越的企业家善于捕捉时代进步和风尚变化的消息，理解人类不断进步的物质与精神需求，使自己的产品始终站在历史进步的前沿，去倡导、推动和引领一种新的生活方式。自1854年以来，代代相传至今的路易威登（Louis Vuitton）以卓越品质、杰出创意和精湛工艺成为时尚旅行艺术的象征。品牌文化正是支撑这个品牌延续百年、风靡全球的制胜法宝。路易威登的成功，从以下四个方面十分清晰地表现了其品牌文化的特点。

一、宫廷文化奠定品牌文化基础

路易威登箱包品牌诞生于1854年，在此之前创始人路易·威登已经是专为贵族服务的行李打理师。值得一提的是，在法兰西第二帝国时期（1852—1870），路易·威登一直担任拿破仑三世皇后的行李打理工作。不难看出，该品牌的整个初创阶段都围绕着宫廷，从整理行李到制作旅行箱就是宫廷生活的一种延续。所以宫廷文化就像固有的基因一般存在于路易威登的品牌内涵中并影响着它的价值体系。

在宫廷文化方面，路易威登将它解析为三个组成部分：其一，礼仪与盛会体现富丽奢华；其二，体贴的定制服务体现精致独到的品位与对个性的看重和尊崇；其三，相关保护艺术体现高度文化素养和宽容开放的思想。

路易威登在法国式宫廷的奢华格调上选择的是古典主义（亦称巴洛克）的审美趣味。最能代表文化品牌价值的当属广告人物形象。路易威登的理想形象无论男女均展现出一种贵族般的威仪。华丽厚重且戏剧感强烈的视觉风格是典型的巴洛克格调，也正是多年来路易威登所贯彻的品牌性格。遵照巴洛克风格的标准，路易威登专卖店也追求豪奢高端的视觉效果，每一个门店的橱窗陈列都是精致且大手笔。路易威登承载着17世纪的宫廷文化，并从感官体验和贴身服务等方面加以强化，极大地满足了现代人渴望被尊崇的心理和对曾经辉煌时代的怀旧情结。

除了最直接的感官体验，路易威登推崇的奢华体验还包括独到的"尊贵服务"。路易威登将早期对王室成员的服务方式用于现代客户，发展出定制服务、烫印与绘画服务和终身维修保养等服务项目。既然艺术保护也是宫廷文化的重要内涵，路易威登一直在品牌文化中不断地加强艺术分量。

二、作坊工艺文化塑造品牌形象

路易·威登在创业后虽然扩大生产规模，但工人培训管理依然保留了师徒传承的一些作坊式做法。在他们手里，每一个产品都经过精雕细琢。产品特点富有作坊工艺的文化，实用性极强但又不缺精密特征。制作与销售过程都对产品细节的苛求几乎到了疯狂的程度，放大对细节的推崇同样是奢侈品营销的着力点之一。

路易威登传统的品牌理念就是原料考究、做工精细。具体说来，他们选用法国和德国的牛皮，每个皮包都用一块完整的皮子做成。除了选料精细，"路易威登"的上乘质量来自于一丝不苟的制作过程。坚持手工缝制的传统生产方式，规定了"每道工序限时制"，保证每道工序都有规定的制作时间不得缩短，产品制作时间比其他厂高出30%，这正是所谓的慢工出细活的严谨细致品牌形象。

三、旅行与探险文化延伸品牌精神

路易威登产生于欧洲旅行风尚兴起的特殊时代，一百多年来旅行是人们高度热衷的消费与生活方式。作为旅行用品的品牌，旅行自然而然成为路易威登推广产品中重要的一张文化牌。以下是相关举措。

（1）文化出版。威登第二代接班人乔治·威登亲自撰写了一本关于最原始产品行李箱的历史的书——《从古到今的旅行》。此外，路易威登每年都会出版一套专辑册——"旅行指南"，内含30个欧洲城市的旅行资讯和主要景点。

（2）赞助相关赛事、活动。1983年，路易威登集团首次将其名号赋予美洲杯分站预选赛，即"路易威登挑战赛"。第32届美洲杯帆船赛改变以往惯例，分为分站赛、路易威登杯、美洲杯决赛三阶段进行。1989年首次举办"路易威登经典车展"，聚集了上百款古董车并在全球范围内经营汽车大赛。

在路易威登品牌文化看来，旅行分为两种，其一是放松身心；其二是极限探险。这无非是蕴藏在品牌发展中的文化底蕴，也预示着该品牌在产品制作过程中也无时无刻不注重着企业文化与内涵。

四、都市文化融入现代品牌气息

1998年，路易威登请来时尚界的马克·雅各布斯（Marc Jacobs）掌舵。年轻的雅各布斯是来自纽约的设计师，他研究了路易威登的历史，随后在尊重历史的基础上开发了一系列具有现代气息的独特设计。

雅各布斯的设计理念以实用为主，注重设计细节，糅合个人的独特眼光，衍生出出众的女性魅力风格。经典的行李箱、创新的提包，路易威登的高贵品牌精神和品质不变，但在雅各布斯的巧妙装扮下却为路易威登换上了新的表情，更贴近大众的生活,但又不失与现代都市之风相融合。他注重改造产品风格,在保留经典设计的基础的前提下,派生出崭新的产品风格。运用波普艺术、结构艺术等大众艺术设计一系列具有实验意味的新路易威登产品。从市场反应来看,雅各布斯成功地在路易威登的传统文化中加入了年轻时尚的元素。

作为百年品牌,路易威登承载了太多优秀的法国文化。从某个角度看来,品牌是一种文化,并且是一种富含经济内涵的文化。一个没有文化含量的品牌是苍白的。品牌竞争的实质是通过品牌所倡导或体现的文化影响和迎合公众的品位与意识形态、价值观念和生活方式。

总而言之,在以法兰西文化为背景下的辉煌且林林总总的产物中,路易威登或许只是其中一分子。但是,创始者路易威·登家族和后来各种各样的经营者都高度尊重和珍视这个奢侈品牌的价值,品牌中所蕴含的文化可谓是点睛之笔。近百年来,伴随着时代的变迁,人们强调它固有的品牌文化的同时又不间断地挖掘其新的文化内涵,使其变得更加丰满且富有立体感。

(本案例根据以下资料编辑整理而成:1.斯蒂芬妮·博维希尼(Stephanie Bonvicini).路易威登——一个品牌的神话[M].北京:中信出版社.2006;2.LOUIS VUITTON-中国大陆官方网站[EB/OL].http://www.louisvuitton.cn/zhs-cn/homep-age.2015;3.邹洁.路易威登(LOUIS VUITTON)品牌文化与中国消费群的沟通——探讨路易威登在中国的文化策划[D].2007;4.高建为.法国文化解读[M].山东:济南出版社,2006.)

案例讨论题

(1)结合本章所学理论知识,从品牌文化角度分析路易威登的成功之处。
(2)路易威登是如何进行品牌文化创新的,为什么?
(3)寻找一款与路易威登相似的品牌,对比分析这两个品牌在文化上的各自特点。

复习思考题

1. 简述品牌文化的基本含义。
2. 简述品牌文化的意义。
3. 简述品牌文化的基本属性。
4. 品牌文化可以划分为哪些具体方面?试举例说明。
5. 品牌文化的构成要素主要有哪些?试举例说明。
6. 以某一行业为例,试对比中外企业品牌文化的不同之处。

第十五章
品牌传播

本章知识点

- 品牌传播的定义
- 品牌传播的元素和内容
- 品牌传播的主要理论
- 品牌传播的特点
- 品牌传播的方式
- 品牌传播的评价

品牌传播（brand communication）是品牌实现市场化的重要步骤之一。一方面，品牌识别、品牌属性建立、品牌定位、品牌设计、品牌形象塑造、品牌文化培育等这些品牌管理工作都是为了有效地实现品牌传播；另一方面，品牌传播又必须围绕着上述这些品牌管理工作而展开。品牌传播是联系生产企业和消费者的桥梁，品牌传播的成功与否决定了企业品牌建设的实际效果。

第一节 品牌传播的理论基础

品牌传播是企业与社会媒体之间的一种互动。在这个传播过程中，企业有其自身的目的和意图，而社会媒体作为品牌的传播合作方，也会利用品牌在市场和行业中的地位而实现其自身的目的。获得经济利益通常是生产企业和传播合作对象的共同目标，除此之外，获得市场和行业中的知名度和美誉度，以及由此而形成的忠诚度，也是生产企业的目的；而传播媒体为优质的品牌进行宣传，本身也会极大地提升其作为公众信息平台的功能和地位。

一、品牌传播的定义

品牌传播有利于把企业关于品牌的正确形象传递给消费者，因而有助于减少消费者对品牌的模糊性认识。所谓品牌传播，是指企业把关于品牌的信息通过一定的传播渠道传递给目标消费者和社会人群的过程。在品牌传播过程中，传播的内容、传播的形式和传播的受众，对于企业而言都十分重要。在通常情形下，企业是品牌传播的实施主体，因而它能够从品牌管理角度对传播的内容、传播的形式和传播的受众进行有效的调控。在一些特殊情形下，企业将品牌传播的工作委托给其他组织，这时企业就不能够直接对传播过程进行监管。

在品牌传播过程中，企业的目的主要有三个方面：一是宣传企业自身品牌形象以及所经营产品和服务的品牌特征、个性、功能、利益、价值等内容；二是消除消费者和社会人群中对于品牌已有或正在形成的一些错误认识；三是尽可能通过有效的宣传工具及其市场影响力来把企业本身的品牌形象以及所经营产品和服务的品牌与竞争者的形象区分开来，同时体现出品牌之间相互区别的差异性特点。

品牌传播是一个双向互动的过程。一方是品牌信息传输方；另一方是品牌信息接收方，在品牌信息由传输方流向接收方的过程中，企业或其传播组织会对品牌信息进行编码，在这些信息编码流向接受方后，接受方又会对这些相关信息进行解码。但是，品牌信息从发送方流向接受方，这只是完成了品牌信息的一次单向流动。之后，接收方还应当将对所接受的信息的反应反馈给信息发送方。当信息发送方收到信息接收方的信息反馈时，这时才表明品牌完成了一个回合的信息传播过程。在此之后，这种"发送、接受、反馈"

的过程可能会持续许多次，有时甚至经历很长时间才能完成。这种反复进行品牌信息传播的过程，事实上表明了品牌传播的复杂性和系统性。

但是，由于品牌信息发送者与品牌信息接受者并不是同一个人，多数情形下是在认知能力、态度和行为方面差异比较明显的社会人群，因而对信息解释的不准确，以及理解上的偏差，就会使品牌信息传播的效果大打折扣。因此，品牌传播应当把生产企业、传播组织以及消费者的认知、态度和行为放在一起进行研究。同时品牌传播受外在环境因素的影响，并因此而产生噪音，这对品牌传播的实际效率和效果也会形成一定程度的影响。品牌传播的双向互动过程如图15-1所示。

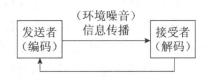

图15-1 品牌信息传播过程

关于品牌传播所涉及的学科，理论界一般认为它涉及了社会学、信息学，同时也与管理学有一定关系。最早的传播是以人际中的口头传播为主要形式展开的；之后，随着科学技术的发展，通信工具的产生以及多样化，传播向着以机器为介质的形式发展。传播这种行为发展到今天，它已经将人与人、人与机器、机器与机器之间的传播综合在一起。在互联网技术飞速发展的当代社会，人们的工作、学习和生活已经很难脱离信息传播的影响。作为社会中的一个成员，广大消费者每天在接受着大量的传播信息，依据这些信息来进行日常决策，并将这些信息中的一部分直接或间接地转发到其他人手里。

在信息社会中，传播的作用越来越明显，因而品牌传播的地位更加重要。在传统的营销观念中，生产观念和产品观念分别建立在生产规模和产品质量基础上，并通过人们对企业的感知和对产品质量的信任来促成品牌的建立；但是在推销观念盛行的时期，传播的作用被充分挖掘出来，广告在产品和服务的销售中扮演了十分重要的角色。进入市场营销观念流行的阶段，围绕顾客的需求而开展品牌宣传这种营销方式深入人心，品牌传播建立在对消费者的需求的发现上。在社会营销观念为主导的现代社会，品牌传播除了需要强调对于消费者的价值、情感和利益外，还必须着重强调品牌对社会的作用和贡献。

事实上，从上面的分析中我们能够发现，品牌传播随着营销观念的演进正在变得越来越重要，而且传播的内容和形式也更加向着高的层次发展。

二、品牌传播的元素与内容

品牌传播由哪些基本元素构成，它们之间是一种怎样的关系？这是企业在品牌传播策划时需要考虑的首要问题。

在品牌传播过程中，文字、图像、画面、声音、味道、触觉和实体形式等基本元素起着十分重要的信息解释作用。

在品牌传播过程中，品牌的理念、思想、观念、价值、情感、利益、功能、个性、特征、属性和形象，作为品牌的主要内容来被传播。

品牌内容以品牌元素来表达或呈现。借助于品牌元素或品牌元素组合，品牌内容被以形象和生动的形式传递到目标消费者人群的脑海中。没有品牌元素这个桥梁，品牌内容无法进行有效传播。当然，品牌的元素之间可以相互随机组合，并因此而构成了丰富生动的品牌传播形式。

由于不同品牌之间在传播的针对性、目的性方面并不总是相同，因而在传播过程中所使用的元素的组合也会存在较大差异。一个元素与其他元素之间可以形成多种组合，而多种元素之间的随机组合的方式更加多样化。尽管每个元素与其他元素在品牌传播过程中可选择的组合方式有许多种，但真正有效的组合方式可能只有几种或者一种。每个元素在品牌传播过程中的重要性并不相同，比如在一些无法通过视听等方式进行有效传播的情形下，选择文字形式进行品牌传播就是可供选择的方案，因为与其他传播元素相比较，文字在表达思想和观念方面，准确性更强。这时就需要以文字为主，辅之以其他传播元素，进而实现品牌的传播效果。而在针对那些认知力未能达到全面理解文字含义的社会人群时，品牌传播中的元素选择就应当着重考虑图像、画面、声音、味道、触觉和实体形式，因为这些传播元素的直觉效果更好，且对消费者的文化层次要求不高，适合于针对一些特定的人群使用。

品牌传播中的元素与品牌传播内容之间的对应过程以及与所针对的消费者人群之间的关系如图15-2所示。

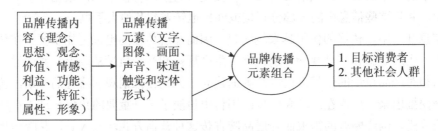

图15-2 品牌传播的元素、内容与接受对象

在图15-2中，品牌传播内容通过传播元素及其构成来进行表达，品牌传播元素组合根据品牌传播内容而形成，进而针对消费者和其他社会人群展开传播。

由于企业的品牌传播内容可能并非只是局限于一种产品或者一类服务，有时企业本身也可能是品牌传播内容的重要组成部分，因而品牌传播并不是一次或者一种途径就可以全部完成。在这种情形下，企业就需要开辟多种品牌传播途径，根据不同的品牌传播内容和品牌传播途径来专门设计品牌元素组合。有时，一项品牌传播内容需要借助于不同的品牌传播元素来进行多次的重复传播才能达到应有的效果。在品牌传播过程中，将品牌传播内容进行层次划分并克服环境中的噪声，这是实现有效品牌传播的重要方法。在传播内容分层方面，可以将理念、思想和观念归于一种类型；将功能、情感、价值和利益归为另一种类型；再将个性、特征、属性和形象归为第三种类型。这样，就可以根据所要传播的品牌内容的类别一致性，找到相对应的品牌传播元素，并将这些元素进行组合，最后完成向目标消费者和其他社会人群的传播。

三、品牌传播的主要理论

品牌传播的主要理论包括USP理论、品牌形象理论、品牌个性理论、"360度品牌管家"和IMC理论。

表15-1 品牌传播的主要理论[①]

品牌传播理论	主要观点
独特的销售主张理论（USP）	每一种产品都应该发展一个自己独特的销售主张或主题，并通过足量的重复传递给受众
品牌形象理论（brand image）	每个广告都必须对品牌形象这个复杂的象征有所贡献，企业要将广告看作是建立品牌形象的长期投资。企业宣传应以品牌为中心，广告只是传播的一种手段
品牌个性理论（brand character）	品牌传播不只是传播形象，更要传播品牌个性
360度品牌管家（360°brand stewardship）	要求企业在消费者的每一个接触点做好品牌传播，才能建立和维持强有力的品牌形象
整合营销传播（integrated marketing communication，IMC）理论	将企业一切营销和传播活动，如广告、促销、公关、新闻、直销、CI、包装、产品开发等进行一体化的整合重组，让受众从不同渠道获得的品牌信息保持一致

从表15-1关于品牌传播主要理论及观点中可以看出，品牌传播主要围绕着"销售主张或主题""品牌形象""品牌个性""接触点"和"整合营销"这些方面而展开。

"独特的销售主张"所强调的是一个企业在品牌宣传方面与其他企业的不同之处，即企业作为品牌的销售者，着重强调它所推销的品牌的主要"卖点"应当是什么，以及与其他品牌之间的不同之处。对于企业而言，"卖点"的独特性是其品牌价值存在的重要基础，而这个"卖点"对于消费者而言，可能就是"利益点"。由于消费者总是对自身的利益最感兴趣，因而这个"利益点"越大、越有吸引力，那么对于企业而言，品牌的"卖点"的定位就越成功。因此，"独特的销售主张"其实是一个品牌在传播过程中对于自身的"价值"或"利益"，或"情感"的准确定位。以旅游行业为例，一些主题公园在品牌传播方面的成功，原因应在于找到了真正的"卖点"，即选择的"主题"明确地符合了消费者的实际需要。

品牌形象理论事实上重点阐述广告在品牌形象中的作用。品牌形象与品牌广告并不是同一个概念。但是，许多消费者主要是通过广告来了解品牌的思想、理念、观念等在认知

---

① 资料来源：张明立，冯宁. 品牌管理[M]. 北京：清华大学出版社、北京交通大学出版社，2010：159.

上处于层次较深的主张，以及功能、利益和情感等比较具有实际效果的价值。品牌形象作为企业的一项重要资产，应当在品牌传播过程中努力加以维护。

品牌个性理论强调品牌传播中要突出品牌的个性特征，即将品牌传播从对品牌的外形的关注，逐渐转移到品牌的气质、性格等内在方面，并将品牌传播中的个性与消费者所喜欢的个性进行对接。

整合营销传播是指品牌传播的各种要素按照系统集成的方式进行一致性处理，进而将零散的、分割的、独立的传播信息一体化，运用整合营销的思想来促进消费者的购买决策。整合营销传播尽管在提法上比较先进，也在近年来市场营销理论界的探索中形成了一种比较强大的影响力，但是这一理论向实践转化有一定难度，即在品牌传播中整合哪些品牌内容、如何进行整合以及以什么样的标准来评价整合的效果方面，仍然存在着一些亟待解决的问题。

在互联网时代，上述这些传统的品牌传播理论正在面临着严峻挑战。线上与线下的互动传播，微信、微博中的大量信息转发，以及传播从传统的由线上影响线下的方式正在向线上影响线上的转移，人际传播学说中的人与人面对面的传播正在向网络空间中的虚拟传播的演变，这些都直接导致了传统社会结构正在向网络化社会结构的快速转变。随着信息流动的加速，品牌传播的速度加快，品牌传播的费用正在大幅下降。消费者可以通过主动地上网寻找，来了解品牌信息，这就避免了被动地接受或等待品牌传播信息过程中产生的紧张心理。同时，消费者可以通过上网搜索过程中的大量对比，以及在线购买者的评价来了解品牌传播的真实性和可靠性。一条品牌传播信息可能被成千上万的消费者浏览，并对与这条信息相关的产品和服务的内容进行评价，而这种浏览的次数和频率以及评价信息往往可以供其他消费者进行参考。

因此，在互联网时代，在"独特的销售主张"这一品牌理念指导下的品牌传播似乎很快就能够接触到它的目标顾客群。例如，一款能够去头屑的洗发水品牌，只要它在品牌传播中使用了"去头屑"这个"独特的销售主张"，那么消费者就可以通过输入关键词"去头屑"和"洗发水"迅速地在网上找到与之相关的内容。更为重要的是，消费者可以在购买和使用这款品牌产品后，把自己的感受放在网站上，对该产品的真实功效及是否具有"独特的销售主张"做出评价，进而对其他消费者的消费产生影响。

从上面的分析可以看出，进入网络时代后，一方面销售主张的真实性更加重要；另一方面广告中可包装的成分正在下降。网络中的意见领袖的评价比传统广告中的明星代言可能更具有说服力和影响力。同时，消费者可以主动地选择自己所喜欢的网站，而不受所不喜欢的网站的信息干扰。这种信息渠道的可选择性，信息交流的可选择性，以及信息反馈与互动的及时性，都使一些在传统传播模式下的"非主流"平台正在变得主流化，而传统传播模式下的"主流平台"的传播效率和满足个性化需求方面的能力出现了一定程度的下降。线下接触点向线上接触点的转移，网络中品牌形象重要性的提升，以及线上与线下的整合营销的尝试，都使品牌传播进入了全新的领域。由于消费者可以自由地在网络中选择所喜欢的品牌产品和服务，因而那种传统广告中的"强力促销式"的"压力效应"逐渐减弱。

第二节　品牌传播的特点及方式

品牌传播可以采取的方式有许多种，一些常用于产品和服务的传播方式，对品牌传播也适用。但是产品和服务的传播与品牌传播并不是同一个概念，在消费者认知层次上也有较大差异。

一、品牌传播的特点

针对产品和服务的传播方式，比如广告、促销、个人销售、新闻发布、事件、赞助、包装以及年报等，在品牌传播中也有相应的效果。只是产品和服务的传播更侧重于价格、质量、性能和销售优惠，而品牌传播则主要侧重于所涵盖的产品和服务，所呈现的价值、利益和情感以及企业所推崇的经营哲学、理念、价值和信仰。但是，品牌本身如果脱离了产品和服务这些基本形式，品牌传播内容的真实性就会受到质疑。

品牌传播与产品传播的不同之处使品牌传播更侧重于对消费者的个人世界观、人生观、价值观的影响，而产品传播只是聚焦于产品本身的功能和特点，以及它与其他产品的区别，比如在满足消费者日常生活方面该产品所能够带来的便利。品牌传播与产品传播的区别如图15-3所示。

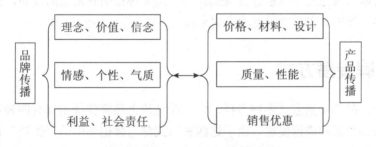

图15-3　品牌传播与产品传播的区别

由于侧重点选择不同，一般性产品和服务的宣传重点在于强调产品本身的功能和属性，以及在满足消费者生活、工作和学习等方面的便利性，即为什么选择这个产品而不是那个产品，为什么要立即购买而不可以延迟购买。而品牌传播的侧重点则在于强调品牌的形象、气质和个性，以迎合消费者在物质或精神层面的高品位追求。由于消费者的需求层次在不断提升，因而从产品需求向品牌需求的转变，也使一些精神层面的传播在品牌传播中的位置显得更为重要。

因此，产品传播与品牌传播的显著区别在于，前者往往是就产品而说产品，就价格而谈价格，而后者是从作为品牌的产品和服务的起源及影响和在社会经济生活中的作用等方面来阐述品牌的来源、在特定社会文化环境中的重要作用以及它对人们未来生活的影响。因而在传播方式上，前者往往喜欢用一些效果直接的物理、化学、生物学等科学技术分析方法来说明产品是怎样形成的以及它的功效如何，而后者则更类似于是一种文化甚至是一种公益文化的宣传与推广。

由于品牌可能不只是一个产品或一种服务，而是企业形象、发展历史、经营故事、经营业绩、社会评价、产品特征、服务观念、经营管理者风格、员工行为、企业文化等多方面要素的综合体，因而品牌传播与企业形象呈现或产品、服务的传播有着较大的差异。这种差异一方面体现在品牌传播的信息量比较大，而且涵盖的内容和形式通常呈多样化特征；另一方面体现在传播的系统性方面，即品牌传播往往是一个整体的、系统的全方位信息呈现，而产品传播只是一个或一次性的局部信息呈现。例如，从一个单件产品的广告宣传，消费者往往很难形成对该产品生产企业或所在产品系列的一个整体的品牌形象，因而这种传播不可能将该产品作为品牌的所有信息都覆盖进去；而作为整体的品牌形象传播，可能是多种传播渠道的一种综合，广告只是其中的一种形式而已，还可能需要借助于人员推销、公共关系和销售促进等措施。

综上所述，品牌传播与产品传播的不同之处，使品牌传播在企业经营管理实践中更难把握。由于传统的营销渠道主要是围绕着产品和服务的销售来搭建的，因而这些渠道本身的形式以及内涵并不一定能够满足品牌传播的要求。因此，品牌传播可能需要在产品和服务的营销渠道之外专门进行设计。在传统的产品和服务的销售渠道中，所有权流、信息流、价格流、产品流、促销流、文化流、谈判流、收益流等渠道内涵相互影响、相互作用，生产企业、批发商、零售商、消费者共同构成渠道整体，不可分割，任何一个流的形式的缺失，都会影响渠道的整体绩效。而在品牌传播过程中，信息流、文化流显得更加重要，它甚至可以与其他几个流进行分离式传播，即先进行品牌信息的发布，然后再逐渐地由产品、价格、促销等实质性的流的形式来跟进。

▍二、品牌传播方式

在实践中，品牌传播方式多种多样，但是在理论上品牌传播主要有四种形式：广告、个人推销、公共关系和销售促进。由于这四种形式都与营销学中的"促销"相联系，因而品牌传播事实上也可以理解为是品牌促销活动。

企业把品牌传播出去，其目的主要在于三个方面：一是通过品牌影响力的扩大来获得更多的利润；二是通过品牌影响力的扩大来获得更大的市场份额；三是通过品牌影响力的强化来维持品牌形象和市场地位。

针对以上三种不同的目的，企业在品牌传播方式上会做出不同的选择。

例如，一家化妆品生产企业如果在品牌传播中着重强调其产品和服务在价格方面的竞争力，那么选择广告或者销售促进对于达到这样的传播效果十分有利；而如果这家企业在品牌传播中强调其产品和服务在质量和性能方面的优越性，那么广告的作用也会十分明显，但销售促进的实际效果就会不十分明确；如果这家企业想建立长期的、牢固的品牌形象，那么投放高质量的广告就显得十分重要，同时公共关系在品牌传播中的作用也会更加突出；如果这家企业的产品和服务比较独特，功能和效用比较复杂，而且想建立有特色的营销渠道，并以此来建立品牌形象，那么采用人员推销来塑造品牌形象就会取得比较好的效果。

从上面的分析中可以看出，企业品牌传播的目标定位与企业品牌传播的方式选择之间有一定的关联性。

有的学者在上述四种比较常用的品牌传播方式之外，另加上了"直销"这种方式，并对比了五种品牌传播方式的不同之处，具体内容见表15-2。①

表15-2　五种品牌传播方式的比较

	各项子目标	广告	促销	公共关系	人员推销	直销
传播能力	传达个人信息的能力	低	低	低	高	高
	覆盖大量受众的能力	高	中	中	低	中
	互动的层次	低	低	低	高	高
	目标受众的信任度	高	中	高	中	高
成本	绝对成本	高	中	低	高	中
	单位成本	低	中	低	高	高
	浪费程度	高	中	高	低	低
	投资规模	低	中	低	高	高
控制能力	达到特定目标受众的能力	中	高	低	中	高
	适应环境变化的能力	中	高	低	中	高

资料来源：Chris Fill（1995）.

在所有可选择的品牌传播方式中，广告的影响力比较大，受众广泛，而且制作比作统一，平均到每一位消费者身上的促销成本比较低；而通过人与人之间的传播，受众相对有限，传播成本比较高；公共关系通常主要适用于一些有争议的行业和企业使用，即通过向消费者人群和其他社会人群来传播一些积极、健康的文化，举办有益于目标消费者和其他社会人群的活动，来抵消在品牌形象建设中可能出现的一些负面的影响。但是，这并不意味着在一些无争议的行业内开展营销活动的企业就可以不进行公共关系活动。

商业广告是产品传播的最通用的形式，在品牌传播中，它的作用也十分明显。广告的作用主要表现在针对性强，专业设计，媒体选择经过认真研究，传播时间和传播途径能够得到有效控制。广播、报纸、杂志、电视、直邮、路牌、灯箱、交通工具、户外媒体、建筑物表面、公共场所、交通枢纽、电子杂志、网络视频、网络媒体（博客、微博、微信）、数字电视、数字广播和各种移动通信工具如手机等，这些都是商业广告常用的传播方式和途径。

但是，随着人们对商业广告的抵触心理增强，企业在品牌传播方式的选择上更加变得慎重，去"商业化"的特征越来越明显，比如一些品牌企业利用一些公益传播方式来实现品牌向目标消费者人群的传播。比较典型的是利用一些主流媒体，在新闻、故事等节目栏目，来间接地传播企业的品牌形象或者品牌产品和服务。

销售促进是企业在品牌传播过程中经常使用的方法。在互联网时代，信息传播的广泛性和及时性，以及在网络空间中产生的"复制"效应，使围绕一定主题活动的促销变得更

---

① 资料来源：周云，姚歆，徐成响.品牌管理[M].北京：经济管理出版社，2013：125.

加容易。例如,近年来中国电商如阿里巴巴、京东、苏宁等兴起的"双十一""双十二"促销活动,形成了跨国界的购物热潮。这种销售促进活动极大地带动了消费者尤其是新一代消费者参与购物的热情,同时也使这些电商企业的品牌形象更加牢固,使利用电商平台销售商品和服务的生产企业、经销商的品牌形象得到更加迅速的传播。

人员推销由于受到互联网营销的强力冲击,其在品牌传播中的作用和影响力总体上有所下降。值得注意的是,直销(direct selling)作为一种自20世纪50年代就兴起的销售方式,尽管在互联网时代直销企业利用互联网平台进行渠道创新也是大势所趋,但是凭借人际传播和社会网络传播等"接触"方式,这种以面对面(face to face)销售商品的无店铺(Non-store)渠道模式在品牌传播中的作用和地位依然十分明显。据世界直销协会联盟(World Federation of Direct Selling Association,简称WFDSA)统计,2014年世界直销经营商达9 900万人,美国、中国、日本的直销销售额居世界前三位。一些直销企业通过直销这种独特的经营方式来传播自己的品牌形象。

在品牌传播的过程中,网上的评价正在变得越来越重要。网络"口碑效应"正在引起企业的广泛关注。在互联网时代,消费者在网上对品牌产品或服务的评价直接或间接地影响其他消费者的判断。因此,关注网上品牌宣传平台以及网络社区建设,提升品牌在线上消费者中的口碑和品牌形象,对于企业而言是品牌传播新的探索领域。同时,面对着越来越多的正面评价和负面评价之间的相互冲突,以及网络社区中意见对立的消费者群体,不断加强对网上评价的规范和引导,通过各个方面的评价来了解消费者的购买态度以及建议和意见,这是企业提升品牌形象、进行有效品牌传播的必要途径。

第三节 品牌传播效果的评价

需要注意的是,品牌传播并不总是需要正面的信息,有时一些负面的信息与更多的正面信息相配合,品牌传播的效果可能更好。因此,这事实上就引出了一个如何评价品牌传播效果的问题。

一、品牌传播效果评价的主要原则

品牌传播效果的好与差,如何进行判断?一般而言,应当对照品牌传播的原则来进行。品牌传播原则有以下六项。

(一)准确性原则

所谓准确性原则,是指品牌传播的内容和形式与品牌本身的客观存在具有一致性。品牌传播越是与品牌本身的实际状况相吻合,越是会引起消费者的认同。由于品牌传播具有一定的营销宣传成分在内,因而从正向角度来解释品牌的内容和形式,这是常用的方法,实践中也确实鲜有从负面的角度去解释品牌的内容和形式。因此，评价品牌传播效果时，这种正向角度或负向角度所描述的内容与形式如果能够与消费者在品牌的实际使用中所感受到的情形相一致，那么消费者对品牌的评价就会相对高一些。相反，如果品牌传播的内容和形式与品牌的实际内容和形式不相符，那么，消费者就可能因此而产生不满意，更谈不上会有愉悦的感觉，这时，品牌的形象就会在消费者的心目中有所下降。从这个意义上讲，准确性是品牌传播应当坚持的最重要的原则，也是评价品牌传播效果的首要原则。把品牌所要传播的内容和形式通过各种媒体和渠道准确地传播出去，同时能够让消费者准确地进行理解，这应当是该原则的基本含义。

（二）及时性原则

所谓及时性原则，是指品牌传播要具有时效性，即应当尽可能快速地把品牌信息传播出去，让消费者能够在与品牌产品或服务接触的过程中，就已经对品牌本身的含义有一定程度的了解。强调时间效率，这是及时性原则的主要含义。同时，该原则还包含着对品牌动态性变化的把握，即越是能够及时反映和评价品牌的动态性变化，这种品牌传播的效果就越好。在企业管理实践中，品牌是不断变化的客观事物，一个品牌在一年前和一年后所包含的品牌内容和形式可能发生了较大变化，因而品牌传播必须与品牌本身的发展趋势相吻合，即所传播的应当是品牌在特定时期所呈现的内容和形式。品牌在技术、经济、社会、文化等层面经常处于变革之中，同时，品牌在市场和行业中的地位也在发生着不间断的调整，加之品牌的思想与理念以及品牌所定位的人群的变化，这些都会使品牌传播的及时性以及用及时性来评价品牌传播的效果变得更为重要。

（三）生动性原则

品牌传播应当具有生动性和感染力。评价一个品牌在传播过程中是否成功，生动地表达品牌应有的思想和含义，这是通常采用的一条原则。所谓生动性，就是在品牌传播过程中，尽可能地用有趣的语言、动感的画面、丰富的形式来表达品牌抽象的理念和思想，同时使消费者能够融入其中。比如，在品牌传播中强调体验营销的作用，让消费者能够全方位体验品牌的差异化特征和核心价值理念，让一些无形的品牌要素变得有形化，这是品牌生动性的一个重要途径。例如，一家旅游企业在品牌传播中，就可以把一些与其旅游产品和服务相关的要素进行包装，并依托于品牌的核心理念和价值而进行传播，如反映特定时期文化特点的服装、民俗、代表人物的事迹展览等。评价一个品牌的传播效果，主要是对其在表现"生命力"和体现"动感"方面的一种观察。在通常情形下，这种评价多是从企业的品牌传播是否与时代精神相吻合以及是否具有审美价值角度来做出。因此，在品牌传播中加强多媒体等先进技术的应用，克服传播方式和内容的单一性，增加传播中的美学价值，是体现生动性原则的有效方法。

（四）针对性原则

品牌传播的效果与其针对性的强弱有直接关系。在品牌传播过程中，企业应当认真研究受众的接受程度以及对待品牌的态度。针对性强的品牌传播，往往能够在目标顾客群体的心目中引起强烈的共鸣，而针对性不强的品牌传播，由于在传播方向上走偏，因而很难被目标顾客群体所接受，有时甚至引起较强的抵触情绪。因此，评价一个品牌的传播是否到位，必须对其传播的针对性作出判断。由于不同的消费者群体之间的价值观念和审美标准存在着一定的差异，因而在品牌传播中应当根据这些差异来进行传播方式和内容的定位。比如，有的消费者群体喜欢接受电视、电影等传播媒介，而且认为这些媒体中的广告的可信度比较高；而有的消费者群体则喜欢上网浏览品牌信息，认为网络上的品牌信息量大，且在时效性上更强；也有一部分消费者比较传统，主要是通过报纸、杂志、电台等传播渠道来收集品牌信息，他们认为这些传统的渠道更具可信度。针对这些在品牌信息收集方面具有不同渠道偏好的消费者，企业在品牌传播中就应当增强针对性。比如评价一家电视购物频道的品牌传播效果，就应当将其所传播的产品和服务品牌的类别与接受这种传播形式的消费者人群的特点进行匹配性分析。

（五）文化性原则

品牌传播是在特定的文化环境中进行的，因而或多或少会呈现出文化特性。对品牌传播过程中所体现的文化特性进行评价，主要是分析企业在品牌传播过程中所附带的文化信息是否与目标消费者群体的文化偏好相一致。一般而言，企业在品牌传播中所附带的文化信息应当与目标消费者群体的主流文化价值观念取得一致，否则企业的品牌传播会在目标消费者群体中引起文化困扰甚至引发文化冲突。同时，企业在品牌传播中一定要具有一定的文化属性，即品牌应当体现出必需的文化特质。在激烈的市场竞争中，没有文化特质的品牌传播很难长期地对目标市场形成影响力。因此，在评价品牌传播效果时，应当把文化性原则放在重要地位，即一方面要强调品牌传播所附带的文化信息与品牌传播的受众所信奉的主流文化价值观念之间的一致性；另一方面要强调品牌传播必须具有文化属性，体现出品牌传播的文化层次及对人们精神生活的影响力。有时，与所信奉的主流文化价值观念的差异也会引起消费者的好奇心，进而产生对品牌传播的关注度，甚至转化为购买力。但是，这种品牌传播以不影响消费者的文化价值信念为前提。

（六）绩效性原则

品牌传播效果的好与差，最终还是应当落脚于企业经营业绩方面。因此，所谓绩效性原则，是指企业在品牌传播过程中必须把经济效益的提升放在重要的位置上加以思考。不产生经济效益的品牌传播，从长期来看，并不能够维持下去。因此，品牌传播一定要进行绩效性评价，即测量一次品牌传播活动所带来的经济利益有多大。从品牌传播开始到品牌传播收益形成，这中间有一个信息接收向购买力转化的过程，有的品牌的转化时间较短，有的品牌的转化时间较长，甚至有一些品牌不能够完成从品牌传播信息向品牌传播收益的转化。针对这些不同的情形，企业应当适时调整品牌传播策略。例如，有的企业在品牌传播中主要定位于品牌发展的长期战略，以品牌形象的牢固建立为主要目标，并看重品牌在社会和文化方面的引领作用，而对短期经济绩效并不关注，针对这种情况，就应当在品牌传播绩效评价中加大长期绩效的权重，而将短期经济绩效的比例适度调低，这样的调整有利于使品牌传播绩效的评价更加具有参考价值。

二、品牌传播评价的主要指标

品牌传播评价主要可以从品牌传播的数量和质量两个角度来进行相应的指标设计。

（一）品牌传播评价的质量指标

品牌传播的质量如何，主要取决于它所发出的信息是否能够被目标消费者群体正确地理解和接受。品牌传播过程中由于存在着环境噪声，因而即使是完全编写正确的信息，也可以出现被错误理解的情况。如果传播信息本身编码并不科学，而且所选择的传播渠道又不能够有效地将信息传递到目标消费者群体中，那么这时的品牌传播质量就会比较差。因此，品牌传播绩效的评价，首先应当考虑的是传播质量，即与品牌相关的信息是否按照计划顺利地传递到目标消费者群体中，同时还能够被这些人群所理解和接收。与此相关的评价指标就应当包括：品牌传播内容的真实性、生动性、全面性；信息编码的科学性、有效性、便捷性；传播渠道选择及其组合的正确性和有效性；传播信息接收者的准确接收程度以及对传播方式的认可程度。以一家旅游企业为例，品牌传播评价质量指标应当包括以下六项，如表15-3所示。

表15-3　品牌传播质量评价指标

评价指标	质量水平 高	一般	差
内容真实性			
传播生动性			
内容全面性			
渠道便捷性			
信息易理解性			
意见可反馈性			

（二）品牌传播评价的数量指标

品牌传播数量评价指标，主要是指品牌传播过程中所覆盖的消费者群体人数规模的大小以及在地理上覆盖的空间范围。品牌传播不仅涉及企业与消费者之间的关系，还涉及企业与批发商、零售商之间的关系。因此，在特定的时间和空间范围内，企业在品牌传播过程中应当是接触到的中间商和消费者数量越多越好。较长的传播渠道和较短的传播渠道，各有其优势和不足。从企业与消费者直接接触这个角度来评价，较短的传播渠道由于直接、及时，因而效果要好一些；而从企业与中间商直接接触这个角度来评价，较长的传播渠道可以覆盖更广泛的人群，传播范围更大。除了人数、时间和空间等数量评价指标之外，品牌传播评价还应当把传播的可选择渠道数量，以及不同渠道的成本与费用等数量指标考虑在内。品牌传播评价数量指标应当包括以下六项，如表15-4所示。

表15-4　品牌传播数量评价指标

评价指标 \ 数量水平	多	一般	少
受众人数（人）			
传播时间（小时）			
地理空间（面积，平方公里）			
中间商数量（个）			
传播渠道数量			
传播成本费用			

在品牌管理实践中，通常是把品牌传播质量指标与数量指标相结合来综合评价一种特定的品牌传播方式的科学性与有效性，完全将两种评价方法割裂开来的评价方法并不多见，而且在操作中也不容易做到。同时，品牌传播效果往往通过前面章节中所讲到的品牌的知名度、美誉度和忠诚度等维度来进行测量，并在这些维度下可以设立许多观察项，以5点量表或7点量表的形式来计算观测值，通过设计相应的调查问卷来获取消费者人群或其他社会人群对品牌传播效果的评价值。

本章小结

本章主要介绍了品牌传播的概念、品牌传播的理论基础、品牌传播的特点、品牌传播的方式和品牌传播的评价。

品牌传播是企业与社会媒体之间的一种互动。品牌传播有利于把企业关于品牌的正确形象传递给消费者，因而有助于减少消费者对品牌的模糊性认识。所谓品牌传播，是指企业把关于品牌的信息通过一定的传播渠道传递给目标消费者和社会人群的过程。

在品牌传播过程中，企业的目的主要有三个方面：一是宣传企业自身品牌形象以及所经营产品和服务的品牌特征、个性、功能、利益、价值等内容；二是消除消费者和社会人群中对于品牌已有或正在形成的一些错误认识；三是尽可能通过有效的宣传工具及其市场影响力来把企业本身的品牌形象以及所经营产品和服务的品牌与竞争者的形象区分开来，同时体现出品牌之间相互区别的差异性特点。

品牌传播是一个双向互动的过程，一方是品牌信息传输方；另一方是品牌信息接收方。在品牌信息由传输方流向接收方的过程中，企业或其营销渠道中的传播组织会对品牌信息进行编码，在这些信息编码流向接受方后，接受方又会对这些相关信息进行解码。

在品牌传播过程中，文字、图像、画面、声音、味道、触觉和实体形式等基本元素起着十分重要的信息解释作用。品牌的理念、思想、观念、价值、情感、利益、功能、个性、特征、属性和形象，作为品牌的主要内容进行传播。

由于企业的品牌传播内容可能并非只是局限于一种产品或者一类服务，有时企业本身也可能是品牌传播内容的重要组成部分，因而品牌传播并不是一次或者一种途径就可以全部完成。在这种情形下，企业就需要开辟多种品牌传播途径，根据不同的品牌传播内容和品牌传播途径来专门设计品牌元素组合。

品牌传播的主要理论包括USP理论、品牌形象理论、品牌个性理论、"360度品牌管家"和IMC理论。

品牌传播与产品传播的不同之处在于，品牌传播更侧重于对消费者个人的世界观、人生观、价值观的影响，而产品传播只是聚焦于产品本身的功能和特点，以及它与其他产品的区别，在满足消费者日常生活方面该产品所能够带来的便利。

在实践中，品牌传播方式多种多样，但是在理论上品牌传播主要有四种形式：广告、个人推销、公共关系和销售促进。由于这四种形式都与营销学中的"促销"相联系，因而品牌传播事实上也可以理解为是关于品牌的一种促销活动。

评价品牌传播效果的好与差，一般而言应当采用六条原则：准确性原则；及时性原则；生动性原则；针对性原则；文化性原则；绩效性原则。

品牌传播评价主要可以从品牌传播的数量和质量两个角度来进行相应的指标设计。

案例讨论

案例背景信息

欧莱雅的品牌传播

欧莱雅集团是世界上最大的化妆品公司之一，创办于1907年。自成立以来，该集团公司依靠其强有力的品牌传播方式和方法，在世界化妆品行业发展中占据重要地位。凭借其32个多元且互补的国际品牌，欧莱雅集团于2014年实现了225亿元的销售额，全球雇员达78 600人。作为全球美妆行业的市场领导者，欧莱雅覆盖包括大众市场、百货商场、药店、发廊、免税商店以及品牌零售店在内的所有销售渠道。旗下拥有兰蔻、碧欧泉、欧莱雅、美宝莲、薇姿等500多个品牌，曾被著名的英国《金融时报》和美国《商业周刊》誉为"最受尊敬的法国公司""美的王国"，在世界范围内拥有良好的口碑。这样一个"美丽帝国"，在2013年宣布"美丽，与众共享"可持续发展承诺，"Beauty for All"也成为企业的理念，传播美成为其品牌传播的核心。

一、品牌结构：金字塔布局

化妆品行业通常被称为"把希望装在瓶子里出售"的行业。为了拓展需要，不少化妆品企业纷纷拉长产品线,希望以此拉近与各个阶层的消费者的关系。但是多品牌公司的出现,则引发了又一个问题:如何让各个所属品牌定位清晰,避免品牌之间的竞争消耗战,这些都让管理者感到头痛,而欧莱雅则是采取了一种金字塔式的差异化多品牌战略。

欧莱雅集团前中国区总裁盖保罗认为,要管理好这棵复杂的品牌大树,成功的秘诀在于各个细分品牌的定位与布局。集团将这种全方位的品牌结构称为"金字塔式战略",即按照价格,欧莱雅在中国从塔底到塔尖都有对应的品牌:在塔底的大众消费领域,集团拥有巴黎欧莱雅、美宝莲、卡尼尔与小护士;在塔中,集团推出了薇姿、理肤泉等保健化妆品牌;在塔尖的高档品牌中,集团旗下的兰蔻、碧欧泉、羽西与赫莲娜占据了一席之地;此外,在专业美发领域的细分市场,卡诗与欧莱雅专业美发和美奇丝为人们熟知。

"向不同层次的消费者提供相应的不同层次的产品"是欧莱雅的基本策略。在这个基础上,如何让消费者更好地接受品牌定位,使各品牌间不至于混淆?欧莱雅的做法是,以"品味"来形成品牌间的鲜明区隔。针对合适的客户群投放正确的产品,品牌经理制的组织结构下不同的品牌就像一个个小公司,每个小公司都有各自的广告、渠道、促销和定价策略。而且通过与消费者直接建立联系,来迅速地对市场做出反应,迎接竞争者的挑战。集团要求,欧莱雅的地区经理们必须经常去销售点传授品牌理念——于是在150多个国家和地区中,人们经常可以看到地区经理们出现在化妆品专柜区域,指导售货员如何将高档与中档产品更好地陈列分布。

二、"梦之队"明星代言人

以欧莱雅旗下品牌巴黎欧莱雅为例,其一直都凭借着强大的科研力量,在美的领域里不断改造和引领着全世界消费者的生活方式和消费观念,并通过巴黎欧莱雅全球代言人"梦之队"的成员将多元化的美传播到世界各地。在代言人"梦之队"成员的选择上,巴黎欧莱雅一直积极倡导多元化的美,从曾经获得多届奥斯卡影后的简·方达(Jane Fonda),朱丽安·摩尔(Julianne Moore),到美籍拉丁裔的著名歌手詹妮弗·洛佩兹(Jennifer Lopez),以及印度籍好莱坞新星芙蕾达·平托(Freida Pinto)……这些来自不同国家,不同种族,不同文化,不同年龄,不同领域的名字,都成为巴黎欧莱雅多元化美丽的最佳阐释。

2015年新生代人气偶像井柏然成为巴黎欧莱雅新一任代言人,他与巩俐、李冰冰、范冰冰、李宇春、景甜、吴彦祖、阮经天一起共同组成耀眼的亚洲明星"梦之队"。

巴黎欧莱雅全球总裁Cyril Chapuy表示:"井柏然完美诠释了当代年轻人的特点,对梦想的不懈追求,面对挑战的勇敢无畏,以及阳光帅气的健康形象,我很高兴他能成为巴黎欧莱雅明星大家庭的一员,期待他能和巴黎欧莱雅一起引领型男新风尚。"

"井柏然的加入不仅扩大巴黎欧莱雅代言人梦之队的阵容,也表明了巴黎欧莱雅男士在护肤领域的无畏前行。井柏然阳光、充满活力、积极向上的健康形象完全符合巴黎欧莱雅男士的形象,他的加入也进一步壮大了巴黎欧莱雅的年轻势力。相信他能将更年轻的产品、形象和生活理念传递给更多的年轻消费者。"巴黎欧莱雅品牌总经理鲍燕悦表示。

这些星光熠熠的梦之队成员强大的明星效应也为巴黎欧莱雅在亚洲市场的宣传推广起到了极大的作用，让品牌"你值得拥有"（You worth it）的理念更加深入人心。

三、在公益中传播美

每年5月15日都是欧莱雅的企业公民日。在这一天，欧莱雅员工都会放下手上所有的工作，投身社区服务，以实际行动，践行欧莱雅做优秀公民的美丽承诺。当清晨整个城市还在沉睡中，所有的志愿者们已整装待发。集团执行副总裁（分管亚太区）兼中国首席执行官贝瀚青等集团高层与普通员工一样热情地投入到公益活动中。在农民工子弟学校，志愿者变身绘画大师，用七彩颜色帮助小朋友将校园装点得焕然一新，给远离家乡的农民工子女带来温暖。除了绘墙，他们还和孩子们一起画彩旗、绘花盆，做起园艺，处理杂草丛生的花园，一起陪伴孩子度过一段美好时光。在上海徐汇区的街道中心，志愿者们为老人按摩、理发，陪老人下棋。在青浦的阳光之家，与残障人士亲密接触，一起制作手工制品。

六年来欧莱雅中国参与志愿活动超过5 500人次，累计提供志愿服务超过3.1万个小时，受益人数超过2.2万人，得到了政府、公益组织、媒体的支持和认可，更重要的是为更多的人带去了美好和温暖。

欧莱雅以自身优质的产品、完美的品牌建设，配以闪亮的梦之队代言人，带着它的美丽承诺，在公益中传播美，告诉我们：美丽，与众共享。

（本案例根据以下资料编辑整理而成：1.陈宇.欧莱雅：美的传播者[J].经营者.2002（10）；2.耿国彪.欧莱雅：与美同行[J].品牌.2002；3.欧莱雅官网www.loreal.com.）

案例讨论题

（1）结合本章所学内容，分析欧莱雅品牌传播的成功之处。
（2）化妆品品牌传播有何特点？请结合本案例所提供的材料做出评价。
（3）试选择一家与欧莱雅相似的企业，对比二者在品牌传播方面的异同。

复习思考题

1. 简述品牌传播的基本含义。
2. 简述品牌传播的元素与内容。
3. 简述品牌传播的主要理论。
4. 试分析品牌传播与产品传播之间的差异，并举例说明。
5. 品牌传播的主要形式有哪些，各有何特点？试举例说明。
6. 如何对品牌传播效果进行评价，应当坚持哪些基本原则？

第十六章
品牌国际化

本章知识点

- 品牌国际化的定义
- 品牌国际化的阶段
- 品牌国际化程度的评价指标
- 品牌国际化的主要模式

人类社会进入21世纪后，以互联网技术为代表的新技术革命从根本上改变了生产和生活方式，使世界各国、各地区市场之间出现了快速的融合，企业的品牌经营管理也因此而面临着国际化竞争潮流带来的风险与机遇。

第一节　品牌国际化的概念

在通行的经济学和管理学概念体系里，尤其在国际经济和贸易的研究中，国际化并不等同于全球化，二者之间有着显著的理论和概念边界。一般而言，国际化的范围要比全球化小一些。但是，在品牌管理中，目前理论界占主导地位的认识是，国际化与品牌全球化事实上是同一个概念，但是它又不同于品牌的跨国经营。

一、品牌国际化的定义

品牌国际化（global branding），又称为品牌的全球化经营，是指将同一品牌以相同的名称（标志）、相同的包装、相同的广告策划等向着不同的国家和地区进行延伸扩张，以实现品牌经营管理方式的统一化和标准化，进而形成生产的低成本运营，并实现规模经济效益。这种品牌经营策略多被一些具有经济实力和市场资源的企业所采用。

品牌国际化包含以下三层含义。

（一）强调品牌的区域性和历史性

品牌国际化并不能够消除品牌的区域性和历史性特征，相反，品牌通常是以这两个特征为依托而走向国际市场。从空间上看，品牌首先是立足于本土经营，然后向着国外或境外扩张，它事实上是在地理空间上的一种层次性或者有步骤地推进，以经营地域边界的不断向外推移为标志。从时间上看，品牌国际化是一个历史的过程，即需要经历一个特定的时期才能够完成。这个时间过程，有的品牌可能比较短，例如，NIKE，能够迅速地在全球范围内流行起来；而有的品牌则可能比较长，例如，可口可乐。

（二）品牌国际化不同于品牌跨国经营（multi-national branding）

品牌国际化是指用统一的品牌、统一的市场营销组合策略来开拓不同国家、地区甚至全球的市场，它将全世界视为同一的、无差异的市场；而品牌的跨国经营主要是指利用统一的或者不同的品牌以及与之相应的品牌组合策略去开发不同的市场，在这种经营方式下，企业管理者将全世界不同的国家和地区以差异化的市场来对待。此外，品牌国际化经营和品牌跨国化经营在企业市场营销目标上也存在着根本的差异。

（三）品牌国际化具有不同的形式

品牌国际化的初级形式是指以品牌产品和服务这种最为直接的品牌表现物来向外输出；之后，品牌产品和服务的生产或提供企业，直接在品牌所延伸的国家或地区投资设厂，通过输出有形资产，以合资、合作、独资的形式来向所在地市场直接提供品牌产品和服务，这种中级形式属于投资输出形式；品牌国际化的最高形式是直接向品牌所延伸的国家输出品牌无形资产，通过签订商标、LOGO、品牌名称、经营方式、文化理念等使用许可的协议，来实现品牌对外扩张的目的。

二、品牌国际化的意义

品牌国际化对于企业的发展壮大具有重要的意义。在世界市场上，国际分工越来越细，生产资源与要素的全球流动，推生出新的消费与生产模式。作为产品和服务的高级形式，品牌国际化是大势所趋。它的意义主要体现在以下三个方面。

（一）实现生产和流通中的规模经济目标

在传统劳动分工学说和资源要素禀赋学说中所提出的相对优势理论和绝对优势理论，是构成国际投资、贸易体系的重要基础。品牌管理向着国际化方向发展，这是产品和服务走向国际市场后必然面对的新课题。生产和流通的规模经济要求企业的生产规模和商业企业的贸易规模只有达到一定的数量时，才能够实现赢利，这事实上要求一些市场和资源不足的企业必须想方设法开辟海外市场。而把产品和服务建立在品牌基础上，向着国际化方向发展，能够有效地突破市场和资源的双重制约，实现规模经济目标。通常而言，企业所面对的国内市场竞争越激烈、资源要素越短缺，越需要进行品牌国际化经营。同时，品牌国际化经营并不只是企业家自己的事情，它代表着背后的国家和民族的利益，因而总是有着强大的推动力来促使企业把品牌导入国际市场。

（二）降低市场营销成本和费用，扩大企业影响力

企业作为组织人格，它本身追求利润的欲望也与个体的人一样，是无止境的。在激烈的竞争中，企业所面对的环境威胁往往是不进则退。因此，企业只有做大做强，才能保持在竞争中的优势地位。在国内竞争中的有利地位和相对优势并不能够保证在国际市场中获得同样的地位和优势；而在国内竞争中的不利地位并不意味着在国际市场上就一无所获。因此，真正有竞争力的企业往往是把经营的范围放在国内和国际两个市场和两种资源的角度来加以统筹安排。在品牌经营上实现国际市场与国内市场的有效对接，用统一的标准和行动来组织面向世界市场的品牌营销活动，能够把营销成本和费用降下来，充分调动企业的各种资源，满足来自世界市场的更多消费者人群的需求。

（三）保持品牌形象的一致性和服务的便利性

世界市场的快速融合，使企业的生产和消费必须具有全球化、动态化视野。在跨国人

口流动越来越频繁的当代社会,人们对于在世界各地都能够购买到同一种产品和服务的要求越来越高。同时,现代快速的物流运输体系和快捷的信息传递系统,也保证了品牌能够实现全球一致性和服务的便利性。以世界餐饮巨头麦当劳和肯德基为例,这些企业通过特许经营,把自己所经营的品牌产品和服务推向世界各地,能够让喜欢美式快餐服务的消费者十分方便地体验和消费这些品牌。为了强化这种品牌体验和消费效果,这些企业严格要求品牌形象的一致性,同时强调品牌服务的便利性。因此,不论是在繁华的商业闹市,还是在一些偏远的地区,这些特许经营店都在认真地按照企业的品牌管理要求经营。

三、品牌国际化的阶段理论

品牌国际化并不是一次或者经过一个阶段就可以完成。由于品牌与民族文化、消费习惯等社会环境要素紧密地结合在一起,因而在其国际化过程中,需要跨越不同的障碍,经历不同的发展阶段。

一般而言,品牌国际化需要经历以下四个阶段[①](如图16-1所示)。

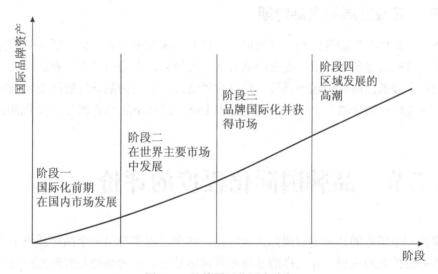

图16-1 品牌国际化四个阶段

(一)在国内市场发展的国际化准备期

对于品牌生产和服务企业而言,该时期的主要任务是生存,并成为本土市场上最知名的品牌之一。此时,企业所面对的主要问题是生产效率低及由此而形成的无效的生产体系,以及不可行的技术。同时,企业缺乏合格的生产技术人员,管理人员在生产经营活动中通常显得经验不足。因此,企业在品牌国际化过程中,往往采取贴牌生产的方法,签订风险协议,并外聘具有技术和管理经验的员工。

---

① 资料来源:沈铖,刘晓峰.品牌管理[M].北京:机械工业出版社,2014:243.

(二)在世界主要市场发展的时期

这个时期的显著特点是企业的品牌产品和服务已经出现在海外市场上,尤其是在发达国家市场上已经有一定的销售比例。但是,此时企业面临的问题比较多,如缺乏品牌管理的知识和经验,以及可利用的优势资源,遇到了知名企业和本地竞争者的防御性攻击。而且企业在国际市场上的品牌认知度比较低。针对这些情况,企业采用的方法是签订风险协议,通过OEM来组织生产。

(三)集中发展国际品牌时期

在这个时期,企业开始集中发展国际品牌,并面对世界主要市场开展这项工作。所遇到的问题是技术支持不足,发达国家的转移不到位,在OEM过程中,企业经常与客户发生冲突,因而必须收缩OEM业务范围。为了适应这种品牌发展状况,企业的战略开始转型,即着手设计先进的产品和定位于更好的设计,同时积极寻求在技术和管理方面的支持者,对品牌进行重新命名,并伴随着公司总部的迁移。

(四)区域发展的高潮时期

企业进入品牌发展的新阶段,开始向第三世界国家发展品牌。但是所遇到的问题也比较多,如在这些国家的市场上,企业的品牌认知度较低,东道国员工的素质较低,当地管理部门的效率极低及腐败问题严重等。针对这种情形,企业的品牌发展战略应当定位于本土化,尽可能使营销策略本土化,员工使用本土化,以减小品牌管理与经营中的阻力。

第二节 品牌国际化程度的评价

品牌从一个国家的品牌向着国际品牌转化,这个过程本身是一个品牌质量不断提高、品牌服务不断扩大的过程。什么样的品牌才算国际品牌,或者品牌发展到怎样的阶段才具有国际化的水平,这是企业需要认真考虑的问题。品牌国际化涉及许多评价指标,既有定量的指标,也有定性的指标。但是,在分析和探讨品牌国际化程度的评价指标时,首先要对影响品牌国际化程度的因素有一个清楚地把握。

一、影响品牌国际化程度的主要因素

品牌国际化程度的影响因素较多,一般而言,可以从内外两个方面来寻找原因,即企业所处的环境条件与企业本身的发展状况。从大的方面来看,一个企业所在国家的经济、政治、文化等发展水平对品牌的国际化有着重要影响;此外,企业品牌在国际市场环境中所遇到的各种限制和障碍也是其国际化的重要影响因素。

（一）品牌意识和经营习惯

企业的品牌意识的强与弱，以及由此而形成的品牌经营习惯对品牌国际化程度有着重要影响。在不同的国家和地区，企业对待品牌的态度并不相同。在一些国家和地区的企业文化中，存在着鼓励品牌走向世界市场的内在因素，而且十分强烈；而在另一些国家和地区的企业文化中，能够促使品牌走向世界市场的内在因素并不突出。这种不同的企业文化，使企业之间在品牌意识和经营习惯上存在着较大差异。从世界范围来看，有的国家和地区特别推崇品牌文化，而且在企业的经营习惯中也十分重视品牌这个元素的作用。但是在另一些国家和地区，品牌意识比较薄弱，企业经营短期化行为特征十分明显，缺乏长期的、战略层面的品牌意识。

（二）法律和制度障碍

企业在品牌国际化经营过程中，可能会遇到较大的法律和制度障碍。这主要表现在东道国对投资国企业的品牌影响力约束方面。由于各个国家的法律制度差异较大，因而品牌作为一种国际贸易对象或者投资手段，甚至作为一种无形资产出现时，就会遇到不同的法律对待。比如，对于品牌连锁经营，不同国家的标准是不一致的，特别是经营投资的资产数量、经营期限、注册资本、品牌加盟商的场地要求、员工数量等。以直销企业注册为例，在世界范围内，不同国家和地区对于多层次直销的法律监管方式是有所区别的，这种差异就使同一个企业，在其化妆品或者保健品的品牌国际化经营中面临着不同的法律法规制度约束。

（三）语言和文字表述障碍

品牌中有两个十分重要的元素：品牌名称和品牌符号，但是在国际化经营中，这些元素在不同国家和地区的市场中并不总是代表或象征着同样的含义。各种文化中所具有的共同属性，使一个品牌能够走出国界，在世界上不同的市场中进行交易；但是每一种文化中也包括自身的特色，有的甚至具有一定的排他性，这就使品牌在走向国际市场中可能会受到不同形式的抵制。产品名称中的象征意义总是具有品牌所在国家的美学含义，而品牌符号的设计也或多或少地体现出一定的国家特征。当一个产品和一项服务成为品牌时，这种与国家或地区文化之间的相关性将更加显著，并具有代表性。因此，品牌本身所拥有的内在美感并不能够完全地被传播或理解，这就是语言和文字表述中存在的障碍。

二、品牌国际化程度的评价指标

一般认为，品牌国际化程度的评价可以从以下四个方面来进行。

（一）品牌产品或服务占同类产品或服务世界市场销售量的比例

销售量是最有说服力的品牌评价指标之一，营销的最终结果就是用销售量来衡量的。因此，在同一类别的品牌中，各个品牌在世界市场上的销售量，在一定程度上决定了这些品牌国际化程度的高与低。例如一款洗发水品牌占世界市场的份额是30%，而另一款洗发水品牌占世界市场的份额为10%，那么我们就可以认为前者比后者的国际化程度更高。由于消费者对特定品牌的喜好总是处于变化之中，因而观察一个品牌的国际化程度应当在时间和样本群体的选取上具有代表性。在统计分析中，短时间的市场份额数据，或者小样本的统计资料来源，都不能够客观地反映品牌的国际化程度。因此，利用销售量来评价品牌的国际化程度时，一定要观察较长时间段的统计数据，同时要覆盖到足够多的消费者人群。

（二）品牌的知名度

品牌的知名度与品牌所形成的实际购买力并不是同一个概念。一般而言，知名度高的品牌，往往意味着在市场上比较容易获得消费者的认可和好感，因而在理论上具有转化为较大的销售量的可能。但是知名度毕竟不是销售量，有时，一些知名度特别高的品牌，它们的市场销售量并不乐观，甚至是"徒有虚名"。这时，企业所遇到的实际问题就是如何把品牌优势转化为品牌胜势。但是，过大的销售量也会透支企业未来的市场发展潜力，因为消费者在面对同一种品牌的大量销售时，总是会产生"审美疲劳"，并将购买力转向其他品牌。针对这种情况，企业就有必要适当控制品牌产品的销售量，把品牌知名度与品牌销售量结合在一起来维持品牌形象并提升品牌的综合竞争力。

（三）品牌国际化的地理空间分布

不同品牌在世界上各个国家和地区的市场份额并不完全一致。例如，同样是家电产品品牌，一些国家的品牌所占据的主要市场是发达国家和地区，并排斥其他同类品牌的进入；而另一些国家的品牌所占据的主要市场是不发达国家和地区，且并不排斥其他同类品牌的进入。对比这属于同一类品牌的两种不同情形，我们能够发现，如果从国际化程度上讲，前者的程度更高，面对的竞争更激烈，而后者的程度较低，面对的竞争相对弱一些。还有一种情形，品牌在国际化过程中，主要集中在几个国家，但在每个国家的市场份额都比较高。而与之相反的情形是，品牌在国际化过程中，分布的国家和地区比较多，但是在每个国家和地区的市场份额都不大。

（四）品牌国际化过程中利用国际资源的程度

在激烈的市场竞争中，品牌国际化过程也是资源的国际化过程。生产资源如资本、技术、人才、信息、营销渠道等的国际化，能够使品牌国际化获得更大的发展基础和空间。在这种情形下，衡量一个品牌的国际化程度，就应当考虑它所利用的国际资源的程度，即在资本、技术、人才、信息、营销渠道方面，与国际市场融合的程度。例如，在联想收购IBM个人电脑业务后，该家公司面临的首要任务就是如何使联想这个品牌在国际化过程中充分利用IBM的技术和人才优势，尤其是管理人员全球化的优势。当然，之后的资源整合证明是十分成功的。2015年MIT SLOAN刊登了关于全球具有影响力企业的管理队伍的国籍分析文章，试图证明品牌国际化过程中企业高层人力资源的国际化程度与企业绩效之间的关系。

第三节　品牌国际化的主要模式

在实践中，品牌国际化的模式比较多。人们往往把贸易国际化、产品国际化、投资国际化、货币国际化与品牌国际化放在一起研究。

一般认为，品牌国际化的主要模式包括：出口、许可生产、特许经营、直接投资、兼并收购等。

一、品牌产品和服务的出口

出口是最早的品牌国际化形式之一。在我国，这种国际化形式随着与世界各地市场之间的通商便开始。在改革开放后，作为国际贸易平衡、获取外汇的重要手段，出口长期占据我国品牌国际化的重要地位。从20世纪80年代初期的"三来一补"企业的品牌代理加工、制造，到21世纪初期的大型家电产品的出口海外市场，我国企业的品牌国际化经历了低水平的代理加工、贴牌生产的生产技术和管理方式引进阶段，发展到了自有品牌并形成国际市场竞争力的新时期。

出口方式的优点是企业拥有品牌生产和服务的核心技术，只是以品牌产品和服务向外输出的方式进入国际市场，因而对于控制技术外溢有着重要的效果。同时，出口方式能够把生产力主要集中于国内，既能够解决就业问题，同时也能够把国内的资源充分地利用起来，因而是基于资源禀赋理论和相对优势、绝对优势理论的一种国际经济贸易合作方式。但是，出口的劣势也比较明显，首先，这种品牌国际化方式受制于国际市场需求变化的影响，当国际市场的需求处于下降时，品牌产品和服务的出口就会面临抑制，这对国内生产和消费的影响比较大；其次，这种品牌国际化方式受国际营销渠道的影响，由于出口涉及与外国代理商、经销商的合作，是一种基于渠道利益分享机制的品牌国际化方式，因而渠道的影响力对品牌的国际化程度有着重要的影响；最后，出口受国际市场上替代品牌供应增加的影响，因此在有效控制国际市场竞争格局上显得并不十分有利。

二、品牌产品和服务的许可生产和特许经营

许可生产和特许经营是品牌产品和服务进入国际市场的比较流行的方式之一。品牌许可生产是指一个企业（许可方）通过合同安排，将企业拥有的自主品牌名称与品牌标识授予另一个企业（受许方）使用，并据此获得许可费或其他方式的补偿。特许经营是许可生产的一种比较成熟的方式。由于品牌的生产和消费主要是在东道国境内进行，因而许可生产和特许经营的主要优点在于能够跨越东道国的关税、限额和其他贸易壁垒，这比传统的出口贸易方式更加具有竞争力。同时，许可生产和特许经营方式，能够使品牌产品和服务的经营更多地考虑东道国的市场需求特点，并进行一些适应性调整，因而有助于品牌竞争力的提升。此外，许可生产和特许经营方式能够使品牌产品和服务的生产更多地利用东道

国的市场资源，这对于一些资源并不充裕的品牌企业而言，是扩大品牌国际影响力的重要途径之一。

但是，品牌许可生产和特许经营也有其局限性，首先，在品牌产品和服务的技术标准上可能达不到原有品牌的水准，即由于东道国消费层次低和生产技术水平低等方面的环境局限性，因而出现品牌产品和服务与原产国有一定的差异；其次，品牌产品和服务的许可范围如果放得过宽，就会使品牌形象受到影响，比如一些企业在品牌特许经营过程中采用本地化战略，因而导致品牌的原有风格和个性的减弱；再次，品牌产品和服务的许可容易导致技术外溢，即当东道国的生产企业掌握品牌产品和服务的核心技术之后，往往会另外建立一个不同的品牌，进而与原品牌形成一种强烈的竞争关系，品牌产品和服务的许可由于过度追求市场份额，进而导致核心竞争力下降。

三、品牌产品和服务的直接投资

直接投资是品牌国际化的重要方式之一。该方式的特点在于企业以独立的身份进入国际市场进行投资设厂，建立生产基地，实现当地制造、当地销售，以强大的生产制造能力将品牌影响力扩展到东道国。这种品牌国际化的方式最为直接，影响力也比较大，对目标市场需求和消费的调控十分有效。这种品牌国际化的优点在于，生产企业可以利用自己的品牌资源优势，进行自主决策，比如在厂址的选择、渠道合作伙伴的选择、经销方式的选择等方面都具有较强的主动性，同时能够清楚地掌握当地消费者的需求信息，并保持对企业品牌资源优势的主导权，有效地控制核心技术等核心竞争力的外溢。

这种品牌国际化方式的局限性也比较突出。首先，它受制于企业本身资金实力等竞争能力的影响，因为直接投资需要投入较大的资金，同时还要对东道国的政治、经济、社会文化、法律法规环境有着准确的了解和判断；其次，直接投资作为资本输出的一种重要方式，是以资本来带动品牌的国际化经营与扩张，它需要对国际资本市场及投资市场的发展动向有着清晰的认识，由于涉及国际汇率、利率、进出口管制、区域合作协定等多种复杂影响因素，因而选择这种方式一定要有较强的抗风险能力，尤其是对于发展中国家的企业而言，在选择"对外直接投资式"品牌国际化发展路径时一定要有准确的判断；再次，建立在直接投资这种发展方式上的品牌国际化，也会受世界经济发展态势的影响，比如受国际资本流动方向的影响，由于资本总是以获得价值和利润为导向，因而总是会集中在利润高、成本低的行业，因而会对品牌经营所坚持的长期性战略构成冲击。

四、品牌企业的兼并和收购

品牌国际化的一种比较权宜的方式是进行品牌企业的兼并和收购。这种方式在近年来获得了较大的发展。企业以此方式可以非独立地进入国际市场，即通过兼并和收购世界市场上一些相对成熟的品牌，可以帮助自身在实现品牌国际化过程中迅速地树立国际形象。该方式的优点在于，以相对低的成本获得目标市场中的品牌资源，例如市场份额、技术优势、管理优势、品牌优势等。同时，也能够保持现有品牌的相对独立性。

以联想收购IBM个人电脑业务和双汇收购美国一家品牌企业为例，都是在现有品牌业务基础上，利用已有的资金实力来收购拥有市场发展潜力的品牌业务。但是，在注意到我国企业在兼并和收购外国企业品牌的同时，我们也应当看到一些外资品牌企业正在收购我国一些传统品牌，如一些日化国际品牌企业近年来收购我国一些国有企业的品牌。品牌兼并和收购是一种基于企业发展战略层面的考虑，它除了需要考虑资本运营层面的问题外，还更多地需要考虑被收购品牌的发展潜力，以及与现有企业品牌之间的相互融合关系。品牌企业的兼并与收购，需要考虑的因素比较多，除了资本市场的因素外，还应当考虑市场份额和营销渠道方面的问题。

本章小结

本章重点介绍了品牌国际化的概念、品牌国际化的阶段、品牌国际化程度的评价以及品牌国际化的主要模式。

品牌国际化又称为品牌的全球化经营，是指将同一品牌以相同的名称（标志）、相同的包装、相同的广告策划等向着不同的国家和地区进行延伸扩张，以实现品牌经营管理方式的统一化和标准化，进而形成生产的低成本运营，并实现规模经济效益。这种品牌经营策略多被一些具有经济实力和市场资源的企业所采用。

品牌国际化主要包含以下三层含义：一是它强调品牌的区域性和历史性；二是它不同于品牌跨国经营，主要是指用统一的品牌、统一的市场营销组合策略来开拓不同国家、地区甚至全球的市场；三是它具有不同的实现形式，初级形式是指以品牌产品和服务这种最为直接的品牌表现物来向外输出，之后，品牌产品和服务的生产或提供企业，直接在品牌所延伸的国家或地区投资设厂，通过输出有形资产，以合资、合作、独资的形式向所在地市场直接提供品牌产品和服务，这种中级形式属于投资输出形式，最高形式是直接向品牌所延伸的国家输出品牌无形资产，通过签订商标、LOGO、品牌名称、经营方式、文化理念等使用许可协议，来实现品牌对外扩张目的。

品牌国际化的意义在于：它能够帮助企业实现生产和流通的规模经济目标；降低市场营销成本和费用，扩大企业影响力；保持品牌形象一致性和服务便利性。

品牌国际化阶段可以以时间长度为标准进行划分，主要包括：在国内市场发展的国际化准备期；在世界主要市场发展的时期；集中发展国际品牌时期；区域发展的高潮时期。

影响品牌国际化程度的主要因素包括：企业的品牌意识和经营习惯；企业在进入国际市场时遇到的法律和制度障碍；企业在东道国环境中遇到的语言和文字表述障碍。

品牌国际化程度的评价指标主要包括：品牌产品或服务占同类产品或服务世界市场销售量的比例；企业品牌产品和服务的知名度；企业品牌产品和服务在国际范围内的地理空

间分布；企业在品牌国际化过程中利用国际资源如人力资源、生产资本、信息技术和市场需求量的程度。

品牌国际化的主要模式包括：品牌产品和服务的直接或间接出口；品牌产品和服务面向被授权企业的许可生产和特许经营；通过在外国投资设厂的形式，对品牌产品和服务的生产和提供进行直接投资；品牌企业对外国企业和境外企业的兼并和收购。

案例背景信息

背景信息1：华为——从默默无名到入榜"最佳全球品牌"

2014年10月9日，全球最大的综合性品牌咨询公司Interbrand公布了第十五届"最佳全球品牌100强"排行榜，其中华为位列94位，成为首次上榜的中国品牌。在中国经济逐渐迈向全球的背景下，越来越多的中国品牌对于成为全球品牌也有着浓厚的兴趣，但华为为何能够"杀出重围"率先入榜最佳全球品牌百强呢？它又是怎样在海外构建品牌形象，成功地让外国人爱上中国品牌的呢？

一、华为品牌国际化的发展现状

华为技术有限公司是一家总部位于中国广东省深圳市的生产销售电信设备的员工持股的民营科技公司，于1987年由任正非创建，是全球最大的电信网络解决方案提供商，全球第二大电信基站设备供应商。目前，华为的产品和解决方案已经服务全球170多个国家和地区，其中包括很多欠发达国家和地区。从表16-1中可以看出，截至2013年，华为的全球销售额达到395亿美元，其中在海外的销售额就占到64.8%。

表16-1　2002—2013年华为公司销售情况　　　　　　　　单位：亿美元

年份	销售收入	海外销售收入	海外销售收入占比（%）
2002	27	6	22.22%
2003	38	11	28.95%
2004	56	23	41.07%
2005	82	48	58.54%
2006	110	72	65.45%
2007	160	115	71.88%
2008	233	174	74.68%
2009	218	132	60.55%

续表

年份	销售收入	海外销售收入	海外销售收入占比（%）
2010	267	176	65.92%
2011	324	220	67.90%
2012	354	235	66.38%
2013	395	256	64.81%

资料来源：华为公司历年年报整理。

3GPP数据显示，2010年以来，华为贡献了最多富有"含金量"的LTE/LTE-A标准专利——466件核心标准通过提案，占全球总数的25%，位居全球第一，展示了强大的标准和概念领导能力。2013年，IT基础设施实现规模增长116%。高端存储突破中国三大运营商，在中国移动集采中高端存储测试排名第一。截至2013年12月31日，华为累计申请中国专利44 168件，外国专利申请累计18 791件，国际PCT专利申请累计14 555件，累计共获得专利授权36 511件。

2013年华为智能手机业务实现历史性突破，进入全球TOP3。持续聚焦精品战略，推出了华为Ascend P6、Ascend Mate等精品旗舰机型，其中Ascend P6在全球超过100多个国家上市，实现了品牌利润双赢。华为消费者业务发布了"Make It Possible（以行践言）"的品牌主张，并以消费者体验为中心，在全球进行了一系列品牌推广活动，包括赞助西班牙足球甲级联赛、意大利AC米兰足球队、德国多特蒙德足球队、英国阿森纳球队等一系列足球赞助活动，极大提升了华为手机的知名度。根据益普索调研报告，2013年华为手机品牌全球知名度达到52%，同比增长110%；中国区知名度达到68%，同比增长113%。与此同时，欧洲、南美及东南非地区，华为手机的品牌知名度提升显著，其中德国、意大利、英国、西班牙品牌知名度较上年分别增长230%、213%、200%、140%。

二、华为品牌国际化的坎坷之路

联想创始人柳传志在评论华为与联想的区别时，说过这样一句话："华为崇尚技术，就像一直在爬喜马拉雅山的北坡，陡峭险峻；联想是从平缓的南坡向上，缓和迂回，走贸工技的通路，最后也能爬上山顶"。但是在国际化的路上，华为却选择了"先易后难""渐进式"的模式。这一模式可分为四个步骤。

第一步：进入香港

1996年，华为与和记电信合作，提供以窄带交换机为核心产品的"商业网"产品，这次合作中华为取得了国际市场运作的经验，和记电信在产品质量、服务等方面近乎苛刻的要求，也促使华为的产品和服务更加接近国际标准。

第二步：开拓发展中国家市场

重点是市场规模大的俄罗斯和南美地区。1997年华为在俄罗斯建立了合资公司，以本地化模式开拓市场。2001年，在俄罗斯市场销售额超过1亿美元，2003年在独联体国家的销售额超过3亿美元，位居独联体市场国际大型设备供应商的前列。1997年华为在巴西建立合资企业，但由于南美地区经济环境持续恶化以及北美电信巨头占据稳定市场地位，直到2003年，华为在南美地区的销售额还不到1亿美元。

第三步：全面拓展其他地区

主要是泰国、新加坡、马来西亚等东南亚市场，以及中东、非洲等区域市场。在泰国，华为连续获得较大的移动智能网订单。此外，华为在相对比较发达的地区，如沙特、南非等也取得了良好的销售业绩。

第四步：开拓发达国家市场

在西欧市场，从2001年开始，以10G SDH光网络产品进入德国为起点，通过与当地著名代理商合作，华为的产品成功进入德国、法国、西班牙、英国等发达地区和国家。北美市场既是全球最大的电信设备市场，也是华为最难攻克的堡垒，华为先依赖低端产品打入市场，然后再进行主流产品的销售。

21世纪以来，我国在引进外资的同时，大力鼓励国内企业实行"走出去"战略，在产品或资本输出的同时，企业品牌也走向国际市场。作为国际化经营的最高阶段，品牌国际化正在被众多中国企业所实践。但部分企业在国际化的过程中只重视规模扩张、国际市场开拓，而不重视品牌建设与国际化的匹配。华为的成功，无疑对于国内其他企业来说具有很好的借鉴意义。注重标准化和本土化，采取适合本企业发展的品牌国际化战略，才能在世界最佳全球品牌中占有一席之地。

"走出去，活下去"，华为不仅"活"了下来，而且将会"活"得更好、更精彩！

（本背景信息根据以下资料编辑整理而成：1.华为投资控股有限公司2013年年度报告[R].深圳：华为投资控股有限公司，2013；2.户婧.华为的渐进式国际化征途、动因、战略、竞争力[J].中国集体经济.2008（3）.)

背景信息2：中国企业品牌管理在国际化经营中何去何从

全球化的浪潮愈演愈烈，后来居上的中国企业也越发地将眼光投向壮阔的浪头、期待着成为一方霸主。从目前竞争形式来看，品牌的地位日益突出：不只是帮助企业叩开国际市场的钥匙，更是企业持续发展的基石。所以走向国际市场于中国企业而言往往是艰难的——即便拥有具有竞争力的产品和管理模式，却往往少了具有竞争力的品牌；疲于应对产品创新竞争与组织管理模式调整的中国企业缺乏将塑造品牌真正纳入自己的战略体系的坚定，对自己的品牌也往往缺乏战略性的管理。本文将以在品牌塑造及管理方面具有借鉴意义的跨国企业联合利华，及在国际市场崭露锋芒、极具代表性的中国企业华为为例，探讨中国企业在国际化背景下进行品牌管理的可行方向。

联合利华堪称跨国企业中擅于以品牌策略进入本地市场的典范。虽然其缺乏系统品牌管理战略一直遭到诟病，利用本土品牌为其自有品牌铺路的做法也饱受争议，但联合利华对本土品牌优势的整合与其独特的品牌塑造模式都为我们提供了极大的参考价值，下面谨以联合利华在中国的品牌策略进行阐述。

1. 本土品牌的乘风借力

大刀阔斧而粗中有细的品牌整合是联合利华进入海外市场的利器。一方面，通过对当地民族品牌的合并、收购或租赁，借助本土品牌已有的市场、渠道及产品定位等优势条件迅速开展业务、赢得更广的市场机会；另一方面将自身类似业务的品牌与本土品牌进行整合，建立更为完善的产品线，并在市场实验后果断舍弃自身发展困难及前景不明朗的品牌，最大程度地提高了资源的利用效率；最后，联合利华从本土品牌出发解读中国市场文化，丰富自有品牌的内涵以促进其的本土化，或基于本土品牌打造具有继承性与革新性的新品牌、创造出新价值。

联合利华在中国的经营便深刻体现了其对本土品牌的善用（见表16-2）：美加净及中华牙膏的租赁使其迅速收获了两支品牌的市场，并获得其完善的渠道，虽然最后推出洁诺与皓清的主要目的不太成功，却在主动利用自有品牌的技术优势支持中华牙膏后收获了一支极具竞争力的品牌；京华茶叶与芳草洗衣粉的收购更能凸显其品牌战略，京华是其在中国茶饮品市场中对立顿这一品牌的补充，而芳草洗衣粉则填补了自己缺失的价格定位，如果京华的没落是以投资失败的代价深入认识中国市场，那么芳草就是帮助自有品牌明晰定位、顺利上位；老蔡酱油更能彰显其对地区市场的用意，成功减少了自己调味品品牌进入地区的阻碍；蔓登琳则是联合利华借力引入自有品牌的成功实践，影响颇广的蔓登琳在完成其帮助和路雪进入市场的使命后消失了踪影，和路雪成为联合利华在中国的主要品牌。

表16-2 联合利华租赁、收购中国本土品牌情况

本土品牌	发展结果	相关自有品牌	本土品牌作用
美加净牙膏	收回	—	市场、渠道
中华牙膏	明星品牌	洁诺、皓清	市场、渠道价值品牌
京华茶叶	没落	立顿	战略、信息
老蔡酱油	没落	家乐	地区市场
蔓登琳冰淇淋	消失	和路雪	市场、渠道
芳草洗衣粉	消失	奥妙、阳光	战略、定位

2.品牌塑造的柔性化处理

联合利华甫入中国很大程度上凭借了政策与崇洋的市场时机，而真正令人称道的是其对于旗下品牌利用产品的本土化来丰富其品牌内涵，而同时保有品牌的原有核心价值的柔性化处理方式，而众多的研究发展中心为其品牌策略的实施奠定了基础。

在开拓中国市场之际，联合利华没有放弃自有品牌原有的定位转而强调本土定位（如力士坚守性感迷人与时尚的定位），而是采取柔性的处理方式——传播品牌时突出基于产品特性的中国元素，使得自身品牌更加贴近中国人日常的生活习惯和文化习俗；联合利华中国研究发展中心（联合利华在世界的第六个研究发展中心）重点对产品配方进行研究，关注中国的喜好及传统，尤其注重将中国传统科学所倡导的天然成分引入旗下的产品，从而获得了市场的认同。

3.品牌管理的系统化

对于业务范围广泛、旗下经营着众多品牌的国际化企业而言，联合利华的品牌管

理实践同样昭示着品牌细分与系统化管理的重要性。对比宝洁、卡夫等专攻一个大类市场的巨头，联合利华在日化护理、食品两大方向平衡发展的模式似乎蕴含着先天的不足——资源的分散导致多项占优却难突出。事实上，缺乏基于产品功能的品牌细分与系统的品牌管理，才是联合利华难敌宝洁与卡夫的真正原因。联合利华与宝洁在中国的洗发水市场上的表现充分体现了两者品牌管理的差距：据南方都市报2014年8月报道，宝洁在中国洗发水市场的占有率在50%左右，而联合利华约为20%。宝洁以产品功能作为品牌定位基础，旗下主要有五大品牌、品牌之下又按照产品属性与适用情况细分为20多个系列；反观联合利华，虽然价格定位紧追宝洁，但旗下四大品牌定位较为模糊——与宝洁诉诸于产品功能、品牌之间的边界泾渭分明相比，联合利华更突出品牌的气质与形象、对功能强调较少，而各品牌的功能定义之间相互交叉，缺乏系统性的品牌架构（详见表16-3）。

联合利华融合本土文化内涵，突出品牌形象与气质本身来讲可以取得消费者的情感认同，从长远来看更有利于保持品牌的持久活力，但在现今消费者的功能特色诉求不断提高、竞争日益激烈的市场环境下，在大类中针对具体需求建构起全面明晰的品牌系统、使品牌特色更易被消费者识别，抢占市场先机就显得尤为重要；在此基础上强调品牌的形象气质以获得消费者的情感认同，完成品牌的最终塑造。国际市场全然陌生的环境更要求初入时以"特色"出奇制胜，经营时处理好自有品牌与当地品牌的关系，逐渐收获自有品牌的认知度。

表16-3 宝洁及联合利华主要洗发水品牌比较

宝洁主要品牌及定位	联合利华主要品牌及定位	200ml包装价位 宝洁/联合利华（¥）
飘柔：柔顺，价低质高		10～15元
潘婷：健康、染烫修护	力士：性感时尚	15～20元/15～20元
伊卡璐：天然、东方气质	夏士莲：健康、东方营养	15～20元/10～15元
海飞丝：去屑	清扬：去屑	20～25元/25元左右
沙宣：专业养护	多芬：青春、营养	25～30元/20元左右

注：信息主要来源于南方都市报2014年8月12日《宝洁洗发水市场份额降至五成》

近年来华为异军突起，作为"走出去"的成功者被人津津乐道。带着"made in China"的品质标签，华为的开拓之旅并不平坦。一方面，其成功更多与产品及组织的创新管理相联系——与早年征战海外业绩出众的海尔相类似，华为致力于产品创新，并努力提高服务的质量，以顾客为中心提供更高的性价比；以员工为中心的组织形式在员工实现自我价值与成长的过程中发挥了不可思议的创造力，成为企业成功的重要要素。另一方面，其塑造品牌的努力更值得我们探索其中的价值。鉴于华为业务繁多，且上下游产业链整合趋势日益明显，本文将选取其最为突出的手机业务进行分析。

1. 优化品牌元素，丰富品牌层次

品牌元素从抽象的品牌理念、精神文化到具体的产品品质、包装、标识，各元素之间的优化组合有利于品牌取得成功。华为对品牌元素的优化主要体现在其高品质的产品与服务、管理理念与组织结构创新的公司文化方面，后者更是丰富了其的品牌层次。

在国际市场的经营中，华为从用户需求出发凭借着细微的改进（独特材质的电缆、价格亲民的智能机）赢得名声，坚持对产品高标准要求、并致力于提供更完善的服务，成为其品牌建设坚实的基础。此外值得称颂的是华为将组织管理模式塑造成了企业另一个层次上的品牌——以"人"为本的管理理念与组织结构创新引起了各界广泛关注，极大地提高了品牌知名度，并为公司塑造了良好的形象；将独特的管理模式作为品牌元素，更促进了企业内部独特文化的形成，为企业品牌的进一步塑造提供了便利与支持。

2. 尝试品牌细分，覆盖&突出

仅从手机业务来看，与小米、魅族、苹果及三星等竞争者相比，华为近两年尤其重视品牌细分，不断尝试在不同的价格区间之中以明星品牌及系列产品覆盖不同的细分市场，以此提高自己的市场占有率。华为、荣耀的双品牌策略及多达七个的细分系列完成了高、中、低端市场的全覆盖（详见表16-4）。依靠全覆盖的策略，华为不仅获得了丰厚的收入回报，也收获了品牌知名度：据华为2014年年报数据显示，华为消费者业务收入为751亿元人民币，同比增长32.6%；全球业务均有较大发展，中国、欧洲中东非洲、亚太及美洲几大市场同比增长分别为31.5%、20.2%、9.6%、5.1%；而2014年Ipsos在全球32个国家开展的消费者调研显示华为品牌的全球知名度提升至65%，其中荣耀品牌在中国市场的知名度上升至54%。

表16-4　华为手机品牌细分及经营情况

双品牌	系列与定位		价格区间	经营情况
华为	Ascend	d：钻石、性能优越；旗舰	1000~2500元	1、2反响较差，淡出市场
		p：铂金、设计时尚；高端	2500~4000元	主要有1、2、6、7、8、8max，P6开始获得较大关注，出彩及重要的系列之一
		g：黄金、性价比；低端	1000~2000元	500、700、710等评价较高，整体销量较大
		y：年轻、低价；入门	1000元以下	性能有限，淡出市场
荣耀	Mate	大屏商务；中高端	3000~4500元	6、7、S等销售势头良好；重要系列之一
	麦芒	电信合作机；中低端	1000~2000元	1—4；从4开始推出全网通版，打破定制机模式，认可度较低
	荣耀	电商、性价比；中端	1500~2500元	性价比被普遍认可，2013年12月独立；互联网营销模式，对阵小米

注：信息主要来自于华为官网及百度百科

但同时值得注意的是，双品牌策略也好，多系列也好，华为并未真正完成品牌的独立——Ascend、Mate及麦芒等系列乃至2013年独立的品牌"荣耀"如果不冠以"华为"的头衔，消费者也难以识别；虽然截至2014年年底，荣耀品牌已经进入全球60多个国家和地区，2015年数据更是显示其全球销量超过2 000万台，但荣耀目前的宣传依然依附于华为的声望。正如几乎所有跨国企业在业务扩展时面临着企业自身品牌与旗下细分品牌二者难以同时兼顾的难题一样，华为在打造具有持久活力的明星品牌与促进企业品牌价值提升方面也面临着挑战。

联合利华与华为的品牌管理经验对当今中国企业走向国际、塑造品牌并赢得持续的发展具有重要的参考价值。

1. 多层次的品牌塑造

产品与服务是品牌建设的物质基础，而只有以品质保证的品牌才能经得起时间的检验获得长足发展。具体而言，企业一方面需要以消费者需求为主，提供高品质的产品与服务；另一方面要保持创新能力，在迅速变化的市场中赢得先机并为社会提供更好的产品，以此为品牌塑造打下坚实的基础。

此外，在品牌塑造过程中应从组织管理模式、人员特性、业务模式及地理区域特征等多个蕴含着企业独特文化的方面中寻找品牌元素，从不同的层次塑造品牌。

2. 竞合下的凭风借力

中国企业走出去的模式往往更像是一部战争史——锁定业务竞争者并以击败其为目标，企业的国外经营将竞争而非合作作为常态，这为企业进入当地市场增添了难度。企业在跨国经营中将竞合作为常态从品牌的角度来看，意味着企业必须将合作作为自己的工具——合理收购并整合当地品牌，利用本土品牌的渠道、市场影响力及其中的本土文化内涵作为进入的桥梁，从优势类别出发、逐步建立起优势品牌。

联合利华对本土品牌的利用饱受诟病的经历亦提醒着中国企业在"竞合"中强调秩序与双赢的重要性——有序竞争、双赢合作，在法律与商德的框架下塑造能给当地带来福利的品牌。

3. 系统的品牌管理

长期来看，在国际化的发展中专业化经营利润微薄且风险较大，业务多元化是不可避免的趋势，因此多产品经营中系统的品牌管理显得尤其重要。

"系统"一方面体现在需要进行品牌细分并且设置品牌的系统管理，找到各分支品牌的定位并协调好之间的关系，提升各品牌的价值；另一方面正如联合利华常遇到"人们买的是其产品却不知道联合利华名字"的窘境，而当华为的某个产品换一个"名字"就没有人会认识，这两种情况都加大了消费者对企业的认知难度，不利于企业的持续发展。此时"系统"就要求企业建立整体的品牌意识，将企业自身的品牌与其旗下各分支品牌更好地融合，以发挥企业本身的品牌效应并用分支品牌来巩固与支持企业自身的品牌形象。

（本背景信息根据以下资料编辑整理而成：1.王逸凡，卢骏. 联合利华：从多元到聚焦[J]. 销售与市场.2005（08）；2.舒允江.华为消费者业务2014收入122亿美元，将多头并举决胜全球市场[N].C114中国通信网.2015/1/27；3.马建忠，小伟.宝洁瘦身洗发水市场份额降至5成，三大梯队一览[N].南方都市报.2014/08/12.）

案例讨论题

（1）从华为、联合利华的品牌国际化实践，我们可以得到哪些启示？

（2）结合上述两项资料中的相关信息，谈谈华为品牌国际化过程中的路径选择。

（3）联合利华和华为分属不同行业，它们在品牌国际化战略选择上有何异同？

复习思考题

1. 简述品牌国际化的基本含义。
2. 简述品牌国际化的意义。
3. 简述品牌国际化的阶段理论。
4. 品牌国际化程度的评价标准有哪些？试以某一国际品牌为例加以说明。
5. 试分析品牌国际化各主要模式的特点，并结合中国企业品牌国际化加以说明。
6. 中国企业在品牌国际化进程中遇到的主要问题有哪些？试以某一行业为例加以说明。

参考文献

[1] [美]戴维·阿克. 管理品牌资产[M]. 吴进操，常小虹，译. 北京：机械工业出版社，2014.

[2] [美]凯文·莱恩·凯勒. 战略品牌管理（第3版）（英文版）[M]. 北京：中国人民大学出版社，2010.

[3] [美]凯文·莱恩·凯勒. 战略品牌管理（第4版）（中文版）[M]. 吴水龙，何云，译. 北京：中国人民大学出版社，2014.

[4] [美]西尔维·拉福雷. 现代品牌管理（英文版）[M]. 北京：中国人民大学出版社，2011.

[5] 张明立，冯宁. 品牌管理[M]. 北京：清华大学出版社，北京交通大学出版社，2010.

[6] 张明立，任淑霞. 品牌管理[M]. 北京：清华大学出版社，北京交通大学出版社，2014.

[7] 刘常宝，肖永添. 品牌管理[M]. 北京：机械工业出版社，2013.

[8] 黎建新. 品牌管理[M]. 北京：机械工业出版社，2013.

[9] 唐玉生. 品牌管理[M]. 北京：机械工业出版社，2013.

[10] 王海忠. 高级品牌管理[M]. 北京：清华大学出版社，2014.

[11] 余伟萍. 品牌管理[M]. 北京：清华大学出版社，北京交通大学出版社，2007.

[12] 沈铖，刘晓峰. 品牌管理[M]. 北京：机械工业出版社，2014.

[13] 周云，姚歆，徐成响. 品牌管理[M]. 北京：经济管理出版社，2013.

[14] 庞守林. 品牌管理[M]. 北京：清华大学出版社，2011.

[15] 费明胜，刘雁妮，等. 品牌管理[M]. 北京：清华大学出版社，2014.

教师服务

感谢您选用清华大学出版社的教材！为了更好地服务教学，我们为授课教师提供本书的教学辅助资源，以及本学科重点教材信息。请您扫码获取。

» 教辅获取

本书教辅资源，授课教师扫码获取

» 样书赠送

市场营销类重点教材，教师扫码获取样书

清华大学出版社

E-mail: tupfuwu@163.com
电话：010-83470332 / 83470142
地址：北京市海淀区双清路学研大厦 B 座 509

网址：http://www.tup.com.cn/
传真：8610-83470107
邮编：100084